ロシア革命と亡命思想家

РУССКАЯ РЕВОЛЮЦИЯ И МЫСЛИТЕЛИ ЭМИГРАЦИИ

1900-1946

御子柴道夫 編

成 文 社

ロシア革命と亡命思想家 1900―1946

目次

まえがき

御子柴道夫

本書は、一九〇〇年から一九四六年、第二次世界大戦終戦の翌年までのロシア・ソヴィエト連邦の歴史の流れのなかで、社会の動向に鋭く反応しつつも、観念世界に深く傾斜していったロシア知識人たちが、この激動の半世紀をどのようにとらえ、いかに生きたかをうかがい知る手がかりとして編纂された。

彼らのうちのかなりの者たちが、一九〇〇年に他界したウラジーミル・ソロヴィヨフという、哲学、社会評論、詩作、そして社会活動、宗教運動と多方面にわたりめざましい働きをなした一個性に強く魅了され、この巨星の放つ光芒を何らかの意味で追いかけたのであった。彼らのなかには祖国に留まる道を選んだ者たちもいるが、亡命せざるをえなかった人たちの方がはるかに多い。留まった者たちには想像を絶する苦難の道が待っていたが、祖国を棄てざるをえなかった者たちにも、彼らなりの苦しみ、苛立ち、葛藤そして祖国への想いとまなざしがあった。本書では後者に比重をおき、八名の思想家を選んだ。ソロヴィヨフと、内戦期に南露で斃れたエウゲニイ・トルベツコイを除いて、大半が一九二二年のボリシェヴィキ政権による知識人国外強制追放令の後に亡命を余儀なくされている。

本書では過酷な時代にあえぐロシア人たちに救済への道を示そうとする彼らの切実なアピールを柱に据えている。そのために、まず四六年間を七つの時期に区分した。

義和団の乱にはじまり日露戦争勃発にいたる東アジアの動きに揺れ動いた新世紀の幕開けを、ソロヴィヨフの白鳥の歌たる「反キリスト物語」で照射し、一九〇五年革命からはじまる帝政末期の九年間の雰囲気を、第二国会の国会議員でもあったセルゲイ・ブルガーコフの学生たちに向けた講演で暗示した。ロシアにも世界にも未曾有の第一次世界大戦の開戦時の高揚は、ソロヴィヨフの最後の弟子エウゲニイ・トルベツコイの講演で物語らせた。一九一七年二月革命から十月革命、そして内戦にいたるロシアの激動は、二月革命の二ヶ月後と十月革命の翌月、そしてその一年後にニコライ・ベルジャーエフにより書かれた三つの論文で素描した。一九二二年からはじまる、ボリシェヴィキ政権にとっては一種の軌道修正のネップ期、観念的ないし宗教的知識人にとっては、いままでロシアに留まっていた者たちすら強制的に国外追放にあうディアスポラの時期の、特に後者の亡命ロシア人の気分を、パーヴェル・ノヴゴロッツェフが亡命先のプラハで行なった講演によって示唆した。一九三〇年代のスターリン独裁期に関しては、思想の域にとどまらず行動をもって執拗にソヴィエト政権に挑みつづけたイヴァン・イリーンの戦いの一端を、亡命第二世代の青年たちに向けた彼の講演で垣間見た。私たちの記憶に近しい第二次世界大戦は、ファシズムに対抗できる真の民主主義の道を模索したゲオルギイ・フェドートフの論文をして語らしめ、最後に、終戦翌年に書かれたユダヤ人哲学者セミョーン・フランクによる、革命と戦争の遠因となったロシアおよび西欧の思想の致命的欠陥の冷徹な分析をもって全体の包括とした。

このように本書はアンソロジーの域をはるかに超えて、一九〇〇年から一九四六年までのロシアの歴史の一断面を、精神的ないし知的側面からヴィヴィドに浮かびあがらすことを志している。したがってここに載録した一〇編の論文は、その作者たちの代表作ではないし、かならずしも彼らの主要思想を表白しているともいえない。社会への訴えという点でそれらは講演録と時評が中心になるが、そこにはおのずから彼らのなまなましい声と真摯な顔が剥きだしになる。

そしてこの剥きだしの顔は、彼らが生き、語り訴えかけた時代が解らなければおぼろげにかすむ。本書では年表をして時代を語らしめようと試みた。したがって、本の構造上巻末に据えざるをえなかったが、これは単なる定式的な事件年表ではない。登場する作家たちの声がより鮮明にひびきわたるように、章ごとに区分をし、とりわけその声の発せられた時代の精神、雰囲気が活き活きとあぶりだされるような「神の宿る細部」をおろそかにせぬよう配慮することで、年表を論文に有機的に結びつけた。つまり両者が合体してここに一つの歴史物語が構成されるのである。

本書は歴史資料にとどまらない。ここで描きだしたかったのは人間である。人間ひとりひとりの顔である。そして当然ながら、ここには演壇に登場して声高く語る弁士だけではなく、その声、その言葉に必死に耳を傾けている聴衆がいるし、その一人ひとりがそれぞれの自分の顔をもっている。そしてそれらの顔が、表情が、弁士たちに希望をもたらし、その発言のふしぶしにも反映される。

しかしあまりに過酷な歴史の重圧に、それらの顔が凍てついて表情をなくしたかに見える時が歴史上にはままあるし、ロシアも例外ではなかった。そこでは国外で叫んでいる同国人の声などは黙殺される。

いまやロシアでは、まごうことない一人ひとりの顔が甦りつつある（少なくともそう思いたい）。それは拝金主義のエゴイズムに向かうこともあるかもしれないが、ひとりの確固たる個として精神の救いを求める方向を志す場合だとてありうる。そのとき宗教と哲学が甦る。

現在のロシアにおける教会の賑わい、本書でとりあげた思想家たちとその仲間の著書が並んだ書店の棚を、ソヴィエト時代への反動、禁じられていたものへの関心、知的開放感とのみとらえるべきではあるまい。そこには、かつて七、八〇年前にプラハで、パリで、ベルリンで、現在モスクワ、ペテルブルグ等の各書肆で陸続と出版されている思想家たち——ソロヴィヨフ、ベルジャーエフ、ブルガーコフ、ノヴゴロツェフ、イリーン等々に道を尋ね希望を託したロシア人たちと同様の、必死に貪欲に救いと光を求める神々しいまでに真摯な顔も見てとれよう。

しかしながら、ここに収録した論文の著者たちも含め、現在のロシアでこのように広範に再評価され読まれている思想家たちも、一部を除きわが国ではまだほとんど知られていない。本書でとりあげた思想家たちの人と思想を紹介し、載録論文を解題する任は、私の周囲に集う若い研究者たちが担った。彼らは当初より本書の作成に参画し、訳出論文ならびに年表と自分たちの解題とが有機的に結びついて、はじめてこの本——そこには一人ひとり、表情豊かな顔をもった人間が生き動いている——が生まれうるということを承知している。そしてなによりも彼らは、本書中のある著者の言いまわしをまねれば、過去のわが国のロシア研究に対し「罪がない」。彼らの文章には新しい感性と、何にもまして熱い情熱がみなぎっている。そこには彼らの「顔」がある。

本書を、年表と論文と解題が三位一体となった、大河小説にも比すべき、歴史ロマンとして読み楽しんでいただければ、私たちにとりこれにまさる喜びはない。

ロシア革命と亡命思想家

1900–1946

凡例

翻訳について

編者の責任において原典を読みやすく改行した。

聖書の日本語訳にあたっては日本聖書協会の『口語訳聖書』と『新共同訳聖書』を文脈で適宜用いた。

訳注に関しては、聖書引用箇所を中心として、簡単なものは（　）を付して本文中に挿入し、説明が長くなるものについては脚注番号を付して論文の最後に置いた。複数回言及されるものは二回目以降省略した。

年表について

ロシア関係の項目の、思想、文化、社会の領域区分は、境界が曖昧で困難の生じる面が多々あるが、まえがきで述べた本書の意図と方針にのっとり、無理を承知で区分した。

第Ⅳ章は、情報量のかげんで社会・政治項目を別頁にまとめた。

第Ⅶ章も、同様の理由で、ロシアの思想、文化、政治・社会を一項目に包括し、ロシア情勢と世界情勢の二項のみとし、思想・文化関係は太字で表記した。

引用文は、訳者名の記していないものは、編者の訳による。

I

新世紀をむかえて
1900 — 1904

ウラジーミル・ソロヴィヨフ

反キリスト物語
1900

解題 † 時代のリトマス紙——ソロヴィヨフの終末論の継承……堀江広行

1900

反キリスト物語

ウラジーミル・ソロヴィヨフ

『三つの会話』（サンクト・ペテルブルグ、一九〇〇年五月刊）の第三の会話末尾に収録。「反キリスト物語」は最初『週の本』誌一九〇〇年四月号に掲載された後、一九〇〇年五月の夜会で著者自身によりその単行本用ゲラ刷りがセルゲイ・ソロヴィヨフ、アンドレイ・ベールイら若い詩人たちを前に朗読された。

汎蒙古主義！　その名は粗野なれど、
その響き、われには甘美、
あたかも御神の大いなるさだめの預言にみたされているかのようで…

貴婦人
このエピグラムはどこから引用したのでしょう？

Z氏
物語の作者自身の手によるものと思われます。

貴婦人
ではお読みくださいな。

Z氏
（読み始める）
紀元二〇世紀は、最後の大戦争、内乱、革命の世紀であった。対外戦争のうちで最大のものは、すでに前世紀末に日本で発生した汎蒙古主義という精神運動を遠因としているものだった。模倣の才に長けた日本人たちは、驚くべき早さで巧みにヨーロッパ文化の物質面の諸形態を受容し、また若干の低次のヨーロッパ思想をも自家薬籠中のものとした。彼らは新聞や歴史の教科書で、西欧に汎ヘレニズム、汎ゲルマン主義、汎スラヴ主義、汎イスラム主義があることを知って、汎蒙古主義という大理念を唱導した、すなわち自分たちの主導下に東アジアの全国民が一丸となって結集し、よそ者つまりヨーロッパ人に決戦を挑むよう提唱したのだ。二〇世紀初頭ヨーロッパがイスラム世界との最後の決戦に忙殺されていた機を利用し、日本人たちはこの大計画の実現に向け着手し、——まず朝鮮を、ついで北京をも占領し、この地で中国進歩党の協力を得て旧満州王朝（清朝—訳者）を打倒し、代わりに日本王朝を据えた。中国保守派の人々もまもなくこれを甘受した。彼らは、二つの悪のうち、より小さい悪を選ぶ方がましであり、何といっても身内は身内だと悟ったのだ。いずれにせよ旧中国の国家としての独立は保持できるはずがなく、ヨーロッパ人か日本人かのいずれかに従属せざるをえなかった。けれどもはっきりしていたのは、日本人が支配しても、当時明らかに無用の長物化していた中国国家の外面的な諸形態を撤廃はしても、民族のいとなみの内的原理は侵害しないのに対し、政策上キリスト教宣教師たちを援助していたヨーロッパ列強の力が増せば、中国のもっとも深い精神的な基盤が脅かされるということであった。日本人に対する中国人の以前の民族的憎悪は、この両者がヨーロッパ人を知らなかった時には増幅したが、ヨーロッパ人を面前にしては親近二民族のこの敵意は内輪争いと化し意味を失っていった。ヨーロッパ人は赤の他人、ひたすら敵であって、彼らが力を増せば民族的自尊心は傷つけられるだけだった。ところが中国人は日本人の掌中に汎蒙古主義という甘い餌を見つけ、それは同時に、外面的西欧化の避けられえぬみじめな結末をもまざまざと証明していた。日本人たちはくり返し言うのだった。「わかってくれ、片意地な兄弟よ。我々が西欧の犬畜生めらからその武器を得るのは、武器に執着があるからではなく、その同じ武器で奴らを撃つためなのだ。もしあんたらが我々と手を結び、我々の実践指導を受けるなら、我々はすぐさまこの白い悪魔をわがアジアより追い出すばかりでなく、奴ら自身の国をも勝ちとって、全世界を支配する真の中華王国を築こう。あんたたちが自分らの民族的な誇りをもち、ヨーロッパ人たちを軽蔑しているのは正しいが、あんたたちはこの感情を、理性的な活動へと高めず、ただいたずらに夢想にとどめているにすぎない。この理性的な活動という点で我々はあんたたちに先んじており、だから共通の利益の道をあんた方に示さねばならないのだ。さもなくば自分の目で確かめたまえ、あんたたちの当然の友であり庇護者である我々に対して不信を抱いた自信過剰の政策が、あんたたちに何を与えたのかを。ロシアとイギリス、ドイツとフランスは、自分たちのあいだであんたたちの国を余すところなく分割してしまい、あんたたちの意気揚揚たる企ては竜頭蛇尾に終わってしまったではないか」。分別のある中国人たちはこれを道理とし、日本王朝はここに確固とした礎を築いた。

この王朝が最初に心掛けたのは、むろん強大な陸海軍の創設であった。日本の軍事力の大半が中国に移され、そこが新しい巨大な陸軍の正規中枢軍となった。中国語に堪能な日本人将校たちは、駆逐されたヨーロッパ人たちよりもはるかに上首尾に教官として働いたし、満州、蒙古、チベットを含む中国の無数の住民たちの中には、十分に役立つ戦闘力が発見された。はやくも日本朝廷出身の初代中国皇帝は、インドシナ全土を中華帝国に併合し、新帝国の軍備を巧みに駆使し、トンキンとシャムからフランス人を、ビルマからイギリス人を放逐した。彼の継承者は母方が中国人で、中国的な狡知と柔軟性にくわえ、日本的な精力性、敏捷、進取の気を兼ね備えていたが、中国領トルキスタンに四〇〇万の軍隊を動員、そしてこの軍隊はインドを攻略するため配備されたとの内報がツン・リ・ヤムィンからロシア大使に届いたまさにその時、中国皇帝はわが中央アジアに進軍し、当地の全住民を蜂起させ、急遽動員されたロシア軍がポーランド、リトアニア、キエフ、ヴォルィニ、ペテルブルグ、フィンランドから漸次駆けつけたにもかかわらず、迅速にウラルを越えて進撃し、ロシアの東部と中部の全土に自軍を氾濫させた。戦争の予備計画ができておらず、また敵の員数が圧倒的に優勢のため、ロシア軍はその勇猛さにもかかわらず、いたずらに名誉の戦死者の数を増すばかりであった。襲撃があまりに急速なため、必要な結集を行なう暇もなく、軍団は熾烈で絶望的な戦闘のすえ、次から次へと壊滅してゆく。蒙古人たちにもこの戦いは安くはつかなかったが、以前より満州国境に集結していた二〇万のロシア軍がその堅固な守備に阻まれ中国侵入に失敗するや、アジアのすべての鉄道網を占領して、その損害を容易に埋め合わせた。中国皇帝は、敵の新たな軍隊編成を防ぎ、また増大したパルチザン部隊を追撃するために軍勢の一部をロシアに残し、三軍を率いドイツ国境へ移動する。ここではすでに迎撃準備が整っており、蒙古軍の一隊を壊滅させた。ところがこのときフランスでは時代遅れの対ドイツ報復党が政権を掌握し、まもなくドイツ軍の背後に一〇〇万の敵の銃剣が出現するにおよぶ。四面楚歌のドイツ軍は、中国皇帝の提案した武装解除という面子のたつ条約をのむことを余儀なくされる。欣喜したフランス人たちは、黄色人と手を結び、ドイツ中に侵入し、まもなく軍規などすっかり廃れてしまう。中国皇帝は今や用済みの同盟者たちの皆殺しを軍隊に命じ、これは中国式に規則正しく実行される。パリでは sans patrie（無国籍者）の労働者たちの蜂起が起こり、西洋文化の都は東洋の支配者に嬉々としてその門を開く。好奇心を満たした中国皇帝はブローニュ沿岸に向け出発するが、そこには大英帝国に軍隊を派遣するための輸送船団が、太平洋から来た戦艦に護られて待機していたのである。しかし皇帝には資金が必要であり、そこでイギリス人たちは一〇億ポンドで自由を購った。一年後にはヨーロッパの国家は残らず中国皇帝に臣従の誓いをし、そこで彼は相当数の占領軍を欧州に残して東洋へと帰還し、今度はアメリカとオーストラリア遠征に着手しはじめる。

半世紀の間、ヨーロッパに新しい蒙古羈絆がつづく。内面的には、この時代はヨーロッパ理念と東洋理念がいたるところで混淆し、深く浸透しあい、古代アレクサンドリアの混合主義が en grand（大規模に）くり返された。生活の実際面では次の三つの現象が最大の特徴となっている。ヨーロッパ全土に中国と日本の労働者が大量に押し寄せた結果生じた、社会的経済的問題の著しい先鋭化。支配階級側が続行しているこの問題解決のための一連の弥縫策《びほうさく》。そして、蒙古人追放とヨーロッパの独立の回復をめざす広範な全ヨーロッパ的陰謀を企てている秘密社会組織の、伸展する国際的活動。地方の国民政府も参加したこの大規模な陰謀は、中国皇帝代理政府の統制下にもかかわらず、可能な限り巧妙に準備され、輝かしい成果をおさめたのである。

定められた日時に、蒙古兵殺害とアジア人労働者に対する迫害と追放が開始された。ヨーロッパ軍の諜報兵が全地域に出現し、かねてより作成済みの綿密な計画にのっとり全土にわたる動員がなされた。偉大な征服者の孫にあたる新しい中国皇帝は急遽中国からロシアに駆けつけたが、この地で彼の雲霞のごとき大軍は全ヨーロッパ軍によって完膚なきまでに粉砕された。追い散らされた残りの軍はアジアの奥深くに逃げ戻り、ヨーロッパは解放されてゆく。半世紀にわたるアジアの蛮族への服従が、個々の民族的私利しか考えなかった国家間の分裂の結果生じたとすれば、偉大にして光栄あるこの解放は、全ヨーロッパ住民の団結力を国際的に組織することによって成し遂げられたのである。この明白な事実の当然の結果として、個々の国家の古い伝統的機構はどこでもその意義を失ってゆき、またほとんどの所で旧い君主制の最後の名残が消えていった。

二一世紀のヨーロッパは、多かれ少なかれ民主主義国家同盟、すなわちヨーロッパ連邦なのである。蒙古襲来と解放戦争のためいくらか遅れていた物質文化は、再び急速な進歩を遂げはじめた。一方、内的意識の問題——生と死、世界ならびに人間の最終的な運命に関する問題は、新しい生理学や心理学上の研究や発見によって複雑で錯綜したものとなりはしたが、依然として解決されてはいない。ただ一つ明白になっているのは、理論的な唯物論が決定的に崩壊したという重要な否定的結果である。跳躍する原子の組織に関するものとしての宇宙観念、物体のごく微細な変化の機械的集積の結果としての生命観念——このような考えにはもはや一人の思想家も満足はしない。哲学的幼児期にあたるこの段階を人類は永遠に乗り越えたのだ。しかし、人類が素朴で本能的な信仰という幼い能力をも凌駕したことも、また他面では明白になっている。無から世界を創造した神等々というような考えは、もはや小学校でさえ教えるのをやめている。この種のテーマに関してはある共通の高水準の観念が編み出され、いかなるドグマチズムもこの水準よりも低いものとなることはできない。思想家の大半は完全に無信仰のままなのだが、一方少数の信仰者は全員が必然的に思想家にもなり、聖使徒の「知恵においては幼な子となるなかれ、心においては赤子となれ」（コリント人への第一の手紙一四章二〇節の改作？——訳者）との命令を実行している。

当時、少数の信仰をもった唯心論者のあいだに、衆に穎脱《えいだつ》した一人の人物が現われ——多くの者は彼を超人と呼んでいた——、彼は知恵においても心においても、ひとしく幼な子からかけ離れていた。まだ若かったが、卓越した天稟ゆえに、三三歳までに偉大な思想家、作家、社会活動家として広くその名を轟かせた。自分自身の中に偉大な霊の力を自覚している彼は、つねに自信に満ちた唯心論者であり、その明晰な知恵はたえず彼に、信じねばならぬ真理、すなわち善、神、メシアを指し示していた。彼はこの真理を信じていたが、愛していたのはただ自分だけであった。神を信じていたが、心の底では本能的に無意識裡に神より自分の方を重んじていた。彼は善を信じていたが、すべてを見透す永遠者の目には分っていた、この男は、心の欺瞞、劣情、権力の甘い好餌によらなくとも、ただ際限のないその自尊心を利用して買収しさえすれば、悪の力に跪くであろうと。しかしながら、この自尊心は本能的な衝動でも無知な欲望でもなかった。ぬきんでた天稟、美貌、高貴さ以外にも、自制、無欲、活動的な慈善といった性格の最大限の発揮が、この偉大な唯心論者、禁欲主義者、博愛家の人並み外れた自尊心を一見正当なものにみせていた。そして、あまりに神の賜物に恵まれすぎていると云っていかに彼を咎めようと、彼はその天稟のうちに天から彼に与えられた特別の恩寵のしるしを見て、自分を神に次ぐもの、出自の点では神の一人子であると考えた。一言で云うと、彼は、自分を実際にキリストであるとみなしたのだ。ところが、自分の至高の価値に対するこの自覚は、実際には彼のなかでは、神と世界に対する道徳的義務としてではなく、他の人々や、何よりもキリストに比する自分の優越性と特権として定着した。彼は最初はイエスにも敵意は抱いていなかった。イエスのメシア的使命と価値を認めていたが、しかし彼はイエスを最も偉大な自分の先駆者にすぎぬと本気でみなしていた——自尊心でくもらされた彼の知恵では、キリストの道徳的苦行とその絶対的唯一性が解らなかったのだ。彼は次のように判断していた。「キリストは自分よりも前にやってきた。私は二番目だ。しかしそもそも時間において後に登場するものこそが、本質的にはより一義的なものなのだ。私は歴史の終わりに最後の者として来ている。なぜなら私は完全なる最終的な救世主なのだから。あのキリストは私の先触れなのだ。彼の使命は私の出現を予告し準備することだったのだ」。そして二一世紀のこの偉人は、この考えで福音書の再臨の記事をすべて自分に適用し、この降臨はあのキリストの再来ではなく、先駆者のキリストに最後のキリストつまり彼自身が入れ替わることとなのだと説明するであろう。

この段階では、この未来人はまだそれほど異色で独創的なものを示しているわけではない。キリストと自分との関係を同じように見た者にたとえばマホメットがいるが、彼は誠実な人で悪企みという点ではいささかも非難できない。

一方この男においては、キリストより自分の方が勝れているという自尊心が、さらに次のような考えによって正当化されることとなろう。「キリストは宣教し、その生涯に道徳的善をあらわすことで、人類の矯正者となったが、私は、矯正された人類も矯正されない人類も、どちらの部分にとっても施恩者として召命されているのだ。私は万民に必要なものすべてを与えよう。キリストは、モラリストとして人々を善と悪とに分けたが、私は善人にも悪人にもひとしく必要な恵みを授け、両者を一つにしよう。神は善人の上にも悪人の上にも太陽を昇らせ、義人の上にも邪まな人の上にもひとしく雨を降らせる。その神の真の代理人に私はなろう。キリストは剣をもたらしたが、私は平和をもたらそう。彼は最後の審判によって世を威嚇した。しかしこの私が最後の審判官となろう。そして私の裁きは単なる正義の裁きではなく、憐れみの裁きともなるだろう。私の裁きには正義もあるだろうが、それは報復するための正義ではなく、分配するための正義なのだ。私は万民を識別し、一人ひとりに彼が必要とするものを与えよう」。

しごく素晴らしい気分で彼は、人類の新たな救済の事業へと彼を呼び寄せるはっきりとした神の声の類を、自分が神の長子、いとし子であるという明白で驚嘆すべき証拠の類を待ち望む。待ち望みつつ彼は、自分の超人的な美徳と天稟を――これこそ、いわゆる道徳的に無欠で並外れた才をもった人だと――意識することで、そのエゴイズムを培ってゆく。

この傲慢な義人は、人類の救済を始めるための天からの裁可を待っている――そして待ちきれない。彼はすでに三〇の峠を越え、さらに三年が過ぎようとしている。そして突然次のような考えが脳裏に閃き、熱い戦慄となって骨の髄まで刺し貫く。「だがもしも？…ひょっとして私ではなく、あの…あのガリラヤ人が…ひょっとして彼は私の先触れではなく、正真正銘の、最初にして最後の人なのか？　だがそれなら彼は生き続けてなきゃならないはずだ…彼はいったいどこだ？…ひょっとして彼が私のところに…今、ここに…来るとしたら…私は彼に何と言おう？　私は、最後の愚かなクリスチャンとして彼の前に跪き、ロシアの百姓のように何か無意味にもぐもぐ言わねばならぬだろう、主よ、イエス・キリストよ、罪深きわれを憐れみたまえと――それともポーランドの老婆のように這いつくばらねばならぬのか？　いや、私は輝かしい大天才だ、超人だ、いやだ、絶対にいやだ！」　そしてこの時、神とキリストに対する以前の冷静で理性的な尊敬の気持に代わって、その心の中に、まず何ともいえぬ恐怖が、ついで全身をギュッと締めつけるような灼熱した嫉妬と魂を握り掴むような凶暴な憎悪が兆し募ってくる。「私だ、奴でなく私なのだ。奴は生きちゃいない、今も将来も生きちゃいない。復活せざりき、復活せざりき、復活せざりき！　朽ちた。墓の中で朽ちた、そのまま朽ち果てた…」。

そして口から泡をふき、ひきつけたように跳ね、家から庭からとび出して、森閑とした闇い夜のなか、岩道を走ってゆく…凶暴な心は鎮まり、代わってこの岩のように乾いて重く、この夜のように陰鬱な絶望が彼をとらえた。彼は絶壁の縁にたたずみ、遥か下方、岩にぶつかる激流の暗い響きに耳を傾けた。耐えがたい憂愁が彼の胸を締めつけた。突然心の中で何かが揺らいだ。「あの人を呼び求め、どうしたらよいか訊ねるべきか？」闇のなかに柔和で悲しげな像が浮かんだ。「あの人は私を憐れんでいる…いや、断じて違う！　彼は甦らなかった、復活しなかった！」そして彼は断崖から身を投げた。しかし、弾力ある水柱のような何かに支えられ、電圧に触れたような衝撃を感じるや、何かある力によって元に抛り返された。彼は一瞬気を失ったが、ふと気づくと、崖ぶちから数歩離れた地面に跪いていた。彼の前にはおぼろな燐光に照らされて人影が浮かび上がっており、その雙つの眸が、耐えられぬような鋭い光で、彼の心を射貫いていた…。

射貫くようなこの雙眸が彼の目に映り、心の中からでもなく、外からでもなく、いずこからか、まるで押し潰されたような、それでいながら明瞭な、蓄音機さながらに金属的な暗いおそろしい声が響いてくる。この声が彼に告げる。「わがいとし子よ。いつだって俺はおまえを寵愛しておる。なぜおまえは俺を求めなかったのだ？　なぜあんな嫌な奴とその父親などを敬っていたのだ？　俺は神で、おまえの父なのだ。ところがあいつは乞食で磔になった――俺やおまえには縁のない奴なのだ。俺にはおまえのほかに息子がない。おまえは俺の血をひいたたった一人の息子なのだ。俺はおまえを愛しており、おまえに何も求めない。おまえはこよなく美しく、偉大で強い。俺のためではなく、おまえのためにおまえの仕事をするがよい。俺はおまえを妬みはせぬ。俺はおまえを愛している。俺はおまえからは何も要らぬ。おまえが神だと思っていた奴は、自分の息子に服従を、それも十字架の死にまでいたる無限の服従を要求し、しかも十字架上の息子を助けなかったのだ。俺はおまえに何も求めず、おまえを助けよう。おまえ自身のために、おまえの生来の長所や優秀さのために、そしておまえに対するこの俺の純粋で無欲な愛ゆえに――俺はおまえを助けよう。俺の霊を受け入れるがよい。むかし俺の霊がおまえを美のうちに産んだように、今度はおまえを力のうちに産み出そう」。未知なる者のこの言葉とともに超人の口は思わず開き、射貫くような雙眸が彼の顔のすぐそばに近寄ってくるや、鋭い氷の流れが身体の中に注ぎ込まれ全身に充満したのを彼は感じた。と同時に彼は、未曾有の力、雄雄しさ、軽やかさ、そして歓喜に満たされた。この刹那、煌く人影と雙つの眸は忽然と消え去り、何かが超人の身体を地上から持ち上げ、彼の邸内の玄関前にどさりと降ろした。

翌日、訪問客ばかりでなく、召使までもが、彼の異様な、何か霊感にでも満たされたような様子に目をみはった。しかし、書斎に閉じ籠り、超自然的スピードで軽快に、『全世界の平和と安寧への開かれた道』と題された例の名著を執筆している彼の姿を目にできたならば、もっとびっくりしたことであろう。

この超人の今までの著作や社会活動に対しては厳しく批判する人もいたが、もっともこれは大半が特に宗教的な人々であって、それゆえ何の権威も有さず、――私は反キリスト到来当時のことを語っているのだ――だから、この「来たるべき人」の書き語ってきたすべての中には真の素朴さや簡潔さ、誠実さが欠けており、ひときわ際立った、はりつめた自尊と自惚れの兆しが見られると指摘しても、彼らに耳を傾ける者は少なかった。

しかしこの新しい著作によって彼は、以前に自分を批判し敵視していた若干の人たちさえも味方に引き込むことになろう。断崖での珍事のあと脱稿されたこの書物は、以前の彼には見られなかった天稟の力を示すことであろう。この書は、あらゆる矛盾を包み込み和解させる何ものかとなろう。そこでは、古代の伝承やシンボルへの崇高な敬虔の念と広範で大胆でラジカルな社会的政治的要求や指令が、思想の際限ない自由とあらゆる神秘的なものへのこよなく深い理解が、絶対的な個人主義と公共の福祉への熱い心酔が、そして最も高邁な理想主義的指導原理と完全に確固として生き生きとした実践的解決が一つに結びついている。こういったものすべてが天才的な巧みさで統一結合されているので、いかなる偏向的な思想家や活動家でも、真理そのもののために何も犠牲にすることなく、真理のために現実におのれの自我を超克もせず、自分の一面性をいささかも実際には否定せず、一点たりともおのが見解の過ちを訂正せず、その欠点を何によっても補填せずに、そのまま自分の個人的な狭い視野から容易に全体を見てとり、受容できるようになるだろう。この驚くべき書物は、ただちにすべての文明国と若干の後進国の言語に翻訳されるであろう。世界中の何千という新聞が一年中、この書の出版広告と批評家たちの賛辞で紙面を埋めつくすだろう。著者の肖像入りの廉価版が数百万部頒布されることとなろう。そして全文化世界——当時はこれは地球全体とほぼ同意語となっていよう——に、この比類ない偉大な唯一者を誉めたたえる声が満ちるだろう。この書に異を唱える者は一人もおるまい。それは誰にとっても完璧な真実の啓示のように思われるだろう。この書物では、いっさいの過去が完全に公平に扱われ、いっさいの現在が無私の全面的視野で評価され、そしてより良き未来がまざまざと手にとるように現在に引き寄せられることだろう。だからすべての人が云うだろう「これこそ我らに必要なそのものだ。これこそユートピアでない理想だ。これこそ空中楼閣でない企てだ」と。そしてこの奇跡の作家は、万民を魅了するばかりでなく、万民に受入れられ、このようにしてキリストのことばは成就されるであろう。

「わたしは父の名によってきたのに、あなたがたはわたしを受けいれない。もしほかの人が彼自身の名によって来るならば、その人を受けいれるのであろう」（ヨハネによる福音書五章四三節—訳者）まったくもって、受けいれられる《プリニャートイ》ためには、心地よく《プリヤートヌイ》なければならないのだ。

確かに若干の敬虔な人々は、この書を絶賛しつつも、なぜここには一度もキリストへの言及がないのかとちょっと訝るだろうが、他のキリスト教徒たちが反論しよう。「結構じゃないか！　聖なるもののいっさいが、過去の世紀にあらゆる分不相応な狂信者によって使い古されちまったので、深く宗教的なこの作家は、いまやきわめて慎重にならざるをえないのだ。それにこの書の内容が、行動的な愛とすべてを包み込む博愛という真にキリスト教的な精神で貫かれているのだから、これ以上何が要るのだ」。そして全員がこれに同意するのである。

今までに世に出たすべての人々の中で最大の人気をこの著者に贏《か》ちえさせた『開かれた道』が公刊されてまもなく、ベルリンでヨーロッパ国家連邦の国際組織会議が開催されることになっていた。蒙古羈絆からの解放に引続いて勃発し、ヨーロッパの地図を著しく変えた一連の対外戦争と内戦のあとで創立されたこの連邦は、いまや国家間ではなく、政治的社会的党派間の紛争の危機にさらされていた。フリーメイソンの強力な結社に属していたヨーロッパ共通政治のボスたちは、共通の執政権力の不足を痛感していた。大変な努力を払って獲得したヨーロッパの統一は、いつまた崩れるかわからなかった。連邦評議会でも世界常任委員会（Comité permanent universel）でも、事態に精通している真正のメイソン員がすべての部署を占めるわけにはゆかず、そのため、全会一致の合意は得られなかった。常任委員会の独立メンバーが勝手ばらばらに協定を結び、新たな戦争が起こる惧れがあった。そこで「事態に精通している人々」は、充分な権能をもつ個人政権の樹立を決定した。

結社の秘密会員であるあの「来たるべき人」が有力な候補者となった。彼は世界中にその名を知られている唯一の人物だった。プロの砲兵であり大資本家でもある彼は、金融家や軍人のサークルと随所で深い親交を結んでいた。もっと文明の遅れていた他の時代なら、彼に反対して、その出生が深い闇に覆われているという事情が問題になったかもしれない。彼の母は、放埒な女で、南北両半球で浮き名を流していたし、彼の父親とみなされるに足る理由をもったあまりにたくさんのさまざまな人物がいた。もちろんこれらの事情は、最期を迎えざるをえぬほどに進歩を遂げた世紀には、何の意味ももちえなかった。

「来たるべき人」は、ほとんど全員一致でヨーロッパ連邦の終身大統領に選出された。彼が、超人的な若々しい美と力を燦燦と輝かせつつ演壇に登場し、霊感に満ちた雄弁な言葉で一般綱領を説明しおえるや、魅了され恍惚となった総会は興奮の坩堝のなかで、ローマ皇帝という最高の栄誉を、無投票で彼に授けることを決めた。万場の歓呼のうちに会議は幕を閉じ、この偉大なる選ばれし人はマニフェストを発布した。それは「世の民たちよ！　余は汝らに余の平和を授けよう！」と始まり、「世の民たちよ！　約束は成就された！　全世界にわたる永遠の平和が保障されている。この平和を侵害しようというあらゆる試みは、即座に不屈の抵抗を蒙るであろう。なぜなら、今からはこの世には唯一の中枢権力のみが存在するのであり、独立したものだろうと集結したものだろうと、他のいかなる権力よりもそれは強大なのだからである。何ものたりともこの権力を打ち破ることはできない。すべてに勝るこの権力は、ヨーロッパから全権を授けられて選ばれた余、ヨーロッパのすべての諸権力の皇帝たる余に属している。ついに国際法は、今日までそれに欠けていたサンクションを有するのである。今後は余が平和を唱えているかぎり、いかなる列強といえども戦争を主張することはできぬ。世の民たちよ、汝らに平和を！」と終わっていた。

このマニフェストは期待どおりの効果をあらわした。ヨーロッパ以外でもいたる所で、殊にアメリカで、強力な帝国主義政党が組織され、さまざまな条件のうえに自国を、ローマ皇帝統治下のヨーロッパ連邦に併合させた。まだ独立を保っていたのは、アジアとアフリカに点在する種族や国家ぐらいであった。皇帝は、少数ではあるが選りすぐった、ロシア、ドイツ、ポーランド、ハンガリー、トルコの軍よりなる軍隊を率いて、東アジアからモロッコまで遠征し、大した流血もなく、非服従国をことごとく征服する。彼はアジアとアフリカのすべての国に、ヨーロッパの教育を受け、皇帝に忠誠を誓った土着の王侯を総督として置く。驚嘆し魅了させられたあらゆる異教国の住民たちは、彼を最高神として誉めたたえる。一年で、正真正銘の全世界君主政体の基礎が固まる。戦争の芽は根元からつみとられた。全世界平和連盟は最後の召集を行ない、偉大な平和創造者に対して感激の頌辞を呈すや、存続理由なしとしてこれを解散した。

　自己の治世の最初の年頭に、ローマならびに全世界の皇帝は、新しいマニフェストを発布する。「この世の民たちよ！　余は汝らに平和を約束し、それを授けた。しかし平和は安寧があってはじめて美しい。平和のもとで貧困の不幸に脅かされている者には、その平和も喜びではない。飢えと寒さに悩むすべての者よ、今すぐに余のもとに来るがよい、余は汝らを満腹させ、暖めよう」。ついで彼は簡単で総花的な社会改革案を公表するが、すでに彼の著書の中でその草案は述べられており、あらゆる高潔で真面目な知識人たちを魅了していた。全世界の財政と巨大な不動産を手中に収めた今、彼はこの改革案を貧者の望みどおりに、また富者からも表立った憤激をかうことなく実施することができた。すべての人はその能力によって評価され、そしてあらゆる能力はその勤労と功労によって評価されるようになった。

　新しい世界支配者は何よりも慈悲深い博愛主義者《フィロアントロープ》であって、――そして博愛主義者のみならず、動物愛護主義者《フィロゾーイ》でもあった。彼自身が菜食主義者であって、生体解剖を禁止し、屠殺に厳しい規制を設け、動物愛護協会を全面にわたり奨励した。これらの瑣末事よりももっと重要なのは、もっとも根本的な平等――万民が満腹する平等が全人類に確立されたことである。治世二年目にこのことが成就した。社会問題経済問題は究極的に解決された。しかし餓えている者には満腹することが第一の関心事だが、満腹した者は何か他のものをほしがるものである。

　普通、飽食した動物ですら、眠るだけでなく、遊びもしたがる。post panem（食後）つねに circenses（見世物）を求めてきた人類にとってはなおさらのことである。

超人皇帝には彼の群衆に必要なものが解るであろう。この時、極東からローマの彼のもとに偉大な魔術師が、奇怪な史譚と野蛮なお伽噺の陰鬱な雲に包まれ、やって来るであろう。ネオ仏教徒たちのあいだに流布している噂によると、彼は、太陽神スーリヤとどこかの河のニンフとのあいだに生まれた神的な出自の者となろう。

名をアポロニイというこの魔術師は、半分アジア、半分ヨーロッパの血が混じった疑いもない天才で、**in partibus infidelium**（異教国における）カトリック司教であって、自分の中で、西洋科学の最新の成果と技術面での応用の習得を、東洋の伝統的な神秘学中の実際に奥深く重要なものすべてを利用する知識と能力に、驚くべきふうに結びつけるであろう。このような結合の結果は驚嘆すべきものであろう。なかでもアポロニイは、空中の電気を意のままに引き寄せ放電するという、半科学的半魔術的な技術にまでゆきつき、人々に天から火を降らせる男と言われるであろう。さまざまな未曾有の不思議によって群衆の度肝をぬきはしたが、それでもまだ彼は自分の力を何らかの特殊な目的のために悪用するまでには至らぬであろう。かくしてまさにこの男が、偉大な皇帝のもとを訪れ、真の神の子としてこの皇帝に跪き、東方の諸神秘書の中に、最期の救世主ならびに万有の審判者としてのこの皇帝に関する予言が見出されたと言明し、彼のために自分の身およびそのいっさいの技術を捧げようと申し出てしまうのである。彼に魅せられた皇帝は、天よりの賜物として彼を採用し、華麗な法衣を着飾らせ、もはやこれ以降彼と片時も離れることはなくなるであろう。かくして君主の恩に与った世の民たちは、万民の平和と万民の満腹のほかに、種々さまざまなびっくりする奇跡としるしとをたえず楽しめるようになるだろう。超人の治世の三年目は終わった。

政治問題と社会問題が順調に解決したあと、宗教問題が起こってきた。皇帝自らが、何よりもキリスト教との関係で、この問題を惹き起こしたのだ。当時キリスト教は次のような状況にあった。その構成員の著しい減少下に――地球全体で四五〇〇万人以下になっていた――、道徳的にはきりっと引き締まり、量の点で失われたものを質において獲得していた。キリスト教に対して何ら霊的な関心をもって結びついていない人々は、もはやキリスト教徒には数えられなくなっていた。いろいろな宗派もかなり平均して構成員を減らしていたため、宗派相互のあいだではおおよそ以前どおりの数的関係が保たれており、それら相互間の感情に関していえば、その敵意は完全な和解にはいたらぬにせよ著しく緩和され、対立も以前の鋭さをなくしていた。

教皇庁はすでにずっと以前にローマから追放され、方々を放浪したあげく、当市でも国内でも宣教を抑制するとの条件下に、ペテルブルグに安住の地を見出した。ロシアで教皇庁は著しく簡素化された。本質的に不可欠な機構やオフィスは変えぬまま、教皇庁はそれらの活動の性格を霊的なものとし、またその華麗な儀典や儀礼を最小限に簡素化せざるをえなかった。多くの奇妙で扇情的な習慣は、形式上はまだ廃止されてはいないが、おのずから用いられなくなった。その他のあらゆる国、なかんずく北アメリカには、カトリックの聖職階級の中に堅固な意志と不屈の精力、不羈の精神をもった多くの代表者たちがおり、以前にもましてカトリック教会の団結を強化し、教会のためにその国際的宇宙的意義を維持していた。

プロテスタンチズムに関しては、ドイツが先導しつづけており、とりわけイギリス国教会の大半がカトリック教会と合同したあとは、その極端に否定的な伝統から純化され、伝統の支持者たちは公然と宗教的無関心や無信仰へと移行した。福音派教会には本物の信仰者しか残らず、広い学識と深い信仰心、ならびに古代キリスト教の生活様式を自分たちのあいだに復活させようという、いやましに募る志向とを結びつけていた。

ロシア正教は、一連の政治的事件によって教会の公式的立場が変化したあと、名目上の贋教会員を何百万人も失いはしたが、代わりに古儀式派教徒さらには肯定的宗教傾向のたくさんのセクト信者の良質な部分と連結する喜びを味わった。新生したこの教会は、数の点では増加しなかったが、霊の力においては成長しはじめ、とりわけ、民衆と社会のあいだで増加した、デモーニシュで悪魔的な要素と無縁でない過激派セクトとの内部闘争において、その力を示した。

新先ごろの一連の革命や戦争に愕然としかつ疲弊したすべてのキリスト教徒たちは、新しい治世の最初の二年間は、新しい君主とその平和的な諸改革に、一部は好意的な期待を抱き、一部は完全な共感や、さらには熱烈な歓喜をもって応じた。しかし三年目に大魔術師が登場するや、多くの正教徒、カトリック教徒、福音派教徒のあいだに由々しき危機感と反感が起こりはじめた。この世の王と反キリストについて語られた福音書や使徒書簡のテキストがより注意深く読まれ、活発に註解されだした。このような若干の兆候にかんがみ、皇帝は迫りくる脅威を察知し、迅速に事態を解明しよ

う と決意した。

統治四年目の年頭彼は、宗派の別を問わず全ての信仰深いキリスト教徒にマニフェストを発布し、自分を議長とする全地公会に、全権代表者を選出ないし任命するよう呼びかけた。この時皇帝の官邸はローマからエルサレムに遷された。パレスチナは当時自治区であり、主としてユダヤ人たちが居住し支配していた。エルサレムは自由都市であったが、この時点で帝都となった。キリスト教の聖跡はそのまま残されたけれども、一方ではビルケット・イスラインと現在の兵営から、他方ではエリ・アクス回教寺院と「ソロモンの厩舎」までのハラム・エシ・シェリフの高台全体に、一つの巨大な建造物が築かれ、その中には、二つの古い回教小寺院以外に、あらゆる信仰を統一するための広大な「帝国」神殿、および図書館、博物館、魔術の実験と練習用の特殊施設が付随した二つの華麗な宮殿が設置された。

神殿と宮殿が折衷されたこの建物の中で、九月一四日に全地公会が開催されることになった。福音派には本来の意味での聖職階級がなかったので、キリスト教全宗派の代表に一定の同等さを与えるようにとのカトリックならびに正教聖職者団の上奏に応じて、信仰心と教会業務への献身で名を知られた若干数の平信徒が会議への参加を許された。だが平信徒が許される以上、修道司祭や在俗司祭のような下位聖職者も除外するわけにはいかなかった。このようにして公会議メンバーの全体数は三〇〇〇人を超え、またほぼ五〇万人のキリスト教巡礼者たちが、エルサレムおよびパレスチナ全土に洪水のように溢れた。

公会議メンバーのうち特に傑出していたのは次の三名であった。まず教皇ペトロ二世で、公会議のカトリック側の公式の長であった。彼の前任者が公会議へ向かう途上で死去し、ダマスコでコンクラーベがもたれ、枢機卿シモン・バリオニナが全員一致で選出され、ペトロの法名を受けたのである。彼はナポリ地方の平民出身で、ペテルブルグとその周辺にのさばり正教徒ばかりでなくカトリック教徒をも誑《たぶら》かしていたある悪魔主義セクトとの闘いで多大な功をあげたカルメン修道会伝道師として名を馳せた。モギリョフ大司教についで枢機卿となった彼は、つねづね教皇の後任者と目されていた。齢は五〇歳くらい、太り肉《じし》に中背、太い眉に鉤鼻の赤ら顔の男であった。彼は情熱的でひたむきな人物で、熱をこめ身振り大きく語っては、聴衆を説得する以上に魅了するのであった。この新しい教皇は、全世界君主に対し不信と反感をあらわにしており、とりわけ公会議に向かっていた故き教皇が皇帝の強請に屈し、皇帝侍従にして世界的大魔術師である異国風司教アポロニイを枢機卿に任命してからというもの、その気持を強めていた。ペトロは、この男を疑わしげなカトリック教徒であり、疑いないペテン師だと考えていたのだ。

非公式にせよ実質的な正教会の指導者は、ロシア民衆のあいだにその名を轟かせているヨアン長老であった。公式的には彼は「引退」主教に列せられていたが、修道院などには籠らず、たえずあらゆる地方を遍歴していた。彼に関しさまざまな噂が飛び交っていた。ある者たちは、フョードル・クジミチ[1]、すなわち今から三世紀ほど前に生まれた皇帝アレクサンドル一世が甦ったのだと断言していた。またある者たちはさらに遡り、これこそ長老ヨハネ[2]つまり使徒ヨハネであり、不死の身だったのが、最期の時に臨み公然と姿を顕わしたのだと主張していた。彼自身は自分の出自や青年時代のことは何も語らなかった。今ではたいへん老齢だが、矍鑠たる老人で、巻毛と顎鬚は黄ばみ青味を帯びてさえいて、長身痩躯だが、頬はふくぶくしく微かに薔薇色を帯《お》き、瞳はいきいきと輝いて、話し振りや顔つきには感動的なまでに善良な表情が浮かんだ。彼はいつも白い聖衣と修道マントを着ていた。

公会議の福音派メンバーの長には、碩学のドイツ人神学者エルンスト・パウル教授がなった。この人は、広い額に尖った鼻の、顎をきれいに剃りあげた、痩せこけた低背の老人だった。彼の眼に特徴的なのは、激しくかつ温厚な一種独特の眼差であった。彼は始終手を揉み、頭を揺すり、怖いほどに眉を寄せ、唇を突き出した。その際には、眼を輝かせ、陰鬱にとぎれとぎれの片言を発するのだった。**So! nun! ja! so also!**（さよう、うむ、さよう、さよう）と。彼は、白いネクタイを締め、何か勲章のようなものをつけた裾の長い牧師用のフロックコートを厳かに着ていた。

公会議の開会式は印象的だった。「すべての信仰の統一」に献げられた巨大な神殿の三分の二には公会議メンバーのためのベンチやその他の座席が設けられ、三分の一は高いステージで占められ、ステージ上には皇帝玉座と、それより少し低いもう一つの玉座、偉大な魔術師——彼は枢機卿にして王室官房長でもある——の玉座のほかに、背後に、大臣や側近、宮内官らの肘掛椅子が数列並び、またその脇には用途不明のさらに長い複数列の肘掛椅子があった。コーラス隊の上方にはオーケストラが位置し、隣の広場では礼砲をうつために二連隊の近衛兵と砲兵隊が整列した。公会議のメンバーたちはすでにいろいろな教会で自分たちの礼拝を済ませたので、開会式は完全に世俗風に行なわれるはずであった。皇帝が大魔術師や随員を伴って入場するや、オーケストラも国際帝国国歌「統一せる人類のマーチ」を奏ではじめ、公会議の全メンバーは起立して、帽子を振りつつ、大声でVivat! Ура! Hoch!（万歳！――ラテン語、ロシア語、ドイツ語）と三唱した。

皇帝は玉座の傍らに立ち、上機嫌で手をさし伸ばすや、よく透る心地よい声で言った。「あらゆる宗派のキリスト教徒諸君！　わが愛する臣民にして兄弟たる諸君！　至高なるものがかくも奇しき栄えある御業をもって祝福したもうた余の治世の当初より、余は一度たりとも汝らに不満をおぼえるいわれを見出さなかった。汝らはつねに信仰と良心に従っておのが務めを果たしてきた。しかし余にとってはそれでは足りない。愛する兄弟諸君、汝らに対する余の衷心からの愛が互いの愛を渇望しているのだ。汝らが義務感からではなく、衷心からの愛によって、余のことを、人類の福祉のためになされているあらゆる事業における汝らの真のリーダーであると認めてほしい。そうしたら余は汝らに、万民のためになしている以外の、特別の恩恵を与えたく思う。キリスト教徒諸君、どうしたら汝らを喜ばせることができようか？　わが臣民としてではなく、信仰を同じくするわが兄弟として、汝らに何を与えたらよいのか？　キリスト教徒諸君、教えてくれ、汝らにとってキリスト教の中で一番尊いもの、余がそのために力を注ぎうるような尊いものとは何なのだ？」

そこで彼は口を閉ざし待った。神殿中に鈍いどよめきが起こった。公会議のメンバーたちはひそひそ囁きあっていた。教皇ペトロは周囲の信徒達に、熱心に手振りをまじえ、何ごとかを説いていた。パウル教授は頭を振り、激しく舌を鳴らしていた。ヨアン長老は、東方教会主教とカプチン修道会修道士に、身を屈めて小声で何かを話しかけていた。

皇帝は数分間待ち、同じ優しい口調で公会議に語りかけたが、そこには辛うじてそれとわかる皮肉な調子が響いていた。「親愛なるキリスト教徒諸君、汝らにとって率直に単一の答えを出すことが難しいことは承知している。この点でも余は汝らを助けたい。不幸にして汝らは、大昔からさまざまな宗派や分派に分裂してしまったので、おそらく共通に切望する一つのものがないのであろう。だが、もし汝らが相互に一致できぬとしても、余は、汝らのすべての宗派の全部に同じ愛を示し、それぞれの宗派の真実の希求をひとしくかなえる準備がある旨を知らしめ、そのことでそれらすべての宗派を一致させたいと願っている。――親愛なるキリスト教徒諸君！　余は知っている、汝らのうち多数にして末端にあらざる者たちにとって、キリスト教で一番尊いのは、その法的代表者たちに与えられている霊的権威である――むろんそれは彼ら個人の利益のためではなく、共通の福利のためにであるのだが――ということを。なぜなら、この権威の上に正しい霊的秩序と万民に欠かせぬ道徳的規律が築かれているからである。親愛なるカトリック教徒の兄弟諸君！　ああ、余には汝らの考えがよく解るし、余自身が何とかして汝らの霊的首長の権威にわが国を凭せ掛けたいと願ってきたのだ！　これが空世辞や空言ととられることのないように、ここに厳かに宣言する。わが専制の意志により、今日より以降、全カトリック教徒の至上司教すなわちローマ教皇は、コンスタンティヌス大帝よりはじまるわれらが先祖たちによって曾て賦与されたすべての権利ならびにこの呼称と法座の特典を伴い、ローマにおいてその玉座に復帰せるものとする。その代わり余は、汝ら、カトリック教徒の兄弟たちに、余を汝らの唯一の庇護者であり後見者であると衷心より認めるべく求める。誠心誠意余をかようなる者とこの場で認める者は、余のもとへ来たれ」。そして彼はステージ上の空席を指し示した。カトリック教会の公侯、枢機卿、司教のほぼ全員と平信徒たちの大部分、それに修道士の半分以上が、**Gratias agimus! Domine! Salvum fac magnum imperatorem**（主よ、御身に感謝します。偉大なる皇帝陛下をお護りください）という歓びの叫びをあげながらステージに上り、皇帝の方向へ恭しく礼意を示すや、肘掛椅子に腰をおろした。しかし下方の公会議場中央には教皇ペトロ二世が大理石像のように微動だにせずに端然と坐しつづけていた。彼を取り巻いていたすべてはステージ上にあった。けれども下方に残った修道士と平信徒の疎らな群れが教皇のもとに移動し、堅い円陣をなし、そしてそこから圧し殺した囁きが聞こえてきた、**Non praevalebunt, non praevalebunt portae inferni**（悪魔の門といえどわれらを砕くことはできぬ）。

皇帝はびっくりして不動の教皇を見下ろすや、再び声を高めた。「親愛なる兄弟諸君！　汝らのあいだに、聖伝承、古い信経、古い聖歌と祈禱、イコンと奉神礼式をキリスト教のうちで最も尊ぶ人々がいることを余は知っている。そして事実、宗教心にとってこれ以上に尊いものがありえようか？　愛する人々よ、承知のとおり、今日余は定款に署名し、古代教会とりわけ東方教会のあらゆる遺物の蒐集研究保存のため、栄え高きわれらが帝都コンスタンチノーポリにおけるキリスト教考古学世界博物館に対する潤沢な手立てを講じたが、明日は、現代の生活様式、風習、習慣を聖正教会の伝承と規則に可能なかぎり近づけるために採るべき方策を余と共に審議する委員を、汝らのうちより選出していただきたい。正教徒の兄弟諸君！　余のこの意向が気に入り、衷心から余を自分たちの真の指導者、君主と呼ぶことのできる者は、ここへ上ってこられよ」。――すると東方と北方の正教会高位聖職者の大半、かつての分離派教徒の半数、正教の司祭、修道士、平信徒の半数以上が、歓声をあげてステージ上に上り、そこに誇らしげに着席していたカトリック教徒たちを横目で睨んだ。――しかしヨアン長老は動こうとせず、深い溜息をついていた。そして彼の周囲の群れがすっかり疎らになってしまうと、席をたち、教皇ペトロとその仲間の近くに移った。ステージに赴かなかった他の正教徒たちも彼に従った。

皇帝は再び口を開いた。「親愛なるキリスト教徒諸君、真理に対する個人的確信と自由な聖書研究をキリスト教で一番尊重している人々のことも、余は存じておる。これに関する余の見解を今さら述べる必要はあるまい。おそらくご存知と思うが、まだかなり若かりしみぎり、余は聖書批判に関する大部の著作を著した。それは当時若干のセンセーションを巻き起こし、余の名を知らしめるきっかけとなったものだ。そしておそらくこの件を記念してであろうが、先日チュービンゲン大学から名誉神学博士の学位を受けるよう要請がきた。余は、喜びと感謝をこめてこれに授かるむね返答するよう命じておいた。ところで今日余は、キリスト教考古学博物館とともに、あらゆる面からあらゆる方向で聖書を自由に研究し、かつあらゆる補助的学問を学ぶための世界研究所設立案に署名し、一五〇万マルクの予算を措置した。汝らのうち余のこの好意が心に適い、衷心から余を自分らの国家指導者と認める者はここへ、この新しい神学博士のもとへ来られよ」。そして、この偉大なる人物の美しい唇が何か奇妙な薄笑いで微かにひきつった。神学者たちの半分以上が、若干の躊躇と動揺を示しつつもステージの方へ移動した。全員が、まるで根が生えたように自分の席にじっと坐っているパウル教授の方をふり返った。彼は頭を低く垂れ、背を曲げてちぢこまっていた。ステージに上った神学者たちは狼狽した。ひとりが突然手を振り、階段を飛び越しまっすぐ落下すると、跛をひきひき、パウル教授と彼のもとに残った少数の人たちの方へと駆けだした。教授は頭を上げると、なにやら煮えきらぬ動きで立ち上がり、信仰を同じくする不動の人たちを伴い、空のベンチを通りぬけ、ヨアン長老と教皇ペトロのグループの近くに仲間とともに坐した。公会議の圧倒的部分、なかでも東と西の教会の高位聖職者のほぼ全員がステージ上にいた。下方に残っていたのは、ヨアン長老、ペトロ教皇、パウル教授の傍らにぴったり身を寄せ合い固まっている三つの人群れだけだった。

皇帝は彼らに向かって悲しげな口調で言った。「汝らのためにまだこのうえ何をなしえようか？　不思議な人たちだ！何を余から望んでいるのか？　わからぬ。汝ら、キリスト教徒諸君、多くの自分の兄弟たちと指導者から見捨てられ、国民感情により非難された人々よ、自身で余に告げてくれ、汝らにとってキリスト教で一番尊いのは何なのだ？」

ここでヨアン長老が白い蝋燭のように起ち上がると、穏やかに答えた。「皇帝陛下！　キリストご自身――彼ご自身と彼に因るいっさいのものこそが、わしらにとってキリスト教で一番尊いものですのじゃ。なぜなら、この方のなかに神が肉体をとって満ち満ちておわすことをわしらは知っておりますからじゃ。だが、陛下よ、もし陛下の恵み豊かなみ手のうちにキリストの聖なるみ手を認めることができさえすれば、わしらにも陛下からあらゆる恵みを受ける心づもりはありますのじゃ。そこで、わしらのために何をなしうるかとの陛下のご質問に率直にお答えいたします。肉をとりて来たり、復活し、再び来たりたもう神の子、イエス・キリストを、たった今この場で、わしらの前で告白してくだされ。その告白をしていただければ、わしらは愛をもって陛下を、キリストの栄えある再臨の真の先触れとして受け入れるでありましょう」。語り終えると長老は皇帝の顔を凝視した。

何か不吉なことが皇帝の身に起こった。彼の心の中には、あの運命的な夜に体験したのと同じ恐ろしい嵐が吹き荒れていた。彼はまったく精神の均衡を失っており、外見上の沈着さを失くさぬように、焦って正体を暴露せぬようにと、その一点に思いを集中させていた。荒々しい唸り声をあげて相手に飛びかかり、歯を剥き出し咬みつきださぬよう、超人的な努力をしていた。突然聞き覚えのあるこの世ならざる声が聞こえた。「黙っておれ、何も恐れるな」。彼は黙っていた。ただ血の気のない暗く沈んだその顔は全体が歪んでしまい、瞳からは火花が迸りでていた。一方、枢機卿の緋袍を覆う途方もなく大きな三色のマントに、全身を包んで坐っていた大魔術師は、ヨアン長老の発言のあいだ中、マントの下で何かの操作をしていたらしく、その眼は一点に集中して燃え、唇は顫えていた。

開け放たれた神殿の窓から、巨大な黒雲が襲ってくるのが見え、まもなくあたり一面が暗くなった。ヨアン長老は、驚き見張ったその瞳を無言の皇帝の顔から離すことなく凝視していたが、突然恐怖に駆られて跳びのくと、後を振り向き圧し殺した声で叫んだ。「みなさんよ——反キリストじゃ!」この刹那、耳をつんざく雷鳴とともに巨大な稲妻が神殿中に閃き、長老を覆った。瞬間いっさいが止まり、気を失ったキリスト教徒たちが我に返ったとき、ヨアン長老は屍となって横たわっていた。

青褪めてはいるが冷静な皇帝は、会衆に向かって言った。「汝らは神の裁きを見た。余は何びとの死も欲しなかったが、しかしわが天の父は、そのいとし子に代わって復讐をなされたのだ。事は決した。誰が神と争うであろうか? 書記官たちよ! 記録せよ。全キリスト教徒たちの全地公会は、神帝に愚かにも逆らった者が天からの火によって滅ぼされて以来、ローマならびに全世界の皇帝を、全員一致で自分たちの最高指導者かつ支配者として承認した」。

突然、大きな明瞭な一言が神殿中に轟きわたった。「**Contradicitur**(反対)」。教皇ペトロ二世が起立し、その顔を紅潮させ、全身を憤怒でわななかせ、皇帝の方向に笏杖を差し上げた。「われらの唯一の支配者は、生ける神の子、イエス・キリストである。だが汝が何者なのか——汝には分っていたはずだ。われらから去れ、弟殺しのカインよ! 去れ、悪魔の巣窟よ! 神のしもべたちのしもべたる我は、キリストのみ力により、汝、穢れたる畜生を、神の国より永遠に追放し、汝の父なるサタンへ委ねる! アナテマ、アナテマ、アナテマ!」彼が語っているあいだ、大魔術師はマントの下で落ち着きなく身体を動かしつづけ、最後のアナテマの宣告よりも大きく雷鳴が轟きはじめ、そしてこの最後の教皇は息たえた。

皇帝は「かくしてわが父のみ手により、わが敵はことごとく滅びるであろう」と宣言した。顫えあがった教会の公侯たちは「**Pereant, pereant!**(滅びるだろう、滅びるだろう)」と叫んだ。皇帝はきびすをかえすと、大魔術師の肩に捉まりつつ、自分の側の人々全員に伴われ、ステージの後の扉からゆっくりと退場した。神殿には二つの屍と、恐怖に生きた心地もないキリスト教徒たちの密集した一群がとり残された。

動じなかった唯一の人物はパウル教授であった。全体にみなぎる恐怖が、精神のあらゆる力を彼のうちに呼び醒ましたかのようであった。外見的にも変貌し、堂々とした霊感に満ちた容貌になった。決然たる足取りで彼はステージに上ると、空いた宮内官席の一つに腰をおろし、一枚の紙をとると、何か書き始めた。書き終えると起ち上がり、高らかに読み上げた。「唯一の救い主、われらの主イエス・キリストに栄光あれ。エルサレムに集いし神の諸教会の全地公会は、東方キリスト教の代表、至高の福者たるわれらの兄弟ヨアンが、大詐欺師にして神の敵なる者を、聖書に記されし真の反キリストなりと暴露し、また西方キリスト教の代表、至高の福者たるわれらの師父ペトロが、法に則り正当に彼を神の教会より永遠に破門したるのち、今、正義のために殺されしこれら二人のキリストの証人の遺体を前に決議する。破門されし忌むべき反キリストの群れとのいっさいの交わりを絶ち、荒野に去り、真の王、われらの主イエス・キリストが必ずや来たれるのを待ち望むものと」。群衆は勇気づけられ勇みたち、次々と大きな声が湧き起こった。「**Adveniat! Adveniat cito! Komm, Herr Jesu, komm!** Гряди, Господи Иисусе! (主よ、とく来たれよ! ——ラテン語、ドイツ語、ロシア語)」

パウル教授は付記すると、読み上げた。「最後の全地公会の、はじめにして終わりのこの決議書を全員一致で採択し、ここに自分たちの名を署名せん」。そして彼は会衆を手招いた。皆は急いで登壇するや、次々と署名した。最後にパウル教授は太いゴチック風の書体で署名した——**Duorum defunctorum testium locum tenens Ernst Pauli** (二人の死せる証人に代わりて、エルンスト・パウル)。そして彼は二人の死者を指して言った。「さあ、最後の契約のわれらの聖像匣《キヴォート》とともに行こう」。

遺体は担架に乗せられた。キリスト教徒たちは、ラテン語、ドイツ語、教会スラヴ語で聖歌を歌いつつ、ハラム・エシ・シェリフの出口へゆっくりと向かっていった。出口で行列は、近衛小隊を率いる将校を伴う皇帝派遣の宮内官によって阻まれた。兵士たちが入口に立ちふさがり、壇上から宮内官が読み上げた。「神聖なる皇帝陛下のご命令。余は、キリスト教の民たちを覚醒させんがため、また動乱と誘惑を惹き起こした悪企みを抱く者たちよりその民を護らんがため、天の火により誅せられた二人の反乱者の死体を、彼らの実際の死を万民が確信できるよう、主の陵《みささぎ》にしてまた甦りとも言うべき、この宗教の主聖堂の入口のキリスト教徒通り（ハレテ＝エン＝ナサラ）に曝すことを妥当とみなす。また、わが好意をことごとく悪念をもって拒み、神ご自身の明白な顕現に対し愚かにも眼を閉ざしている頑なな彼らの同類たちは、余の慈悲と天の父への余のとりなしによって、彼らに値する天からの火による死を免れ、自由に捨ておかれるが、社会の福利のため、彼らがその悪企みによって純真無垢の民たちを混乱させ誘惑することのなきよう、都市やその他の居住区に住むことを唯一の禁止事項とする」。彼が読み終わると、将校の合図で、八名の兵士たちが遺体を乗せた担架に近寄った。

「聖書のことばは成就されよう」とパウル教授が言い、担架を担っていたキリスト教徒たちは黙ってそれを兵士に渡した。兵士らは西北の門を通って立ち去り、キリスト教徒たちは東北の門を潜り町を出ると、オリブ山を通過してエリコへ馳せ赴いた。その道筋の群衆たちはすでに前もって憲兵と騎兵二個連隊によって追い払われていた。彼らは、エリコ付近の荒野の丘陵で数日間待機することになった。

翌朝、知り合いのキリスト教巡礼たちがエルサレムよりやって来て、シオンで起こったことを物語った。宮廷での正餐の後、公会議の全メンバーが巨大な王宮（ソロモンの玉座と推定される場所の近辺）に招待された。そこで皇帝はカトリック聖職団の代表者たちに向かって以下の提言をした。使徒ペテロのしかるべき後継者を早急に選出することが教会のために必要だが、時勢からかんがみてその選出は略式的なものにならざるをえず、だが全キリスト教世界の指導者かつ代表者である彼、皇帝が臨席すれば儀式の省略を補ってあまりあろう、そこで彼は、全キリスト教徒の名において、聖参事会に自分の愛する友であり兄弟であるアポロニイを選出するよう提案するのだが、それは、自分たち二人の緊密な結びつきが、共通の福利のための教会と国家の結合を堅固で不可分のものとするに相違ないからである。聖参事会はコンクラーベのために特別室に下がり、一時間半後に新しい教皇アポロニイとともに戻ってきた。一方選挙が行なわれているあいだ皇帝は、自らの言葉で、アポロニイには歴史上積み重ねられてきた教皇権力のあらゆる悪用を永遠に撤廃することができると保証し、キリスト教の歴史の新たなる偉大な時代をかんがみて旧来の争いに終止符を打つよう、正教と福音派の代表者たちを、穏やかに賢く雄弁に説得してまわった。この雄弁に説得された正教とプロテスタントの代表者は教会合同の決議書を作成した。そしてアポロニイが満場の歓呼のなか枢機卿たちと連れだって宮殿に姿を見せたとき、ギリシャ正教の主教と福音派の牧師がその決議書を彼に奉じた。アポロニイは書類に署名しつつ、「Accipio et approbo et laetificatur cor meum（受諾しますとも。喜びに堪えません。）」と言った。「私は真のカトリック教徒であると同時に、真の正教徒でもあり真のプロテスタントでもあるのです」と言い足すと、彼はギリシャ人とドイツ人に親愛の情をこめて接吻した。それから彼は皇帝のもとに近づき、皇帝は彼を抱擁し、長時間抱きしめた。

　このとき何やらきらきら燦めく点状のものが宮殿と神殿のあらゆる方向に浮遊しはじめ、次第に大きくなると、不思議な物体の輝く形に変わってゆき、またこの世では見たこともない花々が、えもいわれぬ芳香で空中を満たしながら舞いおりてきた。上空からは今までに聞いたことのないさまざまな楽器の、魂に直に滲み入り心を奪う恍惚たる響きが鳴り渡り、目に見えない歌い手たちの天使の声が、天と地の新しい支配者をほめたたえた。一方、イスラム教徒たちの言い伝えでは地獄への入口といわれている、中央宮殿のクベット・エリ・アルアフつまり霊魂の丸天井の下、北西の隅より恐ろしい地底の唸りが響いてきた。皇帝の招きに応じ会衆がそちらの方向に移動したとき、皆は無数の声を、か細く鋭い、子供の声とも悪魔のそれともさだめのつかぬ叫びを聞いた。「時は満ちた。われらを解き放て。救い主よ、救い主よ！」しかしアポロニイが岩にうち伏し、未知の言語で下方に向かって三度くり返し叫ぶと、声は黙し、地下の唸りも止んだ。その間に雲霞のごとき群衆が四方から集い、ハラム・エシ・シェリフを囲んだ。

　夜が訪れ、「歓呼の嵐」が高まると、皇帝は新教皇と連れそって東の玄関口に出てきた。皇帝は四方に愛想よく挨拶し、一方アポロニイは枢機卿助祭より届けられた大きな籠から、彼の手が触れると燃えたつ華麗なローマ蝋燭や、真珠色した燐光色の、あるいは明るい虹色の狼煙や炎の噴水をひっきりなしに取り出しては空中に投げており、これらすべては地に落ちるや、過去現在未来のすべての罪に対する完璧で絶対的な免罪符を付した無数の色とりどりの紙片に変わった。民衆の歓喜はその極みに達した。もっとも若干の者たちは免罪符がおぞましい蝦蟇蛙や蛇に変わったのをその目で見たと主張した。にもかかわらず、大多数は狂気乱舞し、この国民的祭典はなお数日間続き、しかも新しい教皇＝奇跡者は筆舌を絶する世にも不思議な信じがたい現象を現わすまでに至ったのである。

このときエリコの荒野の高台では、キリスト教徒たちが祈りと断食に耽っていた。四日目の晩、日没後、パウル教授は驢馬に乗った九人の仲間とともに荷馬車を曳いてエルサレムに忍び込み、脇道を通りハラム・エシ・シェリフの脇をぬけ、ハレト・エン・ナサラに出て、復活教会の入口に来た。そこの舗道に教皇ペトロと長老ヨアンの遺体が横たわっていたのである。この刻限町中がハラム・エシ・シェリフに出かけており、通りには人気がなかった。番兵たちはぐっすり寝入っていた。遺体に近づいた人々は、それらがまったく腐乱しておらず、硬直や浮腫さえ生じていないのに気づいた。

彼らは遺体を担架に乗せ、持参した外套で覆うと、同じ脇道を通って自分たちの所へ帰ったが、担架を地面に下ろすやいなや、死者たちに生命の息が吹き込んだのである。二人の死者は身を包んでいる外套を払いのけようとうごめいた。皆は歓声をあげ彼らを手伝いはじめ、復活した二人はまもなく、無事に傷ひとつないままに立ち上がった。甦ったヨアン長老は語りはじめた。「ほら、みなさんよ、わしらは別れはしなかったのじゃ。さて今こそわしはあなたがたに告げよう。キリストがその弟子たちのことを、ご自身と父が一つであるように、彼らも一つとなるようにと祈られたあの最後の祈りを成就する時が来たのじゃ。そこでみなさんよ、キリストによるこの統一のために、愛するわしらの兄弟ペトロに敬意を表しましょうぞ。この最期の時に彼にキリストの羊を飼ってもらうのじゃ。さようですぞ、兄弟！」そして彼はペトロを抱きしめた。そこにパウル教授がやってきた。**Tu est Petrus!**（あなたはペトロさんではありませんか）――彼は教皇に向かって言った。**Jetzt ist es ja gründlich erwiesen und ausser jedem Zweifel gesetzt.**（今やそれは根本的に証明されました。まったく疑いありません）。そして右手で教皇の手を強く握り、左手をヨアン長老に差し伸べて言った。「**So also, Väterchen, nun sind wir ja Eins in Christo**（師父たちよ、かくして今や私たちはキリストにあって一つとなったのです）」。

このように、暗い夜のさなか、人里離れた高台で、教会の統一が成就した。しかし突如として夜の闇は煌煌たる光に照らされ、天に大いなるしるしが現われた。ひとりの女が太陽を着て、足の下に月を踏み、その頭に十二の星の冠をかぶっていた[3]。しるしはしばしそこにとどまっていたが、やがて静かに南の方向へ動いていった。教皇ペトロは笏杖を上げ、叫んだ。「あれこそわれらの教会旗だ！　いざ御旗につづけや！」――そして彼は、二人の長老とキリスト教徒の群れ全体を従えて、幻のゆく方向――神の山、シナイ山へと出発した…。

（ここで読み手は朗読を中止した）

貴婦人

なぜあなた、お続けにならないの？

Z氏

原稿がここで終わっているのです。パンソフィイ師父はこの物語を完結できなかったのです。彼はすでに病床にあり、「良くなりしだい」書こうと思っていたこのさきのことを私に語り聞かせてくれました。でも彼は快復せず、この物語の結末は彼と一緒にダニーロフ修道院に埋葬されてしまったのです。

貴婦人

でもあなた、彼から聞いたことを覚えておいででしょう――それなら話して下さいな。

Z氏

要点だけしか覚えていませんけど。キリスト教の霊的な指導者と代表者たちがアラビアの砂漠に去り、そこにあらゆる国から信仰篤い真理の擁護者たちの群れが合流してきたあとも、新しい教皇は、反キリストに失望しなかった残りのうわべだけのキリスト教徒たちを、その奇跡や珍しい魔術でほしいままに堕落させつづけることができたのです。彼は、おのが鍵の権能によりこの世とあの世とのあいだの扉を開けたと表明し、現に生者と死者、さらには人間と悪魔との交流が日常茶飯事となり、未曾有の神秘的淫乱や悪魔崇拝がはびこったのです。

ところが、皇帝が自分を宗教的基盤にしっかり立っていると考えはじめ、秘かな「父」の声の執拗な教唆にしたがい、自らを宇宙の最高神の唯一真なる化身だと宣言するや、思いもしなかったところから新しい災厄が彼にふりかかってきたのです。ユダヤ人が蜂起したのです。当時人口三〇〇〇万人にまで達していたこの民族は、超人の世界的成功の準備と強化に無縁とはいえませんでした。皇帝がエルサレムに遷都して、彼の主要な目的がイスラエルの世界統治を樹立することにあるとのユダヤ人のあいだの噂を密かに支持していた時は、ユダヤ人たちは彼をメシアと認め、皇帝へのその献身ぶりには限りがありませんでした。それが突然に憤怒と復讐の念にもえて蜂起したのです。聖書でも伝承でもはっきりと予言されたこの展開は、パンソフィイ師父にとっておそらくあまりにも容易にまざまざと思い描かれることだったのでしょう。[4] 要点は、皇帝を同族の完全なイスラエル人と思っていたユダヤ人たちが、彼が割礼さえ受けていないということをたまたま発見したことにあります。

その日のうちにエルサレム全市が、翌日にはパレスチナ全土が、蜂起で覆われました。イスラエルの救世主、約束されたメシアに対する熱烈で尽きることなき献身は、狡猾な詐欺師、高慢な僭称者に対する同じ程に熱烈で尽きることのない憎悪にとって替わったのです。ユダヤ民族全体が一丸となって起ち上がり、そして彼らの敵たちは、イスラエル人の魂がその奥底では銭勘定や蓄財神の欲によってではなく、誠心の力――昔から変わらぬメシア信仰の希望と憤怒によって生きているということを、驚きをもって知ったのです。このような爆発がすぐにも起ころうとは思ってもみなかった皇帝は、自制心を失い、服従せぬユダヤ人ならびにキリスト教徒全員を死に処すべしとの勅令を発布しました。武装するいとまのなかった何千何万という人々が容赦なく殺されてゆきました。しかしまもなく一〇〇万のユダヤ人軍団がエルサレムを占領し、反キリストをハラム・エシ・シェリフに幽閉しました。皇帝の配下には一部の親衛隊しかおらず、敵の大軍には抗しえなかったのです。

皇帝は、おのが教皇の魔術に助けられ包囲軍の間をうまく抜け出て、ほどなく、さまざまな種族の異教の民からなる無数の大軍を率いてシリアにその姿を見せました。ユダヤ人たちは、勝算は薄かったけれど、これを迎え撃ちました。ところが、両軍の前衛部隊が激突しはじめるやいなや、皇帝軍が駐留していた死海近辺で未曾有の大地震が起こり、大火山の火口が開き、そして火炎の奔流が、一つの炎の湖に合流した後、皇帝自身をもその無数の軍隊をも、彼の傍らにぴたりと寄りそっていた教皇アポロニイをも、――そのあらゆる魔術も助けにならず――呑みこんでしまいました。

一方ユダヤ人たちは、恐れおののき、イスラエルの神に救いを求めつつ、エルサレムへと駆けていきました。聖都が見えはじめたとき、天空が巨大な雷光によって東から西へと裂かれ、そして彼らは見たのです、天衣をまとい、釘痕のある両手を大きく広げてキリストが彼らの方へ降りてくるのを。このとき、シナイ山からシオンへと、ペトロ、ヨアン、パウルに先導されたキリスト教徒の群れが行進しており、また四方八方から歓喜に満たされたさらに他の群衆たちが馳せ参じていました。これは反キリストによって処刑されたすべてのユダヤ人とキリスト教徒だったのです。彼らは甦り、キリストとともに千年のあいだこの世を統治いたしました。

これによってパンソフィイ師父は物語を終わらせたかったのです。この物語がテーマにしているのは、宇宙全体の破局ではなく、反キリストの出現と繁栄と滅亡という点にある私たちの歴史の過程の大詰めにすぎないのです。

政治家

それであなたはその大詰めがもうすぐだとお考えなのですかな?

Z氏

舞台の上ではまだいろいろなお喋りや空騒ぎが演じられるでしょう。しかしドラマそのものはもうずっと以前に書き上げられており、観客にも役者にもそれをちょっとでも変えることは許されていないのです。

貴婦人

いったいこのドラマの究極的な意味は何なのでしょうか? それに私やはり分からないのですけど、あなたのお話の反キリストは、本質的には善であって悪でないのに、なぜそんなにも神を憎むのでしょう?

Z氏

本質的ではないという点が問題なのです。ここにいっさいの意味もあるのです。「反キリストは一つの格言では説明できぬ」という前言を撤回します。彼のすべてが一言で、それもごくありふれた格言で説明できるのです。「輝くものすべて金にあらず」なのです。そもそもこの偽りの善にも、まったく有り余るほどの輝きがありますが、本質的な力は皆無なのです。

将軍

だがこの史劇の幕がどんな場面でおりたかに注目してもらいたいものだ。戦争の場、両軍決戦の場なのですぞ! ほら、わしらの会話の結末もそのしょっぱなに戻っちまったわけだ。いかがですか、お気にめしましたかな、公爵殿？……おやおや！　公爵殿はどこですかな？

政治家
あなた、気づかなかったのですか？　ヨアン長老が反キリストを追い詰めた見せ場で彼はこっそり立ち去りましたぞ。そのときは私は朗読の邪魔をしたくなかったし、そのあとはそのまま忘れてしまいましたよ。

将軍
逃げ出しやがった。畜生め。これで二度逃亡しやがった。でもよく辛抱しておったわい。いずれにせよこの先生、もちこたえられなかったわけだ。やれやれ！

訳註

1 一八三六年頃からシベリアでその存在を知られるようになった長老フョードル・クジミチは、皇族に関する深い知識を持っていた。そのため、彼は、一八二五年に死去したはずの皇帝アレクサンドル一世が隠遁した姿ではないかとの風説が流れた。

2 「ヨハネの第二の手紙」二章一節より。「長老のわたしから、真実を愛している選ばれた婦人とその子たちへ」この「長老のわたし」とは、使徒ヨハネのことである。他の弟子達はみんな死に、最後に生き残って老人となった自身を「長老」と称している。「ヨハネの黙示録」も使徒ヨハネが書いたとされ、ロシアではそれをもとに、長老ヨハネは終末論と結びつき伝説的な広がりをもって崇敬されたが、現在ではその説は信憑性が薄いとされている。

3 ソロヴィヨフは、「ヨハネの黙示録」一二章一節を一字一句変えることなく引用している。

4 ここでは、「ゴグとマゴグ」の物語が念頭におかれていると思われる。

（御子柴道夫訳―刀水書房版、御子柴道夫訳『三つの会話』（ソロヴィヨフ著作集五収録）の当該部分を全面的に改訳した。）

時代のリトマス紙
――ソロヴィヨフの終末論の継承

堀江広行

一九世紀末から一九二〇年代初頭にかけてのロシアは、思想界に偉才が陸続と登場した歴史上稀有の時代であった。二十年余りの期間にベルジャーエフ、トルベツコイ兄弟、ブルガーコフ、フロレンスキイ、メレシコーフスキイ、ギッピウス、フランク、ローザノフ、シェストフ、N・ロースキイ、エルン、カルサーヴィンといった錚々たる思想家たちが彗星群のごとく出現した。ウラジーミル・ソロヴィヨフは、この二〇世紀初頭のロシア思想の黄金時代の礎を据えた哲学者であり、これらの思想家たちが立場の違いを超えてともに敬愛し師と慕った伝説的な人物である。

一、ソロヴィヨフ――人と思想

ソロヴィヨフは一八五三年一月一六日にモスクワに生まれた。父は有名な歴史家セルゲイ・ミハイロヴィチ、祖父は優しいが正義感の強い在俗司祭であった。

少年時代のソロヴィヨフの特記すべきエピソードに、次のようなものがある。九歳の彼は淡い失恋事件に煩悶しつつ教会の昇天祭の奉神礼に出席していた。突然その周囲の世界が消え失せ、「瑠璃色」の別世界が出現し、いっさいが麗しい天界の女性の姿に包まれた。この体験は、しばしば幻影を見たと言われるソロヴィヨフの無数の不可思議な体験中でも群を抜いており、後年「自分の人生でもっとも重要な出来事」と自身述べることになる、いわゆる「永遠の女性性」との邂逅と称されるヴィジョン体験の最初のものである。後年のドイツ古典哲学風の精巧な理論哲学とは対照的なこのような神秘的な体験は生涯を通して彼に伴い、彼の思想を理解する鍵の一つとなる。

哲学に熱中した十代のソロヴィヨフは、理神論を経て過激な無神論に走り、さらに当時全盛の実証主義に到達する。しかしスピノザの一元論的な汎神論によって再び神への信仰に呼び戻される。モスクワ大学に一八六九年に入学。当初は自然科学部で学ぶものの歴史人文学部に転部し、西欧哲学と宗教哲学の研究に没頭する。しかし、そこでの哲学研究に失望したソロヴィヨフはモスクワ神学大学でさらに一年間研鑽を積む。この時期に彼が立てた目標は「父祖伝来の宗教であるキリスト教の教理に現代的な理論基盤を与えること」であった。一八七四年には修士論文『西欧哲学の危機――実証主義者に抗して』がサンクト・ペテルブルグ大学で公開審査され絶賛された。

ソロヴィヨフは大学からの派遣で英国に留学する。留学研究のテーマ「インド哲学、グノーシス主義、中世哲学」は当時の彼の関心が那辺にあったかを物語る。大英図書館の読書室で読書に没頭していた彼に突如少年時代の「天界の女性」が語りかける。ヴィジョンの「声」は彼女とのさらなる邂逅のためにソロヴィヨフにエジプトに旅立つように促す。深夜のエジプトの砂漠で、この女性との邂逅というさらに大いなる体験が訪れた。

当時のソロヴィヨフが残した未発表原稿『ソフィア』から推測できる限りでは、彼は、この体験を「ソフィア」と称せられる女性的な人格をもつ天界の存在――いわゆる世界魂でもある――との邂逅と思い込み、新しい宗教意識の時代の幕開け、人類史の第三段階の到来を告げるものと考えていたようだ。同原稿によれば、この新しい宗教意識の時代には、ソフィアを人類の頂点として、このソフィアを通じての絶対神との結合を人類にもたらす世界宗教が誕生するはずであった。ここには、ソロヴィヨフの中に生涯脈動し続けた、歴史が神的な意義を有し、今や神的な筋書きにより新しい時代が訪れつつあるとの感覚がすでに明瞭に現われている。

しかし、ソフィアとの秘密の邂逅の体験はほとんど誰にも明かされず、またこの『ソフィア』の原稿は発表も完成もされなかった。しかし、その一部が次作『全一的知識の哲学原理』(一八七七)に使用される。

『全一的知識の哲学原理』でソロヴィヨフはまず、人類史が分裂の時代から新しい統合の時代に移行しつつあると主張する。社会の分野で経済、政治、宗教が、知識の分野で科学、哲学、神学が混在した古代から、それぞれの分野が分化して確立された近代を経て、今や独立した諸要素がその独立性を失わずに結合を取り戻す新しい時代が到来している。彼が特に志すのは、科学、哲学、神学が有機的に統一された新形式「自由神智学」あるいは「全一的知識」のラフデッサンである。全一的知識は行きづまった経験論と合理論に代わる第三の哲学である。同書にはソロヴィヨフの哲学思想の発展の面で重要な「肯定的無」の概念、「真存在者《スウシチエ》」と「存在《ブィチエ》」の概念の区別が明確に登場する。唯一真実に存在するのは、物質や経験でも純粋な思考内容やイデアでもなく、それらすべての存在の基盤かつその所有者としての唯一の真の主体、真存在者、すなわち絶対者である。この真存在者は全存在を超越し所有する者としていかなる存在の側からの定義も受けず、したがって「無」。しかしこの「無」はあらゆる存在の起源、その発生源として肯定的な原理である。かくしてそれは「肯定的無」である。また存在の基盤として存在界の諸物の多数性を否定せず包容する統一としての一である。

ほぼ同時期に連続公開講義と雑誌掲載が始まった『神人論講義』(一八七七〜一八八一)では、未発表原稿『ソフィア』と『全一的知識の哲学原理』で温められた理論が壮大な宇宙論、宇宙の進化論として展開される。そこでは『全一的知識の哲学原理』で明らかにされた「真存在者」すなわち絶対者の極と「本質《スウシチノスチ》」つまり被造物の極という二極による三段階にわたる時間外の相互発展の形式、いわば神と宇宙のドラマが詳述される。本質は真存在者の内部に彼自身によって意志されるものとして誕生し（第一相）、次に真存在者によって何よりも表象されるイデア的存在となり（第二相）、最後に現実性と感性を獲得し（第三相）、自ら真存在者との自立した関係を構築するに至る（この現実性の獲得がいわゆる世界の「創造」である）。発展は霊、知（ヌース）ないしイデア、魂あるいは感性という三つのレベルにわたり、その中心が移りつつ進行し、存在構造の位階を下降しつつも二極の絆を強め、実際的なものになっていく。この宇宙進化の最終到着点は、この二極の自発的な不離不融の統一、いわゆる全一的統一の達成である。同時にこの宇宙創出論を独特なものにしているのは、この宇宙創出が人格神による人格的被造宇宙の創造とされている点である。つまりこの宇宙創出過程は、絶対者にとってその愛の対象である他者＝擬人化された一つの集合的な人格を有する被造世界の、絶対者自身による段階的産出、ならびに両者の自発的再統一の過程ということになる。

さて第三の最後の段階での本質の最大の特徴は、その現実性と自立性にある。これ以前の相での二者の関係がもっぱら真存在者の本質への一方的関係であったのに対し、すなわち、この第三の相ではそれは両者の相互に作用を促しあう関係、感じあう関係である。この意味で両者の全一的統一はいっそうに高度であり、自立した二者の関係が誕生するこの相でこそ真の統一が実際の課題となる。

我々人間の行為がこの宇宙進化論に意味をもってくるのはこの第三の相であり、自立を得たものとしての本質は、人類の集合的な魂、人類がその中心をなしているところの宇宙の魂、「世界魂」と定義される。この世界魂は主体者として一種の集合的な人格「ソフィア」を持つ。

銘記すべきはこれがキリスト論でもあることである。ソロヴィヨフはこの二者の自立的関係としての最終段階での統一を神人的統一、神人的有機体の形成と呼ぶ。神の神格を保持しつつもあえて地上に降り肉をまとい、神性と人性を不離不融に結合させた者としてのキリストはこの神人的統一の発展の一段階である。キリストにおける神性と人性の結合は宇宙レベルで実現する最終的な神性と人性の結合のモデルなのである。キリストの「体」としての世界的教会の形成は、この神人的統一の次のあるべき一歩である（したがってこの統一体は象徴的にキリストとも呼ばれる）。このようにして教会は宇宙的意義を獲得することになる。この神人有機体においては、真存在者の側は統一の産出源たる極としてのロゴスであり、世界魂たる本質の側は統一の産出の受容の極としてのソフィアである。ソフィアあるいは世界魂が受容の極とされるのは、世界魂が自立して行動できるものでありながら、本来自身の内部の統合のためのイデアを欠いており、これをロゴスの側から受容するためである。この神人有機体におけるソフィアの側、つまり、人類の側は、ロゴスとの結合のために統一された世界教会の形成を一つの目標とする。これが歴史の目的である。ロゴスのソフィアへの作用は「強制的な外的な力」として開始し、両者の関係の発展とともに徐々に、いっそう「内的な生きた力」に変わっていく。

全体の描写を通じて感じられるのは人類と宇宙の進歩に対する非常に楽観的な姿勢である。また、その抽象的な理論構築への衝動のかたわら、抽象的な知性ではなく、感情を司る魂と物質のレベルでの活動の強調、その聖化の必要性への訴えも印象的である。

しかし肝心なのは、この宇宙進化論が決して宙に浮いたようなものではなく、その実現のために極めて具体的な行動をソロヴィヨフ自身に促した点である。その行動とは、神人体としての世界教会（キリストの「体」）の実現のための実践であった。具体的には真のキリスト教政治、そして東西教会の統合の唱道であった。東の東方正教会と西のカトリック教会の統一が八〇年代のソロヴィヨフの活動の根本的なモチーフの一つとなる。この東西教会統一のための活動ゆえにソロヴィヨフは、それまで彼に好意的であったスラヴ派を敵に回し、カトリックへの改宗まで噂され、多くの敵を作ることになった。東西教会統一とそのためにロシア正教会が変化しなければならないとの思想は、『大論争とキリスト教政治』（一八八三）、『神政制の過去と未来』（一八八七）、『ロシアと普遍公教会』（一八八九）といった著作で展開される。

しかしロシアがこの東西教会統一の計画において特別な役割を果たすことが出来るという信念は、次第にロシアの現状に対する失望に変貌する。九〇年代に入ると再び哲学上の問題への関心が首をもたげる。この時期ソロヴィヨフは、自由主義的知識人との交流を活発にし、『エフロンとブロックハウス百科事典』の哲学項目を担当したり、プラトンの著作の翻訳に携わるようになる。また『自然に於ける美』（一八八九）、『芸術の一般的意義』（一八九〇）、『愛の意味』（一八九二～九四）、『積極的美学への第一歩』（一八九四）といった美学関係の著作、そして倫理学に関する大著『善の基礎づけ』（一八九四～九六）が執筆される。

生涯の最後の時期には、初期の楽観的な壮大な宇宙変革の思想と対照的な世界の現状に対する暗い絶望がソロヴィヨフをとらえる。世界は進歩しているのではなく老いつつある。ソロヴィヨフはもはや人類による世界における善の積極的実現を信じることができなくなり、世界が止めることのできぬ終末に向かいつつあると信じ込み、この終末の兆候を同時代の出来事に探し求めるようになる。本書に載録された『反キリスト物語』を含む遺著『戦争と進歩と世界史の終末についての三つの会話』は、ソロヴィヨフの死の年である一九〇〇年に執筆された。その序文でソロヴィヨフは、迫りくる死の予感ゆえに本書の出版を遅らせられぬと語っている。

二、『反キリスト物語』とその評価

『反キリスト物語』は『三つの会話』の中で会話の主人公の一人Z氏が、友人の元学者の修道士の遺作として紹介するものである。この著書の序文冒頭でソロヴィヨフは次のように問うている。「悪というものは、自然的な欠陥、善の成長と共に自滅する不完全さにすぎないのか、それとも、悪は実在の力であり、誘惑でもって我々の世界を所有するもので、それとの成功裏の戦いには、存在の別種の層に基盤を据えなければならないようなものなのか?」」。ソロヴィヨフによれば世界的な超越的悪の襲来が目前に迫っている。これに対してどのような戦いの方法がありうるのか? 三部構成を成す同書の各部では、悪との戦いの問題に対するそれぞれの主人公の立場が紹介され、第一部では「将軍」の意見を通して「過去に属する」第一の「宗教的日常的観点」が、第二部では「政治家」の意見を通して「現在に支配的な」第二の「文化・進歩主義的観点」が、第三部ではZ氏の見解と『反キリスト物語』の記述を通じて「将来において決定的意義を発露することになる」第三の「無条件に宗教的観点」が紹介される。ソロヴィヨフ自身が序文で明かすところでは、彼自身は「前二者の相対的な真実」を認めつつも、「決定的に」第三の観点を支持している。

驚くべきことにこの作品は二〇世紀初頭のロシアの多くの思想家たちによって早くから肯定され、賞賛されてきた。ここではソロヴィヨフの没後ほぼ十年後に書かれたE・トルベツコイとベルジャーエフ、ブルガーコフの三人の見解を見てみよう。

一九一〇年、トルベツコイは次のように書いた。

「キリストの変容はすべての人間生活の変容の始まりとならなければならない。ここにソロヴィヨフの異論なく正しい結論がある。しかし、彼がこの要求を生に適用しようと試みるや否や、神界とこの世界の間の距離感覚が彼のなかで消えてしまう。地上の形象が彼の想像をとらえる。そして彼は変容した人類の王国を、教会国家組織の枠内で確立しようと試みる」(『ウラジーミル・ソロヴィヨフとその仕事』)。

この批判は、ロシア正教会がカトリック教会の教皇の権威を認め教会統合を行ない、国家機構の面ではロシアの皇帝を頭に戴く神政制世界帝国を実現せよと説いた『ロシアと普遍公教会』時代のソロヴィヨフに向けられている。トルベツコイは、キリストの内部における人性と神性の結合とその結合による人性の「変容」すなわち神化が、信徒個人の目標に終わらず、世界社会全体の「変容」に至るべきだと考えた点ではソロヴィヨフをまったく正しいとしている。しかしこの「変容」の中心である教会の問題になるとソロヴィヨフ個人の空想や偏向が滲み出てしまうと批判する。トルベツコイによれば、ロシアの皇帝が世界皇帝になるという考え方にはソロヴィヨフの隠れた国粋主義的陶酔の傾向が窺われ、教会が国家組織を吸収しそれに君臨できるとの考えは誤っている。ヨハネの黙示録に預言されている「千年王国」はソロヴィヨフにおいて神政制世界帝国と同一視されている。トルベツコイによればソロヴィヨフは最後に『反キリスト物語』の中でその誤りに気づき、人類が地上に宗教的国家体制として建設する地上楽園=神政制世界帝国の考えを放棄した。トルベツコイは『反キリスト物語』におけるソロヴィヨフに倣い、地上のユートピアとしての神政制世界帝国の空想を捨てよと呼びかける。しかし、歴史の外にある超現実的な将来としての「千年王国」、「終末」そのものの到来は否定されない。地上の形象に囚われた空想を棄ててこそ、この「千年王国」の正しいヴィジョンが得られるであろう。一方、「終末」到来までの地上での世界体制の問題は残る。

ベルジャーエフは、一九一一年に発行された『V・ソロヴィヨフの宗教意識における東方と西方の問題』で、正教会が代表する東方とカトリックが代表する西方の結合に対する八〇年代のソロヴィヨフの志向は正しいと評価しつつも、この結合がカトリックの位階組織への正教会組織の一方的吸収、外面的統合として理解されていたことを批判する。ベルジャーエフによれば東西両教会の統合はそれぞれの固有の霊性の相互浸透であるべきで、教会機構の統一であるべきではない。トルベツコイと同様にベルジャーエフも『反キリスト物語』のソロヴィヨフに、この外面的統合説の放棄、地上の歴史上に建設される神政制帝国、ユートピアとしての「千年王国」観の放棄、そして人間が造る歴史の外の超現実的領域への「千年王国」の「正しき委譲」を見る。「千年王国」は歴史の枠内では実現されない(ちなみに以前の著作『新たな宗教意識と社会性』では神政制が歴史の中に漸進的に実現され、それは「政治的には無政府主義、経済的には社会主義、神秘的には唯一神の専制」だとされていた)。ベルジャーエフによれば、正教会の秘められた使命は人類史を越えた「終末論的」な超歴史領域で発揮され、『反キリスト物語』で描かれているように仮面の姿で登場する反キリストの勢力を見破る預言的能力にある。ベルジャーエフはこの反キリストの勢力を、霊的なキリスト教原理に対抗する盲目的で非人格的な国家崇拝の原理に見る。ロシアではこの二つの東方の原理が闘争している。ベルジャーエフはソロヴィヨフの詩を引用する。「(ロシアよ!)お前はどのような東方たりたいのか。クセルクセスの東方か、キリストの東方か」。

ベルジャーエフによれば、ロシアが内的に屈服する可能性のある土俗的な国家崇拝への警告は、ロシアの極東の国境線の向こうで起きているアジアの動きであり、ロシアに暗雲をたれる汎モンゴル主義、「東洋蒙古の無人格的な勢気」の勃興である(ベルジャーエフは「無人格の東洋蒙古の勢気は平民主義的なアメリカニズムの形式で西洋文明に侵入した。極東と極西は密かに同盟する」とも主張する)。

ベルジャーエフによるソロヴィヨフの終末論の「継承」の特異な点は、のちに『歴史の意味』(一九二〇~二二頃執筆)などで展開される、人類が造る歴史とそれを越えた終末論的次元に関する考え方にある。歴史は現象的な領域での具体的な歴史=「地上的歴史」と形而上的な次元での歴史=「超歴史」ないし「天上的歴史」の二つの次元を持つ。「地上的歴史」における進歩、幸福や福利の進歩の概念は否定される。「地上的歴史」の枠内でのすべての試みは有意義であり、最終的な善のヴィジョンを社会の目標として持つべきであるが、その「地上的歴史」の真の意味は「地上的歴史」の中では見えず、失敗を運命づけられている。このような「地上的歴史」はその発端から終末までが一つの年紀（アイオーン）を成す。このアイオーンによって構成される形而上的な歴史が「天上的歴史」であり、その全体が永遠である。黙示録で描かれるような「終末」はこのような一つのアイオーンの終焉であり、「地上的歴史への天上的歴史の進入」、「地上的歴史からの出口」である。

「ウラジーミル・ソロヴィヨフは宇宙レベルでの新しい宗教的な年紀の先端に立っている。彼はすでに紅の暁を見ている。そして悲劇的な彼の人生は宇宙的な転換期の悲劇である」（『V・ソロヴィヨフの宗教意識における東方と西方の問題』）。

ソロヴィヨフが『反キリスト物語』で宣言した歴史の「終末」をベルジャーエフが全歴史の終焉と見ているのか、それとも一つのアイオーンの終焉と見ているのかは今一さだかではない。しかし、ベルジャーエフはのちに『新しき中世』（一九二四）の中で人間中心主義と無神論、「ブルジョワ的」な個人主義に代表された近世史が終焉に近づき、次の「新しい中世」が到来しつつあると主張する。彼によるとこの「新しい中世」には近世史の中に潜在していた諸勢力の対立があからさまになり善悪の二勢力の対立が激しくなる。「新しい中世」は終わりつつある近世史の「昼」の時代に対する「夜」の時代であり、この夜にこそ昼の世界の知らない形而上的な深淵が開かれ現象上の善悪の根源が露呈する。社会主義やファシズムは近世史の圏内の現象ではなくすでに「新しい中世」に属する。この善悪の二勢力の対抗にソロヴィヨフの「反キリスト」とキリスト教徒の対立を見ることは困難ではない。

遡って一九一〇年、ブルガーコフは『黙示録、社会学、歴史哲学、社会主義』の中で、ユダヤ教とキリスト教の黙示文学には、歴史的制約はあるにせよ、当時の民衆の期待が表現され、後に歴史哲学や終末論と呼ばれる様々なすべての思想の原型が含まれていると主張する。ブルガーコフによれば現代はこのユダヤ教とキリスト教の黙示録、およびその民衆意識を共有している。「我々の耳は、懸け離れていながらも性格を近しくする（黙示文学の）歴史的鼓動に耳を傾けるとき、ひときわ敏感である」。

ブルガーコフは千年王国主義と終末主義を区別する。キリスト教には、古代ユダヤ教の流れをひき地上と歴史における千年王国の到来を待ち望む千年王国主義と、歴史の進歩を否定し彼岸に向かう終末主義の二つの潮流がある。千年王国主義は十四世紀イタリアの修道士ドルチーノや十六世紀のトーマス・ミュンツァーやライデンのヨハネのような宗教的な革命運動に現われており、現代の共産主義運動は世俗化された千年王国主義にほかならない（彼によればメレシコーフスキイらの「新たな宗教意識」運動もこの流れにある）。終末主義は歴史へのアパシーに結びつく。ブルガーコフは、千年王国主義と終末主義はそれ自体では正しいが、どちらかに偏執することは誤りだという。求められるのは両者のバランスである。ブルガーコフは終末観をいつか来る死の意識に擬《なぞら》えながら言う。「避けえぬ死の概念を人生の唯一の支柱にすることはできない。しかし、死の時についての記憶を思惟から追放することも宗教上の軽薄の頂である」。

当時のブルガーコフによると、ソロヴィヨフは『ロシアと普遍公教会』に見られる歴史の中の進歩を抑揚する千年王国主義から、歴史の完全な否定である『反キリスト物語』の終末論へと極端に揺れ動いた。『反キリスト物語』は「極端な終末主義」の作品であった。

そもそもブルガーコフは、終末論を時代錯誤の迷妄と恥じて片付けようとする現代のキリスト教の傾向に抗い、ソロヴィヨフが終末論と千年王国論を堅持したことを高く評価していた。ブルガーコフは、一九〇三年に発表したソロヴィヨフ論『現代意識にウラジーミル・ソロヴィヨフの哲学は何を与えるか』で、社会が「神の国」のような形而上的な目標としての終末論を持つことを個人が「終末論」を持つことになぞらえる（ここでの終末論の解釈はまだ歴史の否定ではなく、歴史における目標にとどまる）。

「一人一人の意識的人間が自己の哲学（いかなるものであれ）と自己の宗教を持つのと同様に、一人一人の人間が自己の終末論を持っており、現在にばかりか将来に、そして将来のために生きる。人はこの将来から自分の最高の希望の成就を期待する」。

終末論的感情は人心から除去されえない。終末論は一種の神義論の帰結であり、神の善の秩序としての世界の正当化の方法である。世界に悪が存在することは善に対する猜疑心を呼ぶ。ここから出される結論は、善や悪が主観的な産物なのか、あるいは善はやはり客観的に存在しており何時の日か悪を粉砕するのかである。客観的に実在する善の概念には神義論、したがって終末論が欠かせない。将来の善の増大に関する隠れた神義論と終末論を導入する実証主義的な進歩の哲学――明らかにマルクス主義を暗示している――は、神義論の課題に応えることが出来ない。その理由はフョードロフ風のもので、善の実現のために滅んだ過去の世代の苦難が、将来の幸福な世代の享受する善によっては贖われえないからである。真の神義論は、歴史上存在し苦難したすべてのものの再生、すなわち復活を要求する。このような神義論はキリスト教の終末論によってしか提供されえない。

当時のブルガーコフは『反キリスト物語』における終末論に、ソロヴィヨフのそれ以前の進歩論、神政制の実現への漸進的進歩の思想との矛盾を見てはいない。終末はあるが進歩もある。当時のブルガーコフは八〇年代のソロヴィヨフが積極的に主張した政治へのキリスト教理念の積極的な具現化、すなわち「キリスト教政治」を高く評価し、やはりソロヴィヨフの見た近い終末のヴィジョンに関しては否定的である。

「ソロヴィヨフの晩年の悲観主義全般、その陰鬱な予感に関しては、概して、これを彼の主観的見解とみなすことが出来る。この見解は気分にのみ根拠を持ち、伝記上の著しい関心を喚起するものであり、主観的気分としては共感することも可能だが、物事の本質上客観的根拠を持たず、またそれを名乗ることも出来ない」。

第一次大戦と革命の年、一九一七年に発表された大著『黄昏ざる光』では、ブルガーコフの論調はすでにベルジャーエフのそれに近い。歴史における進歩は否定され、歴史は外面的には「偉大なる失敗」、「悲劇的な誤解」であるとされる。歴史は表面的には無限の進歩を抱くようだが、その内奥では成熟と終焉を持つ。

「そこで、つまり表面で、歴史があたかも終わることができないようであるのに対して、ここでは歴史は終幕の道を歩んでおり、自らの成熟と終焉に近づきつつある。……しかし歴史の成熟の到来は、勿論、進歩の達成によって推し量られるものではない」。

ブルガーコフをとらえているのはこのような歴史の内部での密かな「成熟」に対する不安である。

「あるいは、戦争と世界的震撼の轟音の下、そしてそれらと無関係にではなく、今も世界が知らぬ間に、この戦争よりも、ヨーロッパの「進歩」によって捲き起こされたこの騒音よりも、世界の運命にとってもっと本当で決定的で根本的なある何ごとかが起こりつつあるのではないか」。

「唯、父なる神だけが時期とその期日を知っている。終焉は彼の所有するものである。しかし、我々は咲き開く無花果の花からも夏の近さを見て取る。そして我々自身の中で終末への犠牲的な覚悟と終末への熱望が成熟しなければならない。……世界の恐ろしい悲劇的な最期の前に――キリスト教の希望の小さなおずおずとした声が語る――、世界が臨終の苦しみに恐慌する前に、大地に変容の光がきざすであろう。短い前触れとしてであっても地上におけるキリストの王国が出現するだろう。自己の限界としてのこのキリストの王国にすべての歴史は通じているのである」。

同じく「終末」を予感してはいるが、ここにはベルジャーエフの主張した超歴史的なアイオーンの変遷の法則のようなものは見られない。あるのは歴史の中に蠢く目に見えぬノウメンのような何かを畏れおののきながら潜みうかがい、祈る姿勢だけである。

『黄昏ざる光』の出版の年、世界史の推進者にして人類の霊的中心であるはずの教会が国家に追われ、キリスト教徒がローマ時代のカタコンベの信徒のように地下に潜る時代が訪れるというソロヴィヨフの予言がボリシェヴィキ政権下で的中し現実のものとなる。ボリシェヴィキ政権はソロヴィヨフが警告した反キリストの王国なのか。歴史における新しい暗黒の時代の意義を問うブルガーコフは、翌年四月から五月にかけてソロヴィヨフの『三つの会話』に似せた対話形式の著作『神々の饗宴にて』を執筆する。ブルガーコフは登場人物たちに、ボリシェヴィキ政権下のロシアは、ヨハネの黙示録（そして『反キリスト物語』）に登場する「太陽をまとう女」のような産みの苦しみにあり、新しい最後のキリストの王国の誕生の苦しみにあると語らせる。ロシアは現状の悲惨さにもかかわらず救われるであろうとの確信で対話は締めくくられる。

このように見るとソロヴィヨフのこの「遺言」が、二〇世紀のロシアの直面した社会と世界の情勢を予見したものであることが分かる。いわば、この作品はリトマス試験紙のようにソロヴィヨフの思想的な継承者たちの反応を写したのである。

ソロヴィヨフは同書の発表後まもなく、ソロヴィヨフ哲学の後継者であり友人でもあったセルゲイとエウゲニイのトルベツコイ兄弟の領地、モスクワ郊外のウースコエの館で没した。四七歳であった。

II

革命そして立憲君主制
1905―1913

セルゲイ・ブルガーコフ
ロシア革命における人神宗教
1908

解題†セルゲイ・ブルガーコフの宗教観とマルクス主義解釈の一断面……渡辺圭

1908
ロシア革命における人神宗教

セルゲイ・ブルガーコフ

最初一九〇八年一月二七日にソリャノイ・ゴロドクでペテルブルグキリスト教学生協会により催された学生と講習所生徒の集会で講演され、ついで同年三月一二日にモスクワの歴史博物館において同じ講演がされた。初出誌は『ロシア思想』、一九〇八年第三号、その時の表題は『インテリゲンツィアと宗教』だった。その後、『二都』（モスクワ、一九一一）に本題名で収録。

親愛なる諸兄！

国際キリスト教学生協会のペテルブルグ支部から、例年の祝賀会で講演して、現代という時代についての私の考えや思いを聴衆と分かちあうよう招待されて、私は受諾する前に長らく思い迷った。偶《たま》さかの大雑把な講演で、現代の魂の営為のもっとも身近で苦しい問題に触れざるをえない場合に必然的に生じる、内と外の両面からのあらゆる困難が、私にはあまりにも明白だったのだ。そして、私が自分と葛藤せずにこの困惑やためらいに打ち勝ったとすれば、それは学生たちのあいだから直接出ている要請に応じることが私自身の義務だと考えたからである。なぜなら、わが国の学生に精神面で働きかけ、彼らと思想面で交流することは、昔も今も私が不断に心がけていることであり、素晴らしい夢でもあるからだ。

もし私の講演が自らの原因で行き当たりばったりになるとしても、それは内容においてではない。というのも、この講演では、苦しみつつゆっくりと熟成されてきた私の信念が表明されるであろう。その信念は、分相応の科学的作業、哲学的思索、人生経験、すなわち「冷静な観察による知と、悲しみの刻印された心」[1]の結果、私が真理とみなしているものなのである。おそらく聴衆のなかには、私が経験した精神的転機を、既刊の私の学術書や文学著作によって、ある程度ご存知の方がおられよう。その転機の結果、私は、特定の科学的哲学的前提に基づく無神論的世界観から、それらの前提を知と心、科学と生活によって検証することで一歩一歩退いてゆき、幼な子の頃の信仰へと自覚をもって回帰したのだ。その信仰とは、磔刑に処せられた神と彼の福音を、人間とその生についての完全かつ至高の最も深い真理だと信じることである。

福音書の教えを身につけるやり方とそこへ歴史的に個人的に向かう道程とは非常に異なることがありうる。幼な子のような、あるいは純朴な、しかし清純な心に、ただで、おそらく私たちに対してよりもっと完全に純粋に啓示されているものを身につけるためには、今世紀の子らは、特別に多くの知的精神的障害を克服せねばならないだろう。キリスト教は、現代の半可通の人々が考えているような、学者や哲学者だけの宗教でも、あるいは女子供や無学な愚衆の宗教でもない。キリスト教の全人類的性格と全民族的性格はまず、信仰や個人の功、心の志向にあわせて、最も思慮深い哲学者から赤ん坊、アウグスティヌスから牧童、カントやグラッドストン[2]からロシアの農民にいたるまでがこの宗教を理解できるという点から明白である。人はみな、人間の外殻、すなわち外面的な活動や心配事の下に、チェーホフの『桜の園』のヒロインが涙するように、自分の幼児期のそもそもの初めの神的な汚れのなさのかけらをもっている。「ああ、わたしの清らかな、幼い日々!」[3]。この感情は、あらゆる経験上の違いや歴史上の差異よりも深く、それゆえ強力でもある。身をもって味わうものとしてのこの感情は、ひとりひとりの宗教的体験のなかで与えられており、それに無縁でない人ならそんなことは言うまでもないことだ。けれども同時にインテリゲンツィアには、その感情はまったく無縁で不可解、抽象的に思われるのだ。おそらく、この場合にいっそうはっきりとするのは、詩人、それも生活の矛盾によって病み蝕まれた魂を抱いた典型的なインテリゲンツィア詩人、没後三〇年を先ほど祝ったばかりの、私たちに親しいあのネクラーソフの力強い言葉、告白によってであろう。この驚くべき詩文は、かならずしも全員の記憶にはないかもしれない。詩人は、祖国への自分の回帰と祖国の印象を描く。彼は記す、私は知るだろうと。

威嚇にみちて何時だとて
戦さをさえぎる備えある河の厳しさ、

変わることなき松林の柔和なさざめき、
村々の静謐、
畑の広大…。
丘の上の神の聖堂が一瞬ほの見え、
とつぜんに魂の中に、
幼な子さながら純粋な信仰の情が馨《かお》った。
否定はできず、疑いならぬ、
この地ならざる声がささやく。
「感動の刹那を捕えよ、
被り物なき頭で入り来たれ！
いかに異国の海が温かく、いかに異国の僻地が美しかろうと、
我々の苦しみを癒し、ロシアの嘆きを晴らしはできぬ！
嘆きの聖堂、悲しみの聖堂――
汝の大地のみじめな聖堂。
ローマのサン・ピエトロにもコロセウムにも、
汝の重き呻吟は届かなかった！
汝の愛する民衆は、
癒されぬおのが憂いの、
聖なる重荷を携え来たり、
荷を下ろしては立ち去った！
入り来たれ！　キリストはみ手を当て、

聖なる意志で
魂から枷を、心から苦悩を、
病んだ良心から痛みを取り除いて下さるであろう…」。
私は耳を傾け…、幼な子のごとく感涙した…。
いつまでも私は号泣し、古い板壁に額打ちつけた、
神が私を許して下さるように、とりなして下さるように、
私に十字を切って下さるように、
虐げられた者らの神が、悲しめる者たちの神が、
この貧しい至聖所の前でたたずむ人々の神が！[4]

ここにこそインテリゲンツィアと民衆の合流がある。これ以上に完全で深いものはない。しかしインテリ、すなわちネクラーソフの読者や崇拝者の多くが、民衆の信仰と祈りのなかで民衆と一つになって「この貧しい至聖所」の前にぬかづいたであろうか？ いや、わずかの人たちだけだった。率直に言えば、ほんの一握りの人たちだけだった。大多数、私たちインテリゲンツィアのほぼ全員は、庶民の、「百姓の」信仰から顔を背けた。そしてインテリゲンツィアと民衆のあいだに、精神的な疎外が生じた。

これに関連して、第二国会の日々のある偶さかの光景が思い出される。ある晴れた春の日、国会の開催中に大勢の議員や記者がタヴーリダ庭園[5]をそぞろ歩いていた時のことだった。議員や新聞記者たちからなる洒落た身なりのペテルブルグ人集団が私の目をひいた。彼らは何かに耳を傾け、時々笑い転げていた。群れの真ん中には、その場にまぎれこんだヴォルイニの農民がいた。不思議な悲しみに満ちた顔と、使徒像を拵えたりイコンを描いたりできそうな特徴的な頭をした老人だった。聴いてみて私には解った。老人は、何か彼に訪れた幻視のことを話していたのだ。その幻視のなかで神は、民衆の代表者たちに自らの意志を告げるべく、老人を遣わしたというのである。彼の演説は支離滅裂だった

が、老人が自分の使命に立ち戻り、神について語る都度、彼の言葉は一斉に起こる哄笑に掻き消されてしまった。それでも老人は、笑い転げる人々のことを悲しみながら、穏やかに忍耐強く、再び自分の物語を始めるのだった。こんなにも明瞭に新しいロシアの精神的悲劇を映し出しているこの情景を見守ることは、私には筆舌に尽くしがたいほど辛く悲しかった。それで私は、苦い思いでその場を離れ、ただ遠くから、嘲笑を浴びせている物見高い群集に何かを解らせようと信じさせようと一生懸命の老人の気高い頭を長い時間見ていた。もっとも、私は完全に正確にはそのシーンを再現していないかもしれないが、でも当時の私にはそのように受けとられたのだ。「私たちはバベルの塔を建設しているのではありませんか?」と、その場に居合わせたカトリック司祭の議員が、この件に関し小声で私に言った。

私は思い違いをしているのではないし、若干は今でもベテラン国会議員という立場にあると自覚もしている。現在、ロシアのインテリゲンツィアにむかって、主として目下の政治的な事柄ばかりでなく、生の共通の目的と宗教的意味についてもあえて語ろうとする人、同時にキリスト教の基盤にのみ宗教的意味を見出している人、そういう人はみな、自分に抗する、無人格だが強大な、時代精神を高度に現わす敵をあらかじめもたざるをえない。無宗教の雰囲気は、総じて近代、特に一八世紀末と一九世紀の特徴をなしている。この面での私たちの時代の際立った特徴は、わが国の詩人哲学者チュッチェフによって、『われらの世紀』という詩の中で、比類のない力と簡潔さをもって伝えられている。

今日では肉体ではなく精神が堕落している
そして、人間は絶望的に憂い嘆き…
夜の闇から光へと突き進み、
光を見いだしても、不平を託ち、逆らっている。
人間は、無信仰によって焼かれて、やつれさせられて、
今や、耐え難きものを耐えて……

自分の破滅に気づいている
信仰に飢えてはいるが、……信仰を求めようとはしない。

われらの時代は、祈りや涙にくれながら、
いかに深く悲しもうとも鎖された扉を前に告げはせぬ：
『私を入れてください！―私は信じています。私の神よ！
私の不信を救いに訪うてください！』とは。

もちろん時代を一般的に性格描写する際には、さまざまな国の間でのヨーロッパ文化の違いを区別せざるをえないし、また例えば、アングロ・サクソン人種の宗教性に注目せざるをえない。その宗教性は今日までも著しく保持されているし、しかも、アングロ・サクソンによって、ニュージーランドにも、アメリカ合衆国にも広められているのだ。

このアングロ・サクソンの宗教性のもっとも顕著な点、それは、その宗教性が、主にわがロシアの信仰心のように庶民のものでしかないのではなく、イギリスのインテリゲンツィアたちから迷信とみなされていない点である。シュルツェ＝ゲーベルニッツ教授はその新刊書のなかで次のように語っている原註一。

「今日にいたるまでも宗教は、アングロ・サクソン文化の神経である」このドイツの経済学者は続けて言う。「大陸からの旅行者は歩を進めるごとに、外面的な諸事実によってこのことを確信させられる。今日にいたるまでまだ日曜聖日が国中にその刻印を刻んでいる。いたるところで聖職者とならんで世俗の伝道者が説教している。すなわち、医者や法律家や労働者のリーダーたちが、閉じられた礼拝堂の中ばかりでなく、主として戸外で、たとえば大都市の公園で、台石や馬車を講壇代りに用いて説教している。こちらでは、聖書の格言が一面に書かれた伝道列車が国を走り回り、巡回伝道師たちに寛ぎ場所を与えており、あちらでは慈しみ深きシスターたちが「戦闘的キリスト教」の担い手となって、酒倉や犯罪者らの巣窟へ踏み込んでゆく。舗装道路は「救世軍」の兵士たちで満ちている」等々。

国家の指導的知識人、精神的指導者は、多かれ少なかれこの民族的宗教性を分かちもっている。イギリスの高名な政治家ディズレーリ（ビーコンスフィールド卿）[6]とグラッドストンは熱心なクリスチャンであって、毎日聖書を読んでいた。グラッドストンは『聖書の不動の岩』という著作をものし、周知のように、アバディーンで伝道師として説教するのを好んだのだが、彼は総じて次のような確信を表明していた（妻への手紙）。

「私は確信している。現在では人類の安寧は政治には依存せず、実際の闘いは思想の領域でなされ、そこでは、人類の最大の宝、すなわち神とキリストの福音への信仰にたいする殺人的な攻撃が起こっていると」。

近年の英国首相アーサー・バルフォア[7]もまた、『信仰のいしずえ』という書名のキリスト教護教書を著している。さらに以下の名前を挙げるだけで十分だ。すなわち、その顕著な宗教性を考慮せずには彼らにおける何ものも理解できないラスキンやカーライル、いわゆるキリスト教社会主義者キングズリー、リュドロ、モーリス[8]等々や、イギリスの聖職者の間に見られる彼らの現代の後継者たち。無論、イギリスも近代の否定的動向に無縁なわけではない。イギリスの思想と学問の鍛冶場では、宗教に対抗してそれなりに毒々しく、それなりに強い論拠が練成された。ホッブスやヒューム、ベンサム、我流に解されたダーウィンやベーコン、その他の思想家たちが影響を及ぼしたが、おそらくそれは大抵の場合、故国でよりも大陸においてであった。それでもイギリスにおいても、前述したような時代精神がいよいよ感じられ始めるようになっている。だが、それはいっそう強くヨーロッパ大陸に、とりわけ幾つかの国々と個々の時代に現われている。例えば大革命時代のフランス、現在でもドイツのプロテスタントが多い地方に特に顕著に。

しかしそれでもやはり、ヨーロッパのどの国のインテリゲンツィアであろうと、わが国のインテリゲンツィアにおけるような全体に蔓延する宗教への無関心ぶりは知らないと言えよう。ロシア思想史には昔から二つの潮流が指摘されてきたし、それが今日にいたるまで相争っている。一方は少数の代表者を自陣に数えるが、代わりにこの中にはわが民族の知性と天稟の精華、わが民族の栄光と誇りの対象が含まれている。これは、民衆の百姓風の教会に彼らと共に精神的にとどまり続けた者たちか、さもなければ、ともかくも、生きた神への民衆の信仰という点で、彼らから離れなかった人たちである。これらの少数者に数えられるのは、ジュコフスキイ、プーシキン、チュッチェフ、ある意味におけるレールモントフ、ゴーゴリ、ホミャコーフ、キレエフスキイ、チャアダーエフ、アクサーコフ兄弟、ウラジーミル・ソロヴィヨフ、ドストエフスキー、ピロゴフ、フェート、アレクセイ・トルストイ、そして凡そ宗教的土壌を踏まえている限りでのレフ・トルストイである。

ベリンスキイから今日にいたるまでの進歩的な社会評論家、社会活動家の大多数を擁する反宗教的思潮は、理性論的無神論的世界観を習得したのだが、その世界観は怒濤となって氾濫し、いまやロシア・インテリゲンツィアの支配的な信仰をなしている。私は言い違えたわけではない。この不信仰は実際には信仰、科学への信仰、理性主義への信仰なのである。わが国のインテリゲンツィア集団は、知性が発達するごく早期、少年期や青年期に、いとも安易に無神論ドグマに科学的性格の賓辞をとりいれて、そのドグマを受け入れるのである。再々指摘されてきたことだが、偏見はまったくの無知よりも真理から遠い。宗教に関して私たちのあいだには、科学や哲学が宗教を排除するという累代の偏見が存在する。この種の見解は、ただ科学と哲学の仕事へのまったくの無知としてしか説明されえない。その仕事は、宗教史と宗教哲学、宗教ドグマと礼拝の問題をめぐって、際限のない、そして本質的には明らかに決着のつかない論争をしつつ、今日にいたるまで沸きたぎってきたし、現在も沸きたぎっているのである。くり返す、わがロシアの不信仰は、大抵が盲目的で教条的な信仰の水準のままである。

ロシアおよび世界の無神論をあたかも自分の専門のように研究したドストエフスキーは、自身のいつもの洞察力をもって、もちろんその歴史的日常的原因をはらむ、ロシア人の精神的発達の特殊性を指摘した。ドストエフスキーは、自身の分身であるムィシキン公爵（『白痴』）の口を借りて、私たちの精神的発達を次のように性格づけている。

「ロシア人は世界中の他の全ての人々よりも簡単に無神論者になります！　そして我々はただ単に無神論者になるだけではなく、それがゼロを信仰するのだということに気づかず、あたかも新しい信仰であるかのように無神論を信じるのです」。そしてドストエフスキーは、このことが「忌まわしい虚栄心からだけではなく」、「精神的な痛み、精神的な渇き、崇高なこと、堅固な地面を求める心から」起こるのだと付け加えている。

二つに分裂しており、今にいたるまで理解されておらず、規定もされてこなかったロシア・インテリゲンツィアの相貌に頻繁に思いを巡らしながら、私の思考が向かったのは、インテリゲンツィアの宗教的憂悶についての、また確固とした岸への、敬虔な生活への、新しい天と地への渇望についての、ドストエフスキーのこの命題であった。彼のこの性格づけの正しさに疑念をはさまざるをえない場合がままあろうとも、それを否定することもできない。そして、第二国会の、政治的情熱の焼けつくような雰囲気のなかで、自分の周りに耳を傾け、注視しながら、またロシア・インテリゲンツィアの真の本質を解明しようと努めつつ、私はときとして次のことをはっきりと理解した。これらの人々は、本来の意味での政治、すなわち国家のメカニズムを修理し注油するという日常的で単調な仕事から本質的には遠くかけ離れている。これは、政治家の心理でもなければ、慎重なリアリストや漸進主義者の心理でもない。否、これは神の国のこの世での実現、新しいエルサレム、おまけにほとんど明日にそれを待っている人々の性急な熱狂振りなのである。キリストの千年王国の迅速な訪れを期待し、そのために剣や、民衆暴動や、共産的共同体の実験や、農民戦争によって道を切り拓いた、再洗礼派教徒と中世の多くのほかの共産的共同体的セクト、黙示録信者や千年王国の信奉者がおのずから思い出され、ミュンスターの預言者たちの取り巻きを率いたライデンのヨハネ[9]が想起される。もちろんこの類似は、思想面ではなく心理面にしか該当しない。

そもそも思想の領域においては、私たちにとって良いか悪いか、幸か不幸か、いずれにせよ、ロシアは、時代の思想や気運を、あの西欧よりももっと決定的にもっと直線的に反映しているし、新しい歴史の中枢を形づくっている無神論と背神論のあの精神的ドラマをもその身に反映している。そのドラマを前にしては、歴史の大海の水面で大波や小波をたてているあらゆる大きな政治的、社会的利害が生彩を失い、背景へと後退させられてゆく。

その場合いったいこの闘いは何なのか。そして、このドラマは何故なのか？　ルネッサンスから、そして一八世紀以降とりわけはっきりと始まる新しい歴史の基本的なテーマと内容をなしている精神的な闘いは、文明化した人類の次のような努力として定義づけられる。それは、ドストエフスキーが表明したように「神なしに永遠に最終的にケリをつける」、あるいは闘争的無神論者の一人であるニーチェがより大胆に表明したごとく「神を殺す」、すなわち、生活を、超越的なものとどんな繋がりもない、人間に内在するものへとひたすら帰し、天から、それもコペルニクス的な冷たい天文学的な天ではなく、モーセの、聖書の、もしくはせめてカント程度の天、すなわち神の玉座から地を奪おうという努力なのである。きわめて明瞭に福音書やヨハネの黙示録の中で預言されたこの闘いが、思想、感覚、私生活、生活の外面的様態、科学、哲学の中で行なわれつづけており、また宗教的信仰の権利を損なうためにも弁明するためにも、最大の努力が昨日も今日も明日も払われつづけている。この意味で、私たちの時代に比する時代は過去にはなかった。なぜならば、個々の反宗教的な風潮はこれまでもつねに目にしてきたが、しかし、人間を地に引き降ろし、天を荒廃させようという、これほどに意識的で確信に満ちた、狂信的で和解の余地なき志向は存在しなかったのだから。

仮に私たちの時代の精神的な本質を芸術様式、絵画とか神秘悲劇で表わさなければならないとすれば、この絵画や神秘劇を「神の葬儀、もしくは人類の自殺」と名づけねばなるまい。そして人類は何を企てているのか、自分の頭上で何をしているのかを、この様式のうちに、渾身込めて一目瞭然と示さなければなるまい。いかにこの空想的な画布上に図像を配置させたとしても、ひとつ疑いないことは、それの共通の内容は、科学や知識の大勝利を表現するような詩とか牧歌ではないし、すべての障害がついに克服され、未来の花嫁たる国家ないし社会と新郎たる人類との楽しい結婚式で大詰めとなるような小市民的喜劇でもなく、苦悩に満ちた真摯な悲劇となるであろうということだ。

いったいなぜ、それはこのような悲劇となるのだろう、いったいなぜ、神の埋葬が必然的に埋葬者たち自身の埋葬へと変わってゆくのだろうか？　そう、なぜならば、神を自らの意識のうちで埋葬することによって、彼らは自己の魂の中の神的なるものをも埋葬せざるをえないからである。ところが、神的なるものとは、人間の魂の正真正銘の現実的な本性なのである。自らについて好き勝手に考え、自らを人間の形をした猿、経済関係の反射作用、自動式機械、物質の一片、所与の機械的必然性の結果としての意識——これらすべては人間について語られてきたことであり、今も語られていることである——とみなすことは可能だが、こういったあらゆる見解に反して、人間は、「彼を創造し作り上げ」、彼に最高の霊的本性である要求と特性を授けた「み手」により、そのようにあらしめられたところの存在となるのをよそうとはしない。飢えた人間に本当は満腹なのだと納得させることはできるし、そう信じるよう自分で努力せねばならないと考えるほどに、論拠ある論法でもって彼の意識を鈍らせることもできる。それでも彼は飢えに苦しみ、不安を覚えるだろう。放蕩息子が異国で常食としていたいなご豆は、父のところで彼のために用意された仔牛に劣らずより良いものだったと、自分や他の人々に信じ込ませることはできる。[10]しかし、これも安らぎを与えず、魂に平和を与えず、魂を自分自身にも生きることにもなじませないだろう。なぜならば、聖アウグスティヌスがその『告白』の中で力説しているように、「**tu nos fecisti ad te, cor nostrum inquietum est, donec requiescat in te**（あなたは御自身に象って我々を創造された。それゆえ、あなたの内で安らいでいない時、私たちの心は平安を得ない）」からである。

　人間は永遠なるもののために生まれ、自らのうちに永遠なるものの声を聞く。彼は、その鋭敏な耳によって、自己の最も偉大な思想家や学者、詩人たちに、心清らかな義人たちに、創造の才豊かな芸術家らに耳を傾ける。時間の中で永遠なるもののために生きること、相対的なものの中で絶対的なものを体験し、あらゆる客観的現実以上のものを、意識のあらゆる所与の内容以上のものを志向すること、**excelsior**（より先へより高く）、つねに**excelsior**、これが人間の使命であり、**excelsior**というこの志向自体が、**in excelsis**（天に）おられ、私たちの生きた天啓であられるかたのことを告げている。人間は自分自身では絶対的で自足的な存在とはなりえず、それゆえに、たとえ下劣な動物性に堕ちないとしても、実際に思慮浅き生き物同然にならないとしても、まだその程度では決して自分や自分に与えられた状態に満足することがないのである。しかしながら同時に人間は、絶対的なるものの生きた像《かたち》、神の似姿となることで、絶対的な内容を取り容れて伸長し大きくなろうというこの意志、この力を自分のうちに意識している。生の最高の内容であるこの抑えがたき渇望が、宗教的信仰を生み出してきたのだし、今も生み出しつづけているのである。

「地上においては多くのものが我々から隠されているが、その代わり我々には別の世界、天上の至高の世界との生きた結びつきの、神秘の秘められた感覚が与えられており、そして我々の思考と感情の根は現世にではなく、別の世界にある。神は別の世界から種子をとり、この世の大地に播き、己の園を育てたが、しかし生き生きと育てられたものはただ神秘的な別の世界と自分が接触しているという感覚によってのみ生きている。もし汝の内でこの感覚が弱まったり消え失せていったりすれば、汝の内で育ったものも死んでゆく。その時から人生に無関心になり、人生を憎むようになる」（ドストエフスキー作中のゾシマの言葉）

かくしてバイロン作中のルシファーはカインを、彼には不要な、山ほどの死んだ知識をもって富ませ、手の込んだ中傷によって彼を以前の信仰から逸らし、もっぱら彼を自分は無であるという意識へと導くのである。そして証明する。

お前たちは生まれつき死すべき、つまらないものだということ、
これがあらゆる人間の知識の理性となり、
お前たちに理解できるあらゆる英知の限界となるであろう。
お前はこの知恵を子供たちに遺すがよい[11]

自らの知的成果への非常に高い評価は私たちの時代に特有であり、私たち現代人の多くには、人類の本当の生活はたった今始まったばかりであり、それに先行するすべての歴史は序章であるか野生や野蛮の闇であると思われている。歴史に対するこの独特の食人主義は、いつかゲルツェンが言い表わしたように、私たちの見るところではまったく根拠がない。私たちの時代に関しては、カインがルシファーに訊ねたときのあの対話をくり返してはならない。「あなた方は幸福なのですか？　いや、我々は強力なのだ。あなた方は幸福なのですか？　否」[12]。私たちの世紀も幸福であるよりは強力である。外面的な、主に物質的な、しかしまた精神的でもある文化の恵みという点では、未曾有の豊かさを示しなが

ら、私たちの世紀はもっとも本質的な面――魂の力、純粋さ、信仰の面――で先行の諸世紀よりも豊かではなく貧しいのである。そしてこの貧しさは、ほかならぬ耳をつんざくようなこの進歩の色調の上に浮き彫りのように盛りあがっているのだ。

神の宗教を廃してしまってから、人類は、新しい宗教を考えだそうと努力し、しかも、その新しい宗教のために、自分のなかと自分のまわりで、内と外で、神々を探している。理性を奉じる宗教（フランス大革命時の理性崇拝）、コントとフォイエルバッハの人間を奉じる宗教、社会主義を奉じる宗教、純粋な人間性の宗教、近代の超人宗教等々とかわるがわるに試みられてきている。神を失っている人類の魂には、必ずや恐ろしい空虚感が生じるはずだ。なぜならば、人類はあれこれの理論を受け入れることはできても、自身の中の永遠の声、生の絶対的な内容への渇望を抑えることができないからである。そして、太陽を消してから、人類は光と熱を維持しようと志し、神的なものを救出し維持し、新しい神々によって空虚感をみたすために死にもの狂いの努力をしているが、しかし、不安定な地盤は足の下で崩れつづけ、精神的な雰囲気はますます緊迫度と重苦しさを増している。自分の精神的存在性を守るための人類のこの闘い、また、揺るぎない地盤をあちらこちらで探す苦悩に満ちた人類の努力、これはこのうえなく感動的である。

「使徒行伝」中には、古代世界のパリであり、科学や芸術、哲学者や学者や芸術家たちの中心地であったアテネでの、使徒パウロの説教についての忘れえぬ挿話がある。この街は、私たちの文化もそうであるように、偶像で満ち満ちていた。だから偉大な使徒は「心に憤りを感じた」。しかしながら、それらを目前にして、彼はこれらの祭壇の中に「知られない神に」との銘がある供物壇を見つけ、その銘は彼の説教の表面上のテーマにも用いられた（「使徒行伝」一七章一六～三一節―訳者）。使徒に倣って、現代のアテネでこのような供物壇を探さなくてはならない。そして、もちろん、ここでもそれを見つけることができようし、否定的な言葉や破壊的な思想の覆いの下にも、信仰のかすかに燃える火花と信心深い供物壇を見ることができよう。

もしも、現代人が何を生きがいとしているのか、そして彼が神の代わりに何を信じるようになったかと自問するとして、せめて「意識の高い人たち」のうち平均的なロシアの大学生とか成人に達したギムナジウム生にでも訊ねれば、もちろん、即答がかえってくるだろう。人類に利益をもたらしたいと。それから少し考え、科学的な世界観を自分に創り終えてからと言い足すだろう。進歩に対する信仰、科学に対する信仰、科学と人類の歴史的発展の中の切実な矛盾をことごとく解明できるという信仰が、現代人の単純なカテキズムをなしている。これが共通項であり、そこからエス・エル（社会革命党）、エス・デー（社会民主党）、カー・デー（カデット）[13]（その他の文字合わせ）といった細目や差異が始まる。その根底には理性、科学万能に対する信条がある。

しかしながら、理性へのこの信仰と二本足の動物としての人間に関する一般的な教説とは両立するであろうか？　その動物とは偶然性ならびに物質的原子のたわむれと生存競争の結果、現在の状態に到達し、将来もっと大いなる状態に達するはずのものなのだ。哲学的なニヒリストで冷笑家のディオゲネス[14]が人間を定義したごとくに、この「羽をむしられたおんどり」のどこから理性と科学が出てくるのか、それらへのこのような信仰の拠り所はどこにあるのか？　科学が認識せんと欲する真理とは何であろうか？

自らを「わたしは道であり、真理であり、命である」（「ヨハネによる福音書」一四章六節—訳者）と語ったかた、ほかならぬ神のロゴスそのかたに向けられたこのピラトの問い（「真理とは何か」「ヨハネによる福音書」一八章三八節—訳者）は、人類の歴史をとおして響いており、宗教的信仰と結びつく以外にはその答えを見出せないでいる。

世界法則に関わる科学と知識はいかにして可能なのか？　これこそまさに、カントその人の批判哲学によって人類に提起された問いである。一定の形状をとって組織立っているとはいえ、物質の小塊が如何に、そして何故に、宇宙を、自らの内に理想的に再生しつつ認識できるのか？　理想的な再生のこの神秘的な力はいったい何であるのか？　この問いは、時に科学の成果を引き合いに出すことによって払いのけられる。すなわち「まさに現代の技術が知性と知識の力を証明しているではないか？」と。

しかし、このように答えることは、未知のものを未知のものと確認して、問題を棚上げすることであって、この場合、すでにこの事実自体が意味の解明を拒絶しているのではなかろうか？　認識の器官——神経系をもった脳——と認識の機能とは、同じ秤で量ることができず、互いに齟齬しているので、脳と神経によって世界とその法則を認識するなどというのは、神秘的であるばかりでなく単に神話的でしかないような無意味さに陥るか、あるいは現代科学の代表者らが総じて容認しないであろう過激な奇跡を主張することになる。

次の二つに一つだ。実際に人間は、唯物論哲学が描出しているようにつまらないもの、土の塊なのか、しかしそうだとすると、理性や科学に対するこれらの要求が不可解なものとなる。さもなければ人間は神に似た存在、永遠なる者の子、神の霊の担い手なのか、だとすれば科学的認識の可能性は、まさに人間のこの本性によって説明される。科学の価値や権利は、人間に関する宗教的教義によって、制限されるのではなく、ひたすら確立されるのであり、その宗教的教義を排除してしまうと科学をも損ねるのは明らかだ。科学は原則的には宗教を拠り所としており、現代の考え方の中で奇妙に形成されてしまったように、宗教と対立するものではない。理性と科学を、我流に解されたダーウィニズムに照らしてこの世の生存競争の産出物と武器とみなすことで、私たちは最終的には理性と科学を失墜させざるを得ない。

ダーウィニストらがその生物学と認識論で語っているように、科学的真理の力と意義が有益性という点にしかないとしても、どうして、真理はつねに有益であり、誤謬は時折あるいはおそらくつねに、より有益でないとの結論が導きだされたのか？　ニーチェによって表明され、認識論に関する二、三の作品の中でくり返されたこの疑問は、何をもってしても無効にするわけにはゆかない。オスカー・ワイルドの口から思わず出たのは「思惟以上に不健全なものはない」[15]との言葉だった。ギリシアのソフィストに倣って、彼は他のモダニストらともども何ものをも真理とみなさず、科学に対する重々しく敬虔な態度を揶揄しつつ、「すべてを立証する」のが可能だと考える。科学によって研がれたナイフが科学の喉元につきつけられ、古代ギリシア・ローマの世界が経験した危機に類同した科学的意識、哲学的意識の危機が近づいている。現在科学の迫害下にある宗教に支えを探すことは、科学にはもう許されないのであろうか？　科学に迫っている危機、ソフィスト的ピラト的な懐疑的態度は、おそらく宗教と科学のあいだの実際の関係をより明確に打ち立てるであろう。その関係は、偉大なる学者や思想家らによってつねに自覚されてきはしたけれども、半可通な科学によっては理解されてこなかったのである。科学自体が、理性への信仰、ミクロコスモスとマクロコスモス中の理性的原理の統一への信仰に立脚し、真理の価値と真理への愛を宗教的に敬虔の念をもって認めることに基づいているのである。

近代では、科学の危機、その破綻すらをも語る声がしばしば響いており、そのうえ、これらの主張は時として信仰を利する論拠として提示されている。私はこれらの愚痴とこれらの主張をまったく根拠のないものとみなしており、それらのうちに誤解に類するものを見ている。科学は生きており、健全であり、もちろん将来においても、生き、健全であるだろう。**Vivat, Crescat, floreat!**（生きさせ、成長させ、開花させよ！）。科学の危機で意味されるのは普通、まったく科学には属さない権能、すなわち宗教的信仰を科学に置き換えようと欲する人々しか科学に帰せしめないような、科学の万能主義的な要求が失われることである。科学の課題と意義は完全に相対的なものであり、限定されているのだ。科学は、経験的（カント的意味における）知識の諸問題の定義済みの（論理的に哲学的に）領域を扱い、そのうえ、自らの主想自体に関しては無限に進展が可能である。地平線はたえず科学の眼前から遠ざかってゆき、新しい知識は未知の領域をより広く押し開いているが、詩人の次の言葉の通り、知識の島は以前と同じく神秘と永遠性の海にかこまれている。

大洋が地球をおおっているように、
我々の人生は周りを夢に包まれている。
夜が訪れる、すると自然の力は、
響き渡る波浪で岸辺を打つ。
自然の力の声とはまさにこのようなもの。
その声が我々に強《し》い、求める。
すでに埠頭には魔法の舟がよみがえった。
潮が満ち、すばやく我々を運び去る、
暗い波の果てしなき広がりの中に。
星の栄光に輝く蒼穹は、
密かに高みから眺めている、

そして我々は航行する、
周囲すべてをあかあかと燃える底知れぬ深みに囲まれながら。[16]

厳格な科学は自らのことを、「あかあかと燃える底知れぬ深み」に囲まれた、神秘の自然力で運ばれてゆくこのような舟であると感じているし、偉大な科学者たちの宗教的信仰は、この感覚を心の糧としている。生と死、善と悪という究極の問いを前にしては、科学は以前と同じように今もなお、返答をしないままたたずんでいるのである。

具体的な全一体としての科学がただ諸科学、すなわち絶え間なく増大する専門的諸科学の寄せ集めの形でしか存在しないという状況もまた、注目に値する。これは無数の歯車や部品から作られている機械なのである。全一的知識、世界理性、あるいは自然という書物は、人類にはただその歴史の中でしか開かれていない。そして個々人は、彼の知的な力がいかに偉大であろうとも、実際にはこの書物のほんの数頁か数行しか読みはしない。それゆえに、科学が実際にすべての問題を解決するという仮定は、ただ科学の力、科学的方法、科学的理性への一般的信仰にしか根拠をもたないが、しかしこの信仰は実験的検証を許さない。

こうしたわけで科学は信仰にとって替わることも、それを廃れさせることもできないし、宗教の前提、まさしく客観理性への信仰を、暗黙裏にせよ公然とにせよ、断じて認めようとはせぬ、向こう見ずな懐疑論による襲撃から、自身の存在を自分で守ることさえできない。

今までに述べたことから私は科学と宗教のもっとも原則的な関係を、連帯と従属の関係として規定したかったにすぎない。とりわけ、宗教にとってもそのいろいろな解決に無関心ではいられぬような問題に関わる個々の科学学説は、無論、あれこれの宗教教義との一時的な衝突に至るかもしれない。科学の今後の発達にともない、こういった衝突は説明されたり解消されたりするという少なからぬ例も見られるとはいえ、科学の発達は、無数のこのような衝突の例を提示している…。これらの問題の解明に務めることは、すでに宗教思想の仕事であって、だから宗教思想は、決して自らの手で教条的で快適な枕を頭の下に提供などせずに、不断の緊張の中にいなければならないのである。

しかし動かしがたい論拠をもった科学ですら、懐疑論の毒針に対して無力なままだとしたら、現代における宗教の代用品は、それ以上に無力である。それらの代用品においては人類に神の役割が割り振られており、そしてその代用品の根本ドグマは進歩についての教義にあるのだ。私個人としては、このテーマに関して何度も語り、書かねばならなかった原註二。だから簡潔に言おう。この場合私たちは矛盾と困難の完全な迷宮に入り込んでいるのである。人間に関するキリスト教の教義の基本的な特徴と比較すれば、それらの矛盾と困難はよりいっそう容易に明確になろう。

キリスト教信仰によれば、人間は善と悪を要求する道徳的自由を有しており、くわえて道徳的生活とは悪から善へと意志を傾けることにある。この闘いとその苦行、禁欲の行によって、天佑のもと人格の復活がなされるのである。人間の前に自己完成という絶対的な理想が立ちはだかる。すなわち、「あなた方の天の父が完全であられるように、あなた方も完全な者となりなさい」（「マタイによる福音書」五章四八節―訳者）「神は愛である」（「ヨハネ第一の手紙」四章八節―訳者）。それゆえにキリスト教の苦行とは、愛と不断の自己犠牲の苦行なのである。人間は隣人と決裂ないし隔絶しては、自分を考えることも感じることもできない。彼にとって、キリストのうちでキリストによって救われている人類は、自らがその一員である生きた統一体、身体なのである。ゆえにここにおいて神への愛と隣人への愛は互いに分かちがたく結びつく。この課題は甦った人間には可能な域のことである。なぜなら人間は神の像《かたち》、神の愛の刻印を身に帯びているからである。「罪の傷を負おうとも、像は名状しがたき汝が栄光なり」。開かれた墓とその中で朽ちゆく死体を前にして、荘厳な埋葬の聖歌ではこのように歌われる。死は、ただ一時的にこの像を歪める力しかなく、それを永遠に滅ぼすことはできない。それゆえに世界のドラマの大団円として、キリスト教によって約束されているのは、新しい永遠の生命のために、全ての価値あるものが現実に保持され人類が復興されることなのである。したがってここでは人間は、僭称的人神ではなく、実際に神化された被造物、恩寵による神なのである。これ以上の人間賛美があろうか？　正教会の奉神礼の儀式で、イコンにのみならず、イコンと同列におかれている祈禱者たちにも香が焚かれるのは故なきことではない。実際、人間が神の像として尊敬されるのであれば、いかに自らのうちの像を歪めようとも、はたして彼は生きたイコン、生きた「像」であるのではないのか？

現代の世界観は、この教義の宗教的基盤をそっくり拒否したが、直接人間に関わる面は保持した。隣人への愛を利他主義と銘打って保存し、人間の神性への信仰を、それを人神へと高めつつ保ち、人類の救済への信仰を、進歩に関する教義を主張することで守った。一見したところ、ただ宗教的迷信だけが取り除かれて、本質的なもの、少なくとも現代にとって本質的なものはすべて残ったように見える。しかし、そもそも建物は土台を失って崩れているのではないか、現代の人類の足元から地盤が沈下しているのではないか、とらえようとすると、この人類は、蒼白い幻のように、ファウストに現われた大地の精のように、手からすり抜けてゆくのではないか？　その通りだという多くの徴候、なぜ違うふうにはなりえないのかというたくさんの根拠がある。

個々にばらばらに孤立してではないとしても、他者と一緒に全体として、人間はこの世で最高の存在であり、自立しており、すばらしい存在だ、人間には理性があり、それ自体価値がある、人間は神である、このように教唆されている。しかし、神には生命が固有なのに、この神は腐敗しつつある死体であり、彼の日々刻々は緩慢なる死、墓への接近であって、そこでは、周知のとおりに、「天才の頭蓋骨といえども蛆への遺産」[17]。

プラトンがおのれのソクラテス、彼にとって人生の光であった神さながらの人を葬ったおり、彼にとってこの世はいかなる墓場となったことか。だとしたら、私たちが、こよなくいとおしみ尊く思い、自分以上に愛しているものを墓におさめるとき、私たちのそれぞれにとってこの世は同じようにはならないのか！　まわりでたくさんの命が、正しくあるいは誤って理解された思想のためにささげられているときに、この矛盾は特別耐えがたく苦しいものとはならないのか！　親しく、大切な人びとがまわりで斃れていくとき、まさに不屈な意思の力によって、自分のなかのこの感情を抑制したり、規律の習慣によって隊列にとどまったりはできるが、しかし歯を食いしばり意志を張りつめて痛みを抑えることは、痛みを克服することではない。死は、聞かずに耳塞いでいるわけにはいかない不協和音を世界に持ち込む。ここから、あるときはメーチニコフ[18]の注射による、あるときは **à la** フォイエルバッハのわずかな慰めによる、死の恐怖との間断ない闘いも生じる。

かくして、神は個として死に、全体として死に、ひとつの世代は、すべての仕事や煩事を残したまま、次の世代とゆっくりと交替しながら墓場へと続いていく。そして私たちは信じ込みたがっている、こういった仕事や煩事へ従事すること自体が、生活を、自分のために満たすだけでなく、意味づけることもできるのだと。この人類教は、墓の哲学のようなものだ。驚くに値しないが、この人類教は、個々の経験へと分裂していく倣岸で孤立した自我への崇拝、もしくは結局それらの経験への崇拝に今度は席を譲っては、ますます信用を失墜してゆく。私が自分自身に満足し、自分自身を崇めることができるのに、私が「唯一者」(der Einzige)であるのに、自分の外に、私と同様な、あるいは私より劣悪な他のもののなかに、群衆のなかに、多くのもの(Viel zu Viele)のなかに、偶像のたぐいを、何のために求めなくてはならないのか? いっそう高くもなれるのに——より正確には善悪の彼岸で——、なぜ聖なるものか、なぜ善と悪なのか? 道徳など坊主や俗物に呉れてやり、まぬけであるのをやめ、自由な人格になろう。不羈《ふき》なる者は、完全なる虚無、瞬間の倣岸な自儘《じまま》といった自由のうちに生きるのだ。そもそも個々ばらばらの経験しかないのに、なぜ一貫性が義務づけられるのか、さらに人格の内的統一、気分の理路は何ゆえか? 自分に道を敷く力を有せよ、悲しみも消滅してゆくものとして、自決する力を有せよ。

私たちの文化が導かれつつある虚無的個人主義が、古代文化のそれと同様に、現代の精神生活のもっとも深刻な現象を作り出している。個人主義との闘いにおいて、社会活動家は、分散しアトム化している人類を、団結した多数者の覇権下に何とかして結束させ、かつ社会主義のスパルタ教育によって、アナーキー的な個人主義を抑制しようとして、全力を研ぎ澄ましている。しかし、その結束のためにいかなる道具があるのか、何によって個人主義の破壊的な毒に打ち克つのか。

道徳の宗教的裁可が拒否されて以来、道徳の本質に関する問題が意識の前に立ちはだかった。哲学は、カントとその学派において義務の道徳を救済しようと必死の努力をしてきたし、しており、現在ではドイツのイデアリズムもそれに対して自身の論理を研ぎ澄ましている。哲学は、道徳の必然的な前提として宗教へと近づいてきている。カントの体系では、実践理性は神の存在と霊魂の不滅の公理へ、つまり宗教的な基盤へと導かれるのである。それに反して、宗教的な色彩をまったく欠いた世界観では、道徳の問題は完全に絶望的な性格を帯びている。義務の観念を否定し、その観念を個人もしくは集団の利害の観念、すなわち獣の自己保存本能にとり替えることで、道徳は自滅へと導かれている。医学においてある病気に関する文献の発達が、その病気が拡大し深刻化している良い証拠であるのに似て、古代の退廃の時代と同様に、現代の道徳の危機もまた、道徳哲学に関する文献の異常な発達を引き起こしている。各人が自分の道徳を発案し、それを自己流に証明しているのである。

だが私たちは、この危機が永続するものでないと、自由と平等だけでなく友愛の黄金時代が近づいていると、説得せられているのである。この虹色の希望は何を拠り所にしているのだろうか。精神的な劇変、人格の再生、新しい信仰にであろうか。いや、私たちに告げられているところでは、それは歴史的、主として経済的な、必然性の結果生じるそうだ。このことを経済学が述べ、社会学が予見している。この見解に対して、科学は科学のままであり、かつそれに固有の慎重さと謙虚さをもっているので、そのようなことをまったく予見してはおらず、それについて語るのは科学ではなく信仰だということを指摘させていただきたい。第一に、予言を行なうという社会科学の能力自体、ある程度の根拠をもって多くの人に総じて論駁されているし、社会科学の本質に関する最新の論理的研究（例えばリッケルトが挙げられる）が、まさにこうした結論へ至っている。第二に、これが最も重要なことであるが、もし経済学が近い将来における経済体制の性格について多少なりとも予見することが出来るとしても、それによって将来の世界の精神生活はどのようになるのか、人間の人格はどうなるのかについてはまだ何も告げられてはいない。なにしろ、経済の改革が精神の復興へ至るだろうと信じることは、人間は「食うだけの存在」であって、経済状況もしくは階級的立場の完全な反映であるという教義を受け入れた後ではじめて可能なのである。そしてそれらすべての許容しがたいテーゼを受け入れたとしても、経済状態の変化が心理面、感情面、自己評価の面でいかなる変化を引き起こすのか、そしてこの変化はまさにそのとおりになるのか、すなわちこれが今想定されているような方向性で行なわれるのかという疑問が残る。人間の人格は食物、経済状態、総じて自身の物質的経済状況しだいであると考えることは許されるが、しかし何よりもまず、何を信じ、何によって生き、何を欲し、何を敬っているか、ということがある。このような考え方から出発すれば、新しい体制においても人格はやはり荒廃し、道徳的に堕落したものとなるかもしれないと結論づける方がより正しい。それゆえに、困窮した階層の物質的な要求についての配慮をいかに高く評価しようとも、人間の精神的な要求のことも決して忘れてはならないのだ。

現代の人類には、わが国だけでなく西欧においても、自己の内部から外部への何らかの脱出、内面的人間の消滅、個人の生活における外面的印象や外面的出来事、主として政治的社会的出来事の優位が生じている。ここから外面的印象や浮世の雑事への欲求がでてくる。現代の人間は、あたかも一人きりで家にいることがないように暮らそうと努めているかのようだ。意識は満杯であるが、この外面的印象の万華鏡は、ちょっと止めればそれで充分で、そうすれば現代人の生活が、固有の内容の点でいかに貧しく空虚なものかが見えてくる。

歴史は、今日の精神的な停滞期を象徴し、諭《さと》し警告する、深い意義をもった目眩む輝かしいイメージを私たちに残してくれた。初期人文主義のもっとも豊饒な代表者の一人であり、すでに私たち後期人文主義の矛盾をその身に負っていたペトラルカが、彼の旅行記の一つで、素晴らしい光景がひらけている高い山に登りつつ、つねに携帯していた聖アウグスティヌスの『告白』をひもとき、そこに次のような言葉を見つけた旨を述べている。「ほら、人々は歩み、そして驚きをもって高い山々を、遥かな海を、荒々しい奔流を、大洋を、そして天空の星辰を見ているが、しかしその時には自分自身のことを忘れているのだ」。ペトラルカは深いもの思いにひたった。[19]

高水準の文化発展をともなう退廃した時代は、一般に、快楽主義の哲学、すなわち繊細で美的に洗練された形をとった生活の享楽の哲学が支配するという点できわだっている。古代異教はその退廃期に快楽へのこの崇拝を拵え上げた。現代の新異教もこの轍を踏んでいる。

それでは、人類は幸せと喜び、調和と平穏を獲得したのだろうか？　もしくは獲得しはじめているのか？　人類はそれに近づいているのか？　ヨーロッパの人々の精神生活の症状を観察すれば、このように言い切れる者はおそらく誰もいないだろう。反対に、緊迫した不安や苦しい憂愁、秘められているとはいえ、克服できぬがために恐ろしい死の恐怖の皺が人類の額に刻まれている。「諸国の民はなすすべを知らず、不安に陥る」（「ルカによる福音書」二一章二五節——訳者）——この福音書の言葉によって時代の気分が性格づけられうる。あるいは、ヨハネの黙示録では次のように語られている。「第五の天使が、その鉢の中身を獣の王座に注ぐと、獣が支配する国は闇に覆われた。人々は苦しみもだえて自分の舌をかんだ」（一六章一〇節―訳者）。

心を凍らせるペシミズムと、死の恐怖と混じりあった、生の恐怖のようなものが魂の中に入り込み、信仰薄いものは簡単に迷信的になっていき、魂の中に生きつづける神秘の感情は、神秘めいたものの探求にはけ口を見つけている。宗教への要求は、実体のない宗教めいたもののうちに表現を探し、せめて宗教情緒の音楽によってでも癒されることを求めている。このようにして、宗教ぬきの神秘主義や、神への信仰のない悪魔主義が作り出されていく。神をめぐっての現代人の魂の苦しみ、現代人の心の憂いは、もちろん、最もはっきりと芸術の中に反映されている。芸術は嘘をつけないし、偽装することもできない。しかしどんな書物よりも雄弁なのは自殺の流行である。それらの自殺は動機があったり無かったり、単に憂愁から、または生きる目的を失ったためだったりするが、とりわけ地盤から引き離された神経質なわが国の若者の間で、子供たちの間ですら、ますます頻繁になっている。もちろん、外部の事件や理由が影響しているが、それらの事件や理由によって差し迫った危機がたびたび亢進しているにすぎない。

いつもの洞察力をもってドストエフスキーは、現在このように強まっているこの現象の暗示的な意味にいちはやく注目し、これを宗教的信仰の喪失と結びつけた。不信仰とペシミズムで満ち満ちていたローマ帝国の衰退期には、自殺の流行が顕著だった。キュレネ学派のヘゲシアス[20]は死の雄弁家との異名まで得て、自殺の宣教が首尾を上げたためにアレクサンドリアから追放された。「生の不幸の反対側に死の恵みがある」とセネカは教えた。彼には自覚的な死への正真正銘の賛歌が見られる。ある者にあっては、死がエピクロス主義的な生き方の体系に組み込まれ、他の者にとっては死が絶望からの出口であった。現在と同様に、当時もエピクロス主義は死に至るものである旨が判明していた。

しかし当時すでに、天にはベツレヘムの星が昇っており、学ある者とそうでない者、すなわち占星術の学者と羊飼いが、その星を仰ぎ見た。世の中に大きな喜び、永遠の喜びが生まれていたのだ。「わたしの喜びがあなたがたの内にあり、あなたがたの喜びが満たされる」（「ヨハネによる福音書」一五章一一節―訳者）。

現在、息苦しい地下室の中へ逃げ込み、そこで生活の軛のために力尽きている人類の上に、たそがれが再び覆いかぶさっている。しかし現在だとてベツレヘムの星が輝き、その穏やかな光を注いでおり、この光とともに、一人ひとりの開かれゆく心にかそけき呼び声が運ばれ来ているのだ。「疲れた者、重荷を負う者は、だれでもわたしのもとに来なさい。休ませてあげよう」(「マタイによる福音書」一一章二八節―訳者)。

ペシミズムは、いったん出現し自覚されたならば、宗教的な信仰による以外には克服されえない。なぜならばペシミズムは世界の意味や世界的調和の可能性への疑いをエネルギー源としているからである。世界の中の悪と不調和は、現実的であり、外的手段では克服できないので、生活の「軛」を――それが軛でありつづけたとしても――「負いやすく軽くする」[21]信仰と希望の薬効ある泉が生活の中に見出されなければ、ペシミズムは消滅することがない。宗教が約束しているのはこの世の統治者たちがむなしく空想しているような至福の祭日ではない。反対に、厳しい苦行と十字架なのである。しかし宗教は、厳しい苦行と十字架の至高の意味を指し示しつつ、悲しみをも苦しみをも喜びとして、人類が失っているあの純粋な歓喜として、高らかに誉め歌いつつ、この苦行と十字架を担う力をも与えるのである。

自らの文化を有し、しかしながら堕落とペシミズムをもはらんだ紀元後一世紀の古代社会の精神状態と、「使徒行伝」に描かれている初期キリスト教共同体の精神状態を比較すると、なんと驚くべき対比が得られようか。この物語は、なんという天の光に照らされているのだろうか！　歓喜の念なくしてはこれを読むことはできない！　思うに、有史以来、人々は、漁師・奴隷・牧人そして少数の教養のある階層からの代表者によって構成されていたこれらの貧しい共同体よりも、歓喜に満ちた生き方をしてきたことがなかったのだ。彼らは古代社会がその日々をそれとともにいたずらに過ごしてきた、あの文化的恵沢はもっていなかった。しかし彼らの心の中には、歓喜と信仰の泉がほとばしっていた。それは神の子としての恩寵に満ちた生活であった。

しかしながら、私には、この現代のペシミズムが、人間から威光を奪い、最高善への信仰を喪失させ、自分自身に満足させようと仕向ける試みに抗する、魂の健全で高潔でさえある反応のように思われる。なぜなら、これらの自己満足、自負、そして人間が平静のままでいられるはずのない状態での平静、このことはすでに、人間による自らの本性の歪曲、魂の抑圧、そして神の嫡子たる権利を二束三文で売り飛ばすということなのだから。これはわがゲルツェンをあれほどに苦しめた俗物性なのである。人間は現世の幸福に耐えられない。彼に下されるのは戦いだけ、十字架だけである。人間が自らの存在のあらゆる矛盾を忘却し、汗と血で深く染められた呪いの大地を自分のために心地よい寝台とか快適な枕に変えるとき、人間は堕落し俗悪になる。いいや、現代のペシミズムには、人間が永遠なる者のため、神のために創造され、しかしこのことを喪失した後には、烈しく苦しみ憂悶すればするほどより高貴になるとの保証があるのだ。だから「獣が支配する国」、すなわち神の存在なしに、神に抗して建設された文明は、人々が痛みから舌を噛み始めるときには、かならずやその光を失わざるをえない。学者や哲学者たちがどんなに頭を悩ましても、宗教の替わりとなるものを考え出すことはあるまい。彼らは、「私のもとに来なさい、そうすればあなたは魂に安らぎを見出すだろう」[22]と約束しておられる方への生きた信仰だけが与えることのできる安らぎを、人間に与えはしないだろう。

信仰を持たない人類の中で、魂の宗教的力は、死滅してしまったのではなく麻痺しているにすぎない。このことは、私の見るところ、このような時代に、美的関心、美的感情、美への奉仕が有する意義によって証明されている。美とは神的なものだ。神は世界を創造した際、美を世界に付与した。そして美のうちの神的なものは、直接的に、もしくはソロヴィヨフがたくみに表現したように、魔術的に、内省する理性を素通りして魂に働きかける。人間は神的なものを頭で否定してしまったとはいえ、美の享受において、その神的なものによって呼吸をしているのである。そして、その特別な世界を内包した芸術の中に、現代人の魂に対し、いわゆる宗教的滋養摂取の唯一の可能性がひらかれている。現代人の魂は直接に祈禱的、宗教的、苦行的な方法で宗教的滋養を摂取することができなくなっている。芸術のこのようなきわだった意義の結果として当然予期できるのだが、信仰の無い時代には、人々は美学を特に高く評価し、実に貪欲に美を追い求め、熱心に美に奉仕する。自然の美に対する感覚は今世紀に、おそらく以前のどんな時にも勝るともおとらず、著しく発展した。つまり天界や山の高みや海の深みの調べ、有機的な形と色彩の美、これらすべては、神の愛の曙光をこの世に探し求める現代人の魂にはごく親しく密なるものである。

一人一人貪欲にそれらを探しながら

私たちは永遠の美の痕跡をとらえる。
森は永遠の美の歓喜に満ちた音信を私たちに伝える。
ほんのり冷たい川の流れは永遠の美についてささやいてくれる。
そして、花々も揺れながら、永遠の美を語るのだ。[23]

ゲーテの美的汎神論の気分は、大体においてまことに現代に近い。現代人の魂は、偉大な芸術作品によるのと同じく、自然にたいする潜在的宗教的なこの感覚によって、自身の合理主義の無味乾燥さと生気のなさから救われている。教会の聖歌では「すべての人の魂は聖霊によって生きる」と歌われる。美は聖霊の賜物であり、精神的に貧困になっている人類の頼みの綱でもある。生命を与えてくれる美のこの作用について考えるとき、ガルシンや二、三の者たちと同様に、まぎれもなく自身のインテリゲンツィア的世界観と魂の宗教的要求との軋轢に苦しんでいたグレープ・ウスペンスキイ[24]の病的で苦悩に満ちた魂が思い出される。ウスペンスキイは、冬の僻村で彼の主人公（つまり彼自身）がパリで見たミロのビーナスをどれほど思い出したかを、その記憶がどんなに魂を「真っ直ぐにした」かを物語る（『真っ直ぐになった!』という表題の文学的スケッチ）。これは、神を思慕しながらも自らの憂愁の真の本質を自覚していないインテリゲンツィアの魂の、感銘深い告白である。

「彫像を見たまさにその最初の瞬間から、私は自分に大きな歓喜が沸き起こってくるのを感じた。これまでの私は、手の中でくちゃくちゃになっているこの手袋とまさに同じようなものだったのだ（私は突然このように感じた）。手袋の外観は人間の手に似ているだろうか？　いいや、それは単に何かの皮革の塊である。しかしほら、私がその中に息を吹き込むと、それは人間の手に似てくる。私には理解しえない何かが、私のくちゃくちゃになり、損なわれ、疲れ果てた存在の深部に息を吹き込み、私を真っ直ぐにし、感覚が失われていたかのようだった場所で、今や感覚を取り戻しつつある体を総毛立たせ、まさに人が伸びをする時のように全身にバキバキと音を立てさせ、またつい先程までの眠りの余韻を感じさせずに爽快に目覚めさせ、大きく広がった胸、伸長した肉体全体を瑞々しさと光で満たした…。いかにその状態へと導かれたかは分からないが、私の全存在の確固とし穏やかで歓喜に満ちたこの状態の秘密はどこに、どの内にあるのか？ 私は、一つの問いにさえも決して自分に答えられなかった。この生気のない存在に生命を与える神秘を定義しうるかもしれない言葉は、人間の言語には存在しないように思われた」。彼は続ける、「こういったことを損ねることは、そう、世界から太陽を奪うのと同じではないか。せめて生涯に一度でもこのことを感じることがないのならば、生きている価値はない」。

芸術は、現代の世界観とまったく一致しないような感覚や雰囲気の中でさえも、人々を自己に心服させる。現代人は、ベックリン[25]と共に湿った洞窟内のニンフや海の波間のナイアス[26]を見ることもできれば、祈禱の恍惚状態のうちにシスティナの聖母マリアやルネッサンス時代のあらゆる芸術に狂喜することもできる原註三。ゴシック様式の聖堂の重苦しく神秘的な荘重さは現代人に親しいものだし、彼らは第九交響曲において創造主への愛と歓喜に満つる燃えさかる讃歌に顔を輝かせつつ、ベートーヴェンと一緒になって創造主をほめたたえることもできる。現代人が自分個人の責任外のこととして、論理的に自分に許容していないものの多くを、彼らは美的に受容できる。美のおかげで彼らは翼を得て、自身を物質の塊あるいは二本足の猿ではなく、絶対的で神的なものを糧としている無限の霊と感じているのだ。

とはいえ、宗教的営為をもっぱら美的な言語に置き換えることのうちには、私たちの時代の限界性、その一面的な偏りや貧しさが現われてもいる。美的情動は人々を甦らす信仰をいまだ創り出してはいないし、唯美主義は百科事典的であり、花から花へ渡り飛ぶミツバチに似ており、またまったく相いれないものを併せ持つことがある。

それにくわえて、美の受容は受動的である。それは苦行や意志の緊張を要求せず、ただで与えられるが、ただで与えられるものは放縦に陥りやすい。現代ではすでにしばしば、美学とその基準が倫理学より上位に位置すると宣言され、総じて高文化の時代である私たちの時代はひとえに芸術的だとの印象が、唯美主義の優越のおかげで生じている。ところが実際には、このことは私たちの時代の一面性と人間の精神のその他の原則の崩壊として説明できるのである。純粋に芸術的な分野においてですら次のような疑問が生じてきている、すなわち、内的に崩壊しかかっているデカダンスの時代は、芸術のうちに自己の偉大なるものを創出できるのか、あるいはこの時代は、主として古いものを収集し記録しているのかと。一部の人々は、まさにこの後者の見解を抱いている。いずれにせよ、現代の唯美主義を評価する際には、この二つの面を念頭に置く必要がある。

唯美主義の過剰、魂の男性的で能動的な特性を犠牲にした美学の発達は、私たちの時代の退廃的で信仰薄き性格を示しているが、同時にこの時代には、人間の魂に生得の永遠の力、すなわち生きようという魂の欲求が、祈りの手によってではないとしても、せめて人間の魂の中の美――不朽で永遠なるもの――の感覚によって、神の聖衣に触れつつ、砂礫を通して自分に道を穿っているのである。ドストエフスキーの「美は世界を救う」[27]という予言的な言葉は多くの意味をはらんでいる。この言葉の、言うなれば黙示録的意味はドストエフスキーにまかせておくとして、次のようには言える、現在でも美が絶望から、合理主義から、ひとりよがりの俗物根性から世界を救い、今日でも、渇いている病人の喉を潤し、おそらくは回復するまで彼の体力を支えていると。

実際、文明化した人類における知の前述の傾向は、すでにこのように決定的、最終的に定着してしまったのか、それともこれは、一時的気分、すなわち根絶済みのものとして看過できる気運にすぎないのか？　そもそもこの傾向は一八世紀からはっきりと現われたが、特に一九世紀後半に先鋭化し、そのうえこの傾向内で二、三の波が交替をなしおおせた。その直線的な合理主義と単純化された否定をともなういわゆる一八世紀の啓蒙思想は、すでに過去の経験であって、根絶されたとみなすことができる。メフィストフェレスの世紀は、ファウストの世紀、すなわちカントに始まったドイツの思弁的観念論の勝利にとって替わったが、いかなるものにせよそれを単なる破壊的時代とみなすことはできない。その後あらゆる哲学の否定をともなう皮相な唯物論と実証主義の短期の勝利が続いた。しかし唯物論や実証主義は現在では完全に過去のものである。

キリスト教史や他の宗教史の学問研究から今日かくも豊かな養分を得ている哲学的宗教的関心と一緒に、宗教的観念論が再び蘇りつつある。宗教的哲学的性格と歴史学的性格を帯びたこれらの学問研究の中心には、救世主の人格に関わるあらゆる事柄の研究がある。ヴァイネル教授は述べている。「言うなれば、これほど集中的にイエスを研究し、歴史的存在としての彼の意味を問うた世紀はかつてなかった」原註四。そして付言すれば、この志向は二〇世紀初頭にあって弱まるどころかますます強まっているのである。全地公会の時期とは別の局面、別の設定で行なわれているとはいえ、おそらく私たちは再びキリスト教神学論争（イエスの歴史的人格についての現代の論争）の時代に踏み入っており、そして私たちが確信するところでは、この新しい時代は始まったばかりである。西欧の精神生活を注視している人たちは、宗教的壊死に終わりが訪れつつあると断定している原註五。

前述のごとくに性格づけられた人格と世界観の危機は、おそらくまだ十分に自覚されていないとはいえ、わが国におけるような悲劇的な苦しみと宿命的な力をもっては何処においても経験されてはいない。ロシア精神の全般的特性と、その精神が宗教（広義の）意識の問題に関わる際の固有の灼熱、くわえて伝統と歴史的絆の弱さ、理論偏重と教条主義を担ったインテリゲンツィアの心理に固有の特徴等々から、このことは若干は説明される。しかし今度の場合は、近年私たちが経験し、現在も経験している歴史的激震と危機が特に事態を緊迫させる意味を有した。精神的貧血は、普通の時代にも潜在的か慢性的な性格をもつのであるが、特別な時代にあっては緊迫の度を増すのである。

私は、私たちが経験した一部始終を記述することも、性格づけることも自分に許さない。それは、全ての人にとってあまりに近くあまりに生々しい。そして、それに対して客観的で公正な関与をするための時間がいまだ到来していない。現代のロシア社会、少なくとも思索したり学習したりできる社会の部分は、つらい逡巡のうちにあり、創造的な仕事のために新しい力を得る準備をしつつ、政治的、経済的、文化的分野で経験した事柄から歴史的教訓を引き出そうと努めている。新しい人間の精神的人格は、激しい試練を耐え抜いたのか、その人格内の全てが無事安泰だったのか？

まったく疑いの余地のないことだが、近年の政治的、社会的な運動は、完全にインテリゲンツィア的運動であった。すなわち、それは、多種多様の社会的利害を有した人民大衆からなるその参加者による運動ではなく、その思想や理想、要するにそのイデオロギー全体にそった運動であった。歴史上の諸思想と諸思潮の力が、ここに抑えがたい力をもって露われた。ロシアのインテリゲンツィアが、今やすでに歴史的な力であり、今後の歴史の発展において彼らの意義がひたすら強まってゆくということが一目瞭然になった。これが未来の伸びゆく力であることは疑いない。そして、インテリゲンツィアの歴史的役割のこのような評価は、総じて歴史における思想の意義への評価と同じく、インテリゲンツィアの思想と気分を特別な歴史的重要性を有するものとみなさせ、彼らの立場をことさらに責任の重いものと考えさせしめる。私は、ロシアの歴史的展望、ロシアが繁栄するか退廃するか、発展するか腐敗するかは、まさに未来の伸びゆく力としてのインテリゲンツィアの手中にあり、責任だと考える。このような評価に立脚しつつも、かの非常な慎重さをもって、かの大きな不安を抱いて、自問する。インテリゲンツィアの心の中で全てが安泰だったのか、インテリゲンツィアの心はその支えを失ってはいないのか、病んではいないのか？ と。私たち全員が連帯責任で有罪になるのを恐れて、相手かまわず責めたり責任を押しつけたりする、その種の非難とか願望だと私の判断が受けとめられることを、何よりも私は望まない。

皆と同じく、私は、近年ひそかに心に忍び込んできた心蝕む悲哀の原因を理解しよう、私たちを包んでいる霧の中で周囲を見回そうと努めている。自分の判断を教条や綱領に結びつけることのない多くの誠実なインテリゲンツィアは、彼らの心にも悲哀の沈殿物や重い懐疑が澱んでいるのを認めている。善と悪、許されるものと許されざるもの、自由と専横ないしアナーキーな身勝手、党の規律と全人類的な道徳、これらの境界はこの時期あまりに頻繁に消滅させられ、あまりに容易に踏み越えられてきたので、心理的影響を残さずにはおかず、不信や不安を心に呼び起こさないわけにはゆかなかった。党派的なものの衝突や政治的な内紛の張りつめた雰囲気は、共通の民族的事業のための実践的創造的な働きに不可欠な相互理解や合意の可能性自体を不信下に置いて、総じていかなるものにせよ創造的仕事を可能にするのを脅かした。このような不安は、第二国会中、国会の営為や活動から直接に受けた印象のもと、私個人をひどく苦しめた。

近年の私たちの歴史的失敗が、どの程度不可避な歴史的状況や暗愚な歴史的力によるものなのか、どの程度わが国のインテリゲンツィアの気運の今までに見てきたような状況によるものなのかを正確に算出することはできない。しかし、後者の加担している度合がきわめて大きいことは疑いがない。そして、あれやこれやの党派の個々の綱領の規定は、それほど万民を万民に対する残酷で一致できない敵にしたわけではないが、しかしそれらの党派のまさに道徳的なたたずまいは、和解ではなく、不和と諍いの気運を引き起こし、いかなる和解者によっても薄められることのない政治的熱狂の雰囲気を醸し出した。人間は存在しなかった。存在したのは、ただざまざまな党のメンバー、もしくは互いに互いの境界を決定することしかできないさまざまな利害の代表者だけであった。しかし、社会は、いかにその構成上複雑で多種多様であろうとも、団結と相互理解という一定の倫理的ミニマムなしには、発展し生きていくことができない。さもなければ、社会はいくつかの敵対する身体へ分裂し、結局はアトム化してしまう。だからこそ、ドストエフスキーが、『悪霊』と『罪と罰』のなかで、単なる可能性として、ただの警告として書いてきたことが、多くの人々には政治的誹謗文にさえ思われたのであり、こういうことのいっさいがわが国では日常茶飯事となったのである。

わが国のインテリゲンツィアにおける苦々しく道徳的に否定的なものを私たちが今も昔も経験しつづけているということ、このことは、私の思うに、蔓延している反宗教的世界観の脆弱さを実験的に検証することであり、宗教的なものに利するべくそれを背理的に説明することなのだ。精神的健全性の欠如は、生活のあらゆる現われ、生活のトーン全体に反映している。総じて近代では、道徳的人格やその健全性の歴史的意義は低下している。逆に私はそれを歴史の営為の決定要因の一つとみなす傾向にあるが、人格の自己確立の中に必然的に入ってくるものは、人格が自己について何を考え、何を信じているかということ、すなわち人格の信条の全体である。仮に、私たち自身が別の人になるとすれば、生活全体がどのように変化し、過去の出来事がどれほど違った風に形づくられ過ぎ去るのか、暗い現在がいかにして明るくなるか、想像すらおぼつかない。

政治的色合いの違いをぬきに、その老若男女の代表の大半を結びつけているロシア・インテリゲンツィアの哲学的・宗教的 credo（信条）、すなわち、ほかならぬロシア・インテリゲンツィアの無神論的ニヒリズムを、私はロシアの歴史の最も重要な要素のひとつとして、またロシアにおける近年の事件の趨勢を決定した主要な原因のひとつとみなすのである。

私たちが現代のある特性にさらに注目した場合、おそらくこの状況は、私たちの視点に同調しない者たちには逆説の度合が薄く思われるだろう。一九〇〇年代まではインテリゲンツィアの世界観と気分は閉鎖的で仲間内のもののままであって、民衆の心性は、インテリゲンツィアが宣教するうえで近寄りがたく浸透できないと考えられていた。この一〇年間、とりわけこの三年間はまさに異なった様相を呈し、民衆が、特に村落の若い世代と都市労働者たちが、インテリゲンツィアの影響に敏感になっているようで、徐々にインテリ化し、あるいはいわゆる「自覚的」になってきている。私は民衆に述べられてきた多種多様な綱領のさまざまな政治的ないし経済的な主張をまったく棚上げにしている。なぜなら、私たちに関心があるのはそれらのことではないし、そして私の見るところ、それらは一義的な意味を有さない。そして実際、それらは意識をまったく変革しておらず、民衆の魂において根本的な変動を起こしてはいない。そうではなく、民衆の「自覚」へのあらゆるこのような誘導とか民衆のインテリゲンツィア化は、全てのインテリゲンツィア政党で、それらの政党の綱領にそった宗教的信仰の破壊、ならびに唯物論と哲学的ニヒリズムのドグマの接種によって、無差別に始まっているのだ。無論、新たな教説の堆積の前では、無学な庶民は批判的に関わるにはまったく無力だし、子供のように無防備である。そして、かつて庶民を啓蒙した者たちが無信仰を確信したのと同じ軽率さで、庶民もまた喜びのない気の滅入る無信仰への信仰を受け入れている。

言うまでもなく、時に最初の一突きで崩壊してしまう庶民のこの古い信仰の自覚性と頑強さを過大評価すべきではない。もちろんこれは子供じみた無邪気な信仰であるが、しかしそれでもなお、庶民に善悪の区別を与え、正義、義務、神に従って生きることを教えてきた。それは、ロシアの歴史にも、ロシアの聖者伝にも、ロシア文学にも、そして芸術の中にも刻印されている民衆の魂の驚くべき美を育成してきた。その信仰のおかげで民衆は、タタールの軛の時代にも、モスクワ公国時代にも、ピョートル大帝の時代にも、自らの歴史的ありようの十字架をその肩に担ってきたし、自らに「聖なるルーシ」の名を与えて——それは、言うまでもなく、自分を聖なるものとみなすのではなく、聖性の中に生活の理想を見ることなのだが——、自らの理想、つまり正しい生活についての自分の考えを言い表わしたのである。心の洞察者、民衆を愛する人ドストエフスキーは、はたして考え違いをしていたのだろうか。彼は、健康時だけではなく病んでいるときの、故郷の村だけでなく徒刑地にあるときの民衆の精神を学んだのに。

そしていまや、この古い信仰とそれに結びついた精神構造は崩れ、民衆の魂の若木にまったく新しい接ぎ木がなされている。モスクワ・ルーシもタタールの軛もペテルブルグ・ロシアも、現在わが国のインテリゲンツィアが民衆に対して行なっている、このような力と特別な重要性を帯びた接ぎ木をしなかったし、することもできなかった。そのような接ぎ木と等価の意義をもつ事業をしたのは、ルーシに洗礼を施して以降の――現在インテリゲンツィアがそのルーシから洗礼の効力を失わせているのだが――ウラジミル聖公だけであった。ルーシの洗礼からロシアの歴史は始まり、キリスト教の種子がここでまったくの処女地、未開地の上に落ちたのだが、今度は洗礼の失効をもってまったく新しい歴史の時代が始まっているのだ。

いったい古い信仰は、何に、どのような生活規則、いかなる規範に替わりつつあるのか？　それに関してインテリゲンツィアのカテキズムに何が記されているかを私たちは知っている。それは、ベンサム、マルクス、コント、フォイエルバッハ（ラヴロフやミハイロフスキイといったロシアでの改作）、シュティルナーである。すなわち個々の自己利益の追求、ないし階級や集団の利益のように他者と共通の同様の利益の追求、さもなくば自立している個人の自由、アナーキー的な「すべては許されている」なのだ。ところがインテリゲンツィアにとっては、利益というこれらのあらゆる概念は、純粋なイデオロギーであり、倫理的で宗教的ですらあるいろいろな気分の匿名にすぎない。インテリゲンツィアは自分の利益のためではなく、他者の利益、被抑圧階級の利益のために闘っているというわけだ。くわえて、最も破壊的な綱領のこのうえなく破壊的な結論は、この場合いつでも完全に行動に移行していくわけではなく、それを阻止する中央機構によって、社会環境や世論の影響によって、文化的な洗練によって、理論を援用しいろいろな恐ろしげな言葉や公式を無為に大胆に取り入れるという習慣によって、骨抜きにされている。

たしかに近年はインテリゲンツィアも安定度を失った。しかし民衆の魂に無神論の教条の法典をもたらさざるをえない、その心理的影響力は比べものにならない。疲れ果て、さんざん苦しみ、そうでなくても自分の階級的な立場の結果、特権的な少数派を敵視する傾向にある人々、知的な準備も文明的な洗練も有さず、もっとも不利な文化的条件にある人々に、生き方の指針のためのドグマとして告げられる命題は、やはり長い哲学的文化的進歩の所産であり、文化的に豊かで充実した土壌の上に生育したものであるのだ。一般的にロシアの歴史は極端さに満ちているが、しかし、自分の村、自分の工場から出たことのない無学で貧しい農民に、ヒュームやヴォルテール、百科全書派や啓蒙主義者、フォイエルバッハやニーチェ等々の思想活動の成果を伝えることにも増した極端さを想像することができようか。ここには本当に目のくらむ頭がくらくらするようなものがある。

啓蒙を扇動にとって替えることが、政治面でも社会面でもどれほど実りあるかをおもんぱかるつもりはないが、しかし、今となってはこのことの道徳的心理的全人類的な意味を勘考することはできる。この結実——人格の崩壊、意思や道徳感情の深刻な麻痺——を、私たちは現在、全てのインテリゲンツィアの集団と党派が恐怖に満ちてそれから身を護っている、諸々の quasi（擬似）思想犯罪の悲しく果てしない歴史叙事詩のさなかで味わっている。そして、もちろん、実際に誰もこのことのいっさいを望まなかったという限りにおいては、彼らは正しい。これは、民衆の魂の激震、彼らの信仰の宝庫の荒廃の、予測できない結果であって、現代の重苦しい事件や試練と関連した無神論綱領によって持ち込まれたものである。私は、次のことを完全に確信している。すなわち、犯罪的なものの異常な増加、そのうえ独自の病的思想状況の中での増加は、民衆の魂の病気の兆候であり、宗教的価値と絶対的モラルの否定により統一された新教義のかたちで民衆の中に導入された不健康な食物に対する精神的有機体の鋭いリアクションである。そしてこの播種は、あらゆる状況の歴史的な集積のもと、ロシアの畑に別の若芽をもたらすことができなかったのだ。近年そのなかで生きねばならなかった恐怖も、状況自体が精神的均衡を放棄し自らを緊迫させ、そして今度は前に指摘したような精神的危機によって緊迫状況におかれることとなったこの政治状況と経済的貧困も、もちろん私は決して忘れてはいない。その危機は、二次的とはいえ、もっと他の非常に重大な結果をも有していた。すなわちそれは、内紛に宗教的狂信の色合いをもたせ、その内紛をさまざまな政治的見解の戦いのみならず、さまざまな信仰の戦いにすることで、さらに内紛を産み、かつ先鋭化させたのである。複雑きわまるその原因がいかなるものであれ、一九〇五年の秋に起こった悲しむべき悲劇的な諸事件の多くの特徴が、この状況によって説明がつく。[28] この宗教的内紛は、現在でさえロシアの地平線をひどくくもらせており、私たちの状態を困難にしている。

わが国の民衆には知識が必要だし啓蒙が必要だが、しかしその啓蒙は、民衆を、過去にそうであったよりも精神的に貧しくせずに、彼らの道徳的な人格を堕落させせないようなものでなくてはならない。扇動の手段として用いられる知識の断片の偶然的な習得ではなく、人格を育み発達させるキリスト教の啓蒙、これこそがわが国の民衆には必要なのだ。ロシアの歴史的未来、すなわちわが祖国の国力の再生と復興か、それとも最終的な崩壊おそらく政治的な壊死かは、私の確信するところでは、文化的教育的なこの課題、すなわち民衆の道徳的人格を壊さずに彼らを啓蒙するという課題を私たちが解決できるかどうかにかかっている。これらの運命をも、歴史はインテリゲンツィアの手に委ねているのだ。

ここ数年の経験によって示されたのは、インテリゲンツィアが民衆の魂へ通じる道を発見しつつあり、そして同時に彼らが民衆を理解しているかたちで民衆に奉仕しようという熱烈で抑え難い、自己犠牲的な志向をつねに抱いてきたということである。まさにこの理解こそが問題なのであり、だからこそ、ほかならぬインテリゲンツィアの世界観が、国全体の神経と頭脳の状態として、かように特別な重要性をもつのである。ロシアのインテリゲンツィアの心と頭の中では、善と悪、生を与える原理と死に至らしめる原理、創造的原理と破壊的原理とのロシアにおける闘いが生じているが、わが国で起こっている出来事が、まぎれもなくまた世界的な意味をも有するかぎり、この闘いも世界的闘争であるのだ。しかし、自らの歴史的使命と自身の意義をこのように理解することは、自分の行動に対する責任感を著しく強めざるをえない。

まったく次のような状態は、(ロシア以外には―訳者)もはやどこにも存在しない。すなわち、子供のように精神的に無力で無防備であり、ほとんどウラジミル聖公時代の教育水準にある偉大な民衆。そして、主に流行の速さとともに変化するさまざまな最新語と一緒に西欧の啓蒙を持ち込んでおり、また制御もされず追払われもせぬままに、この子供へのアプローチの方途を見出しているし、もちろん今後も見出すだろうインテリゲンツィア。二つの電極だ。その二つが結びつく時、それらは何をもたらすであろうか――穏やかな光と暖かさだろうか。もしくは破壊的な焼き尽くすような稲妻であろうか。

インテリゲンツィアが民衆にもたらすインテリゲンツィア自身の世界観が、今と同じままであるとすれば、民衆に対するインテリゲンツィアの影響力の性格は変化しないだろう。つまり、その影響力は、数的に増幅していくにすぎないだろう。しかしもちろん、インテリゲンツィアが、すくなくとも近い将来に、自らの信仰に人民大衆全体を向けさせられると考えるわけにはゆかない。その人民大衆の一部は、いずれにせよ、以前の生活原理に忠実なままであるのだ。そしてこの異なった信仰の土壌に、宗教改革時の戦争にしか見出すことのできないのと同類の宗教的内戦が必然的に起こらざるをえない。その際、民衆の精神的で国家的な力は消えてゆき、国家体制の生命力は外部からの最初の一撃を待たずに衰弱してゆくだろう。経験した諸事件が、私たちにこの道を避けるよう十分に警告している。

しかし、ほんとうに、天の雷鳴が私たちの頭上に鳴り響いたのは無駄だったのだろうか？　まるで、何ごともおこらず、何ごとも明らかにならず、何ごとも得られなかったように、少し休息を取り、経験したことから回復した後で、私たちは、ほんとうに、再び、昔のように、古い感覚、古い思想、古い軽率さによって生活し始めるのだろうか？　ただちょっと足を踏み外しただけだ。いや、もしもう少し力があれば、踏み外さずにすんだかもしれない、つまり、次回はもう踏み外さないように努力しなくてはならないということだ。ロシア・インテリゲンツィアは魂のこのような能天気な怠惰さに傾くきらいがあり、そして早くも現在、出版物においてもサークルの中でも、このような安穏とした解放以前の気分が形成され始めている、まるで私たちがゴルゴンの首[29]に遭遇しなかったかのように、まるで単純に計算違いでもしたかのように。いまや数歩後ろにさがり、もとの場所に後戻りするしかないだろう。いや、もとの精神的な場所に戻ることは不可能だ。私たちは死人で充満した深淵によって分断されている。私たちは成長し、歴史的に年を重ねた。私たちが若いふりをするのは無駄だし、ふさわしくない。何か新しいことを始めなくてはならない。歴史的体験を念頭において、その体験の中で、自らの姿と自らの過ちを意識しなくてならない。なぜなら逆に、もし私たちが、反対陣営の他者にしかそれらの過ちを見ないとすれば、私たちは、反対陣営に対する自分の敵意によって催眠状態になり、何も学ばないだろうから。自分自身を掘り下げること、自分自身を究めることが必要だ。精神的な力を蓄えること、文化の創造が必要だ。

この自己刷新はあらゆる面に関係してくるはずではあるが、しかしもっとも深奥、つまり魂の深淵に降りた場合、新しい人格と新しい生命のこの創造は、宗教的な自己の掘り下げ、すなわち新しくより意識的な宗教的自己確立によって始まるべきなのである。新しい人間、社会活動家の新しいタイプは、この自己を掘り下げることの土壌にしか生まれない。これが、いまわの際にドストエフスキーがその最後の小説の中で夢見た新生ロシアの営為であろうし、近年のロシアの営みには欠落していたが、おそらく最近の社会運動を破滅させ無力化させた新しきものでもあるのだろう。

ロシアはイギリスとは対照的に、わずかな例を除いて、キリスト教インテリゲンツィアをいまだ目にしていない。彼らこそが、おのが魂の情熱、ならびに人々への奉仕と十字架の苦行への押さえがたい渇望を、行動的な愛というキリスト教的苦行に注ぎ、その結果、私たちをあえぎ苦しませ、破壊以外の何ものももたらしえない、敵意と人間憎悪のあの重苦しい雰囲気を克服するかもしれないのだ。わが国のインテリゲンツィアには、豊かな潜在的宗教的エネルギーが秘められている。彼らは、自らの祭壇の「知られない神」に執拗に生贄を捧げつづけている。——果たしてこの「知られないもの」は、永遠に知られないままであるのだろうか？　私は、キリスト教インテリゲンツィアについての夢、そして異なった宗教信仰で支えられている民衆とインテリゲンツィアとの間の現在の断絶を根絶したいという夢が、いかに現実離れしているか、いかに奇妙に見えるかを知っている。しかし、その夢は決別するにはあまりにも素晴らしく、その夢の実現は生活のためにあまりにも必要だ。新しい播種が、乾燥しひび割れた大地に注ぎ込む新しい水が、是非必要だ。このうえなく大きな私たちの望みは、今日のこの精神的な荒廃の中に、すなわち時代の閉塞状況のうちに封じ込められているが、精神的な死は精神的復活の序幕だということがきっと明らかになることがあろう。一九〇〇年前にそうであったように、またそれ以降もキリスト教の炎が新しい力をもって、わずかに燻っている薪の中から明るく燃え出すごとに、歴史上に何度も起こったように。

政治的社会的危機のなかに顕われ、ロシア民衆の精神的崩壊と内的反目のうちに根を張っているロシアのドラマ、それの宗教的意味が、歴史的事件の展開にともないますますはっきりと露わになってきている。そして、あれほどの犠牲と苦難にもかかわらず、ロシアのドラマはまだ幕を閉じていない。病は内部へ追いやられ、急性病から慢性病へ変わったにすぎない。私たちは経験から、「まず神の国と神の義とを求めなさい。そうすれば、これらのものは、すべて添えて与えられるであろう」（「マタイによる福音書」六章三三節—訳者）という誡めを破ったらただでは済まぬことを知った。

私たちはこの「これらのもの」だけをもっぱら気にかけて、人間の精神的世界に対する軽視のうちに、歴史のこの真の創造的な力を捨て置いてしまった。かくして私たちは精神の均衡を失い、人々をどんどん細分化し孤立させたこの「これらのもの」を得ようと汲々としつつ、さまざまな方向へ散っていった。まさにこの点に、破壊のこのようなエネルギーには似つかわぬ創造的活動の弱さ、私たちの歴史的無力さの原因がある。

混乱した生活を整えるという課題は新生した人間にのみ相応しいが、この新生は、綱領や戦術あるいは新しい政治構想の再検討といったものによっては起こらない（いかにこれら後者のことがそれ自体として重要であったとしても）。ニコデモとの対話の中で語られている新しい人間の誕生は（「ヨハネによる福音書」三章一〜二一節参照―訳者）、ただ人間の心の奥底、すなわち自己を確立する人格の深奥でしか起こりえない。歴史的創造という苦行は、人間の人格の復活という精神的苦行と切り離せないのだが、その復活は私たちの意志ぬきには実現しない。グラッドストンは正しかった。もっとも決定的な善と悪の衝突が起こるのは、議会あるいは民衆集会においてではなく、人々の心の中でなのだ。そしてロシアの歴史的運命は、ロシア人の魂内部で起こっている目に見えぬこの内的闘争のさなかでいまや秤にかけられているのだ。だから、それに対し、すなわちこの闘争に対し、そしてこの闘争が内部で進行している私たちに対して、モーセの恐ろしい言葉が、この指導的預言者のイスラエルの民に向けた臨終の際の遺言が、自分の民の現世での運命をあらかじめ定めたその遺言が当てはまるのである。「わたしは、きょう、天と地を呼んであなたがたに対する証人とする、わたしは命と死および祝福とのろいをあなたの前に置いた。あなたは命を選ばなければならない。そうすればあなたとあなたの子孫は生きながらえることができるであろう」（「申命記」三〇章一九節―訳者）。

原註

一　G.v.Schulze-Gävernitz: "Britischer Imperialismus und englischer Freihandel zu Beginn des zwanzigsten Jahrhunderts", Leipzig, 1906

二　論文集『マルクシズムからイデアリズムへ』、さらにそれに先行するフォイエルバッハとマルクスに関する試論を参照。

三　私は、まだマルクシズムに完全に魅せられていた当時、システィナの聖母から受けた強烈な身のふるえるような印象を決して忘れないだろう。

四　Heinrich Weinel: "Jesus im neunzehntem Jahrhundert. Tübingen und Leipzig", 1904 , p. 3

五　例えば、Rudolf Eucken: "Hauptprobleme der Religionsphilosophie der Gegenwart", Berlin, 1907 , p. 113 以下参照。

訳註

1　プーシキン『エヴゲニイ・オネーギン』からの引用。

2　ウィリアム・エーワルト・グラッドストン（一八〇九〜一八九八）。イギリスの政治家。一八六七年に自由党党首となる。一八六八年から一八七四年に首相として第一次アイルランド土地法・軍制改革・秘密投票法・司法制度の改革等を行なった。

3　『桜の園』第一幕におけるラネーフスカヤの台詞。

4　N・A・ネクラーソフの詩「静寂」からの引用。

5　ここはエカチェリーナ女帝の寵臣ポチョムキン公爵の邸宅だったが、一九〇六年以来この宮殿に国会が開設された。

6　初世ビーコンズフィールド伯ベンジャミン・ディズレーリ（一八〇四〜一八八一）。イギリスのヴィクトリア朝時代の政治家であり、小説家としても活躍した。

7　アーサー・ジェームス・バルフォア（一八四八〜一九三〇）。イギリスの政治家。一八七四年から保守党議員。アイルランド事務相などを経て、大蔵総裁ならびに保守党下院首領となった。一九〇二〜〇五年首相となり、内政では教育法、アイルランド土地買収法などを成立させ、外交では英仏協商（〇四）の締結に努力した。第一次世界大戦中海相、外相として入閣。一九一七年一一月二日には、パレスチナにおけるユダヤ人の民族的故郷の建設を支持したバルフォア宣言を発した。

8　ジョン・ラスキン（一八一九〜一九〇〇）。イギリスの著述家、美術評論家、画家。ターナーやラファエル前派と交友があり、『近代画家論』を著した。

トーマス・カーライル（一七九五〜一八八一）。イギリスの著述家、歴史家。『シラー伝』（一九二五年）を著す。また、ゲーテの『ヴィルヘルム・マイスターの徒弟時代』等を翻訳した。歴史家としては、代表作『フランス革命史』（一八三七年）をはじめ、偉人の伝記を執筆した。

チャールズ・キングズリー（一八一九〜一八七五）。イギリスの牧師、小説家。一八四八年友人のF・D・モーリスらとともにキリスト教社会主義の運動を創始。

ジョン・フレデリック・モーリス（一八〇五〜一八七二）。イギリス国教会の神学者。キリスト教社会主義の提唱者の一人。キングズ・カレッジの歴史、文学の教授と神学の教授を経て、ケンブリッジ大学の道徳哲学教授（六六〜七二）。
9 ライデンのヨハネ（一五〇九〜一五三六）。オランダの再洗礼派の指導者の一人。宗教改革の時代、非自覚的な幼児洗礼を非聖書的とみなして再度の洗礼を要求した。また、教会のヒエラルキーを否定、富を非難した。共有財産、一夫多妻の家族の支持者。これらの原則を基として、一五三四年にミュンスターのコミューンが存在した。これがいわゆる「シオンの王国」であり、ライデンのヨハネはその「王」となった。
10 「ルカによる福音書」一五章一一〜三二節を参照。
11 12 両方ともバイロンの作品『カイン』からの引用。
13 エス・エルは一八九〇年代末より形成されたロシアの主要な社会主義政党の一つ。一九〇五年革命などで勢力を拡大し一九一七年の憲法制定会議では第一党となるがボリシェヴィキにより解散。ロシア社会民主労働党は、一八九八年レーニン等によって結党。後にレーニン等の指導するボリシェヴィキとマルトフ等のメンシェヴィキに分裂。カデット（立憲民主党）は一九〇五年に立憲君主制を主張する自由主義的インテリゲンツィアを集め成立したロシアの有力な自由主義政党。十月革命後にボリシェヴィキにより解散。カデットとエスエルに関しては、ベルジャーエフ「革命後の思想」訳注8、9も参照のこと。
14 ディオゲネス（前四一二〜三二四頃）。シノペ出身のギリシアの哲学者。小ソクラテス学派のキュニコス派の代表的存在。
15 オスカー・ワイルド『ドリアン・グレイの肖像』を参照。
16 チュッチェフの詩「夢」よりの引用。
17 E・A・バラトウィンスキイの詩「ゲーテの死によせて」よりの引用。
18 イリヤ・イリイチ・メーチニコフ（一八四五〜一九一六）。白血球の食菌作用を提唱し、免疫系における先駆的な研究を行なったことで有名なロシアの微生物学者および動物学者。
19 ペトラルカのこのエピソードは、一三三六年春の『個人的な事柄についての手紙（Familiarium rerum libri）』から取られた。

20 キュレネ学派は、アフリカのキュレネ人アリスティッポスを創始者とする。彼の娘のアレテ、孫のアリスティッポスの三代が初期キュレネ学派と称され、感覚論にもとづく快楽主義の問題が議論の中心であった。ヘゲシアス、テオドロス、アンニケリスに代表される後期キュレネ学派では、「快楽」かあるいは「識見」なのかという問題が中心となった。
21 「マタイによる福音書」一一章三〇節より。「わたしのくびきは負いやすく、わたしの荷は軽いからである」。
22 「マタイによる福音書」一一章二八節参照。
23 A・K・トルストイの詩「君の嫉妬深いまなざしの中で涙をふるわせて…」からの引用。
24 グレープ・イヴァーノヴィチ・ウスペンスキイ（一八四三〜一九〇二）。ロシア下級官吏の家に生まれた、農村文学の代表的作家。農奴解放後の農村を調査し、『百姓と百姓仕事』（一八八〇）、『大地の力』（一八八二）を著し、そこで資本主義の浸透によって没落した農民の姿を、ありのままに描写している。
25 アルノルト・ベックリン（一八二七〜一九〇一）。一九世紀のスイス出身の象徴主義の画家。印象派の画家たちとは対照的に、象徴派は文学、神話、聖書などを題材に、想像の世界を画面に現出させようとした。ベックリンもまたこうした象徴主義の代表的画家の一人である。
26 水の精のこと。絵画の題材としては、ジョン・ウィリアム・ウォーターハウス『ナイアス』（一八九三）がある。
27 ドストエフスキーの長編『白痴』から。
28 恐らくブルガーコフの脳裏には、黒百人組によるユダヤ人虐殺、各地で勃発した軍や兵士の反乱、モスクワ蜂起などが浮かんでいると思われる。
29 ゴルゴン（ギリシア語で「恐ろしいもの」の意）は、ギリシア神話に登場する醜い女の魔物。ポルキュスとその妻ケトの子で毒牙をもち、頭には髪の毛のかわりに蛇が生えている。その眼に見られると人は石になってしまう。

（浅野知史、新井正紀、大山麻稀子、堤佳晴、福間加容、横山輝彦、渡辺圭 訳）

セルゲイ・ブルガーコフの宗教観とマルクス主義解釈の一断面

渡辺圭

はじめに

セルゲイ・ニコラーエヴィチ・ブルガーコフは、E・トルベツコイ、N・ベルジャーエフ、V・エルン、P・フロレンスキイ神父などと同様に、ウラジーミル・ソロヴィヨフを源流とする二〇世紀前半ロシア宗教哲学の流れに与し、宗教的アプローチによる哲学的社会的な諸問題の解明を志向した。ロシア文化史上「銀の時代」と称される時代を生きた思想家である。『ロシア哲学史』の著者であり、自身も直観主義哲学者であったN・ロースキイの評によると、「セルゲイ・ブルガーコフ神父は、この二〇年間（当時）、ロシアの神学者、哲学者の中にあって傑出した存在でありつづけた」。

同じく、『ロシア哲学史』を書いた（一九四八～五〇年、パリ）V・ゼンコフスキイ神父は、次のように述べている。

「ブルガーコフは何よりもまず学者であり、そして彼は自らの哲学研究にさえ学術的思考の厳格さを持ち込んだのだ。彼はつねに堅実であり、深遠であり、そして黙想的であった――そしてこのことは、彼の志向、彼の基本的な主張に同調しない者にとってさえ、彼の著作を価値有るものにしている。しかし、まさに自分自身の『堅実性』ゆえに彼は『純粋』哲学に限定されはしなかった――形而上学的な感覚はブルガーコフの思想を宗教の側へ方向づけ、彼を哲学者であると同時に神学者にしたのである」。

本書に載録したブルガーコフの「ロシア革命における人神宗教」は、一九一一年にモスクワで刊行された著作集『二都』の第二巻に収められた講演録である。そこには、当時ロシアにはびこっていた科学万能主義、個人主義、合理主義、ペシミズム、ニヒリズム等の危険性、ならびに人格の危機が指摘されているにとどまらず、ロシアの再生にはいかなる人間、どのような社会活動家が理想であるかが明示されている。ここでは、まずブルガーコフの生涯をその思想の変遷と時代背景に関連させつつ略述し、ついで「ロシア革命における人神宗教」で展開された当時の彼の宗教観、人間観を分析する。

一、日本におけるブルガーコフの受容

ブルガーコフの生涯と思想を見る前に、日本におけるブルガーコフ研究の現状に触れておこう。現在までにわが国で発表されたブルガーコフに関する論考としては、根村亮「文化の進歩と人間の進歩――セルゲイ・ブルガーコフのチェーホフ論」（一九九三年）、滝澤義雄「ブルガーコフにおけるソフィア論」（一九九五年）、

佐藤正則「セルゲイ・ブルガーコフによる近代の超克とマルクス評価」（二〇〇三年）等が目を惹く。

なお日本国内で翻訳・刊行されたブルガーコフの著作にはまず戦前に出版された『經濟哲學』（一九二三年、島野三郎訳）及び『哲學の悲劇』（一九三五年、大島豊訳）があり、戦後では、「国民経済と宗教的人格」（二〇〇〇年、小島定訳）、『道標――ロシア革命批判論文集1』（一九九一年）所収の論文「ヒロイズムと苦行」（滝澤義雄訳）、『深き淵より――ロシア革命批判論文集2』（一九九二年）に収録の「神々の饗宴にて」（滝澤義雄訳）、『ロシアの宇宙精神』（一九九八年）に収められた二論文「経済のソフィア性」（『経済の哲学』第四章第二部より抜粋、西中村浩訳）と「社会主義の魂」（西中村浩訳）等がある。以上のように、ブルガーコフ哲学の紹介は、日本ではようやく緒に就いたところであり、総合的な研究が待たれる。

二、セルゲイ・ブルガーコフ――その生涯

ここでは、彼の生涯とその思想的変遷の概略を、合法マルクス主義者の時期と正教に回帰した宗教哲学者、神学者の二期に分けて紹介しよう。

マルクス主義者ブルガーコフ

セルゲイ・ニコラーエヴィチ・ブルガーコフは一八八一年にオリョール県リヴヌィの在俗司祭の家庭に生まれ、宗教的雰囲気に包まれ幼少期を送った。一三歳のとき神学校に入学したが、精神的な危機をおぼえ、しかしキリスト教神学では抱いた疑問への解答を得られず、そのため最終学年時には神学校を中退し、中等学校の最終学年に入り直す。彼自身、当時の自分を振り返り述懐している。「私は、陰鬱な革命のニヒリズムの犠牲者となってしまった（革命のニヒリズム自体はつねに芸術や文学への愛と結びついているというのに。それについては訊かないでくれ）」（「わが叙聖」）。

その後、彼は一八九〇年にモスクワ大学に入学し、法学部で経済学を学ぶ。一八九六年大学卒業後、ドイツへ留学。ドイツでは政治経済学を専攻し、社会民主主義者たちとの交流から、マルクス主義へと傾倒していった（一八九八～一九〇〇年）。モスクワに戻ると、マギステル論文「資本主義と農業」の公開審査を受け合格する。一九〇一年にはキエフ総合技術大学の政治経済学教授となる。いわゆるマルクス主義経済学者として学者の道を歩みだしたのである。一九世紀末のロシアではインテリゲンツィアの青年達の間にマルクス思想が浸潤していたが、この時期のブルガーコフもまた、社会に参加し社会変革を志す熱心な「合法マルクス主義」の活動家であった。しかし彼は、当時の優れた経済学者や評論家と同じ道を辿り（M・トゥガン＝バラノフスキー、P・ストルーヴェ、フランク、ベルジャーエフ等）、より統一された世界観を希求するようになる。それはマルクスから出発し、新カント主義を通過し、ソロヴィヨフへ至る道であったが、その契機と

なったのが二年間の海外滞在だった。すでに一九〇〇年の『資本主義と農業』の中では、「生産手段集中の法則は農業の分野では働かない」と農業におけるマルクス理論の適用が批判されている。まもなく彼は、カント哲学の影響の下、社会及び個人生活の基本原則は、真、善、美の絶対的価値論を土台として構築されねばならないとの結論に達するのだが、その「絶対的価値」は、彼の少年期の懐疑を増し募らせたあの宗教的世界観、正教の世界観によってもたらされたのである。しかしこの時点ではまだ、マルクス主義から観念論へのこの「転向」は、彼がマルクス主義思想を「完全に」捨ててしまったことを意味するものではなかった。

「私の観念論的世界観は、マルクス主義の社会思想の気運の中で形成され、それゆえに、マルクス主義の全般的な拒否ではなく、拒否とはならず、また拒否であってはならない。反対に、私の観念論的世界観は、マルクス主義の旗に描かれ、その精神を作り上げたほかならぬその社会的理想を深め、根拠づけることを志向するものである」(『マルクス主義から観念論へ』序)。

宗教哲学者ブルガーコフ

結局、ブルガーコフは、マルクス主義と訣別し、一九〇三年に彼の哲学の一大転機をなす著書『マルクス主義から観念論へ』を上梓する。(その転機の一因にソロヴィヨフ哲学がある)。これにより、彼は思想家として新しい段階へと進み、この年にはキエフで親交を深めたベルジャーエフとともに作家メレシコーフスキイの創刊した雑誌『新しい道』(一九〇二~一九〇三年)の編集に携わるようになる。ベルジャーエフとブルガーコフは宗教と哲学の刷新を標榜するインテリゲンツィアの旗手となったのである。一九〇六年にはモスクワ大学の助教授に就任、モスクワの宗教的・哲学的なサークルに積極的に参加し、政治分野では、第二国会の代議員に選出された。一方、後に『二都』(一九一一年)に収録されることとなる諸論文を精力的に執筆しており、一九〇九年には、一九〇五年革命を批判した論文集『道標』に論文「ヒロイズムと苦行」を寄稿する。この時期、彼は観念論哲学からロシア正教のイデアリズムへと自己の思想を深化させていった。フロレンスキイ神父と親交を深め、一九一二年にはこの神父のソフィア論の強い影響下に『経済哲学』を発表した。当時彼はソロヴィヨフ哲学に傾倒しつつ、独自の哲学的、神学的体系を築こうと試みている。一方で、この頃東方教会修道制の聖地、アトス山のロシア人修道者のコミュニティで発生した異端論争、「讃名派」問題にも強い関心を抱き、自身、「神の名前自身が神である」との教説を信奉する讃名派修道士を弁護して、「神の名前」も「神聖なるもの」として扱うべきだと主張した。同派との関りは、発刊までに多年を要した『名前の哲学』(一九五三年)を生むこととなる。

「この世界における神の啓示は、神の働きであり、神のエネルゲイアである。それ自身は世界にとって超越的である神の存在ではなく、私たちが神と呼ぶところの、神のエネルゲイアなのである。……『神名論』のように、偽ディオニュシオス・アレオパギテスのひそみに倣うのであれば、神の名前とは、人間の名づけ行為を通じて神が自身を語り、自身を名づけている、神のエネルゲイアの発露なのである」(『名前の哲学』)。

一九一八年の八月一五日より開催されたロシア全露正教会地方公会では、ポルタヴァ大主教フェオファン・ヴィストロフを議長とする讃名派問題の検討を目的とした小部会が設けられ、ブルガーコフもこれに参加した（この会は何の決議もせぬまま消滅する）。この年に彼は、ソロヴィヨフ、フロレンスキイに触発され、『黄昏ざる光』（これは『経済哲学』の続編でもある）を発表して、独自のソフィア論を展開した。そして翌一八年にはモスクワのダニーロフ修道院で正教会の司祭に叙聖される。

「……無神論が自然に了解されていたインテリゲンツィアの領域では、モスクワ大学の教授であり、政治経済学の博士号を持つこの私の聖職者としての叙任は、スキャンダラスであり、狂気のもの、あるいは瘋癲《ふうてん》行者の振る舞いのようなものであった……」(「わが叙聖」)。

精神的彷徨の末、正教に失望した放蕩息子が正教のもとへと帰還したのである。ブルガーコフにとって正教の思想は彼の内面的欲求の全てを満たすものであった。

「……正教は、倫理的というよりはむしろ宗教的・美学的に根源的な理想を有している。それはつまり、自分自身に特別な『知の芸術性』、創造力に溢れた霊感を引き寄せることを要求する『知の美』というヴィジョンなのである」(『正教』)。

この一九一八年、ブルガーコフはクリミア半島へ移り、しばらくシンフェローポリのターヴリヤ大学の教授の職に就いた。しかし、一九二二年、ソヴィエト政府はソヴィエト体制に敵対的であった百人を超える作家、社会活動家をロシアから追放し、ブルガーコフもまたその渦中にまきこまれた。一九二三年に彼はロシアを追われ、まずコンスタンチノープルに赴き、その後プラハへと移住した。一九二五年にはパリに渡り、正教神学院の設立に参画し、そこで教義神学教授となる。一九四四年に脳溢血でこの世を去るまで彼はこの神学院の教壇に立ち続けた。パリ時代のブルガーコフは神学の分野での思索を深め、それはまず一九二八年から二九年にかけての最初の三部作『燃え尽きることのない柴』、『花婿の友人』、『ヤコブの階梯』に結実する。さらに、その神学的世界観は、『神の仔羊』（一九三三年）、『慰め手』（一九三六年）、『仔羊の花嫁』（一九四五年）から成る三部作『神人について』へと昇華する。この時期の彼は、もはや哲学者というよりは神学者といった趣であったが、これらの著書で展開されたそのキリスト教教義のソフィア論的解釈は、異端の嫌疑をかけられることとなる。ソ連邦崩壊後、ブルガーコフは、宗教哲学ルネサンスの波に乗って「ロシアを代表する宗教哲学者」として再評価される。二〇〇一年の三月には、モスクワで「S・N・ブルガーコフ—宗教・哲学的道程」とのタイトルを冠した生誕一三〇年を祝う国際会議が開催された。

三、セルゲイ・ブルガーコフにおけるインテリゲンツィアの理想像

講演「ロシア革命における人神宗教」の時代背景と当時のブルガーコフの思想

本書に訳出した「ロシア革命における人神宗教」は、一九〇五年革命の三年後、一九〇八年の一月二七日に国際キリスト教学生協会ペテルブルグ支部にて行なわれた講演である。一九〇五年一月九日の「血の日曜日事件」は民衆と皇帝権力の間に深い溝をつくり、体制への不満を全国に波及させた。同年六月には南露オデッサで戦艦ポチョムキン号の水兵による反乱が勃発、一〇月にはペテルブルグに労働者ソヴィエトが生まれる。このような革命の波を受けて、一〇月一八日、皇帝側は譲歩を余儀なくされ、「一〇月詔書」を発布して、基本的人権の承認と選挙制の国会（ドゥーマ）の設立を約束する。しかしこの革命は、人々が期待したようなものはもたらさなかった。合法的マルクス主義者として出発したブルガーコフもまた、革命と革命的インテリゲンツィアに失望する。急進的インテリゲンツィアを批判するだけではなく、自ら積極的に政治活動に関わる必要性を感じた彼は、ロシア革命批判論文集『道標』の発案者の一人であるストルーヴェとともに中道派の政党、立憲民主党（カデット）結成に奔走する。そしてブルガーコフは第二国会（一九〇七年二月二〇日開会、六月三日解散）の議員に選出される。本講演では、そのような時代背景を反映してか、人間の内面の問題を軽視する革命的インテリゲンツィアが厳しく批判され、ロシアを変革するためにはどうあるべきかと彼独自の理想像が提示されている。一九〇八年二月二八日付のA・グリンカ宛の書簡によると、本講演は、「宗教の擁護」を眼目としてなされた。ブルガーコフ本人が、「講演の印象は、喜ばしく、元気づけられるものであった」と述べているところを見ると、学生たちの反応は概ね良好だったようである。

I・エヴランピエフによると、二〇世紀初頭のロシアの哲学者たちは概してソロヴィヨフの哲学的遺産を継承しているか、その様々な要素を発展させているかだとされる。ブルガーコフもまたその系図上に位置付けられる。現代ロシアのこの研究者はさらに、キリスト教教義の特定の哲学的解釈への志向がロシア哲学の最大の特徴であると言う。合法マルクス主義者であったブルガーコフが、唯物論や実証主義と観念論やネオ・プラトニズム等の対立を超越したソロヴィヨフの「全一の形而上学」の構想を受容するに至ったのは、真摯にマルクスの学説を分析した結果であった。自らの発想の根拠をマルクス主義的な「物的関係」ではなく、「絶対的原理」、つまり神に置くことで、彼は「マルクス主義から観念論へ」と「転向」した。ここに至りブルガーコフは、キリスト教の教義を基盤として思索する宗教哲学者となったのである。本講演が行なわれた当時、彼は革命的インテリゲンツィアの人神宗教的傾向、つまり際限なき人間讃美がもたらす民衆への負の影響を制しつつ、「社会生活の唯一の原理は宗教である」ということを公けに証明しようと努力していた。それは、人間存在の根源的

基盤、ソロヴィヨフのいう「人生の霊的基礎」を再確認する作業であった。フロレンスキイに宛てた一九〇八年三月二三日付の書簡によると、当時まだブルガーコフは大学で経済学、経済史を講じていたが、宗教問題に関する授業を新設する準備もしていた。

すでに述べたように、本講演は『二都』に収録されたものであるが、この著作集の表題は象徴的である。二つの都市のうち、一つは、キリスト教が目指す天にある都市であり、もう一つは、地上の都市である。天は神の支配を意味し、地上は人間の権勢を示すものとして対比される。ブルガーコフにとっては、ユダヤ的ユートピア思想を根底に秘めたマルクス主義と、ローマ法王を最高権威者とするローマ・カトリックは、地上に人間主導の世界を建設しようという点において等しく誤った道を進んでいる。それに対し、正教は、天の都を求める。しかし、天の都に至る道は険しい「苦行」の道である。それゆえに、彼は、『道標』所収の論文「ヒロイズムと苦行」において、人間理性を過大評価し、「発展」のドグマに憑かれ、地上のユートピア建設に邁進する革命的インテリゲンツィアを諫める意味で、彼らの「ヒロイズム」に「苦行」の概念を対置しているのである。

神人と人神――ブルガーコフにおける人間の復興

本講演において、ブルガーコフが一九〇五年革命に加担したインテリゲンツィアを強く批判しているのはすでに見た通りだが、革命的インテリゲンツィアの全てを無条件に批判しているわけではない。神学者固有のファナティックな護教論に終始せず、ロシアの未来を担うべき知識階級の青年たちに見られる諸々の否定的な特徴を指摘し、具体的にどのような自己変革が彼らに必要かを分析している。ここにおいてブルガーコフが危機感を持って描き出している革命的インテリゲンツィアの思想的傾向とは、外面的な法則、規律、活動への全面的な集中、内面的な人格の問題の軽視である。ここで、彼はさらに踏み込んで、「人神」という概念を用いて彼らの精神構造を説明する。「人神」とは、西欧啓蒙思想から発して、人間は絶対者との関わりなしに自然な自己完成を成し得る、人間には無限の発展、進歩が可能だという際限無き人間讃美と自己崇拝を「インテリゲンツィアの新たな信仰形態」としてとらえた概念である。彼は、まさにこのような人間の自己神格化に、時代の精神的病理を見る。「個人」の讃美は、自分独自の倫理観、道徳観（政治においては、個々の政党の綱領等）を生み出し、無限に細分化してゆく。しかし、彼は言う。「社会はいかにその構成上複雑で多種多様であろうとも、団結と相互理解という一定の倫理的ミニマムなしには、発展し生きていくことができない」。彼によれば、外にあっては人と人が結びつくルールを与え、内においては人格を養育し発展させるキリスト教の倫理観が是非必要なのである。

ブルガーコフが、インテリゲンツィアの新たな宗教としての「人神」に対置させるのが「神人」の概念である。それは、正教の根本思想たる「神化（テオシス）」に通じる人間観であり、ロシアでは、ソロヴィヨフの『神人論講義』において体系化された。「神化」は、「神が人となったのは人が神になるためである」との思想を基盤とする。最初の人、「原人」アダムは神に似せて創造されたが、堕罪によって神の似姿を喪失した。その失われた最高の被造物の姿を取り戻す過程が「神化」のプロセスである。ソロヴィヨフは、教会と人間が自由に一体化し、神へと近づいてゆく過程を「神人の過程」と呼んでいる。ブルガーコフは、宗教的な民族であるロシア人の本性の中には絶対者と交わることで自身を満たそうとする宗教的渇望があるとしたうえで、当時のロシアでは、無神論、人神論がその代用品となっていると指摘する（彼は、すでに一九〇三年、『マルクス主義から観念論へ』の序文において、マルクス主義は宗教の代用品だと主張している）。

「しかし、マルクス主義は、あらゆる科学の理論がいかなる長所でもってマルクス主義に勝っていようとも、マルクス主義の思想の追随者には、それらの理論が与えるより多くのものを与えている。原則として、マルクス主義は宗教を『ブルジョワ的』イデオロギーとして否認しているにもかかわらず、マルクス主義には、純粋に宗教的な教説の多くの特徴があり、その良く知られた性質でもってマルクス主義自身が紛う方なき宗教の代用品なのである」（『マルクス主義から観念論へ』序）。

しかし、その代用品の土台は脆弱であって、人格を荒廃させるだけで、「新しい人間」を養育はしない。彼によれば、人間の自己完成という課題は、神と関わり、神へと向かうことによって達成される。正教の人間観では原罪はローマ・カトリックのようには強調されない。人間は堕罪によって神の似姿から離れたが、悪から善へと向かい、神を敬虔な信仰で求めることで堕罪前のアダムの姿に戻れるし、イエス・キリストによってその道が示されてもいる。ブルガーコフは、代用品の人神宗教（＝マルクス主義）で宗教心を補完するのではなく、絶対者の像（かたち）、神の似姿となることで内的な完成に到達せよと主張する。それが神人の道である。永遠の生命を苦行と禁欲によって求めることで、人格の復興がなされると説くのである。ここには、人類の歴史は、「発展」という無限に遠い点に向かうのではなく、「神の国」に向かってゆくというロシア宗教哲学の歴史観が色濃く浮かび出ている。

A・マリーニンが「ブルガーコフはキリスト教の護教者であった。何よりもまず、正教の様式で」と述べているように、この講演では、キリスト教がいかに民衆の啓蒙に必要であるかが、正教の基本的な思想に立脚しながら力強く述べ伝えられている。彼の思想によれば、人間の復興はまさにキリスト教的啓蒙を礎としてなされるのである。

キリスト教インテリゲンツィア――新生ロシアへの夢――

「ロシア革命における人神宗教」は、当時のロシアの青年達への精神的な助言である。当時の書簡によると、ブルガーコフは、本講演での学生たちの反応から、宗教を基盤にすれば青年たちを社会の一つの核にすることができるとの宗教の「正の可能性」を見出している。この講演録を読めば、ブルガーコフが、一九〇五年革命における様々な革命的インテリゲンツィアに幻滅をおぼえているのがわかる。しかし一方では、インテリゲンツィアが実際に革命を担ったのだし、今後のロシアの発展に彼らの力が不可欠であるとも認めている。彼は彼らの思想的、精神的な偏りを批判したうえで、新しいロシアを築くための理想の活動家の形象を明示する。それは、「キリスト教インテリゲンツィア」というモデルである。彼はイギリスの知識階級を例にとって、ロシアにおけるインテリゲンツィアの信仰心がいかに薄いかを指摘し、それとは逆に民衆には純粋な信仰が保存されているとする。しかし、「我が国（ロシア―引用者註）のインテリゲンツィアには、豊かな潜在的宗教的エネルギーが秘められている」のであるから、そのエネルギーの矛先を無神論、人神宗教から正教、キリスト教に向け、宗教的自己確立を成せば、新しい人間が、新しい社会活動家が誕生する――これが彼の主張である。

四、むすび

今までに見てきたように、ブルガーコフの講演「ロシア革命における人神宗教」には二〇世紀初頭のロシアの宗教哲学者が、マルクス主義から離れていかなる社会及び人間の理想像に到達したかが明確に示されている。無神論、科学万能主義に対してロシアの一宗教哲学者がどのような価値観、世界観を対置していたのかを窺い知ることができる。この点でこの講演録は大きな価値を有している。それは、新たなロシアを創造するためにはいかなる精神的な舵取りが必要なのかとの大きな疑問に対する一つの具体的な解答なのであって、イデオロギー喪失に苦悩する現在のロシアにとっても学ぶべき点は多い。ブルガーコフが見出した「変革」の道筋は、人間の変容、つまり「神化」へと至る苦行の道であった。正教の思想において、人間は、殉教者ユスティノスのいう「ロゴス・スペルマティコス（神の言（ゲン）の種）」にあずかることができる被造物である。それ故に「神化」を軸に据えた人間観は、啓蒙思想とは違ったかたちの人間讃美なのである。

III

第一次世界大戦そして帝国崩壊へ
1914—1916

エウゲニイ・トルベツコイ
戦争とロシアの世界的使命
1914

解題†第一次世界大戦とエウゲニイ・トルベツコイ
——民族的対立、宗教的対立を越えて……大山麻稀子

1914
戦争とロシアの世界的使命

エウゲニイ・トルベツコイ

一九一四年一〇月六日「ソロヴィヨフ記念宗教哲学協会」でなされた講演。D・ムトレフの民族主義的戦争観に反駁してなされる。『ロシア思想』誌（モスクワ）一九一四年一二月号に掲載。

I.

軍に対する民衆の気運の意味を理解したければ、目下の戦争を先の日露戦争と比較してみればよい。

気運の根本的な相違は、事態の推移の根本的な相違と完全に一致する。日露戦争時、私たちにはとりわけ勝利への意志が欠けており、そのため私たちは敗れたのであった。誰も勝利を信じてはいなかったし、それにもまして勝利に意味があると信じていた人が少なく、多くの人はロシアにとって勝利が望ましいかさえ疑っていた。そして勝利を目指すうえで不可欠な燃えさかるエネルギーがなかった。こういった気運が民衆から軍に伝わらないはずがなかった。この気運は、勝利への意志の欠如と勝利への信念の不足を一挙手一投足でさらけだしていたあの総司令官[1]に明白に体現されていた。そしておそらくこの点に、彼の敗北の主な原因があったのだろう。勝利自体は幾度も彼の手中に転がり込んだのだが、勝利を掴んでおかなかったがために、また勝利の完遂に欠かせない意欲が不足していたがゆえに、それは手から滑り落ちてしまった。信念の乏しさ、それこそが、幾度も手近にあり、可能でもあった成果を彼の手からもぎ取ったのである。彼の軍の敗北は結局のところ、勝利を十分に望んでおらず、それゆえに勝利することもできなかった民衆の敗北だったのである。

同じように目下の戦争に対しても、民衆と軍の一致が強く感じられるのであるが、ただ違うのは、今回はこの一致が民衆の利益にも軍の利益にもなっていることである。意志の病的な麻痺ではなく、それとは正反対に、ぎりぎりまで張りつめた勝利しようという意志が、現在の社会的気運の顕著な特徴をなしている。私たちのうち、勝利を望んでいない者、全身全霊をもって勝利を渇望していない者、勝利を信じていない者が誰かいるだろうか？　確かに私たちのあいだにも時に懐疑論者を見かける。しかし彼らと話さざるをえない都度いつも思われるのであるが、彼らは反論を呼ぼうとして、そして彼らも信じたがっていること——すなわち私たちの勝利が必然的なものであるということを自らに納得させようとして、故意に論争しているのである。疑いが残っているのは意識の表面にであり、心の底では全員が、完全にして輝かしい勝利がまさに私たちの手に入ると確信している。重要なのは誰ひとり勝利の必要性、勝利が望ましいということを微塵も疑っていない点である。誰もが勝利のもつ善い意味をとことん信じきっているのである。そして民衆から軍へと伝わることで、この信仰は奇跡を呼び起こし、前代未聞の偉業を成し、難攻不落の要塞を陥落させている。そのうえ司令官たちの精神の相には明白に、波頭に乗せて彼らを担ぎ出している民衆の波涛が反映されている。目下の戦争は先の戦争とは違い、輝かしい軍才の綺羅星《きらぼし》群を輩出した。しかし何より目覚ましいのは、この司令官たち全員が、民衆の気運に深く根ざす共通した一つの特徴で結びつけられていることである。つまり彼らはみな、勝利しようという不屈の意志に貫かれている。彼らはみな、自分たちの事業が聖なるものだとの信仰に深く貫かれた鉄のエネルギーの人々なのである。彼らの偉業の報を読むとき、私たちは彼らには阻むものなしと感じるのである。

だからといって、勝利を収めるためには、ただ勝とうとする意志だけで十分だと結論づければ、それは誤りであろう。しかし、別の面からみると、この意志なしには、山をも動かす信仰なしには、いかなる勝利のことも語れない。戦闘の命運を決するのは、個々に採り上げられた武器の力ではなく、武器を制御する精神の力であって、それがなければ武器は無用の長物である。

そして、歴史における思想の甚大な意義を理解するためには、このことで十分だ。右に述べたのと同様の比較をすることで、その意義のことごとくが私たちに何よりもよく明らかになるだろう。

私たちが喫した日露戦争の敗北の主要な原因は、戦争の無思想性に帰せられる。何よりも、たった今私が述べたような勝とうという意志の欠如も、このことに起因している。人々が勝利の必要性自体や、祖国にとっての勝利の有益性そのものを疑うならば、勝利のために生命を犠牲にするのは、彼らにはきわめて困難となる。朝鮮とか満州とか、総じて他国の領土のための戦争は、誰をも鼓舞しなかったし鼓舞できなかった。ヒロイズムには、献身的行為の意義を信じることが何よりもまず必要である――自分自身の生存をも例外とはせずに、全てをそのために犠牲とするに値する目的が必要である。使命に身をささげた人々でさえ、自分の祖国により有益なのは勝利か敗北かと疑いだすまでに内部の精神的分裂が進捗してしまえば、英雄であることはきわめて難しい。

目下の戦争に私たちが勝利するための主要な条件の一つは、現在、幸いにもこのような疑いが存在していないことである。何のために戦うのかを私たちは知っている。そして、私たちの目的が何が何でも私たちに勝利を願わさせしめるということから、勝とうという私たちの不屈の意志が出てきている。では、私たちが信じている戦争の意義とはいったい何か？

強大なオーストリアが、小さく無防備なセルビアを攻撃したその瞬間にすでに、私たちには戦争の意義が決定づけられた。そのときはじめて、勝利しようという私たちの意志が、私たちの中で煌煌たる炎となって燃え上がった。そして、ドイツがベルギーを侮辱しているのを目の当たりにして、今私たちはまったく同じ思いを味わっている。私たちは次のように感じている。このことに私たちは甘んじることができない。ヨーロッパが文化的汗国《オルダー》[2]へと化し、そこで全ての諸民族が一つの民族の奴隷となってゆく、そういうことは私たちには断じて容認できない。このことは――私たち自身の終わりでもある。私たちが存在しているということの意味そのものが、こういったことが起こらないようにと要求しているのだと。

何のめぐり合わせか、ロシアは解放の使命を担わされている。そしてこの使命のうちに、ロシアは自分自身を、すなわち、自身の最良の民族的自我を見出している。ロシアが他の諸民族を解放するまさにそのとき、ロシアは自分自身になる。まさにそのときロシアは自身の神の像を見出す。現にそうであるし、そうであったし、将来もそうであるだろう。覚えている限りでは、一八七七年から七八年の露土戦争[3]開戦前、現在ドイツがベルギーに対して行なっているようにトルコ人がブルガリアを責め苛んでいたとき、私たちのうちには今と同じ義憤と大いなる愛が燃え上がった。そして現在と同様に、不和が止み、あらゆる党派的生活が完全に停止し、一つの民族的な自意識のなかで全ての対立が統一されたという状態のうちに、この愛の働きがあらわれた。民族の霊感のこの瞬間にのみ、私たちは統一ロシアを感じとるのである。ロシアがこの完全な統一と一体性を獲得するとき、はじめて歴史はロシアの前に偉大な目的を提起するのである。その目的がロシアをロシア自身の上高くに、その民族的エゴイズムを越えて持ち上げるのである。ロシアは自国にだけではなく全人類、全世界に仕えていることを実感せねばならない。そのときはじめて、ロシアはゆるぎなく自分自身を信じ、そして実際に勝とうと願うのだ。

この特性には、私たちの本質そのものを構成する何らかの原初古来のものがある。驚くべきことには、私たちの民族的自意識のまさに最高の昂揚が私たちの解放戦争と一致しているのだ。私たちが抑圧された人民を解放するとき、いつも決まって私たちは、このことがまさにロシアの真の事業であり、戦うに値する唯一本質的な事業であると感ずるのである。この根本的な課題に比べると、新しい領土の征服への関心は、私たちにはいつだって副次的なプランにとどまる。

次のことは特徴的である。すなわち、自分たちの言語、信仰、自治の点で解放された、統一ポーランドの復興に関する最高司令官のアピールが、わが国で歓喜をもって受け入れられ、国中に共通の気運を表出したが、その間、私たちの民衆感情と社会的自意識は、新しい領土獲得に関する夢にはまったく固執しなかった。成果をあげた戦争の場合、これらの領土獲得が可能であるのは衆目の認めるところであるが、そのじつ一方では、私たちが戦っているのはそのためではないと誰もが感じているのだ。まったく同じことが一八七七年の戦争時にも見られた。当時もまた社会の眼は、一つの思想[4]——トルコの軛からのバルカンのスラヴ民族の解放——にすっかり奪われていた。当時もまた、誰も領土の獲得など夢想だにしていなかった。幸運な戦争の結果として、それでもやはりある程度の占領が行なわれたが、そのことはなぜか私たちの社会意識を素通りしていった。もし地理と歴史の教科書がなければ、私たちはそのことを記憶すらしていなかっただろう。その一方で、戦争の解放のための課題は、民衆の記憶に深く刻まれた。それについては、今にいたるまで軍歌に歌われている。

ほまれたかく、ラッパを轟かせよ
トルコ人よ、我らはお前たちと戦った
お前たちのバルカンの山々で
我らはスラヴ人たちのために戦った

私たちの民族的自意識のこういった特性は、しばしば、私たちの夢想性、政治的未熟さ、基盤を欠いた理想主義の証左として引き合いにだされる。ところでそのじつ、まさにこの特性には、健全な政治的意味と、私たちの焦眉の利害への正しい理解が現われているのだ。他の諸民族を解放し、強者に抗して弱者のために戦うことは、私たちの政治的無欲さの仕事にとどまるものではない。それはロシア自身にとっても不可欠なのだ。

広大な版図を有しながらも、ロシアはそれを拡張することには関心を抱かない。占領政策は私たちに、益ではなく害を蒙らせうる。私たちに必要なのは、私たちの領土を維持することであって、増やすことではない。しかし父祖たちの資産を維持しようというこの志、その焦眉の利害としてロシアに刻されているこの領土面の保守主義が、抑圧された弱小の民族――併合と隷属化に脅かされている全ての民族の、自然の守護者にして保護者にロシアをならしめるのである。国際政治上でロシアがまず関心を抱くのは、「大魚が小魚をむさぼらないこと」、強大な民族が弱小民族のつけで大きく強くならないことである。セルビアの解放、ベルギーの庇護、ポーランドの再生――これはすべて、単なる人類愛の感情としてではなく、さし迫った民族的利害として私たちが担うべき課題である。なぜなら、大ロシア帝国の一体性と独立を脅かすことのできないこれらの全ての弱小民族は、ロシアの支援を必要としており、それゆえ、彼らにもロシアにも同程度に脅威である征服者かつ略奪者たる民族に抗する、ロシアの自然の同盟者となるからだ。小国セルビアの併合がロシアの一体性に対する脅威であるということを、わが国の全員が本能的に感じとっている。これに発し、セルビアに対するオーストリアの最後通告も、オーストリア・ロシア戦争の開戦理由となった。利害による同様の連帯が、総じて私たちをヨーロッパの小民族と結びつけている。独立したセルビア、モンテネグロ、ベルギー、デンマークの存在――

このことごとくが、私たちにとっては、新しい領土の獲得よりもはるかに重要である。弱小民族の庇護、強国に併合された小民族の再生――何のめぐり合わせか、ロシアに課せられた歴史的課題とはこのようなものなのだ。

ロシアにとって解放の使命は、すでに何世紀もの歴史を有している。その使命のために前世紀のわが国のバルカン半島での戦争が行なわれた。しかし、その使命の普遍的で全国民的性格が今日のように先鋭化して顕われたことはかつてなかった。私たちは、種族や信仰の別なく、総じて全ての民族の解放のために、すでに併合されている全ての民族、併合と抑圧の脅威にさらされているあらゆる民族の解放のために戦っている。私たちは民族の権利全体を護持するために、政治上で民族原理そのものを一つも損なうことなく守るために戦っている。

このため、私たちの民族的な課題を自覚するうえで、古いスラヴ主義的公式――すなわち以前の一連の露土戦争の課題をおのずから言い表わしていたあのスローガンが今や完全に不適切なものとなる。

露土戦争は、主としてスラヴ問題の解決のために、すなわちトルコの軛からわが同種族、同信仰者を解放するために遂行された。一方、目下の戦争における解放の課題は、この種族的、信仰的色合いとはまったく無縁である。個別的なスラヴ問題は今ではもはや存在しない。いかなるめぐり合わせか、ロシアは他の民族――アルメニア人のためにも戦うことを余儀なくされた。おそらく、さらにルーマニア人もイタリア人も、自分たちの解放への支援をロシアに求めてくるだろう。このように、目下の戦争は何らかの一つの信仰の利害とは結びついていない。私たちは、正教セルビアの運命に勝るともおとらず、カトリック・ポーランドの民族的統一の再興にも関心をもっている。最後に、目下の戦争はロシアと西側ヨーロッパとの衝突としても理解されえない。第一に、この衝突において東方を具現しているのは、私たちではなく、むしろ予言者の緑色の旗を掲げた皇帝ウィルヘルム二世[5]である。第二に、この同じ旗の下で、まるまる三つの西欧の列強が一緒になってわが国と交戦している。

歴史によって私たちに課せられた課題は、東方と西方の対立とは無縁である。その課題は、同程度において種族的対立、宗教的対立をも凌駕している。これは、本質的には、民族を超えた普遍的な課題であり、隷属化された全ての民族の普遍的な政治的再生という課題である。わが国の勝利の結果生まれうる全ての小民族国家と、わが国が敗北した場合ドイツに併合されうる全ての国家は、私たちには価値が高く尊い。それらの国々は、それ自体としてのみならず、ドイツに対する哨所、ドイツの侵略的野望に抗する障碍という性格の点でも価値が高い。

他の諸民族に公正かつキリスト教的に関わるという理想と民族的利害が一致したことが、ロシアの大きな幸いである。ロシアのもっとも重要な国際的課題は、同時に、高邁なる道徳的、宗教的課題でもある。なぜならば、これは、民族問題をキリスト教的に解決する課題であるからだ。

課題の遂行が物理的な力だけの事業ではありえないのは、唯一の課題設定からすでに明白だ。私たちが勝利を掌握し、将来にわたってそれを強固にするためには、ドイツ主義に抗する私たちの闘いが、つねに一者に抗する全ての闘いでありつづけることが必要だ。目下の戦争の結末がいかなるものであろうとも、七千万以上を数える大ドイツ国民は、単に敗北を喫しうるだけであって、滅亡はさせられえない。将来にも、ドイツは、私たちにとってやはり強力で危険な競争相手でありつづけるだろう。この危険性は、私たちがそのために戦っている旗への忠誠によってしか払拭されえない。私たちがその旗を裏切るやいなや、すなわち他の諸民族を解放し庇護する代わりにロシアが彼らを併合し抑圧し始めるやいなや、諸民族は、現在ドイツに対して蜂起しているように、ロシアに対して蜂起するだろう。解放のためのその使命を拒否することは、ロシアにとって、自らを精神的破滅へと、そして最終的には物質的破滅へと運命づけることであるのだ。

II.

ロシアの世界的立場から出てくる課題の特性とは前述のようなものである。その課題を首尾よく果たすためには、遂行にあたり遭遇せざるをえないすべての困難と障害を考慮に入れなくてはならない。

私たちが考慮すべき最大の危険性は、心理的道徳的な特性をもった危険性である。一方では、私たちの課題の実行のために、私たちには、ロシアを世界の運命の決定者となすような勝利が必要である。他方では、勝利者たる民族の精神的な力を麻痺させ、そのことでその民族を破滅に追い込んでしまう、世界の覇権をめぐる宿命的な誘惑を、どんなことがあろうと私たちは回避せねばならない。

現代のドイツの例は、この誘惑と危険性がどこに存在するかをはっきりとあらわしている。私たちが現在行なっている戦争は何よりもまず、万民の敵と化した一つの民族の狭量なナショナリズムに抵抗する闘いである。しかし、このナショナリズムの畸形化した尖端部は、まさにドイツの世界覇権の土壌で花開いたのである。まさにその覇権が自身の権力と偉大さへのあの陶酔を生み、そしてその陶酔が現代のドイツ社会の精神的営為の潰瘍をつくっているのだ。

現代にドイツが経験せざるをえないあらゆる不可避な困難な状況もこの特徴に結びついている。微塵の疑いもなく、それらの困難な状況は、一八七〇年代の一連のドイツの勝利の土壌で育まれたショービニズム的気運に根ざしている。もしアルザス地方とロレーヌ地方の併合がなかったならば、もしドイツの「Drang nach Osten（東方への志向）」がなかったならば、もしドイツの植民地政策がなかったならば、もしドイツを恫喝的な政府へ、万民にとっての擬人化された脅威へと変えている、あの侵略的な野望がなかったならば、もちろんこれらの困難な状況はなかっただろう。

この点に、私たちが何よりもまず自分のものとせねばならない、私たちにとってもっとも重要な現代史の教訓がある。勝利者たち、とりわけ世界の主権者たちに重くのしかかる不幸な宿命は、単にドイツばかりではなく、あらゆる民族を、――世界覇権の誘惑に耽溺し、世界覇権を唯一正当化できる道徳的文化的課題を忘れてしまうような全ての民族をも、また脅かしている。ニーベルングの指輪に関するゲルマンのサガ（英雄譚）やワーグナーの同名の楽劇[6]には、この危険性の本質が見事に芸術的に描き出されている。

ニーベルングの同じ指輪は世界に対する支配権を与え、その指輪を獲得した勝利者を死へと運命づける。この悪しき宿命の原因は、純粋に心理的なものである。その原因は一部は勝利者自身の心のありようのうちに、また一部は周囲の者たちの心の状態の中に潜んでいる。世界支配は、一方ではしばしば支配者自身の精神の様相をゆがめ、彼を万民にとって憎むべき危険な怪物へ、残忍な猛獣へと変え、他方では、彼の周囲にあまねき憎悪という雰囲気を作り上げる。そして早晩彼はその憎悪の犠牲とならざるをえない。

ワーグナーにおいてこの思想は、巨人ファフナーの形象によってとりわけ鮮明に擬人化されている。指輪の幸福な所有者は、強欲さにとりつかれて人間の姿を失い、凶悪な怪物へと変わってゆく。火をふくドラゴンとなった彼は、羨望の洞穴へと引き下がり、そこで自分の獲得物の番をして、それに近づこうとするあらゆるものをむさぼり食らう。ところでその洞穴の周りには、彼を破滅させるに違いない普遍的な羨望と憎しみが増殖している。そして全世界は怪物を打ち倒す英雄を待ち望みながら生きる…。しかし、指輪を手に入れた英雄は、今度は自分自身が破滅してゆかざるをえないのである…。

この芸術的形象に何らかの民族的特徴を探し求めても無駄であろう。そのドイツ風の名前にかかわらず、ファフナーとは決してドイツ人の典型などではなく、全人類的な典型なのである。人間の姿の喪失と怪物への変化——同じ宿命的な終焉をともなって——が、自らに酔いしれ、誇大妄想にとりつかれ、強欲という悪しき欲望の奴隷となった、世界支配の高みにあるあらゆる民族を脅かしている。

この観点から、私にとって根本的である問題に取りかかろう。私は、勝利しようという私たち共通の意志を分かちもっているばかりでなく、戦場で勝利が私たちのものとなるであろうことをも疑わない。しかし、そもそもこの勝利が私たちにとって望ましいのは、ロシアのむき出しの力の勝ち誇りとしてではなく、この戦争の意味を形づくっていると高き精神面でのロシアの勝利の完遂としてであるのだ。私たちはこの勝利を自分のためではなく、私たちの拠って立つ旗のために欲している。そこで私は自問する。最後までこの旗を高く掲げるだけの力をロシアは自分のうちに見出せるのか？　ロシアは自分の勝利を守り通し、その勝利を幸福な揺るぎない結果へともってゆくことができるのか？　あらゆる民族の魂の中に潜んでいる恐ろしく獰猛な獣である、自分自身の内部の怪物にロシアは打ち勝つことができるのか？　ロシアは、勝利を正しいものとするあの輝ける人間の姿を、偉大さと権力の高みで保持することができるのか？

くり返すが、勝利の意味だけではなく、ほかならぬ勝利を完遂する可能性さえもがこの点にかかっているのだ。ロシアにとってこの戦争の終結とともに戦争の危機の時代も終わると思いこむのは軽率といえよう。何しろ私たちがいくら西方で勝ったところで東方での将来の危機が根絶されるものではないのだ。一方、東方での危機との関係でいつかまた西方での危機も甦るかもしれないのである。偉大なる七千万のゲルマン民族は敗れることはあっても滅びることはない…そしてまさに、一八七一年の段階でドイツが不幸にもその意味を理解できなかった問題が、ロシアの前に立ちはだかっている。——現在の私たちの勝利が将来の敗北へつながらないようにするために私たちは何をしなければならないのか？　換言すれば、いかにして私たちはファフナーの運命を避けたらよいのか？

この問いへの答えはすでにほかならぬ問題設定のうちにある。ファフナーの破滅の原因が彼の精神の様相にある以上、私たちはなんとしてもファフナーに倣うことを避けねばならない。ロシアの救済はもっぱらロシアが仕えるその旗にある。すなわち、ナショナリズムと貪欲主義をうち負かすことに、全世界的文化のあの同一の道徳的課題——世界的規模と世界的意味で民族問題を解決することにある。諸々の新しい民族小国家が誕生しなければならず、一方古い国家は旧来通りに維持され、参戦の場合は可能なかぎり自国の自然な民族的境界内に行動をとどめねばならない。そしてロシアの将来の安全は、とりわけロシアがこれら小国家を自分の側においておけるかどうかにかかっている。ロシアは解放者＝国家という意義、——略奪者たる民族に対するあらゆる弱小民族の守護者という意義を、自己のうちに保持しつづけなくてはならない。ロシアは何ものをも併合によって脅かしはせず、全ての民族に庇護者として仕えているのだと、諸民族によって徹底的に納得されなくてはならない。そのときこそロシアは、民族の普遍的安全を目的とした諸民族連合の中心となるであろう。

私たちに提起された課題は、政治的なものだけではない。それは、高度に深遠で複雑で文化的かつ道徳的な課題なのである。その課題の解決のためには、政治的叡智だけでは不十分である。すなわち、節度ある細やかな心配りが必要であり、全一的な精神的気運——まさに現在のドイツに欠如している精神的気運——が必要であるのだ。現在のロシアの最も主要な文化的課題は、この気運をつくりだすことにある。そして、断言させていただければ、その気運がどのようであるべきかを示す二つの言葉がある。

民族相互の関係がそれらの間で揺れ動いている二つの極がある。一極は、言語の分裂という聖書の形象により具象化されている諸民族の完全な自然的な隔絶（『創世記』一一章一～九節参照——訳者）。そしてもう一極は、新約聖書の炎のような舌というヴィジョン、すなわち聖霊降臨によって具現された、諸民族の完全な精神的統合（『使徒行伝』二章一

〜四節参照―訳者）である。

それぞれの民族がひたすら自分自身のうちにしか目的を見ず、全ての残余の民族を自民族の幸福のためのただの道具とみなせば、民族相互の関係に君臨するのは、言語の分裂として表現されているあの気運にほかならない。全ての民族は次のモットーを指針とすることになる。わが民族は全てのものに勝る。――Deutschland, Deutschland über alles（世界に冠たるドイツ）。万民は互いに互いをむさぼり食う。

ロシアの課題は、まさにこのモットーの克服にある。まさに民族間の統一の樹立にある。そこでは言語は人々を互いに隔絶、反発させずに、精神的に統一させる。これが、民族の相互関係であり、その際人々は、互いに排除し合わず、逆に精神的に補い合う。

おのずから疑問が生じてくる。民族間のこのような関係はありうるのか、このために必要な、民族的エゴイズムとの絶縁や人間生活の崇高化は可能なのか。人類にとって幸いなことに、このような課題が不可能の域にないということを証明している実例がある。私たちが今経験している精神の高揚は、個々人の自己犠牲だけでなく、民族全体の自己犠牲をも信じさせる根拠を与えている。

私はあなた方の注意をある一つの明るい例、 ――私たちの眼前で起きているロシアとポーランドとの互いの関係における急変化へと向けよう。 ――まさに、この両者の関係においては近年まで相互の隔絶がとりわけ強く感じられていた。まさに、この両国では言語の分裂が、まごうことなき苦汁に満ちた現実であった。

ポーランド語を耳にすると、何かもの悲しく、痛ましい思いにとらわれることがままあった。たしかに、言語の相違が、すぐさま話者間に深い溝のようなものをつくるのである。この二言語は、あたかもきわめて閉鎖的で互いに浸透し合えない二つの心理的な領域をおのずから示しているかのようで、そのためごく表面的な接触も不可能で、したがって話者間のあらゆる人間関係が排除されるほどであった。

そして突然双方の民衆の関係に何らかの好転が生じた。ポーランドに対する私たちの義務はいまだ達成されるに遠いものであり、ポーランドの公的ロシアへの態度も依然曖昧なままである。しかし、それにもかかわらず、二国民の間には、以前のような大きな溝はもう感じられない。彼らの言語はあたかも彼らを引き離すのを止めたかのようである。今、私たちにとって、ポーランドの言葉は、一方では——破壊された家庭、灰燼と帰した村々、窮地にある身近で親しい人々についての灼けるような記憶を呼び起こすが、他方では、その言葉の中に励ましの呼びかけが——わが人民ロシアの、そして全スラヴの旗をしっかりと握れとの呼びかけが聞こえる。では、それに比し、ポーランド人にとってロシアの言葉はどうなのか。モスクワの軍病院の一つで起きたことについての粉飾のない話を聞いた日に、私はそれを理解した。そこではポーランド負傷兵たちが、わが軍のワルシャワでの勝利の報に接して、ロシア人自身にも勝るともおとらず歓喜し、十字を切り、子供のように泣いていたという。もし、この苦痛と戦慄の日々に救済についての良い報せがポーランドに届いているとしたら、もちろん、ポーランドはそれをロシア語で耳にしているのだ。まさにこういったわけで、今や、以前に二つの国民を分け隔てていた高い精神的な障壁が崩れかかっているのだ。

こういった事実を根拠にして、いつの日か炎のような舌のヴィジョンが諸民族の生活上で現実のものとなると期待することができよう。たしかにそれはすぐに起こるわけではない。それまでは彼らは長く困難な道を歩まねばならないだろう。しかし、すでに現在、このヴィジョンは、私たちの放浪の方向を決定する遥かな目標として私たちを先導している。もし、すでに今、ロシア人の魂の中で、ポーランド語が、抑えがたく神聖な、燃え立つ精神の昂揚に火を点けているのなら、それはつまり、私たちがすでに何らかの心の耳によってポーランド国民の炎のような舌(「言語」の意もあり——訳者)に耳を傾けているということなのだ。そして、もしロシア語が現在ポーランドで歓喜の涙を呼び起こしているのなら、それはポーランド人にとって、ロシアの言葉の中にも、故国の復活を予告するその炎のような舌が響いているということなのだ。なにしろ、魂に生を吹き込むこの舌は、八つ裂きにされたポーランドの崩れた身体の生きた結びつきがロシア兵の英雄的な努力により復興されつつあるこの瞬間に、ポーランドに聞こえるようになったのである。

民族の言語が、最高の、人類を高く超えた、それゆえに人類に共通でもある意味に満たされるとき、しばしば民族の生には崇高な霊感と偉大なる精神的昂揚の瞬間が訪れる。そのとき、民族の言語は民族の魂の透明な被膜となり、そしてその点で万民の手に届くものとなり、万民に理解される。そのとき人々の面前で、諸民族に関し神の霊が予見したあの至高の神秘劇の幕が上がるのだ。

「また、舌のようなものが、炎のように分かれて現われ、ひとりびとりの上にとどまった。すると、一同は聖霊に満たされ、御霊が語らせるままに、いろいろの他国の言葉で語り出した。さて、エルサレムには、天下のあらゆる国々から、信仰深いユダヤ人たちがきて住んでいたが、この物音に大ぜいの人が集まってきて、彼らの生れ故郷の国語で、使徒たちが話しているのを、だれもかれも聞いてあっけに取られた」(「使徒行伝」二章三〜六節)。

ここにこそ、民族相互の関係の最高の理想があり、その最高の精神的基準がある。天下のあらゆる民族は、一つの霊的なエルサレムへと結集しなければならない。誰もがそれぞれの故郷の言葉を話さなければならず、そしてすべての人はその言葉を、自分の故郷の言葉を耳にしているかのように、身をもって体験しなくてはならない。さらに、言語について「使徒行伝」で語られていることは、それを民族の精神的営為全体へと適用することで、より広義に解釈されなければならない。民族の創造全体に、民族の文化すべてに、絶えずあの同じ炎のような舌が響いていなければならない。その舌は、あらゆる民族に特別で独自なものでありながら、しかし同時に全ての他の民族にも親しく近しいものなのである。

以前に私が提起した問題——ロシアがドイツに対し完全かつ徹底的に勝利するのに必須の精神的な気運とはどのようなものかという問題は、このことによって最終的に解決される。

現代ドイツの精神的な気運は、極限にまで推し進められた言語の分裂の気運にほかならない。ここでは一つの民族が全ての民族に抗して自分を主張し、そのことで自分に逆らって全ての民族を起ち上がらせている。普遍的な憎悪というこの気運を自分に対して呼び起こした者は、遅かれ早かれこの気運の犠牲とならざるをえない。もし私たちがいつかドイツの例に倣うのならば、もし私たちが自分たちの民族性を偶像に祀り上げ、ロシア版の「Russland, Russland über alles(世界に冠たるロシア)」を盲目的に褒めたたえるならば、——そのときはドイツと同じ運命が私たちをも待っているのだ。

この運命を避ける唯一の方法は、ドイツに、より高度な他の文化的原理を対峙させることである。ドイツが精神的な不和の道を選んだのであれば、私たちはドイツに、全ての民族と内的精神的に接近する道を真向から示すべきである。私たちの志向の究極的な目的をおのずから表現するはずなのは、言語の分裂ではなく、聖霊降臨である。政治においても文化のあらゆる領域においても、私たちの課題は、――主として総合的なものである。それぞれの民族の特殊性を維持しつつ、精神的営為の全領域で諸民族を広く統一すること――民族的表現の多様性のうちに全世界の文化の統一を実現すること――ここにこそ私たちが志さなければならない理想がある。

何のめぐり合わせか、ロシアは、個々の民族が根絶させられずに互いに補完しあうような、最も高度な超民族的な文化に奉仕する使命を担っている。ロシアは、この自らの課題を達成するのだろうか、あるいはその代わりに、羨望の暗い洞窟に籠り、そこで精神的な孤独のうちにおのれの獲物をむさぼり食うのだろうか――このことはもちろん、完全にロシアの自由意志にかかっている。生命の道を選ぶのか、死の道を選択するのか、あらゆる略奪に抗して諸民族を救済するために民族同盟の中心となるのか、それともあらゆる略奪者たる民族に運命づけられている破滅への道を自ら進んで歩むのか――そのことはロシアの自由意志にかかっており、そしてそれを決めるのは今しかない。

民族としてのロシアの選択がいかなるものでなければならぬかには疑いの余地がない。それが、然るべきものとなるように期待しよう。公的な障壁が以前通り諸民族を分割しつづけているが、しかし民族の魂のうちでは、それらの障壁は打ち壊されつつある。ロシアの崇高な呼びかけ――諸民族を解放すること――は、万民により意識され、感知されており、だからこそ、この戦争の初めに、力強い共通の精神的高揚のうちに、わが大帝国の全ての民族が一つとなったのだ。そのために戦っている、彼ら全員に共通の旗が彼らを統一したのだ。私たちの前を行進してゆくこの旗への信仰から、勝利しようという私たちの強力な意志と、勝利への私たちの確信が生じてくる。チュートン人[7]の偶像をその高みから引きずり落とすために、私たちには人間にあらざる努力が必要である。しかし、私たちがその偶像を引きずり落とすのは、もちろん、それを自分自身の姿と似姿に取り替えるためではない。私たちはロシアの創造力を信じている。覆されたものの代わりに、何か永遠の、より美しく価値高いもの――すなわち、諸民族を滅ぼすことなく復活させる、あのキリスト教文化を創造するロシアの能力を信じている。私たちの旗の銘『これによりて勝てり』を銘肝《めいかん》しよう、旗に忠実であろう。その旗はロシアを救うだろう。そして、たとえ、その戦いがいかに困難であろうとも、いかに長く続こうとも、偉大な戦いを通して、その旗はロシアの勝利をもたらすだろう。

訳註

1 アレクセイ・ニコラエヴィチ・クロパトキン（一八四八〜一九二五）を指す。かれは一八九八年から一九〇四年まで陸相をつとめ、日露戦争勃発後、満州のロシア軍総司令官に任命されたが、敗戦の責任を問われて左遷された。第一次世界大戦時は北部戦線を指揮。ロシア革命が起きると、自領に引きこもり、そこに留まった。

2 著者はここで、一三〜一五世紀のタタールのくびきのことを意識し、一強大国による民族的従属状態を暗に指している。

3 一八七六年、オスマン・トルコ治下のセルビアが民族独立を主張、宣戦する。翌年四月にロシアもトルコに宣戦し、露土戦争が勃発する。ロシア優勢に戦況が進み、七八年アドリアノープルで休戦調印がなされる。サンステファノ条約により、トルコからルーマニア、セルビア、モンテネグロが独立し、ブルガリアの自治が認められるようになる。

4 当時、オスマン・トルコ治下のブルガリア、セルビア、ボスニア・ヘルツェゴヴィナのキリスト教徒は土地所有権を持たず、軍役免除の代償として特別な税を課せられており、当地域では民族独立運動が高まっていた。ロシアでは、正教を共通の宗教的基盤として、ロシアを中心にスラヴ諸民族の団結が提唱された。

5 ウィルヘルム二世（一八五九〜一九四一）。ドイツ帝国最後の皇帝（在位一八八八〜一九一八）。九〇年、ビスマルクを罷免後、親政に移り、「ウィルヘルム時代」を築いた。しかしドイツ植民地の発展，海上帝国建設などの彼の世界政策の遂行は列強を刺激し、一九〇七年の英仏露三国協商による包囲を招き、国際的孤立に陥った。イギリス、ドイツを中心とする二大陣営の対立は、第一次世界大戦の勃発とドイツの敗退を招き、一八年の革命の結果オランダに亡命、退位した。

6 R・ワーグナー作詞作曲の舞台祝祭劇である『ニーベルングの指輪』。序夜、楽劇『ラインの黄金』第一夜、楽劇『ワルキューレ』第二夜、楽劇『ジークフリート』第三夜、楽劇『神々のたそがれ』の四部作。素材を『エッダ』『ボルスンガ・サガ』はじめ、その他の神話、伝説、童話などに求め、二〇年余かけて完成した。

7 筆者は、ゲルマン民族と同義で用いている。

（浅野知史、新井正紀、大山麻稀子、堤佳晴、横山輝彦、渡辺圭 訳）

第一次世界大戦とエウゲニイ・トルベツコイ
——民族的対立、宗教的対立を越えて

大山　麻稀子

はじめに

一九〇二年、論集『観念論の諸問題』が発行された。そこにはP・ノヴゴロツェフ（編集者）、P・ストルーヴェ、S・フランク、S・ブルガーコフ、N・ベルジャーエフ、そしてエウゲニイとセルゲイのトルベツコイ兄弟など多彩な顔ぶれの論文が収録され、論題は多岐にわたったが、哲学、精義には観念論哲学の復興を志向する点で共通していた。

一九〇五年革命をはさみつつ、ストルイピンの反動政治が吹き荒れる最中に、『観念論の諸問題』の主要な執筆者たちは一九〇九年『道標』をモスクワで刊行、それは急進的インテリゲンツィアのイデオロギーに向けられた反駁の書となる（但しE・トルベツコイは参加していない）。

ここでは、このようなロシア思想界の動向を哲学者として身をもって呈したエウゲニイ・ニコラエヴィチ・トルベツコイの、主として第一次世界大戦期における思想を概観する。V・ソロヴィヨフの弟子にも擬えられる彼の思想は、師の宗教思想にさらなる一貫性と内的統一を取り入れたものといえる。彼の哲学の主要テーマは人生の意義であり、彼は生涯を通して生の普遍的な意義を真摯に追求し続けた。この問題は彼にとって存在論と認識論の問題でもあった。

本論へ入る前に、まず世界大戦へ至るまでの彼の生涯を辿ろう。

一、生い立ち（一八六三〜一九一四）

エウゲニイ・ニコラエヴィチ・トルベツコイは、一八六三年九月二三日にモスクワに生まれた。父ニコライ・ペトロヴィチは、一四世紀に遡る由緒ある公爵家の出であった。この家門は歴史に名を残した人々を多数輩出している。

母ソフィア・アレクセエヴナ・ロプヒナは後妻であり、ニコライ・ペトロヴィチとの間に十人の子を残している（セルゲイ、エウゲニイ、アントニナ、エリザヴェータ、オリガ、マリヤ、ヴァルヴァラ、アレクサンドラ、グリゴーリイ、マリナ）。エウゲニイはとりわけ一歳上の兄セルゲイと親しく、青少年期の精神形成の道のりを共に歩んだ。

家族、とりわけ母はとても信心深く、キリスト教精神を家庭のすみずみにゆきわたらせていた。彼女は身ごもっているとき、「……やがて息子たちが宣教師となってくれることを夢見ます。しかし、宣教師になるのは日本でも、ロシアでさえもありません。自分自身の領域で教えを伝える者となってくれますように」と祈ったと

いう。彼女は、農奴解放前の生活を体現していた祖父母とは異なり、「神の前では万民が平等である」との教えのもとに子供たちを養育した。

一八六一年以後はいわば貴族制の崩壊時代であり、貴族たちは現実から「逃避」するために大酒宴や賭け事にふけり、あるいは外国へと旅立っていった。トルベツコイ家ではそれらの慰めの代わりに、モスクワの皇室音楽協会が奏でる妙なる調べが絶えず流れていた。後年エウゲニイ・トルベツコイは、モスクワ郊外の自邸アフトィルカの屋敷全体がシンフォニーであり、彼とその兄セルゲイの哲学は音楽から生まれたと回顧している。アフトィルカには、彼らの幼年時代の美と善のすべてが集約されていた。

家庭教育を経てトルベツコイは、一八七四年にモスクワのクレイマン第三私立ギムナジウムの第三学年へ編入した。第四学年に彼は二年間留まることになったが、七五〜七七年に音楽への理解と民族意識の目覚めを体験したという。

一八七七〜七八年の露土戦争は、トルベツコイの精神に深い痕跡を残した。「イヴァン・アクサーコフの論文やスピーチが掲載されるのは稀だったが、それは私たちにとって一日のうちの重大事であった。(コンスタンチノープルの)聖ソフィア聖堂に十字架を掲げるという考えは、学校で最も人気を博したものの一つである」。教養人たちや兵卒、士官などが互いに交流し、階級間の不信感は薄れた。異教徒の迫害者から正教徒を解放するという目的が、人心を一つにした。当時のロシア社会のこのような一致団結した雰囲気、精神的高揚感は、少年の心に深く刻み込まれることとなった。

一八七七年の秋、父がカルーガの副知事に任命されたため、トルベツコイも当地の国立ギムナジウムの第五学年へ編入した。この頃、己の信仰に対する懐疑が芽生え始める。第六学年、第七学年に進むと自然科学のみを真の学問とみなして、ダーウィンやスペンサー、バックル、ビュヒナー、ベリンスキイ、ドブロリューボフ、ピーサレフ等を読み漁るようになる。彼自身はこの時代を「ニヒリズムの時代」と呼んでいるが、第八学年時にはそこから脱したという。

その頃からトルベツコイは、哲学に没頭していった。通俗的唯物論からイギリスとフランスの実証主義へと移行してゆき、ストラーホフ訳のクノー・フィッシャーの『近世哲学史』を学び、自分の懐疑がいかに無知なものであるかを認識させられる。その後、プラトンとカントの著作を読み、続いてショーペンハウエルとエドアルト・ハルトマンへと進むが、「神が実在するか、さもなくば生きることに価値がないかだ」とのショーペンハウエルの言葉から、自分なりの結論を導き出すに至ったという。

さらにトルベツコイが手にしたのが、ホミャコーフの神学論文とソロヴィヨフの『抽象原理批判』であった。これらの影響のおかげで、彼の宗教への転向は漠たる有神論の段階にとどまらずに、教父たちの信仰への回帰という明確な形を取ることとなった。この回帰は理性の否認とはならず、彼は哲学を神認識の道具として理解し、ソロヴィヨフの説く信仰と知識の結合に欣喜雀躍《きんきじゃくやく》した。彼は再び教会へ戻り、神と理性の間での志向の分裂を克服し、「神意の体現者であるロシア民衆」への信仰を得る。

ギムナジウムを終えると、トルベツコイはモスクワ大学法学部へ入学した(八一～八五年)。大学で彼は法律学の他にも哲学に熱中し、フィヒテ、シェリング、ヘーゲル、イギリス哲学、古代ギリシア・ローマの哲学を研鑽し、それは学士論文『古代ギリシアにおける奴隷制度』に結実した。これは一八八六年にヤロスラヴリで出版され、彼の処女作となった。

学士論文の公開審査の後、一八八六年四月、トルベツコイは、ヤロスラヴリのデミドフスキイ法学リツェイに非常勤講師の職を得た。担当講義時間は毎月曜日の二時間のみで、やがて彼は週のうち六日間をモスクワで過ごすようになる。

一八八六年の秋、モスクワのロパーチン邸で、トルベツコイはソロヴィヨフと初めて出会った。彼はその時のことを次のように回想している。

「一八八六～八七年の冬、ロパーチン家の水曜会の席で、私はウラジーミル・ソロヴイヨフと初めて会った……私たちの最初の会話が、熱く烈しい口論から始まったのは驚くにあたらない。一言目から私たちはもう互いに罵っていた。しかし……この罵詈は私たちを近づけた……私たち二人にとってもっとも貴重で根本的な点では——すなわち、神人を教会の公同的生活の原理、世界史の内容と目的だと認めるという点では、私たちは一致した。私たちの論争の熱っぽさと激しさは、人生理解の根本原理の点では一致しながら、その原理を現実上に応用するうえで何を第一義に置くかという点での見解の相違から生じたのだった」。

ソロヴィヨフは、民族的神学的に互いに反目し合っているカトリック教会と正教会に共通して存在する目に見えない教会の全一性を主張した。反対にトルベツコイは、両教会の間に目に見えない親和を認めるならば、プロテスタントとも、さらには異教徒ともそのような親和を認めねばならず、正教の意義、さらにはキリスト教の意義が崩れてゆくと反論した。

トルベツコイはソロヴィヨフの思想から多大な影響を受けた。彼の知的生活全体がソロヴィヨフと結びついていたといえる。「私のすべての哲学的宗教的世界観はソロヴィヨフ的内容に満ち、ソロヴィヨフに非常に近い公式によって表現された」。宗教的社会生活の基盤たるキリスト教理想を探求した、彼の修士論文『五世紀の西方キリスト教の宗教的社会的理想。アウグスティヌスの世界観』(モスクワ、一八九二)と、博士論文『一一世紀の西方キリスト教の宗教的社会的理想。グレゴリウス七世と彼の同時代の社会評論家たちの著作における世界観』(キエフ、一八九七)のテーマが、多かれ少なかれソロヴィヨフの影響下に選ばれたことは明白である。

一八八九年、トルベツコイはヴェーラ・アレクサンドロヴナ・シェルバトヴァと結婚し、三人の子供に恵まれた(セルゲイ(一八九〇生)、アレクサンドル(一八九二生)、ソフィア(一九〇〇生)」。

トルベツコイは、政治活動にも積極的に参加した(たとえ、優れた政治的実務能力に恵まれていなかったとしても)。政治の場での彼の全活動は、真実と公正さによって万民を一致させようとの志向に貫かれていた。

カデット党の創立者の一人でありながら、トルベツコイは一九〇五年に同党から脱退した。その理論や官僚主義的傾向、各人の考え方の表現の自由を狭めている党の規律の厳しさなどが、彼を苛立たせたのである。

一九〇六~一九一〇年に彼は『モスクワ週報』を発行し、そこで、党のドグマに縛られることなく、自由に自分の意見を発表した。政治に彼は、「倫理」や「良心」、「尊厳」といった概念を導入しようと試みた。

「動物的ブルジョワ的恐怖の上に、自己保存の本能の上に社会を築いてはならない。……動物的本能に訴える者は、砂上に楼閣を築いているのだ。だが実際には我々は、ただ人間的本能に訴えているにすぎない。我々は最も重要なもの――人間と人間の尊厳のことを失念している」。

一九〇七年の「六月三日のクーデター」の後、彼は次のように警告した。

「もし特権階級が彼らの手中の現在の権力を、自らの欲望を満足させるためだけに用いるならば、もし彼らが民衆に必要なものを忘れ、自分のことだけを考えるのならば、彼らはかつてない惨事を準備していることになる。……階級は階級に、炎は炎に、辺境は中央に相対して立ち上がるだろう。第一の獣が新しい別の力をもって目を覚まし、ロシアを地獄に変えるだろう」。

トルベツコイの全精力は、ロシアの精神的復興という共通の事業に人々を集わせ、団結させることに注がれていた。彼は、キエフ大学、後にはモスクワ大学で教鞭を取る一方、モスクワ心理学協会など一連の学会に加わり、またモスクワのソロヴィヨフ記念宗教・哲学協会の設立者の一人として活躍した。この会にはトルベツコイ、ブルガーコフ、ベルジャーエフ、フランク、スヴェンツィツキイ、エルン、フロレンスキイなど、ロシア思想界の綺羅星が結集した。一九一〇年には書肆「道」の発起人の一人となったが、この出版社はロシア人の著書と並んで、カトリック関係の翻訳書の出版を主要事業としており、「普遍的なキリスト教の理念の実現のために、思想と生活の面で貢献すべきロシアの使命」を果たすことを標榜していた。

第一次世界大戦に先立つ数年は、あらゆる思潮が混乱に陥り、ロシア・インテリゲンツィアが極度の混迷状態に苦しんだ時期であり、そのさなかでトルベツコイは以上の活動をもって自分なりの模索をしていたのである。

二、第一次世界大戦勃発(一九一四)

一九一四年六月一五日、ボスニアの街サラエヴォでセルビア人青年がオーストリア皇位継承者フランツ・フェルディナントを暗殺した。これが契機となって七月一五日、オーストリアがセルビアに宣戦布告、続いて一九日、ドイツがロシアに宣戦を布告したのに対して、翌日、ロシアもドイツに宣戦。さらに二一日にはフランスが、二二日にはイギリスが対独宣戦を布告、二三日にはオーストリアがロシアに宣戦を布告し、第一次世界大戦が勃発する。

開戦はかつてない挙国一致の風潮を醸しだしたかのように見えた。愛国デモがドイツ大使館やドイツ人商店を襲い、ペテルブルグという首都名はドイツ的だとして、ロシア的な発音のペトログラードへ改められた。左翼系新聞雑誌は廃刊され、労働組合も労働者教育協会も解散させられた。

トルベツコイもまたこの雰囲気のただなかに居た。七月二一日、新聞『ロシア通報』に彼は論文を寄稿し、ドイツのナショナリズムにロシアの愛国主義を対置させた。

同年一〇月六日には、V・エルンがソロヴィヨフ記念宗教哲学協会の講演会で、「カントからクルツまで」と題された報告を行ないセンセーションを巻き起こした。そこで彼は、ドイツ国民の軍事侵略的性格と他国の法への不敬は、カント理性論によりドイツ人の精神生活中にもちこまれた荒廃の結果だと主張した。この講演会では他にも、トルベツコイやヴャチェスラフ・イヴァーノフ、ブルガーコフ、ラチンスキイといった思想家たちが大戦をテーマに報告を行なった。それらの報告は『ロシア思想』一二月号に掲載されたが、そこでのトルベツコイの報告が「戦争とロシアの世界的使命」である。

トルベツコイは、世界大戦をどのようにとらえていたのだろうか?

三、世界大戦とロシア

世界大戦にあたってロシアには超民族的な目的が必要不可欠である、とトルベツコイは述べる。日露戦争にはそのような目的が欠如しており、敗北を喫した。彼は戦争の目的として第一にロシアの団結と統一、第二にスラヴ民族の解放を挙げる。

戦争初期、トルベツコイの目には「一つのまとまったロシア」が映った。ロシアに精神的転換期が到来し、党派間の不和が止み、一つの民族的な自意識の中ですべての対立が統一されたように思われた。この愛国主義的高揚は一八七七年の露土戦争以来、彼には二度目の体験であった。このような精神的高揚の原因を、彼は解放戦争的性格に帰し、ロシアに解放の使命を担わせる。「ロシアが他の諸民族を解放するまさにそのとき、ロシアは自分自身になる。まさにそのとき、ロシアは自身の神の像を見出す」。抑圧された人民を解放することこそがまさにロシアの真の事業なのだ。この使命を拒否すると、ロシアは自らを精神的破滅、さらに物質的破滅へと運命づけることとなる。しかし、この使命の遂行には困難や障害も存在する。それは何か?

現代のドイツの例が証明しているように、決定的な勝利を得、世界の覇権を手にした途端に、ロシアは自らの権力と偉大さへ陶酔し、侵略的な誘惑に耽溺してしまう恐れがある。『ニーベルングの指輪』が描いているように、世界の支配権をもたらす指輪の所有者は、強欲さにとりつかれて人間の姿を失い、凶悪な怪物へと変わってゆく。「あらゆる民族の魂の中に潜んでいる恐ろしく獰猛な獣である、自分自身の内部の怪物にロシアは打ち勝つことができるのか?」——このようにトルベツコイは問いかける。自分自身の内部の怪物、すなわち、内なるナショナリズムと貪欲主義を打ち負かすことに、世界的意味で民族問題を解決する道がある。諸々の新しい小民族国家が誕生しなければならず、一方、古い国家は自国の自然な民族的境界内にとどまらねばならない。ロシアは弱小民族の守護者という意義を自己の内に保持し続け、すべての民族に庇護者として仕えていると諸民族から認められなくてはならない。そのときこそロシアは、「民族の普遍的安全を目的とした諸民族連合の中心となる」。これこそが、ロシアの最も重要な国際的課題、同時に道徳的、宗教的な課題であり、「民族問題をキリスト教的に解決する課題」なのである。

四、国家と文化の問題

トルベツコイは提起された課題を、政治的のみならず、文化的かつ道徳的な課題としてもとらえた。現代の国家は、集団的なエゴイズムの実現のためにあらゆる文化を利用しようとする。国家は多くの場合、人間の尊厳も含め、自分以上に価値あるものを認めない傾向にあり、概して人間の良心を買収可能と考える。それは最終的に人間の喪失をもたらし、全世界の文化の崩壊へとつながってゆく。

トルベツコイは国家と文化に関して、次のように述べる。

「全世界の文化は、いまにも致命的なものになりそうな病によって打ち負かされつつある。この病は、わが国におけるように電光石火の早さで広まるか、あるいは転移してゆく癌の形をとって何十年も長引くかのどちらかである」。

文化を蝕むこの病の名前は、無政府状態であり、国家性の崩壊である。国家エゴイズムの最高の発現である戦争は階級的、個人的エゴイズムをあおり、あらゆる国家性と社会性とを打ち壊す。国家は自らのマキアヴェリズム——「国家の目的のためならばすべてが許される」という原則によって、民衆の道徳性を揺り動かすのである。こうして「戦争のモラル」は人間的文化を崩壊させる。

したがって、これを食い止めるために前述の課題の遂行が必要不可欠なのであり、その遂行のためには「全一的な精神的気運」が欠かせないのだが、トルベツコイはこの気運を最も主要な文化的課題と位置づける。すなわち、より高度な文化的原理を打ち出すことで、ロシアはすべての民族と内的精神的に接近することができる。ロシアは、「個々の民族が根絶させられずに互いに補完しあうような、最も高度な超民族的な文化に奉仕する使命」を担っている。そしてそのとき、それぞれの民族の特殊性を維持しつつ、精神的営為の全領域で諸民族が広く統一する——民族的表現の多様性の内に全世界の文化の統一が実現するのである。

五、トルベツコイのメシアニズム批判

世界大戦におけるロシアの利益はそれ自体で正当なものなのか、そうではなく、その利益を道徳的法則に従わせるべきか――トルベツコイは、国家的利害と道徳的、宗教的理想を結びつけることで、この問題を解決しようとする。彼は、戦争という政治的現象の根本的な解決のために宗教的なアプローチをし、さらにそれを実際の解決のプロセスを歩むための文化的な課題として据える。

ここで興味深いのは、これほど宗教的で正教的な基盤を志向する思想でありながら、トルベツコイの思想がスラヴ派の正教的宗教的メシア信仰を断固として批判している点である。

彼の思想は一般に、当時のロシア思想の潮流の一つ「ネオ・スラヴ主義」に属するとされる。そこでは解放の課題は、もはや個別的なスラヴ問題としてはとらえられない。それは、種族的、信仰的色合いとは無縁であり、ロシア対ドイツ、ロシア対西欧、さらには東方対西方といったような、それまでのスラヴ主義的な図式には当てはまらない。なぜならば、合理主義という暗礁に乗り上げたドイツの革新的精神や国民性を悪とみなし、唯一ロシアだけにヨーロッパの霊的宗教的統一性を保証する中枢の可能性を見ることは、選ばれた国民として他民族の上位にロシアを位置づけることであり、そのような自民族中心主義的メシアニズムはロシアをドイツと同じ誤りへと導く恐れがあるからである。

第一次世界大戦期のロシア思想を考察している北見諭は、トルベツコイの思想を含む当時のネオ・スラヴ主義を次のように特徴づけている。

「西欧中心主義に対してロシア中心主義を対置するのではなく、偽りの普遍を排して諸国民の平等な共存を構築しようとする姿勢は、すでに見たように、ネオ・スラヴ主義の種差的な特徴の一つであった。ネオ・スラヴ主義者はかつてのスラヴ主義との差異に基づいて自己同定していたわけだが、その根拠は、スラヴ主義が西欧に対抗するものとしてロシアを特権化するのに対し、ネオ・スラヴ主義が、ロシアに限らずあらゆる国民の国民性を擁護するという点にあったのである」。

ロシアは領土の拡張には関心を抱かない。占領政策はロシアに益ではなく害を蒙らせる。ロシアに必要なのは、現在ある領土を維持することだけである。この領土面の保守主義こそが、併合と隷属化に脅かされているすべての弱小民族の守護者にロシアをならしめる。ここでトルベツコイが相対する敵と想定しているのは、ドイツでも西欧でもカトリシズムでも異教徒でもない。万民の敵であるのは、ロシア国民内部にもその胚芽が内在している、狭量な「ナショナリズム」そのものである。それはあらゆる民族の中に潜んでいる恐ろしく獰猛な獣であり、どの国民においても目覚める可能性がある。トルベツコイはある限定された対象に闘うべき敵を見るのではなく、発現する可能性を含めたさらに根源的、本質的な悪に対して警告を発する。つまりここでは、ある特定の行ないや信仰によって国民が義と認められるのではなく、歴史を

通して各々の国民が己の内部の獣を退け、善を選び続けることにより、初めて義と認められる。彼が擁護するのはロシアの理念やメシアニズムではなく、善を選び続け得る国民性一般なのである。

トルベツコイは、諸国民が自国の聖性とともに他国の聖性をも尊重するような、諸国民の平等な共存を目指し、種族的対立、宗教的対立を凌駕した民族を超える普遍的な課題、「隷属化されたすべての民族の普遍的な政治的再生」という課題を提唱した。彼の見解によれば、ナショナリズム的考えや先入観を持たずにロシア人とは何なのか、他の諸民族の中でのロシアの真の使命と課題とは何なのかを問い直す必要がある。彼は述べる。

「各々の民族には、神の王国における自らの務め、自らの使命、自らの役割がある。普遍的な宗教の観点からは、それ以外の解決はあり得ないのである……」。

六、まとめにかえて

諸国民の多様な特殊性を保持しながら、そこに統一性を確立すること――ドイツ・ナショナリズムが吹き荒れる大戦の最中に、トルベツコイはこのような民族を超えた課題をロシアの前に立てた。そしてその統一性を保証する基盤として宗教的結びつきが不可欠だと説く。ロシアにおいてあらゆる社会的結びつきは、宗教的結びつきを基として保たれてきた。民族的本能はたとえそれがいかに強いものであっても条件付の力しか有さず、民族的本能に立脚した人間の共同生活は脆弱である。それを強めるのは、聖なるもの、絶対的なものとの結びつきしかない。そのような宗教的基盤を有してはじめて、各々の国民は自らの内なる獣的本能――ナショナリズムの誘惑に打ち勝つことができ、真の国民性を保持できるようになる。トルベツコイは次のように述べる。

「自らの善を、望みを、利益を、さらには命をも犠牲にし得るのは、あらゆる相対的な幸福よりも、個々人の存在そのものよりもはるかに高く価値づけられる、聖なるもののためだけである。人々の内部の聖なるものに対する宗教的信仰、とりわけ故国の聖性に対する宗教的信仰をぐらつかせることは、すなわち、愛国心の最たる根幹を引き抜くことにほかならない」。

トルベツコイにおいては、これこそが「民族問題のキリスト教的解決」なのである。彼は、ロシアが進むべき道として、民族的なものも道徳的なものも宗教的なものに内包されるキリスト教的愛国主義を主張したのである。

一九一七年八月一五日、モスクワでロシア正教会全露地方公会が開催された。トルベツコイはモスクワ大学と、ソロヴィヨフ記念宗教・哲学協会を代表して挨拶の辞を述べ、地方公会開催にロシア復活への希望を託した。会議では教会運営に関し議論が戦わされ、トルベツコイは参加者の大多数と共に総主教制の擁護に立った。

一九一七年の革命をトルベツコイは「第二の動乱時代」と呼んだ。彼にとってそれは国家の統一が崩壊し、扇動的な無政府状態である「悪魔の共和国」がロシアへ侵入したことを意味した。

一九一八年九月一一日、トルベツコイは、モスクワの反革命地下組織の指導者の一人であった息子セルゲイのためにモスクワに留まることが危険となり、ウクライナへ逃亡した。彼はモスクワからブリャンスク、さらにウネチャ、クリンツィを経由しゴメリへ、そこから船で、九月末にキエフへ到着した。キエフで彼は国家統一評議会ビューローのメンバーになるが、その後ペトリューラ軍のキエフ接近にともない、オデッサへ移る。彼はイギリスやフランスの軍人らとも会談し、ロシアへの援助を請うた。

一九一九年の夏、トルベツコイはキスロヴォツクへ赴き、その年の秋にノヴォチェルカースクへ移る。さらに一一月には弟のグリゴーリイが住むロストフへ行き、しばらく当地に滞在、一二月末には、ノヴォロシイスクへ発った。翌年一月五日、彼は咽喉の痛みを訴え、医者から発疹チフスと診断される。入院し、一時は回復に向かったように思われたが、持病のあった心臓がもたず、肺炎を引き起こした。死の直前の二日間、トルベツコイは半ば昏睡状態に陥った。医師のV・ボゴロツキイは、トルベツコイの妻のヴェーラ・アレクサンドロヴナに宛てた手紙の中で、彼の最期の瞬間を次のように伝えている。「亡くなられる三〜五分前のことでした……。何か急くように口早に聞き取りにくい声で譫言を言いました。その後黙り込み、続いてはっきりと大きな声で言いました、『大聖体礼儀を始める頃です、教会の門を開けてください』と。そして三〜五分すると、彼は息を引き取りました」。

一九二〇年一月二三日のことであった。

あらゆる思潮が混乱に陥り、革命が暴力的にあらゆるものを踏みしだいていった二〇世紀初頭のロシアにあって、エウゲニイ・トルベツコイは普遍的に意義ある思想を一貫して人生に求め、絶対的な真理の存在を追求した思想家であったといえよう。そして我々は彼のうちに、ロシアの良心の一端をも垣間見るのである。

Ⅳ

革命そしてボリシェヴィキ政権へ
1917—1920

ニコライ・ベルジャーエフ

政治革命と社会革命について 1917.4

ロシア幻想の破滅 1917.11

革命後の思想 1918.10

解題

†ベルジャーエフの生涯……内田健介

†ベルジャーエフによるロシア革命の検証——平等、そして自由……大山麻稀子

1917.4
政治革命と社会革命について

ニコライ・ベルジャーエフ

一九一七年四月二九日脱稿。「ロシアの自由」誌（モスクワ、ペトログラード）第四号、五月七日号掲載（五〜一〇頁）。

I.

現代のような時代には、多くの言葉が無批判に、特定の現実的内容をもたずに用いられている。口頭のスローガンは周知の気運と一致し、それゆえに力を得ているが、厳密な意味と内容が失われている可能性がある。現在、「政治」革命および「社会」革命という表現が頻繁に濫用されており、この両者の対峙上に、ロシアに起こっている激変に対するさまざまな見解が方向づけられている。ある人々は、ロシアに起こったのは、もっぱら政治革命だけであると執拗に主張しており、他の人々は、政治革命が社会革命の方向へと継続されることを、この道をできるだけ遠くまで進んでゆくことを要求している。後者の見解に立つ人々にとっては、革命はまだ始まったばかりであり、それにはなお先があり、まだ最初の準備の段階を経過したにすぎず、社会的・階級的革命闘争の次の段階がそれに続かなくてはならないのである。

社会民主主義者たちは、社会革命の立場を首尾一貫して守り通すことが出来ず、レーニン氏においてでさえ、社会革命は完全に純粋な形では提示されてはいない。社会民主主義者たち自身が、ロシア革命はプロレタリア革命でも社会主義革命でもなくブルジョワ革命であると言うのを非常に好んでおり、目の前の出来事について「ブルジョワジー」とか「ブルジョワ性」という言葉を無責任にたびたび口にしているのである。そして、彼らは、このブルジョワ革命が労働者階級によって成し遂げられ、労働者階級が革命に君臨しなければならないとさえ主張している。もし「社会革命」という表現の下に社会主義革命を理解しなくてはならないとしたら、何らかの強制的独裁的手段によって、はたまた目下の歴史的瞬間での自身の社会的重要度にそぐわない労働者階級の政権樹立のための闘争によって、実際のところ、どのようにブルジョワ革命を社会主義革命へと変えることができるのかが未判明なままである。この場合「ブルジョワ革命」という表現は、あらゆる面で非常に劣悪な、その道徳的モチーフの点で醜悪でさえある表現だ。ブルジョワ革命とは民族の歴史的発展における進歩的な段階なのだと認める必要がある。マルクス自身、ブルジョワジーを、歴史の中で最高度に進歩的で革命的な役割を果たすものと認めていた。本質的に、ブルジョワ革命は民族的全国民的な革命であり、国民総体の歴史的な運命の瞬間、国民総体の解放と発展の瞬間である。ロシアではいまや「ブルジョワ」革命は、階級的革命ではなく、階級を超えた革命であり、民族共通の、国家共通の課題を実現する全国民的な革命である。一方、もし現在ロシアに「プロレタリア」革命が発生しているとすれば、それは、きわだって階級的、反民族的、反国家的なものであり、不易の法則にのっとり独裁君主主義《カエザリズム》が後継に控える強制的な独裁政治へと導かれるものであるだろう。

国民の生活に歴史的な大激変が起きるとき、つねにそこにはある種の客観的な一線が、民族共通の、国家共通の歴史的課題にそぐう一線、発展本能とおのが運命の深奥の声によって国民総体が惹きつけられる真に創造的な一線が存在する。真の政治とはすなわち、この民族的な一線を推し量ることである。そしてその一線から離脱させるものはことごとく、創造的ではなく、言葉のもっとも深い意味において破壊的かつ反動的で、非現実的、架空のものであるとみなされねばならない。きわめて革命的であると思われているものの多くが現実にはしばしば反動的なのである。ラサール[1]は宗教改革期の農民戦争と過激思潮を反動的とみなしていた。現代風に謂えば「ブルジョワ的」ではあるが、壮大で全世界的歴史的な事業を行なっていたルターの宗教改革のみを進歩的とみなしていたのである。この観点からすれば彼は、ロシアのボリシェヴィキとマクシマリスト[2]の社会主義思潮を深く反動的であるとみなし、そのあらゆる歴史的意義を否定するであろう。革命的マクシマリズムには創造的歴史的本能がつねに欠けており、有能の士なら決してその側にはつかない。そして創造的歴史的本能を有し民衆の運命を理解する者なら誰でも、ロシアの歴史的ありようの現時点で、あらゆるマクシマリズム的社会主義的思潮を反動的転落とみなさざるをえない。わが国で起こっていることをより深く見てみると、そこには何の社会運動もなければ何の社会主義理念もないのであり、このことが前述の真理を雄弁に証明している。

いかなる場合でも、社会主義は社会全体を調整しようとする理念である。それは全てを社会組織に適合させようとし、経済面のカオス状態に抗する。しかしわが国で社会運動と称せられている制御のきかぬ大衆運動は、現在、社会総体の理念、わが国民の経済生活全体を調整し組織化する理念によっては鼓舞されていない。そこでは総体を犠牲にした個人と一部集団の利益が明らかに幅を利かせている。そこには自制などなく、あまりに打算的で略奪的なものばかりである。運動のこの反社会的性格は、旧体制、かつての農奴制の遺物であり、経験の無さ、自由な社会性の欠落、総体に対する個人の自主的な従属の欠如の遺産なのである。これらの思潮の一時的な支配は、ライデンのヨハネのシオンの王国やパリ・コミューンのように単なる幻に終わるかもしれない。しかし「地上における神の王国」へ強制的に住まわせることには、つねに血の匂いがつきまとい、つねに敵意と相互撲滅が存在する。かかるマクシマリズムには根深い宗教的道徳的欺瞞があるし、また社会学的、歴史的にそれがありえないものであるのは言うまでもない。

II.

かくもひどく遅れたロシアの政治革命は、あらゆる歴史的大激変にしばしば見受けられるように、当然その社会的な面を有することになろう。ロシアの前には非常に重大で大胆な社会改革の課題、とりわけ農業の分野での課題が立ちはだかっている。ロシアの政治革命は断じて旧来の「ブルジョワ」リベラリズムの勝利を意味するものではない。それはすでにずっと以前に思想的に瓦解し、もはや誰をも奮いたたせることができない。リベラリズムのこのようなきわめて反社会主義的なタイプは、何よりもロシア人の気質にそぐわない。西ヨーロッパの歴史を経験することで鈍重になったが、自己固有の経験と自己を縛る伝統からは解放されて軽やかであるロシアは、歴史的には遅れて政治的自由の道へと踏み込んだ。現代社会の基盤を揺るがす世界大戦という特殊な状況下に、ロシアは政治的自由の道へと踏み込んでいるのである。そして、どんな教条的な社会主義にも似つかず、まったく階級性のない国家規模の社会的共有化の大胆な試みが、ロシアでは可能であるし、必然でさえあるように思われる。来たるべき未来は予測しえないものを生み出し、おそらく、「ブルジョワジー」の期待をも「社会主義者」の期待をも裏切るだろう。ロシアにおける資本主義の発達はもはや、古典的なイギリス型の発達のようなものではありえない。わが国では、資本主義の発達の暗く悪しき面に対する闘いが、その発達過程の最初期段階で始まらざるをえず、組織化された労働者がその資本主義の社会構造に影響を与えずにはおかないのだ。このことをロシアの経営者階級は明白に認識し、この認識に立ってロシアの社会的再生における自らの創造的役割を担う心構えをしなくてはならない。

実際のところ、「社会革命」という思想は創造的な思想ではない。その思想が前提としているのは、悪を根絶するいかなる創造的な社会的推移も起こらず、ただ社会悪の宿命的で不可避な増大しか生じなかったがために、社会の大変革《カタクリズム》が避けられないということである。古典的なマルクス主義は、資本主義の初期の発達のイギリス型の影響下にこそ形成され、資本主義の過程の悪しき面を純粋な形で剥き出しにした。しかし、あらゆる社会的な創造行為は、社会革命を未然に防ぐものなのである。

私たちが思い起こさねばならないのは、狭義の社会革命が総じて不可能で、過去にも未来にも存在しないという、最終的に明白になった科学的かつ哲学的な真理である。この分野では「革命」という言葉は、ただきわめて広義に、寓意的にしか用いられない。たとえば私たちは、一九世紀の一連の技術的大発明が、人類の生活全体を一変させる大革命だったと言う。しかし実際には、多かれ少なかれテンポの早まったただの社会進化が可能であり、大なり小なり大胆でラディカルな単なる社会改革がありうるのだと言わなくてはならない。

社会体制の社会的基盤の変化というものはつねに、長期にわたる分子レベルの過程なのである。それは、一面では生産力の状態、産業と農業の経済面での生産性に、他面では人間の心理状態の目に見えぬ変化に依存している。自然に対する人間の創造的関わりおよび人間に対する人間の創造的関わり、すなわち経済的創造行為と道徳的創造行為が、社会的基盤を変化させるのである。陰謀、叛乱、蜂起、独裁によっては社会生活の何ものをも変えることはできない。こういったものはすべて上っ滓にしかすぎない。アジト的規律によって編み出される強制的実験は、社会的発展上では後へと投げ棄てられるだけである。マルクスにとっても、社会主義革命、資本主義社会のZusammenbruch（崩壊）は、資本主義産業の長い発展過程を前提としている——そこに導くのは、独裁的に有無を言わせぬプロレタリアートの行動ではなく、資本主義的発展の客観的な弁証法、資本主義経済の客観的経済的破綻、すなわち資本の集中と過剰生産と危機であるのだ。マルクシズムは、労働の生産力が低下するような社会主義を許容しない。社会主義が資本主義に替わりうるのは、それが資本主義より生産性が高いと判明しうるときだけである。しかしマルクシズムは、不可避的宿命的になされる客観的進化という視点と、プロレタリアートの革命的活動の意義を過大評価する主観的階級的視点とをきわめて無批判に混合している。マルクシズムへの批判もこの両面からなされてきた。

Ⅲ．

マルクスのZusammenbruchstheorie（崩壊論）とVerelendungstheorie（貧窮化論）は、どの見地から見ても根拠薄弱なものである旨が判明した。これらの理論は科学的に間違っており、完全に時代遅れであるばかりでなく、虚偽の道徳的傾向にさえ結びついている。資本主義の発展は、矛盾を緩和し、悪を希薄にし、労働者階級ならびに資本主義社会自体の内部での彼らの安寧の意義を強めるような、別のより複雑な道をたどりはじめた。それゆえに、社会民主主義は、「ブルジョワ化」の宿命的なプロセスを蒙ったのである。その実、本質的には、社会民主主義の諸々の理想さえもが、つねにブルジョワ的であったのだ。社会主義の精神的ブルジョワ性、すなわち社会主義の属性である、社会的な物性のもとでの奴隷根性、精神的価値の否定、人間の福利の限定された目標を越えてより遠く高い目標へと上昇する能力の欠如は、まったく疑う余地がなく、ますます顕著になってきている。そして、奴隷根性によって生みだされた社会革命の思想の中にこのブルジョワ性に対する解毒剤が見つけられる可能性はない。マルクスのZusammenbruchstheorieは、ヘーゲルの弁証法の図式にのっとり構築された。しかしこの理論中には、それでもなお、レーニン氏、ならびに古いロシアのナロードニキ運動[3]と古いロシアの叛逆《ブント》運動を本質的に結びつけているロシアの社会民主主義者たちの大半におけるよりも、はるかに社会進化の事実への崇敬があった。

世界大戦は、民衆の経済生活を特殊な状況下に置き、国家統制と社会的共有化の不可避な過程を惹き起こしている。しかし、この戦時社会主義、階級と無関係な国家的なこの貧窮の社会主義は、社会革命の思想の再生にいかなる緊要な基盤も与えはしない。この辛い途上で、今後の社会の推移に意味をもつようになるであろう経験が修得されつつある。そして、おそらく、戦争終結後、資本主義社会のまったく無統制な経済生活へと後戻りすることはありえないだろう。しかし、それは単に社会進化の新しい段階が訪れるだろうということであって、この段階は理論的な意味でいかなる「社会主義」へも導かれはしまい。社会主義学説中で構築されてきた社会主義は、つねに時期尚早か、あるいはあまりにも時期を逸したものとなろう。社会主義にとり時期到来のおりには、すでにそれは不要であり、時代遅れのものとなるであろう。なぜなら、ブルジョワ資本主義の構造との否定的な結びつきに拘束された社会主義の夢想の中で描かれていたものとは、似ても似つかぬ新しい生活がすでに始まるだろうから。社会主義の思想中には、創造的なものはほとんど何もない。

九〇年代後半のロシアの批判的マルクス主義者である私たちの多くは、社会主義的な Zusammenbruch の思想、社会革命の思想が崩れ去るのを身に染みて味わった。その時から始まった思想活動は、旧来の社会的ユートピアを容赦なく徹底的に批判した。その思想活動は科学的にばかりでなく、宗教的にもそれらのユートピアを克服したのである。社会問題が宇宙的問題と結びついて提起された。精神的に経験豊かな、複雑な思考のできる人々にとって、世界の総体から、神の世界秩序全体から切り離されているこの地上では、人間社会を完全に組織するのは不可能だということが自明になった。人間社会と宇宙の営為の間には、神秘的な内方浸透《エンドスモス》と外方浸透《エクゾスモス》が存在している。

私たちにおけるかくも急速な立ち直りと、幼児じみて未熟な騒擾的社会革命思想の勝利は、民衆ばかりでなくインテリゲンツィアをも含む広範囲の大衆の後進性と無教養の証左、過剰な傲慢さをもって民主主義を自称している諸グループの思想的貧困の証左でしかない。言葉の用法に通暁しているすべての人たちにとっては、現在わが国に社会革命が起こっていないばかりでなく、総じて社会革命などこの物質的世界では決して起こらないということが明白であるに相違ない。しかし、有機的総体に逆らって部分が蜂起すると、それは社会革命や社会破壊、社会混乱と容易に取り違えられうる。この反社会的運動は、その支持者と反対者にとっては、社会主義的語義における「革命的」運動となってしまいうる。個々の個人、グループ、階級の権利を守るための闘争は、社会のプロセスおよび社会的課題の本質とは何の関係もないということを渾身こめて明らかにせねばならない。一日で権力が失墜し、他のものにとって替わられることはありうるだろうが、それでさえも長い準備過程の後のことである。しかし社会組織においては、心理面経済面の分子レベルの推移と、その微細な推移に応じて準備された社会改革の定式化を除いては、一日では何も起こりはしないのだ。そして社会主義に敵意を抱いている階級は、社会革命に対する屈辱的な恐怖から解放されねばならないだろう。この恐怖はわが国の民衆の生活に害毒をもたらしている。経済的に優位な階級は、ロシア民衆の社会的再生のために、自制と犠牲へと向わねばならぬだろう。しかし、必然の国から自由の国への跳躍として考えられている社会の革命的大変革を期待することは、この物質世界の終焉という終末論的な予感をぼんやりと無意識的に味わうことでしかない。その神秘的な時と期間が到来するまでは、社会進化、社会改革しかありえない。それらの改革は、総体を調整はするが、しかし社会生活の中につねに不合理な残滓を残しており、宇宙の営為およびその営為の根源から流出する暗黒のエネルギーの中にひそむ悪を決して根絶はしない。

ロシアの前に立ちはだかっている課題は、社会の整備であって、社会革命ではない。現在わが国にあっては社会革命は社会混乱にすぎない、労働者と農民の物質的状況を悪化させている国民経済の無政府状態にすぎない。運命によりロシアが直面した、はてしなく困難で複雑なこの課題を前にしては、どんなバラ色のオプチシズムも場違いであり、不道徳ですらある。悪の力はこの世では善の力よりも強い。そしてそれはもっとも魅惑的な外貌ともっとも高尚なスローガンをとって現われうる。

ロシアの民主制は何よりもまず、早急に自制と自己批判、自己修養の厳しい修練の場を経ねばならない。私たちを待ち受けているのは、社会的楽園ではなく、苦しい生活の試練である。この試練を乗り越えるためには、精神の鍛錬が必要である。あらゆる社会的課題はまた精神的課題でもある。すべての国民は自らの歴史の結果を負い、自らの歴史に対して精神的に責任を担う使命を帯びている。私たちの歴史はきわだって重苦しく困難である。厳しい責任の自覚へと呼びかける代りに、私利私欲と悪意の本能をあおり、苦しみ疲れ果てた不幸で貧しいわが祖国があたかも世界に示すであろうかのごとき、見たこともない社会的至福についての甘い夢で大衆を寝かしつけている者どもは、狂っている。

訳註

1 フェルディナント・ラサール（一八二五〜一八六四）。ドイツの社会主義者、労働運動指導者。ベルリン大学で法律と哲学を学び、ヘーゲル左派の影響からマルクスに類似した社会主義思想へ到達する。ただし、普通選挙、国庫による生産協同組合の実現という、国家の役割を重視した社会主義化を目指しマルクスとは一線を画した。

2 マクシマリストは、エスエル党から脱退し、一九〇六年に結成された社会主義者・革命家・マクシマリスト同盟党の党員。この党は、イデオロギー的にはエスエルとアナーキストの中間の立場をとる。テロによる土地や工場の公有化をめざす。一九一一年までにいったんは消滅するが、二月革命後に再興。M・ソコロフ、V・マズゥリン、G・ネストロエフらが指導。

3 一八六〇年代から、農民の啓蒙と革命運動の組織化により、帝政を打倒し、自由な農村共同体を基礎に新社会を建設しようとしたロシアの革命運動の総称。ナロードは農民に代表される一般民衆の意味。九〇年の初頭まで、ロシア革命運動の主流をなした。ロシア・インテリゲンツィアに属していた活動家たちは、「人民のなかへ！」をスローガンに農民のなかに入り、地主階級の搾取と抑圧を受ける農民の解放と利益の擁護を目標とし、運動を展開した。

（浅野知史、大山麻稀子、ベリャーエヴァ・エカチェリーナ、渡辺圭 訳）

1917.11

ロシア幻想の破滅

ニコライ・ベルジャーエフ

一九一七年一一月に執筆。『ロシア思想』誌、一九一八年、第一・二号、一月・二月号に、もう一つの論文「インテリゲンツィアの権力と心理」（一九一七年一〇月に執筆）と共に、「思想と生活」という共通表題で発表。

I.

ロシア革命と称せられるカタストロフは、あらゆる恥辱、試練、絶望を経て、新しい、より良き意識へと導かれねばならない。民衆の生活におけるこのような経験は、私たちの認識を豊かに富ませ、鋭敏に研ぎ澄まさざるをえない。しかし、この認識に先んじて精神的危機が訪れ、悔い改めてへりくだる用意がなされるであろう。光は、内面的浄化と禁欲《アスケーザ》の後に生まれる。これが霊的生活の掟である。そして、思想を自覚的に担う者と自負してきたロシア社会の知識層全体に、悔い改め、かつ浄化されねばならぬ点があるということを意識しなくてはならない。信仰と思想は重い責任をもったものであって、両者からは、人を解放する真実か、あるいは奴隷の状態へと導く虚偽が流出する。思想中に悪をはらんだ者たち、精神的に歪んだ体験のなかで、欺瞞と虚偽の幻影に屈した最初の少数の者たちは、生活上で勝ちほこっている悪に対して最大の責任を負うこととなろう。さまざまな陣営に属する頭でっかちなロシア・インテリゲンツィアは、幻想によって生き、偽りの信仰と幻の理念に鼓舞されてきたのだ。そしていまや、精算の時期が来た。生活上で体験していることの否応なき重圧によって、このことを意識せねばならぬ時が来た。創造的な思想の自由なはばたきによってこのことを意識したのは、ごく少数の者だけだった。今日の苦い経験によって『道標』[1]の真実を認めているグループさえもが、かつて『道標』に対して苛立ち、憤慨したということを思い出そう。しかし、『道標』の執筆者たちに対する公平な態度は期待しがたい。

ロシア革命は、その運命的で宿命的な進展上での、ロシア幻想の破滅――スラヴ主義の、ナロードニキ主義の、トルストイ主義の、無政府主義の、革命的ユートピア主義の、革命的メシアニズムの幻想の破滅を意味している。[2] それはロシア社会主義の終焉である。真っ向から対立しているロシアのイデオローグたち自身が異口同音に次のことを主張してきた。すなわち、ロシアの民衆はヨーロッパ文明より優れている、文明の法則は、ロシアの民衆には指標とならない、西欧文明は、ロシア人にとってあまりにも「ブルジョワ的」である、ロシア人は、地上に神の王国、至高の正義と公正さの王国を実現する使命を帯びていると。右からは、スラヴ主義者、ロシアの宗教的民族的独自性の支持者たちが、左からは、スラヴ主義に負けずおとらず東方独自論者であり、東方から来たる革命の光をブルジョワ的西欧に対置させた革命家、社会主義者、無政府主義者たちがこのことを主張してきた。バクーニンはロシアの革命的メシアニズムを信奉していた。この慄然たる数ヶ月間を通して、ロシアの革命的デモクラシーが西欧の全国民に社会主義と諸民族の友好を教えるであろうと叫びつづけている人々が、このメシアニズムを信奉している。世界中の国民を啓蒙すべきこのロシアの革命の光が、ロシアを今日の屈辱と恥辱へ至らしめたのである。

ロシアのインテリゲンツィアの頭と心を支配していたこのタイプのすべてのイデオロギーは、民衆への信仰、民衆の叡知と民衆の正義への信仰の上に築かれていた。宗教的な立場に立つナロードニキ右派においては、唯物論に立脚していたナロードニキ左派よりも民衆への信仰は、より良く根づき、正当性をもっていた。スラヴ主義は、実際に考慮に値する唯一の真面目なロシアのイデオロギーであった。宗教的ナロードニキ主義は、今やその高い評価から立ち直らねばならぬ自己欺瞞と幻想であるが、この思想には、深さが無いわけではなかった。この思想は、民衆の意識にあまりに深く根を下ろしていたがために、ロシアの専制を神聖化し、君主政体のいかなる進化も不可能にしてしまった。このようにして、専制の中に最高の正義を見出してきた宗教的ナロードニキ主義は、ロシアを破局の道へと追いやった。革命的ナロードニキ主義は深みを持たず、意識の暗闇と混乱に礎を置いていた。それは、著しい後進性と無知の産物であり、ロシアの粗放的な営みの結実である。革命的ショービニズムは、もっとも粗野で下劣な類のショービニズムである。「全世界をあっさりとやっつけちまえ」と叫び、革命の空論によって全世界を説き伏せている革命的ショービニズムの狂宴によって、今やロシアはずたずたに引き裂かれている。

すでに、次のようなことを意識せねばならぬ時が来た。すなわち、ロシアのナロードニキ主義のすべての形態は幻想であり、ロシアの文化的後進性の産物であって、それらの形態は、ロシアの文化階層が民衆の蒙昧に依存しており、ロシアの生活の質的なもののすべてを量的なもののうちに失わせているということを意味するのだと。「民衆」への信仰は、つねにロシアの知識人たちの臆病さと無力さであったし、自から責任をとり、真理と正義の所在を自分たちで決定することへの恐怖であったのだ。気弱な人々や臆病者たちは、真理と正義の源泉が、自分たちの外部に、すなわち、民衆の生来の力に、集団化した民衆に、民衆の信仰ないし民衆の労働にあると考えている。もっとも卓越したロシアの人々が、思想と精神的営為の高みから、まっしぐらに下方へと下り、民衆の生活の低みとの接触の中に最高の叡知を探してきた。ある者たちにとっては、それは宗教的叡知であった。I・キレエフスキイ[3]は、イコンの聖性を崇拝するようにすすめた。なぜなら、民衆はこのイコンの前で祈り、礼拝と接吻でもってイコンを聖なるものとしたからである。また、ある者たちにとっては、それは社会的叡知であり、勤労生活の真実であり、自然に近しい生活の真実であった。しかし、全員が自分たちの高度な文化的生活を、偽物であって、幸福をもたらす自然な世界秩序からの離脱であると恐れていた。L・トルストイは、このロシアのナロードニキ主義のもっとも極端な体現者であった。トルストイという人間の中で、宗教的ナロードニキ主義と社会的ナロードニキ主義が結びついたのである。

II.

「民衆」に対するロシアの信仰は、偶像崇拝、人間と人類への跪拝、自分の外部の大衆から偶像を作り出すことであった。庶民としての民衆、農民と労働者としての民衆に対する信仰は、経験にのみ基づく量的なものに対する信仰であった。この信仰の対象は、その質によって、信仰する者にとっていくらかでも理解可能であり近しいその対象の内面的価値によって規定されてはいなかった。民衆を信仰していた知識人は民衆の魂を知らなかった。彼らは、自分自身の内部で、自分と血のつながった深みにおいて民衆を理解せず、未知の異質な、自分とは疎遠なゆえに惹きつけられるものとして、民衆を崇拝したのである。いかなる社会学的特徴によっても定義されえない民衆の真の魂、神秘的な有機体としての民族の魂、何よりもまず、この民衆の子ら一人ひとり自身の深みで理解されうる魂、それがナロードニキ主義的な偶像崇拝や幻想によって覆い隠されてしまった。宗教意識そのものが、民衆に対する社会階級的視点、経験にのみ基づく既成事実への依存、量のカテゴリーという催眠術によってくもらされ、汚されてしまった。ナロードニキ主義的な意識にとっては、民衆が神にすりかわった。民衆への、民衆の福祉や幸福への奉仕が、真実や真理への奉仕にとって替わった。偶像としての民衆のために、最も偉大な価値あるものや聖なるものを犠牲にする用意がなされ、あらゆる文化を不平等に基づくものとして撲滅し、あるものすべてを父や祖父の遺産として撲滅する準備がなされた。「民衆」教はまことに虚無の宗教であり、いっさいを呑みこみ、すべてをむさぼり喰らう暗黒の無底の宗教である。

社会階級的な特徴によって定義されうる民衆《ナロード》というイデーは国民《ナーツィア》のイデーの変造物である。そして国民のイデーは過去と未来のあらゆる階級、あらゆるグループ、あらゆる世代をつつみこみ、いかなる社会階級的特徴によっても定義されえないものである。ナロードニキのイデオロギーはひとえにインテリゲンツィアのイデオロギーであって、「民衆」からの隔絶と、「民衆」への対峙の表出である。「民衆」自身にとってはナロードニキ主義などあり得ない。「民衆」出身の、労働階層出身の、光や知識、文化を求め、民衆の蒙昧からの脱却を図るより良き人々は、決して「民衆」を理想化していなかったし、彼らを崇拝してこなかった。

「民衆」は久しく沈黙を守ってきた。さまざまな僭称者が、彼ら民衆に代わって語ろうとしてきた。しかし、民衆を崇拝する無力なインテリゲンツィアは、「民衆」がいつの日か自ら口を開き、全世界の光となるような言葉を語り、その光が西欧の諸国民を啓蒙することを待ち望んだ。革命が勃発し、古い権力は倒れ、民衆の意志の表白にとって障碍となるあらゆるものは打ち砕かれた。「民衆」は語る自由を獲得した。ロシアの革命的インテリゲンツィアは、みな慢性化した病に蝕まれ、悪しき虚無的な感覚と思想によって民衆を毒してきたが、その人々が叫び始めた、西欧には前代未聞の何らかの真実が「革命的民主主義」において現われ出でて、東方から光がきざしていると。しかし、「併合と賠償金なしに」、「全ての土地は働く民衆のもの」等々といった無力で抽象的な決まり文句以外には、どこにもこの光と真実は表現されなかった。インテリゲンツィアは、未消化な、場違いに誤用されている西欧の学説からの公式を借用しつつ、こういったすべてのことを大声で叫んでいる。しかし、スラヴ主義者やナロードニキ革命家たちが信じ、キレエフスキイやゲルツェン、ドストエフスキー、「人民の中へ」赴いた七〇年代人[4]、最新の宗教的探求者たち、東方ナロードニキへと生まれ変わったロシアの社会民主主義者たちが信奉したその「民衆」は、何を自ら開示し、暴露しただろう？ この「民衆」は、原始的な野蛮さ、無知、無頼行為、貪欲さ、ポグロム[5]加担者の本能、暴動を起こした奴隷の心理をむき出しにし、獣の顔をあらわにした。「民衆」固有の言葉は不明瞭であり、真の言葉はいまだ民衆には生じていない。

この慄然たる惨状の一部始終、この民衆の闇の全体に対して責任を負っているのは、何よりもまず指導者階級や知識人階級なのである。ある者たちは民衆を啓蒙することを欲せず、彼らを闇と奴隷状態のうちに強制的につなぎとめてきた。またある者たちは民衆を偶像崇拝し、光の代わりに新たな闇を、半啓蒙とインテリゲンツィアのニヒリズムの闇を彼らにもたらした。そしてロシア史の最も恐るべき重大な時に、わが国ではわずかな人々のごく薄い層しか、国家と文化の基本的な福利や、民族的な尊厳を擁護していない。この層は簡単に破れ、その下にはぽっかりと口を開けた闇の無底が露呈している。広大無辺で暗黒の百姓の王国は、あらゆる善きもの価値あるものを呑み込み、むさぼり喰らう。人間各人の顔はその王国の中に埋没してしまっている。民衆を愛する純真な多くの人々は、彼らが見聞きしたものから恐怖にかられて飛びのいた。つい最近まで「民衆」は黒百人組[6]だったのであり、兵隊の銃剣でもって専制と暗黒の反動政治を支えていたのである。今や民衆の中ではボリシェヴィズムが勝利し、そして彼らは同じ兵隊の銃剣でもってレーニン氏やトロツキー氏[7]を支えている。何も変わってはいない。光は民衆の魂を照らさなかった。新しい外見の下、新しい仮面の下に、同じ闇、同じ不気味な無法の力が支配している。レーニンの王国はラスプーチン[8]の王国と何ら違いがない。

III.

右からにせよ左からにせよ、ナロードニキ的幻想にとりつかれた人々は、ついに次のことを悟らざるをえない。すなわち、「民衆」を跪拝はできない、より文化的な階層には知られていない正義を、民衆に期待などできない——「民衆」を啓蒙し、向上させ、文明に触れさせねばならないと。その名も高きロシア的へりくだりとは、本質的には恐ろしい傲慢であり自惚れなのだ。そして、ついに本物の、もっと単純で根本的なへりくだりが私たちに必要な時が来た、ロシア民衆の叡知の前にではなく、文明の法則の前に、文化の前に、知識の光の前に私たちがへりくだらねばならない時が来た。広大で暗黒の百姓の王国は、文明化、教養化、啓蒙の長い道のりを歩みぬかねばならない。これは発展の世界的な道であり、民族的な本質と民族的な使命はこの道を経てはじめて発揚されうる。暗黒の百姓の王国のディオニソス的な狂宴は、そのあらゆる価値と豊かさをもったロシアを今や無に帰しかねない。荒れ狂い始めた暗黒の無法の力は、規範へと導かれ、法に従わせられねばならない。このことなしには、いかなるロシアの高い使命も夢見ることはできない。なぜならロシアそのものが無くなるだろうから。

ロシア民衆は法を超えた高い存在ではない、これは幻想だ。ロシアの民衆は恩寵に満ちた王国にはいない。彼らは法より低く、そのとほうもない量の大衆という様態で野獣の王国にいる。この自覚こそが真の宗教的なへりくだりであり、聖なるルーシとかインターナショナルの社会主義ルーシといった傲慢と自惚れに満ちた言葉よりもはるかに大いなるへりくだりである。ロシア人たちは、自由とカオスをごちゃまぜにし、自らの最高のものと最低のもの、高度の無限と低次の無限を混同してきた。そしてこの混同に対し私たちの世代は厳しい報復を受けている。ロシアの民衆にはまだ初歩的な正義が必要である。彼らはいまだ初歩的な科学すら学ばず、自分たちを、より高度な叡知のいかなる科学にも打ち勝つ者だと考えている。

ロシア革命の悲劇的な経験は西欧主義の根本的な真実を立証している。これは最後の真実ではない。これは最後から二番目の真実である。しかし最後から二番目の真実でも時としてこよなく必要なことがある。ロシア人にはもっぱら最終的で究極的なものしか必要ないというロシア幻想をいまや拒否する時だ。ユートピアから、有害な社会的夢想から癒されるべき時だ。リアリズムを前に、相対的で中庸的な法を前にへりくだるべき時だ。
ロシアの思想家のうちでもっとも正しかったのはチャアダーエフ[9]であった。V・ソロヴィヨフもまた多くの点で正しかった。彼はナロードニキ主義の幻想から解放されていた。ゴーゴリはロシアの中に獣の顔を見て、のちにこれを懺悔した。今やこのゴーゴリの見た獣の顔が勝鬨《かちどき》をあげている。スラヴ主義はそのすべての様態において打ち砕かれた。「聖なるルーシ」への信仰は、今や耐えがたい欺瞞と虚偽にしか見えない。ルーシが幾分でも人間らしき容貌を保つように、ロシア人の中で神の像と似姿が完全には消滅せぬようにと心配しなくてはならない。

　ロシアの偉大な小説家たちの多くの思想はいまや恐るべき崩壊にさらされている。ドストエフスキーは『悪霊』の中でロシアの革命の百鬼夜行を予見して、『カラマーゾフの兄弟』で革命の悪魔的形而上学を垣間見せた。彼はロシア人の本性、特にロシアの革命的インテリゲンツィアの本性中に多くのものを天才的に見てとった。しかし、ロシアの民衆をめぐるドストエフスキーのあらゆる肯定的な思想は幻想であったことが分かり、いまや偽りと響く。L・トルストイは、偉大なロシア・ニヒリスト、すべての価値と聖なるものの撲滅者、文化の根絶者とみなされなくてはならない。トルストイは勝利した。彼のアナーキズム、無抵抗主義、国家と文化の否定は勝利した、貧しく無となることで平等であれと求める彼の道学者的要求、「百姓」の王国と肉体労働への服従に対する彼の要求は勝利した。しかし、トルストイ主義のこの勝利はトルストイが想像していたほど柔和で牧歌的なものではなかった。彼自身、自らの主張のこのような形での勝利を喜ばなかったであろう。トルストイ主義の無神論的ニヒリズム、魂を破壊するその恐ろしい毒性が暴き出された。ロシアとロシア文化を救うためには、ロシアの魂からトルストイ主義の破壊的な低次の道徳を根絶やしにしなくてはならない。トルストイ自身は、この道徳より限りなく高くあったが、しかし彼がこの偽りの道徳の恐るべき毒を盛ったのである。そしてこの毒には、広く蔓延している平均的なロシア的感覚とロシア的な道徳幻想、道徳判断のロシア的錯誤が凝縮されていた。ロシアの最大の天才の一人が、道徳的熱心さのあまり凶徒の先導者となっていたのだ。彼はロシアの人々のあいだに、すべてを破壊し尽くす平等主義的激情を増大させたのである。

　キレエフスキイから発する潮流にも、ゲルツェンから発する潮流にも、インテリゲンツィアの思想と気運のあらゆる根本的な潮流に、終焉が訪れた。スラヴ主義、ナロードニキ主義、トルストイ主義、ロシアの宗教的自惚れ、ロシアの革命的自惚れ――いっさいが終息し、悲劇的な様相で絶滅した。これらの途上にはさらなる運動はない。これ以上はただ非存在の無底が大きく口を開けているのみである。

ロシア幻想は醜悪な狂宴によって幕を閉じた。しかし催眠はまもなく解けるであろう。罪からの、古い虚偽からの浄化の後は、新しい道で新しい生活を始めなければならない。苦痛で困憊したロシアの人々は、文明の多年にわたる成果へと目を向けざるをえない。彼らの魂には別の思想、別のより良き意識が生まれるであろう。ロシアの民衆の魂はより厳しい道徳の中で焼き鍛えられるだろう。ロシアは、ドイツやフランス、イギリスとは異なる自らの使命を帯びている。しかし、この使命は、文化を通して、文明の重荷に忍従するという義務を通して遂行される。私たちは、自分たちの後進性を、自らの優越性、私たちの至高の使命と偉大さの印しだと思い込んでしまった。しかし、わが国では人間の人格が原始的な集団主義の中に埋没している。この恐ろしい事実は私たちの優越性でも偉大さの印しでもない。全てを呑み込むこの集団主義が、「黒百人組的」になるか、「ボリシェヴィズム的」になるかはまったく問題ではない。ロシアの大地は、異教的鞭身派的な無法の力の権力下に生きている。全ての人間の「顔」はこの無法の力の中に埋没している。この力は人格的尊厳と人格的責任とは相容れぬものである。この無法の力が自らの深淵からひとしく引き出すことができるのは、「顔」ではなく、ラスプーチンとレーニンの「仮面」なのである。ロシアの「ボリシェヴィキ革命」は恐ろしい全世界的・反動的な現象、その精神において、「ラスプーチン現象」と同様に、黒百人組的鞭身派と同様に、反動的な現象である。

ロシアの民衆は他のすべての民と同じく、人格の宗教的かつ文化的な規律を身をもって学ばねばならない。そのためには、数々のロシア幻想を拒否することが不可欠である。これらの幻想の破滅は、まだ世界の破滅ではない。世界の終わりの時と期限は私たちには明かされていない。畢竟、宗教的ナロードニキ主義者たちによるあらゆるロシアの不幸とロシアの罪に関する終末論的かつ黙示録的な解釈もまた、ロシア人の自惚れから生じたロシア幻想と誘惑の一つではなかろうか？

訳註

1　一九〇九年モスクワで刊行。革命的インテリゲンツィアに向けられた反駁の書。主要な執筆者に、ベルジャーエフ、ブルガーコフ、ゲルシェンゾーン、キスチャコーフスキイ、ストルーヴェ、フランクなどがいる。（長縄光男、御子柴道夫監訳、『道標』、一九九一年、現代企画室）

2　スラヴ主義は、ナポレオン戦争後のナショナリズムの風潮とドイツ哲学の影響下に一八三〇年代末から登場した思想潮流。ヨーロッパ文明の欠陥、および正教と農村共同体に見られるロシアの長所を主張、ロシア独自の発展の道を模索。初期スラヴ派の代表としてホミャコーフ、キレエフスキイら。この潮流は六〇年代以降にも変質しながらイヴァン・アクサーコフらの後期スラヴ派、さらにはダニレーフスキイ、レオンチエフらの汎スラヴ主義へと間接的につながってゆく。トルストイ主義は、レフ・トルストイが唱えた思想で、私有財産の否定、非戦論、非暴力主義を主張。

無政府主義は、一般には、国家の権威を否定して、個人の自由を尊重し、その自由な個人の合意のみを基礎にする社会を目指そうとする政治思想。ロシアの代表的な無政府主義者はミハイル・アレクサンドロヴィチ・バクーニン（一八一四～一八七六）であり、彼は人間の自由が神と国家との否定によって達せられると考え、「自由な共同体の自由な連合」の原則を提唱して、そのためには一切の国家と政治機構を破壊しなければならないと説いた。その一方で、汎スラヴ主義的な幻想も、晩年にそれを克服するまでは抱きつづけた。また、一八七〇年代に西ヨーロッパへ亡命し、ロンドンを拠点としてアナーキズム運動を行なったピョートル・アレクセエヴィチ・クロポトキン（一八四二～一九二一）がいるが、彼は相互扶助の理論と生産者組合組織を基盤とする無権力社会を構想した。

3　イヴァン・ヴァシーリエヴィチ・キレエフスキイ（一八〇六～一八五六）。ロシアの宗教哲学者、文学評論家、社会政治評論家。初期スラヴ派の中心人物の一人。正教を基盤としたロシアの世界史的意味を説き、農村共同体の精神的意義を重視した。個を基盤とした西欧の発展と西欧知性の理性論の様態を批判した。

4　農民共同体を基盤とした農民社会主義を目指し、「人民の中へ！」を合言葉に、一八七〇年代の前半に農村へ繰り出して啓蒙、宣伝、扇動などを行なったナロードニキのことを指す。「政治革命と社会革命」訳注３参照。

5　ユダヤ人に対する組織的な略奪や虐殺。アレクサンドル三世（在位一八八一～九四）、ニコライ二世（在位一八九四～

一九一七）治下のロシアでは、極端な反ユダヤ人政策がとられ、国内の不満をそらせるために政府の黙認のもと、大規模なポグロムがしばしば行なわれた。

6帝政ロシア末期の極右的、暴力的な団体の総称。一九〇五年の革命期に都市の小経営者などによって組織された。反動的な支配層に動かされて跳梁し、革命運動、労働運動への弾圧やテロ、ユダヤ人虐待といった蛮行をなした。

7レフ・ダヴィドヴィチ・トロツキー（一八七九～一九四〇）。ロシアの革命家。オデッサ大学在学中、革命運動に参加。一八九八年に逮捕され、シベリア流刑となるが、海外に逃亡、ロンドンでレーニンに協力した。一九〇五年の革命中に帰国して革命運動に参加、ペテルブルグ労働者代表ソヴィエト議長となった。一九〇七年再びシベリア流刑となり海外に逃亡。一七年の二月革命後帰国しボリシエヴィキに加入、ペトログラード労働者兵士代表ソヴィエト議長となり、十月革命後外務人民委員、一八年軍事人民委員・革命軍事会議議長に就任し、赤軍の組織に着手。内戦において赤軍の指揮者として、反革命軍(白軍)の撃破や外国の干渉排除に大きな功績をあげた。レーニンの死後、永久革命論を主張してスターリンと対立、二七年党から除名され、二九年にはソ連を追われ、亡命地のメキシコで暗殺された。

8グリゴーリイ・エフィーモヴィチ・ラスプーチン（?～一九一六）。生年には諸説あり。シベリアの農民の子として生れたロシアの異端的修道士。鞭身派の出身といわれている。一九〇四～五年ペテルブルグの社交界に進出、血友病を患っていた皇太子アレクセイを幾度か治癒し、皇后アレクサンドラ・フョードロヴナの絶対的な信頼を得た。預言者、聖僧と噂され、次第に皇室に影響力を持っていった。その国政へのたび重なる干渉、彼を中心とする上流社会の醜聞に憤ったユスポフ公、ドミートリイ大公らによって暗殺された。

9ピョートル・ヤコヴレヴィチ・チャアダーエフ（一七九四～一八五六）。スラヴ派にも西欧派にも大きな影響を与えたロシアの思想家。富裕な貴族の家に生れる。対ナポレオン戦争に従軍し、のちにデカブリストに接近。二三年から三年間ヨーロッパ各地を遍歴する。帰国後『哲学書簡』を執筆。ロシア文明の不毛性を痛烈に批判したため、皇帝ニコライ一世から「狂人」と宣告された。


（大山麻稀子、ベリャーエヴァ・エカチェリーナ、堀江広行、渡辺圭 訳）

1918.10

革命後の思想

ニコライ・ベルジャーエフ

一九一八年一〇月二五日（西暦一一月七日）に執筆。生前には未刊行の、ベルジャーエフ自身が革命期の自分の論文三三編を編集した論集『ロシア革命の精神的基盤、一九一七〜一九一八年の経験』の序文として、十月革命の一周年目に書かれた。

私は、革命の期間中の私の論文を変更を加えず上梓し、経験した歴史的事件に対する私の生々しいリアクションをそっくりそのまま残そうと思う。この期間中に私は自分の思想を掘り下げ、革命の体験を徹底的に意味づけたのである。深い精神的な意味で反動的なものである革命後の思想は、新しい創造的な道へと踏み出さなくてはならない。まさにそれは、革命の「肯定的な達成」となるだろう。革命に対する創造的精神的反動ならびに革命の体験を意味づけることのなかで生まれた根本的な思想を私は定式化しようと努めている。これらの思想は、すでにこの論集の諸論文の根底に据えられていたものではあるが、深められ、研ぎ澄まされ、統一され、いっそう有機的に完全なかたちであらわれている。

Ｉ．ボリシェヴィズムは、真正の社会主義、とことんまで、ぎりぎりまでゆきついた社会主義、すべてを呑み込みすべてを破壊する自足的で抽象的な原理として、このうえなく純粋なかたちであらわれた社会主義にほかならない。ボリシェヴィズムは社会主義の実験的経験的な検証である。精神が脆弱で思考がいいかげんなために、経験に学ぶこともなく、社会主義の本質を認識できない、そういう人々にとっては大切な検証である。このとてつもない実験は、次のような人々が提起した社会主義の薄気味悪い問題について、より深く考えこむことを余儀なくする。それらの人々は、社会主義を倫理的に受けとるだけでなく、それが倫理的であるべく要求し、社会主義中に何らかの自明な道徳的公理を見てきたのであって、彼らによれば、その公理を疑いうるのは、打算的で邪悪な意図を有した人々、「ブルジョワ的」傾向の人々だけなのだ。ボリシエヴィズムは、社会主義の理念的破綻、瀰漫《びまん》した理念的道徳的気運としての社会主義の終焉であり、社会主義のそもそもの初めからの根本的な悪の発現である。ボリシエヴィズムは、まず第一にわが国の「右派」社会主義者、すなわちメンシエヴィキとエスエルを攻撃した。そしてこの点に彼らの大きな功績がある。ボリシエヴィキに対するメンシエヴィキとエスエルのどんな反抗や抵抗にもまったく正当性がない。彼らは無力であわれだ。

ボリシエヴィキは、ロシアのすべての社会主義者たちが望み、久しく夢見てきたことを、仮借なく首尾一貫して実現している。彼らは長い道程を達成しつつある。他の社会主義者たちが非合法な話し合いと口争いの域にとどめてきたことを、彼らは本気になって採用した。ベリンスキイもボリシエヴィズムに負債がある。ボリシエヴィキ王国の惨禍へとゆきつかざるをえなかったあの精神的な欺瞞が彼にはすでにあった。ボリシエヴィズムは、ロシア左派インテリゲンツィアの一世紀にわたる歴史の終焉である。そこにあって、悪霊たちが外へ飛びだし、自分らの悪魔の狂宴をしているのだ。このあとではもはや、旧来のインテリゲンツィアの思想に立ち戻るのは不可能だ。社会主義の欺瞞に満ちた夢想癖は、精神的な根源において信用を失墜したのである。首尾一貫して徹底した社会主義が共産主義であって、それは人格の否定と根絶へ、人間の否定と根絶へとゆきつく。人間の肉体と魂は余すところなく集団化され、集団が人間全体を狙う。集団は、人間を個人として差異のある存在とは認めず、人間のあらゆる権利をブルジョワ世界の偏見として否定し、世界史の没個性時代の幕をあけるのである。人間の自由と権利を尊ぶ人は集団主義者ではありえない。抜本的に理路整然と思考して最終結論をだすことのできない人々に、ボリシエヴィキの実験がまさにこのことを暴きだしたのである。

Ⅱ．ボリシエヴィズムは、社会主義の破綻であるばかりか、ヒューマニズムの破綻、ヒューマニズムの欺瞞の暴露でもある。社会主義の根底にはヒューマニズムがあった。社会主義者たちはヒューマニズムの気分からなりたっていた。人間に共苦が寄せられ、人類の幸福が夢見られた。人間の状態、人間の幸福ないし人間の苦しみ以外には、なにひとつ現実的なものとはみなされなかった。社会主義は人間の凱旋式となるだろうし、社会主義の勝利の暁には人間の至上性が認められ、人間はあらゆる抑圧から解放されるだろうと期待されてきた。しかしすでに、ラジカルでデモーニシュな思想家たるマルクスにおいて、ヒューマニズムがその対極へと移行したのである。マルクシズムは、人間および人間的なものよりも高度なものを何も知らない。それは何よりもまず神および神的なものに闘いを挑む。しかし、人間は神の像《かたち》であり似姿であるのだから、マルクシズムには人間も分らないのである。

ボリシェヴィズムにあって、ヒューマニズムは最終的に反ヒューマニズムへと生まれ変わった。ボリシェヴィズムは、エスエル、どっちつかずの右派社会主義者、急進主義者、カデット左派のヒューマニズムの幻想と袂を分った。ケレンスキー[1]は全身どっぷりヒューマニズムの幻想に浸かっていた。レーニンがこれらの幻想を一掃した。ボリシェヴィキ社会主義はヒューマニズム的な感情を否定し、人間を余すところなく根絶し、その代わりに灰色の非人間的集団を立てる。一点においてボリシェヴィズムは正しい。すなわち権力はヒューマニズム的ではありえず、超人間的原理を前提とする。しかしボリシェヴィズム自体には悪魔的原理が働いており、人間の代わりに反キリストが立てられている。ボリシェヴィズムは、自分自身にも知られぬ暗い力、非人間的な力の権力下にあって、人間に、人間の運命に対し容赦しない。

ヒューマニズムは、悪と罪を否定することから始める。しかし悪の否定はきまって悪の勝利に終わる。その勝利を許さないためには悪を知らなくてはならない。ヒューマニズムは悪を知ろうとはせず、人間本性の生得の善良さ、すばらしさを教える。ルソーはここから始めた。だがロベスピエール[2]に終わった。ベリンスキイのヒューマニズムはレーニンの反ヒューマニズムに終わった。つねにこうなのだ。最初は——至高の原理としての人間へのセンチメンタルな称揚、最後は——冷酷と残忍。人間を確立し、人間の自由と至高の価値を護るためには、神とキリストを受け容れねばならない。人間より高いものが何もないならば、人間も存在しない。そのとき獣的集団化がわがもの顔にふるまい、神の像《かたち》と似姿ではなく、獣の像が立ち現われてくる。ロシア革命の経験を経たあとでは、思慮深い人々はもはやヒューマニズム的な気分やイデオロギーにたち戻ることはできない。

III．ロシア革命は、ロシア人たちの大半が人間の尊厳の感覚と人権意識を有しておらず、自由を愛していないということを最終的に暴き出した。ロシア人たちは、平等主義の情熱にとりつかれており、この悪魔的な情熱がロシアを恥辱と卑下にまで至らしめた。ところが私たちには初歩的な自由憧憬《スヴォボドリュービエ》がない。自由への愛は貴族的な感情である。平等への愛は平民的な感情である。自由と平等は違う神であり、深く敵対しあっている。革命においてつねに勝利するのは平等の神であって、自由の神ではない。革命の出自は平民的である。しかし、それでもロシア革命におけるほど、平等の神が際限なく勝利したことは、世界にはかつてなかった。

ボリシェヴィズムは、偏在する農奴的状況へとゆきつき、そしてロシア人たちはこの状況を受動的に受け容れた。ロシア革命におけるほど、人間の尊厳と自由が貶《おとし》められたことはいまだかつてなかった。これは兵営的革命である。この革命では人間は受身であり、自分を自由のない奴隷と感じ、どんな自分の権利も自覚せず、それらを主張することもないのである。解放は反動に待たねばならない。反動は、せめて何らかの小さなものであれ、人間の自由を与える。私は「反動主義者」だ。なぜなら自由を愛し、農奴的状況に甘んじられないからだ。ロシアの民衆は初歩的な市民性にまでも達しなかった。この百年間に支配的であったロシアの左派インテリゲンツィアのイデオロギーには、人間の自由と尊厳の意識が欠けていた。そのイデオロギーはもっぱら平等によって奮い立たされてきた。そしてロシアのボリシェヴィキ革命には、ローマ帝国が衰退し暗澹たる初期の中世が出現した時期――このとき偏在的な奴隷化が生じ、あらゆる自由が消滅していった――、ディオクレティアヌス帝[3]治世下に起こったことに類似した過程が生じている。社会と国家の同一化が、圧政をもたらし、個人の人格を圧する社会的集団の果てしない権力行使へ、あらゆる生得の神聖なる人間の権利の否定へとゆきつく。

ボリシェヴィズムは、平等の思想の破綻であり、平等の精神的虚偽、平等の無神性と非人間性の暴露である。このあとでは、すべての思慮深きロシア人たちは、不平等とヒエラルキーが神的にも人間的にも真実であると認める方向へ向わざるをえないだろう。人間の尊厳と自由は不平等を要求する。神的世界秩序、宇宙がその礎を得ている質的なもののヒエラルキーは、不平等であることを求める。平等革命を経験したあとでは必然的に、人間の自由と尊厳に結びつくヒエラルキー思想に回帰するか、それとも精神的に死ぬかしかない。民主主義と社会主義の寡占的な勝利は老いと耄碌と瓦解の到来を意味する。

Ⅳ・ロシア革命は、戦争の崩壊の産物である。それは、戦争の試練に耐えきれなかったロシア民衆の蒙った腐敗の過程である。ボリシェヴィキ革命は、崩壊状態で続行されている戦争である。戦争のあらゆる気風、あらゆる手法がそこには刻印されている。ボリシェヴィキ社会主義は、戦争の気風を巨大国家のいとなみに、社会生活の全領域に援用した軍国社会主義である。ボリシェヴィキ社会主義は戦争の受動的反映である。そこでは戦争が継続されている。しかしその戦争は、おのが理念、規律、有機的な継承性を失い、重い病気へと移行した。ドイツ人たちが戦争の名目で、祖国と国家の名目でなしてきたことを、ボリシェヴィキは、社会主義革命の名目で行なっている。同じ軍事的弾圧が、同じ自由と権利の否定が起きている。私たちの革命のスタイルは、灰色の迷彩色の軍事スタイルだ。革命に参加する民衆は、戦時と同じ制服を、しかし記章と肩章なしに、つまり組織的ヒエラルキーに自分たちを組入れるところのものいっさいなしに、着用している。革命はなにひとつ創造的なものをあらわさず、古いものを、ただし崩壊状態で継続している。革命の名による強制収用、革命を名目にした個人の住宅への侵入、革命の名のもとでの私生活の統制は、戦争と戦時下状況のコピーである。社会主義と軍国主義は結合し一体となって、生活を兵営へと変えたのである。ボリシェヴィズムにおいて社会主義と軍国主義の統合が起こった。そこにあっては戦争が社会主義革命へと移行し、社会主義革命が戦争へと移った。だからボリシェヴィズムはヒューマニズムの残滓から最終的に解放されたのだ。右派社会主義者たちは、軍国主義的でない社会主義を、戦争のない社会主義を望んだ。しかしこのことで彼らは、経験されつつある瞬間への無理解、理論偏重、生活からの乖離を露呈している。いまや社会主義は軍事的兵営的でしかありえず、組織的な規律がすっかり失われた露営へと国中を変えることしかできない。

ボリシェヴィズムは、民衆がそれに追随した平和のスローガンによって勝利した。なぜならば民衆はこれ以上戦うことを欲しなかったから。しかしボリシェヴィキ自身は平和を望まず、平和を恐れている。彼らは、民族の世界戦争が、いっそう血まみれで恐ろしい、階級の世界戦争に移行することを望んでいる。彼らは流血が止むことを自分たちの目標に掲げてはいない。彼らは血に飢えている。戦争はボリシェヴィキにとって帝国主義戦争であった。しかし彼らには、今度は平和が帝国主義的平和なのである。彼らは民族の平和の中に自分たちの破滅を感じている。彼らは、灰色の迷彩服を脱いで、平和で創造的な仕事に着手することを欲していない。彼らは永遠の戦争を望んでいる。彼らには創造行為ができない。彼らは創造行為を恐れている。然り、いかなる革命といえども断じて創造行為ではなかったのだ。

V・世界大戦の結果諸民族は、一八一五年のナポレオン戦争後に達せられた意識――利己的民族的利害よりも高くそびえる世界的原理が存在するという意識、最終的にはあらゆる聖なるものから離脱せず、結局は聖なるものを裏切らなかった文明化された人類、その人類が一つになるという意識――へと至らねばならない。そのとき神聖同盟が形成された。これは、真の理念で鼓舞されていたが、それを実地に実現する段になって歪められ、メッテルニヒ[4]の悪しき支配下におかれる羽目になった。神聖同盟[5]が宣言した真の原則とは、ヨーロッパのすべての国家がキリスト教文化の守備につき、破壊的原理に抗して戦わねばならぬというものだった。諸民族は、自らの利己主義のうちに、おのれの利益の排他的な追究のうちに自足することはできず、万人が守るべき正義に自分を従わせねばならない。この原則は、利己的な利害によって歪められ、うまく実現されてはこなかったが、しかしこれは――真の原則である。万民がひとしく守らねばならない正義が存在するということを、キリスト教世界の精神的基盤、ヨーロッパの聖なる歴史伝承を破壊するのを許してはならないということを、現在でもすべての民族とすべての国家は鋭く自覚しなければならない。

罪深く、病んではいるが、真の精神的基盤を有している古いキリスト教ヨーロッパを、破壊と滅亡が脅かしている。ヨーロッパは、自分の精神的基盤を守るために統一し、再生しなくてはならない。もし自分の中に、破壊の力に立ち向かう肯定的創造的な力を見出せないなら、おそらくまるまる何世紀にもわたって、たそがれと闇がヨーロッパを脅かすだろう。世界的社会革命は、ヨーロッパにとって内なる危機である。それに抗して、防衛力も創造力も、すべての力を結集しなくてはならない。この脅威を見ず、火遊びしている民族は狂気の沙汰だ。世界大戦は古いヨーロッパの罪に対する罰であった。世界革命はそのヨーロッパに最後のとどめを刺すかもしれない。悔恨とより良き生への復活が不可欠だ。近東、アメリカ、そして極東、日本と中国がヨーロッパと交替するためにやって来るかもしれない。そしてそのときには、精神的文化のレベルは低下し、聖なる伝統は途絶えるであろう。

Ⅵ．国内変化は革命とは解されないとしても、ボリシェヴィズムはまさしく革命であって、そのぎりぎりの究極のかたちをとった革命の自然力《スティヒーヤ》にほかならぬと自覚しなくてはならない。どの革命でもボリシェヴィズムが勝利する。フランス革命のジャコバン派[6]もまた一種のボリシェヴィズムであった。革命で勝利するのはつねに極端な流れであって、中庸的で理性的な流れは革命を掌握できない。革命の自然力は、悪霊憑き、憑依の狂乱であって、悪霊にもっともとり憑かれた者たちが革命の力を支配する。ジロンド派[7]とかカデット[8]とか右派エスエル[9]が革命を掌握できると考えるのはナイーヴだ。

革命とは、避けることのできぬその病勢をもった病気であり、ゆくところまでゆきつかざるをえない。それは自らの法則をもっている。そしてもし民衆が、自分たちに対するこの悪霊的な自然力の支配を許すのなら、彼らはこの力の法則に従わねばならない。ある瞬間には熱が四一度に上がり、譫妄状態になるだろう。そして率直に言わねばならぬ、ボリシェヴィズムに根本から抵抗している者たちは、革命の敵であり、反革命分子であると。この面でボリシェヴィキは正しい。彼らは革命の真髄を示している。彼らは革命の主人であり、かつ革命の奴隷である。革命においては、主人はきまって同時に奴隷でもある。ボリシェヴィキに対して反駁する権利をもつためには、革命の自然力から自由にならなくてはならない、自分の精神を悪霊の憑依から守らねばならない。

Ⅶ．古いロシアの君主政体は内なる疾病に冒された。その政体の精神的基盤はすでにずっと以前に損ねられた。そしてこのことは何よりもまず教会と国家の虚偽の関係に、教会の自由喪失と奴隷化に結びついていた。わが国では「神のもの」がカエサルに譲渡されており、このことが、ロシアの君主政体を害し、その組織に毒を注いだのである。ロシア帝国の教会の状態のもとで宗教的虚偽が許容された。そしてこの偶像崇拝の罪はタダで済むわけがなかった。この宗教的虚偽のせいで、ロシアは全世界普遍《フセレンスキー》のキリスト教から離脱していった。国家、民族性、皇帝権力と関わる際のロシア教会の奴隷根性が、古いロシアのもっとも恐ろしい悪であった。そして、ロシア革命が教会と国家の古い関係を打ち壊した――おそらくこのことは、純粋に否定的ではあれ、革命の唯一の真実である。あらゆる革命同様に、ロシア革命は教会に迫害を加えた。それは反キリスト教的で、その精神において反キリストの革命である。しかしこの革命は教会の運命にとっては大きな意味をもつことだろう。今後教会は永遠に（国家から―訳者）自由でありつづけるだろう。しかしロシア教会は、あるいはプロテスタント流の分解の憂き目を見るかもしれないし、あるいは最終的に教会の再統一が起こり、普遍公教会《フセレンスキー・ツエルコフィ》という統一体が再興するかもしれない。

　グリゴーリイ・ラスプーチンがロシアの君主政体の息の根を止めた。彼は革命の精神的な主犯だ。皇帝とラスプーチンとの絆がミステリアスにロシアの専制を終わらせた。その絆が皇帝から教会の傅膏（聖油秘蹟）を失効させた。自分の運命を鞭身教のペテン師、暗黒の力の霊媒に結びつけたときから、皇帝は、神に油塗られし者であることをやめた。これはロシア帝国にとってばかりでなく、ロシア教会にも運命的な出来事であった。ロシア教会に対するラスプーチンの権力掌握は、ロシア民衆の宗教的いとなみの中でもっとも恐ろしい事件であった。このようにしてロシア民衆の正教のうちに鞭身教的な自然力が出現したのである。これは、民衆の異教的な自然力を神聖視したロシアの宗教的人民主義、万有普遍のロゴスと普遍公教会から引き離された人民主義に対する罰であった。やはり鞭身教的であるロシア革命の惨禍のあとでは、また古いロシアの正教王国の滅亡のあとでは、古いものへの回帰はない。今後君主政体は、教会の自由が保たれて、はじめて再興されうる。霊的な抑制をうけ、鞭身教的な自然力から自由な他の原理、および神聖にして奪うことのできない人間の権利と結びついて、はじめてそれは再建可能となる。それでもやはり次のことを認めねばなるまい。すなわち、古いロシアの君主政体の悪が過大視された、ロシア君主政体は歴史の中でその偉大な使命を有していた、一世紀のあいだ罵り呪われつづけてきたので、気づいてみたらそれは呪うべきものとなっていたと。それでもなお、ボリシェヴィズムよりは、ポベドノスツェフ[10]においての方がもっと多くの永遠の真実があった。

Ⅷ・革命は新しいロシアの誕生ではない。革命は古いロシアの腐敗であり、古いものの終焉である。革命の制御のきかない自然力のうちには古い奴隷の魂が作用している。革命は、古い罪と疾病の結果であり、過去の清算、報復である。革命そのもののうちには、いかなる新しく創造的な思想や感情も生まれなかった。革命的ボリシェヴィキ的ロシア――これは古い奴隷のロシアであるが、しかし過去にあった肯定的なもの聖なるものをいっさいもたず、ただ否定的なもののみを伴った、崩壊と腐敗の状態のロシアである。ボリシェヴィズムには、古きロシアで悪しく暗きものであったもの、すなわち弾圧的、虚無的、打算的、無法で不浄であったものすべてが集中した。すべての革命は古い疾病の終息であった。しかしロシア革命におけるように純粋な様相で、古きものの廃棄物と排泄物があらわになったことはかつてなかった。ロシア革命には、自己の尊厳、自己の始原的自由、自己の権利を自覚した人間は台頭してこない。そこでは人間は最終的に打ちのめされ、貶められる。革命の自然力のなかでは、ゴーゴリ風の痘痕面と鼻面が動きまわっている。

真に新しきロシアが誕生せねばならない。そのロシアでは人間の人格が現出せねばならない、新しい魂が現われなくてはならない。この魂は、強奪と強圧からは出てこない、悪意と嫉妬と復讐からは出現しない。この新しい魂は、革命に抗する深い精神的な反動のうちに生まれる。私たちの社会組織は生まれ変わらなくてはならない。新しい細胞が、もっと高潔な細胞がつくられねばならない。古いロシアの終焉は、革命ロシアの終焉、ロシア・ニヒリズムとロシアの革命的インテリゲンツィアの終焉、ロシア・ナロードニキ主義と無責任なロシア社会主義の終焉ともなろうし、存在論的で創造的な思想に奮い立たされた新しい責任感ある人格の誕生ともなろう。そして私は待ちわびている、革命が終わり、精神の復活が始まるのを。

訳註

1 アレクサンドル・フョードロヴィチ・ケレンスキー（一八八一～一九七〇）。二月革命後、ペテルブルグの労働者ソヴィエトの副議長に任命され、その後、第一次臨時政府に法相として入閣。第二次臨時政府の陸・海軍相を経て、七月から首相となる。ケレンスキー臨時政府は戦争継続に専心したため、民衆のデモが発生、労働者代表ソヴィエトの動きが活発化、軍部独裁をねらったコルニーロフ将軍の反乱なども加わって、十月革命で政権を打倒される。最終的にアメリカへ亡命。

2 マクシミリアン・フランソワ・マリー・イシドール・ド・ロベスピエール（一七五八〜一七九四）。フランス革命指導者。全国三部会には、第三身分（平民）の代表、国民議会では左派に属した。早期からジャコバン・クラブに属し、後に山岳派の指導者となり、一七九三年ジロンド派を追放して独裁体制を樹立。反革命派を弾圧する恐怖政治を敷き、エベール派やダントン派を粛清して独裁体制の維持を試みたが、クーデターにより捕えられ処刑された。

3 ディオクレティアヌス帝（二四五〜三一六）。ローマ皇帝（在位二八四〜三〇五）。この皇帝の治世下に全国の行政制度が根本的に改革され、農業に課税する制度など財政の立て直しが図られた。しかし、農奴制が制定され、また物価高騰、その他社会騒擾が引き起こされた。また、彼はキリスト教に対する前帝の寛容策を受け継がず、突如全帝国にキリスト教弾圧の勅令を発し、教会破壊、聖書の焼却、聖職者の逮捕、ローマの神々への祭儀を命じて、パレスチナ、エジプトで多くの殉教者を出した。

4 クレメンス・メッテルニヒ（一七七三〜一八五九）。オーストリアの政治家。一八〇九年外相となり、フランスに敗れたオーストリアの再建をはかり、老練な外交手腕と権謀術策を用いて一三年からのナポレオン一世に対するヨーロッパの解放戦争を勝利に導いた。一四〜一五年ウィーン会議を主宰し、保守・反動の政策でナポレオン後のヨーロッパを指導。しかし、ヨーロッパ大国の勢力均衡を図ったこのウィーン体制の保持に神聖同盟、四国同盟を利用し、自由主義・国民主義運動を弾圧したため、一八四八年の三月革命でロンドンに亡命した。五一年には帰国を許された。

5 ウィーン会議の後、ロシア皇帝アレクサンドル一世の提言をもとに、一八一五年九月にロシア皇帝、オーストリア皇帝、プロシア王の間に結ばれた同盟。キリスト教の正義と愛と平和の理念を基とした君主間の精神的盟約をうたったもので、やがてイギリス王、ローマ教皇、トルコ皇帝以外の君主がみなこれに加わった。一八四八年革命で復古体制が崩壊するまで、この同盟は自由主義・国民主義運動に対する抑圧を理念的に支えた。

6 フランス革命期における政治クラブの一つ。「憲法友の会」と呼ばれ、議会ブルジョワ政治家の左派勢力連合の院外クラブという性格を帯びた。革命の進行とともにその構成と性格も変化し、右派やジロンド派の脱退により最後に残った左派集団を通常は指す。実際九二年以後は、ロベスピエールの山岳派と呼ばれる集団が主導権を握る。

7 フランス革命期の共和派議員で、民衆運動との提携を警戒して保守化したグループ。この名称は、領袖の一人だったヴェルニオを含めた議員の多くがジロンド県選出議員だったことによる。おもなメンバーはM・ガデー、A・ジャンソネ、P・ベルニョ、M・コンドルらで、立法議会の左翼、国民公会の右翼を形成し、ロラン夫人のサロンなどで会合した。

8 立憲民主党 **Konstitutsionno-Demokraticheskaya Partiya** の略称。一九〇五年革命の最中、ミリュコフ等の指導によって結成され、立憲君主制の確立を志向した。都市ブルジョワジーと農村の進歩的な中小地主、自由職業階級の穏健分子を主要な地盤とし、議会を通じたロシアの近代化を目指した。一七年の二月革命後は既成秩序が倒壊するのを阻止しようとした。〇六年の第一国会で最大政党になるが、〇七年の第二国会では第二党に後退。二月革命後の臨時政府の中核をなすが、政権基盤は安定せず、同年七月に党の代表メンバーであるリヴォフ公が首相を辞任した後は、再びその勢力がよみがえることはなかった。

9 エスエル。ナロードニキの伝統を受継ぎ、主に農民層の利益を代表して一九〇一年に結成された。専制の打倒、土地の社会化を綱領にうたう。二月革命以降、臨時政府の閣僚（農相）になるが、農民の志向に何一つ答えられずに、これに批判的な左派はボリシェヴィキに接近してゆくこととなった。

10 コンスタンチン・エトローヴィチ・ポベドノスツェフ（一八二七～一九〇七）。一八八〇～一九〇五年宗務院総監。その思想は保守的で、専制こそが秩序を維持できると考え、ロシア正教会を保護する一方、分離派教徒など非国教徒、ユダヤ人など少数民族を抑圧した。また民族主義者としてポーランドなど征服地域のロシア化を促進。教育面では教区学校における初等教育を拡充して、宗教教育を重視する一方、西ヨーロッパ諸国からの影響、特に立憲主義や民主主義などの思潮に警戒の念を示し、高等教育を上流階層の子弟に限るなどして抑制した。一八八一年アレクサンドル二世暗殺後、アレクサンドル三世を説得して、いわゆる「ロリス＝メリコフの憲法」を撤回させ、専制強化の宣言を出させるなどして反動化を促進、アレクサンドル三世治世初期に大きな影響力を発揮した。

（御子柴道夫 訳）

ベルジャーエフの生涯

内田 健介

ニコライ・アレクサンドロヴィチ・ベルジャーエフは、一八七四年三月六日、キエフ郊外の上級貴族の家庭に生まれた。父は祖父の代からの有名な軍人で近衛騎兵連隊に所属、母は貴族社交界に深く関わり、ロシア人というよりもフランス人といった趣で、家庭ではフランス語が常用されていた。実際に母方の家系にはポーランド人とフランス人の血が混ざっていた。母親のヨーロッパ人的な気質、居を構えていたのがヨーロッパ色の強いキエフであったことに加え、母に連れられて外国へ旅行する機会が多かったため、ベルジャーエフは、幼い頃から西欧諸国の文化に触れていた。

キエフ幼年学校に入学したベルジャーエフは当初からドイツ語やフランス語に通じていたこともあり、成績は悪くはなかった。しかし、軍国主義的な教育に馴染めずに、同級生たちを軽蔑していた。彼自身の回想によると、退屈な学校生活の中で、『戦争と平和』を読み耽り、同級生よりも物語の登場人物たちに現実味を感じ、所持していた兵隊人形を主人公のアンドレイ・ボルコンスキー公爵になぞらえたりしたという。このころ哲学への関心に目覚め、トルストイやドストエフスキーなどのロシア作家の作品だけでなく、カントの『純粋理性批判』、ミルの『論理学』を読んだという。軍国主義や戦争理念への後年の彼の批判は、この幼年学校時代の経験に端を発しているのかもしれない。結局、第六学級で幼年学校を中退、大学進学への準備を始める。

キエフ大学で彼は自然科学と法律を学ぶが、その道を進むことはなかった。一八八九年ロシアでは第二インターナショナルが成立し、九〇年代に入ると革命の気運がとみに高まっていった。この時代の大学生は革命思想の影響を強く受けており、ベルジャーエフもその中の一人であった。一八九四年ごろから、彼はマルクス主義の影響を受け、社会民主労働党に所属し革命活動を行なうようになる。だが、完全な唯物論や無神論に納得できず、自分が学んだカントやフィヒテの観念論をマルクス主義と結びつけようと志した。

一八九八年キエフでの社会民主労働党の会合に参加して逮捕され、大学から放校される。その後もキエフ当局の監視下におかれ、ついに一九〇〇年ロシア北方のヴォログダに三年間の追放に処せられる。この追放期間中に最初の著作である『社会哲学における主観主義と個人主義』が公刊される。マルクス主義とカントの観念論の統合を目的としたこの著作は、マルクス主義者の間で論議の的となった。ここからベルジャーエフの本格的な執筆活動が始まる。一九〇二年ノヴゴロツェフやトルベツコイ兄弟などと論集『観念論の諸問題』へも参加、この論集も激しい議論を引き起こした。

日露戦争の敗北、「血の日曜日」事件、戦艦ポチョムキンでの水兵の反乱、など第一次ロシア革命へとなだれこんでゆく時代の変動の中で、ベルジャーエフの活動はさらに活発化していった。追放先のヴォログダからキエフに戻った彼は、当時政治経済学の教授であったセルゲイ・ブルガーコフと知り合い、生涯にわたる交友が始まる。一九〇四年から一九〇七年までペテルブルグ、その後モスクワに移り住む。一九〇四年にペテルブルグで後に妻となるリディア・トルシュヴァと出会い、そして結婚。ベルジャーエフは彼女のことを生涯語り合えた最良の友と評している。同年、ペテルブルグで雑誌『新しい道』の編集にブルガーコフと共に参加。翌年二人は、この雑誌を引き継ぐ形で刊行された『生の諸問題』の政治哲学部門の主筆となる。時代の思潮を反映したこの雑誌上で、彼は「キリスト教政治同盟」の計画などを発表し、知識階級の世界観の危機を指摘、観念論とキリスト教への接近を表明、新しい宗教思想を唱道した。他にもこの時期彼はブルガーコフらと共に、ストルーヴェ編集の週刊誌『北極星』に協力(この雑誌は翌年に発行停止処分となる)、また、エウゲニイ・トルベツコイの編集による『モスクワ週報』にも寄稿するなど、精力的に活動をしている。

一九〇七年にパリへ渡り当地の哲学宗教運動に触れたベルジャーエフは、ロシア正教への回帰を強め、帰国しモスクワに住んでからはソロヴィヨフ記念宗教哲学協会に加わる。一九〇九年三月にはモスクワで、ブルガーコフ、ストルーヴェ、フランクらと共に論集『道標』に参加。一九〇五年革命への批判として編まれたこの論集は版を重ね、発行部数は二万三千部に達した。この数字は、この書籍が相当数のインテリゲンツィアに読まれたことを物語る。レーニンが雑誌へ反論を載せ、メンシェヴィキ、カデット等の政党から批判論集が出るなど、『道標』は当時のロシア社会に大きな反響を呼び起こした。

一九一一年からイタリアへと旅行し、『創造の意味』の執筆を開始。脱稿は第一次世界大戦が始まった一九一四年、出版は一九一六年、十月革命の前年であった。一九一四年からは、大戦に関して五〇近くもの論説を『株式報知』などに精力的に発表をしているが、戦時下ということもあってか単行本にはまとめられず、一部が一九一八年出版の『ロシアの運命』に載録されただけであった。

一九一七年、二月革命後の三月にベルジャーフはストルーヴェ主宰でS・ブルガーコフらとロシア文化連盟を結成し、九月まで活動を続けた。一九一七年春から翌年春までの間に彼は、革命的趨勢を批判する三〇篇を超す時事評論を『ロシア思想』『ロシアの自由』『民主主義』等の各紙誌に発表し、一九一八年冬には出版を目指してそれらを論集にまとめるが、生前には日の目を見ず、一九九九年になって初めて公刊された(『ロシア革命の精神的基盤、一九一七―一九一八年の経験』、サンクトペテルブルグ)。一九一八年の第一次大戦終結後も、ロシアは安定へと向かうどころか、白軍との内戦へと突入した。当時のベルジャーエフが『不平等の哲学』で主張するとおりに、革命はロシアを良くするどころか、状況を悪化させるばかりであった。

一九一九年、革命後の混乱のさなか、彼はロシア精神文化の維持を目的とした「精神文化自由アカデミー」をモスクワに設立。そこで翌年からドストエフスキー・セミナーを指導、その講演を元に『ドストエフスキーの哲学』を執筆する。また同時期モスクワ大学の歴史と哲学の教授に就任し、ここでもドストエフスキーの世界観について講義している。このころからベルジャーエフの思想はソ連当局からマークされ、一九二〇年二月には、「戦略センター」容疑によって逮捕、一九二二年八月にも再逮捕される。そして、翌月ベルジャーエフは、フランクなど二五名の学者、思想家と共に国外追放される。このとき彼は、ソ連に残ることの不安から解放された安心感と同時に、祖国から離れて生きなければならない郷愁を痛切に感じている。

ベルリンに着いたベルジャーエフたちを手厚くもてなしたのは、ロシア人亡命者たちではなく、ドイツの各種組織であった。ストルーヴェをはじめ、先に亡命していたロシア人たちは、新たに来たベルジャーエフたちに懐疑的な目をむけており、ロシアからスパイのために送りこまれたのではないかとの疑いを口にする者さえいた。そのさなか、ベルジャーエフとストルーヴェは会談をもつが、大喧嘩をして絶交する。二人の関係回復はストルーヴェの死の直前まで待たねばならなかった。

その後、ベルジャーエフはロシア人亡命者に対し、ドイツにおいてもモスクワ時代と同様の活動を行なう決心をする。そして、モスクワで開いた精神文化自由アカデミーを引き継ぐ宗教哲学アカデミーをベルリンで開設した。一九二五年に彼がベルリンからパリ郊外のクラマールに移住するにともない、アカデミーもパリへ移り活動は続いた。一九二五年にはベルジャーエフが編集し、ブルガーコフ、フランク、ニコライ・トルベツコイなどの協力をえた雑誌『道』を宗教哲学アカデミーより創刊。その後の彼の活動はこの『道』を中心に続けられる。パリへ移住してからは、『自由精神の哲学――キリスト教の諸問題と弁護』(一九二七)、『人間の使命について――逆説的な倫理学の試み』『キリスト教と階級闘争』(一九三一)、『我と客体の世界――孤独と共同体の哲学の試み』『現代世界における人間の運命』(一九三四)などの著作を精力的に発表し続ける。彼の著書は世界各国語に翻訳され評価された。

一九三五年ベルジャーエフは『道』誌に、モスクワ総主教庁がブルガーコフのソフィア論に下した異端宣告を批判する論文「大審問官の精神」を発表。この論文に同誌上でV・ロースキイとチェトヴェリコフが反論、この反論にベルジャーエフも『道』誌において答えた。一九四〇年まで発行が続いた『道』誌は、ロシア正教を背景にした創作活動を支援する場であり、メンバーも多彩で、包容力豊かな雑誌であった。

一九四〇年パリへのドイツ軍の侵攻に伴い、ベルジャーエフはアルカション近くのピラへと移住。一九四二年には病気のため手術が行なわれたが、経過は順調で六週間後に退院している。一九四四年八月、パリが連合国軍によって解放されると、ベルジャーエフもパリへ戻り、一一月には講演「ロシア的理念とドイツ的理念」を行なう。一九四五年、ドイツの無条件降伏、日本のポツダム宣言受諾によって第二次世界大戦が終結。しかし、九月末彼は最愛の妻リディアを病気で失った。一九四七年にはケンブリッジ大学から神学名誉博士号を授与され、秋には「技術の進歩と道徳の進歩」をテーマとするジュネーブ国際会議に参加。彼の活動は晩年になってもなお活発であった。

一九四八年三月二三日、ベルジャーエフはクラマールで七四年の生涯を閉じる。第二次世界大戦が終結しても彼のロシアに帰るという願いは叶わず、祖国から追放された時のあの郷愁が癒されはしなかった。

ベルジャーエフによるロシア革命の検証
——平等、そして自由

大山 麻稀子

はじめに

一九四八年、亡命先のパリ郊外で客死したロシアの宗教思想家・歴史哲学者ニコライ・アレクサンドロヴィチ・ベルジャーエフは、二〇世紀初頭に凄まじいエネルギーで吹き荒れたロシア革命を生涯を通して体験した。彼の深遠な洞察力は、二一世紀の現在にあってもなお読者に熱いものを感じさせて止まない。

当解題では、一九一七年から一八年にかけて書かれたベルジャーエフの三本の論文を読み解きつつ、その思想の一端を垣間見る。

一、一九一七年四月——社会革命の非創造性

一九一七年二月、大戦と食糧不足で疲弊した首都の労働者たちが始めたストとデモは、政治的ゼネスト、さらには武装蜂起へ発展した。翌月初め、リヴォフ公を首班とした臨時政府が成立し、ニコライ二世が退位勅書を公表、二月革命が勃発する。ロシア社会は崩壊へ突き進むにせよ、再生へと向かうにせよ、動き始めたのである。四月にはレーニンが帰国し、一〇項目の「四月テーゼ」を発表した。同じ頃、外務大臣のミリュコフが連合国に対し「決定的勝利まで戦争を遂行する」覚書を公表、それに対して首都の労働者と兵士が抗議デモを起こす。一方、ボリシェヴィキは第七回全ロシア協議会を開催し、その組織力を着実に強化していった——。

このような社会情勢下で執筆されたベルジャーエフの論文「政治革命と社会革命について」は、目下ロシア社会で進行しつつある社会革命に対して、強い警告を発している。

ベルジャーエフにしたがえば、「必然の国から自由の国への跳躍として考えられている社会の革命的大変革を期待することは、この物質世界の終焉という終末論的な予感をぼんやりと無意識に味わうことでしかない」。すなわち、神の世界秩序全体から切り離されているこの不完全な地上では、人間社会を完全に組織すること自体がそもそも不可能であり、基本的には社会進化、社会改革しかあり得ない。そして、それらの改革は、「総体を調整はするが、しかし社会生活の中につねに不合理な残滓を残しており、宇宙の営為およびその営為の根源から流出する暗黒のエネルギーの中に潜む悪を決して根絶はしない」のである。彼は、革命的ユートピア主義が机上の理論に過ぎず、現実にはあり得ないと主張した。

「狭義の社会革命は総じて不可能で、過去にも未来にも存在し

化してゆかねばならないのか？

彼は、社会体制の基盤の変化を長期にわたる分子レベルの過程としてとらえ、それは一つには経済面での生産性に、また一つには人間の心理状態の変化に依存していると考える。ベルジャーエフによれば、経済的創造行為や道徳的創造行為が社会的基盤を変化させるのであって、陰謀や蜂起、独裁によっては社会生活を変えることはできない。

だからこそ、目下ロシアで起こっている制御のきかぬ大衆運動は、社会生活を真に変えてゆく運動にはなり得ない。その運動では、社会総体を犠牲にした個人と一部集団の利益が明らかに幅を利かせており、国民の経済生活全体を調整し組織化する理念は見られないからである。この運動は、「かつての農奴制の遺物であって、経験の無さ、自由な社会性の欠如、総体に対する個人の自主的な従属の欠如の遺産」に過ぎない。本来ならば、どんな社会的な創造行為も「社会革命」を未然に防ぐはずだと述べるベルジャーエフにとっては、ロシアにはびこっている社会革命思想の勝利は、ロシアに創造的な社会的推移が欠けていた証拠であり、「民衆ばかりでなくインテリゲンツィアをも含む広範囲の大衆の後進性と無教養の証左、過剰な傲慢さをもって民主主義を自称している諸グループの思想的貧困の証左」でしかないのだ。

彼は、革命の勝利感に社会が沸き立ち、何かが変わるかもしれないとの期待が人々の心に燃えさかっているまさにその最中に、革命の非創造性を指摘し、社会的至福についての甘い夢から大衆を目覚めさせようとする。

二、一九一七年一一月――ボリシェヴィキ革命と平等主義

一九一七年五月五日、エスエル党、メンシェヴィキが入閣して第一次連立内閣が成立した。憲法制定会議選挙が九月に設定されるが、労働者や兵士の不満は募る一方であった。七月、レーニンのドイツ・スパイ説が流布したことも一因となりボリシェヴィキの勢力が一時衰退したのを機に、臨時政府はボリシェヴィキ弾圧を開始した。同月二四日、ケレンスキーを首班として第二次連立内閣が成立。翌月にはケレンスキーは最高総司令官に就任して自らを執政官と称し「執政府」を創設し、一方で憲法制定会議を一一月まで延期する。九月には再度ケレンスキーを首班として第三連立内閣が成立。そのような情勢の中、レーニンがヘルシンキより帰国し、ボリシェヴィキ中央委員会で武装蜂起を主張して承認を得る。さらに一〇月以降、首都周辺駐屯部隊が次々にソヴィエト支持を表明し始めた。

蜂起前線と司令部の連絡係としてコミサールが各工場に配置されると、蜂起はもはや秒読み段階に入った。一〇月二四日、隠れ家のレーニンが「今夜決行」を要求、赤軍が主要官庁、交通通信機関等を占拠し、冬宮の臨時政府を包囲する。翌日、ペトログラード・ソヴィエト軍事革命委員会は権力掌握声明「ロシアの市民へ」を発表、ペトログラードの全拠点をソヴィエト側が制圧、翌々日

には冬宮が降伏し、レーニンを首班とする人民委員会議が成立した——。

この月、ベルジャーエフは論文「ロシア幻想の破滅」を著す。ベルジャーエフはもはやロシアで起きている事態を「社会革命」とは呼ばず、「ボリシエヴィキ革命」と明言する。彼によれば、この「ボリシエヴィキ革命」は、それまでのロシア思想——スラヴ派やナロードニキ主義、トルストイ主義、無政府主義、革命的ユートピア主義、革命的メシアニズムの思想——の破滅とロシア社会主義の終焉を意味した。彼は語る、これまでの数々の思想は幻想に過ぎなかったのだ、と。

なぜ幻想に過ぎなかったのかというと、それは、これまでの数々のイデオロギーが「民衆への信仰、民衆の叡智と民衆の正義への信仰の上に築かれていた」からだと彼は考える。この信仰は、ロシアの知識人たちにとって己の外部にある大衆から偶像を創出する行為であり、彼らは自分とは疎遠なゆえに惹きつけられるものとして、民衆を崇拝したのであった。特にナロードニキ主義的な意識にとっては、民衆が神にすりかわってしまった。民衆への、民衆の福祉や幸福への奉仕が、真理への奉仕にとって替わったのである。これは知識人たちの臆病さと無力さの所以であり、彼らが真理と正義の源泉を無責任にも「自らの外部に、すなわち、民衆の生来の力に、集団化した民衆に」求めてきた結果であった。ベルジャーエフによれば、彼らは民衆の蒙昧に依存し、ロシアの生活の質的なものの全てを、無数の民衆という量的なもののうちに消滅させてしまったのである。

無数の「民衆」を知識人が崇拝した結果どうなったか。ベルジャーエフによると、「この『民衆』は、原始的な野蛮さ、無知、無頼行為、貪欲さ、ポグロムの加担者の本能、暴動を起こした奴隷の心理をむき出しにし、獣の顔をあらわにした」。そして、原始的な無法の力の下で、各個人の人格をその原始的な集団主義の中に埋没させてしまった。民衆への跪拝というロシア的へりくだりは、本質的には恐ろしい傲慢であり、自惚れなのだと彼は断言する。

したがって、ロシア人は今こそ、「民衆の叡智の前にではなく、文明の法則の前に、文化の前に、知識の光の前に」へりくだらねばならない。「ロシア民衆は法を超えた高い存在である」とか「ロシア人にはもっぱら最終的で究極的なものしか必要ない」といったロシア幻想を捨てよ、とベルジャーエフは呼びかける。

その半年前にはロシアで起こりつつある社会革命の反社会的性格、非創造性を指摘して警鐘を鳴らしたベルジャーエフは、今やさらに強固な態度で、「ボリシエヴィキ革命」が反動的な現象だと、明言する。彼は「ボリシェヴィキ革命」が内包する平等主義的、集団主義的激情の暴走を恐れ、平等の追求はボリシェヴィキの暴君的支配を招かずにはいないと確信している。

三、一九一八年一〇月――ボリシェヴィズムによる社会主義の検証

一九一八年からは反革命軍（白軍）との内戦が始まった。同年四月、ソヴィエト政府は全シベリアに戦争状態を宣言する。食糧問題も深刻で、旧臨時政府時代の食糧機関は機能不全に陥っており、五月には食糧独裁令が公布された。六月には赤軍を強化するために、徴兵制がしかれた。戦闘可能な軍隊が解体してしまい、兵士も帰村していたからである。そんな中、大戦中ロシアで編成されたチェコ・スロヴァキア軍団が、シベリア鉄道沿線の各駅で行動を起こす。異郷の地で強く結束したこの軍団に赤軍は手も足も出ず、八月初めまでにはヴォルガ川沿岸地域から極東までの全域が占領され、ボリシェヴィキ政権の支配から離れることとなった。さらに連合国の間でわき起こったチェコ・スロヴァキア軍団救出の世論が干渉の名目となり、夏には日本軍とアメリカ軍がシベリアへ出兵して東シベリアを占領、同じくイギリス軍が白海沿岸のオネガ、アルハンゲリスク両市を占領した。この時期のロシア国内の状態を、トロツキーは次のように回想している。

「一九一八年の春と夏は、極度に困難な時代だった。人々が戦争の結果をまざまざと知ったのは、この時である。ときおり、人々はすべてが瓦解し、粉々になってしまうような感覚、すがりつくものも身を寄せるものも何もないような感覚を味わった。いったい、この荒廃し疲弊し絶望に沈んだ国は、新しい社会制度を維持し、その独立を全うするだけの、十分な生命力があるのだろうかと、だれもが疑問に思うようになった」（石井規衛訳）

同年九月初め、ボリシェヴィキはレーニンの暗殺未遂事件をきっかけに赤色テロルを発動、チェーカーによって多数の人々が銃殺されることとなった。このテロルの対象の基準は個人の特定の行為ではなく、その個人の属する階級であった。その前駆として、ロマノフ家一族のほとんどの者が殺害された。

当時執筆されたベルジャーエフの論文の一つが、「革命後の思想」である。これは十月革命の一周年目にしたためられた。

ここでベルジャーエフは、「ボリシェヴィズムは社会主義の実験的経験的な検証である」と言う。ボリシェヴィキは、ロシアのすべての社会主義者たちが望み、久しく夢見てきたことを首尾一貫して実現した。それが共産主義である。彼はボリシェヴィズムのゆきつく先を次のように表現する。「人間の肉体と魂は余すところなく集団化され、集団が人間全体を狙う。集団は、人間を個的で差異のある存在とは認めず、人間のあらゆる権利をブルジョワ世界の偏見として否定し、世界史の没個性時代の幕を開けるのである」。

ボリシェヴィズムは社会主義の破綻のみならず、ヒューマニズムの破綻をも証明した。社会主義の根底には、隣人に共苦し、人類の幸福を夢見るヒューマニズムがある。しかしボリシェヴィズムは、目に見える物質的なものや社会的権利のみで人間の幸不幸を判断し、人間的なものよりも高度なものを何も受け容れなかっ

たため、最終的に反ヒューマニズムへとゆきついた。なぜならば、人間以上に高いものを知らないボリシエヴィズムは、まず第一に神および神的なものに闘いを挑み、したがって神の似姿としての人間を否定するからである。それは、ヒューマニズム的な高貴な感情を否定し、代わりに灰色の人間的集団を打ち立てる。

くわえて、ボリシエヴィズムの実現は平等の思想の破綻でもあった。ベルジャーエフによれば、ロシア人の大半が人間の尊厳の感覚と人権意識を有さず、自由を愛さない。一九世紀以来ロシアの左派インテリゲンツィアのイデオロギーはもっぱら平等によって奮い立たされてきたのだが、ロシア革命におけるほど人間の尊厳と自由が貶められたことはなく、他方、平等の神のこれほどに際限のない勝利はかつてなかった、と彼は言う。

こうして完全な平等が追求されるあまり、ロシア革命は個としての人格が無視される「兵営的革命」へとなり下がった。そこでは「人間は受身であり、自分を自由のない奴隷と感じ、どんな自分の権利も自覚せず、それらを主張することもない」。革命の名による強制収用、革命を名目にした個人の住宅への侵入、革命の名のもとでの私生活の統制は、戦時下状況と酷似している。ベルジャーエフの言葉によれば、ボリシエヴィズムは「個人の人格を圧する社会的集団の果てしない権力行使へ、あらゆる生得の神聖なる人間権利の否定」へとゆきついたのである。

ベルジャーエフにとってロシア革命は、新しいロシアの誕生ではない。それは、古いロシアの腐敗であり、古いものの終焉、すなわち、革命ロシアの終焉、ロシア・ニヒリズムとロシアの革命的インテリゲンツィアの終焉、ロシア・ナロードニキ主義と無責任なロシア社会主義の終焉にすぎない。しかし彼は期待する、「存在論的で創造的な思想に奮い立たされた、新しい責任感ある人格の誕生」を。革命が終わり精神の復活が始まるのを待ちわびつつ、彼は筆をおく。

四、まとめにかえて――平等と自由

一九一七～一九一八年を経験したベルジャーエフは、平等の思想の破綻を強く認識し、自由への憧憬を深めることとなった。彼の反平等、自由の哲学はその後、深化され、研ぎ澄まされたナイフのように鋭利な刃を持つこととなる。

「平等は何よりも自由に対する侵害であり、自由の制限である」とベルジャーエフは言う。善悪を区別し善を選択する自由は真の自由であるが、平等は人間から選択の自由を奪う。すなわち、善を選ぶ自由があるのならば、同時に悪を選ぶ自由もなければならぬ、自由の成就は二律背反を前提とする。光には闇が、善には悪が欠かせない。ところが平等は、こういった善悪の区別、美醜の区別、真偽の区別を否定し相対化する。平等は必然的に、物事の「質」を差別する個々人の意志や能力を喪失させる。その結果、人間は、顔も人格も持たない「モノ」へと変わってゆく。

したがって、ベルジャーエフの言葉を借りると、「人間の尊厳と自由は不平等を要求する。神的世界秩序、宇宙がその礎を得ている質的なもののヒエラルキーは、不平等であることを求める」。他者との不平等なくして己の存在は認識されず、その個性は虚無の中に沈められるしかない。また平等は社会を均一化し創造的人間を排斥するため、創造的行為そのものが社会の中から失せ、文明を退化させることとなる。平等は本質的に宇宙秩序に反するものであり、人間人格の存在そのものを否定するものともいえる。ベルジャーエフは、自由を全てに先立たせ、万物の礎に据える。人間の精神は自由な意志を持つからこそ、神性にしたがって自身を神へ帰らせることもでき、反対に人間内部に巣くう悪にしたがって罪へ赴くこともできる。そして自ら自由に選択する力を行使するからこそ、人には責任も生じる。その結果、善を選んだ者は善へ、悪を選んだ者は悪へ帰ることとなり、神性への道も見出せる。選択される対象が自由に受け入れられ、獲得されるという事実があってはじめて、精神的、宗教的、倫理的生命（人間）に、独創性や神性の素質が付与されることになる。

人間がこの現実世界に対し自己の自由を主張しうるというのは、まったく創造的な行為である。人は、外部においては創造的にこの世界の現実に対決することができ、同時に内部においては、自己の人格を自ら創造することができる。それはこの世界の現実的限界を越えること、現時点での自己を越えることであり、あらゆる必然的な被決定性の克服でもある。自由を行使するその瞬間、人間はある種の創造主となる。

ベルジャーエフの自由は神々しい。ペシミスティックな雰囲気をどこかしら漂わせながらも、それは燦然と輝いている。自由には無底の闇がある。だが、ベルジャーエフはその深淵を覗きつつも、何と揺るぎなく堂々と凝立していることか。

V
ソヴィエト政権の逡巡そして亡命社会の成立
1921—1927

パーヴェル・ノヴゴロツェフ
聖なるものの復興
1923

解題†パーヴェル・ノヴゴロツェフの生涯と法思想……渡辺圭

1923

聖なるものの復興

パーヴェル・ノヴゴロツェフ

誌上で発表されたのは作者の死後の一九二六年（『道』誌、一九二六、第四号、五四〜七一頁）だが、原稿には一九二三年六月一五日、プラハ、との日付が記されている。おそらく、一九二二年二月に設立され、作者が初代議長をつとめたプラハの「V・ソロヴィヨフ名称宗教・哲学協会」で青年に向けてなされた講演の草稿と推定される。

I．民主主義理念の衰退

私たちの体験している時代が、否応なく断乎と、新しい言葉を求めているのは疑うべくもないだろう。つい最近まで偉大で決定的なものと思われていた政治的信念は、明らかに色あせ、輝きを失ってしまった。その信念に固執しつづけているのは、抽象的なものによって生きる習慣を墨守し、ますます実生活に無縁になってきている政治的守旧派の小グループだけである。

以前のいろいろな党の活動家の非常に多くが、将来のロシアにとっての有用な働き手を保持し準備するのに手を貸そうと心血を注いでは、直接的で実践的な活動へと全面的に移った。目の前に完全に明確で現実的な目的を有するこの文化的な活動は、少数の人々と、そうでなくとも転向した人以外には、その根気強さにもかかわらず誰をも威嚇せず転向させられなかった言葉づらだけの政治的訓練に比べれば、限りなく高度なものである。そして、政治的フレーズから文化的事業へのこのような出立もまた、一定の新しい綱領であるのは疑いもない。しかしながら、この実践的な綱領は、未来のロシアへの精神的な道筋を示す新たな起点をつくりだす基盤を与えてはくれない。一方、さまざまな方面から、「どのような言葉が今必要で有効なのか」を定義する必要性が語られ、V・D・ナボコフ[1]の忘れがたき表現によれば、現代の限りなく苦しい状況のもとで、「心と良心のどのような琴線に触れるべきか」を明らかにすることが必要不可欠だと感じられているのである。

いつものように、若者たちのあいだに、新しい道の探求が特別な緊張を伴って現われてきている。より文化的な条件下にロシアの若い人たちが生きることが可能な所であればどこでも、張りつめた思想活動が行なわれており、また過去に、すなわちあらゆる希望が崩壊したその前代未聞の時代に経験されたことを理解して、かくも未知で不可解な秘められた未来に対する自分たちの態度を確定したいとの執拗な願望が見てとれる。つい最近まで最良の希望が結びついていた基盤の不十分さが特に強く感じられるような場での、この若者たちの思想活動は、何よりも興味深く重要なことである。

ノルデ男爵[2]がナボコフに関するその論文の中で正しく指摘しているように、少し前まではロシア社会の圧倒的多数の人々が、「民主政治を打ちたてる試み」に自分を結びつけていた。そしてこの試みは崩壊の憂き目にあった。ロシア自体がひどく衰退している状況下で、ロシアの民主主義理念の崩壊が真の民主主義の完全な勝利への回り道にすぎないなどと考えるためには、何か特殊なセンスをもたねばなるまい。この衰退と崩壊の推移を胸を痛めつつ見守っている人々にとっては、そのような幻想は不可能である。彼らにとって明白なのは、生活に対する何か新しいアプローチ、現実に対する何らかの新たなる態度が必要だということである。これはまさに、亡くなる三日前に次の旨をしたためたときに、ナボコフが考えていたことである。「どこへ、何に呼びかけるべきなのか？ …我々にとってかつては——それほど遠くない以前には——『民主主義』というのは意義と価値に満ち満ちた偉大な言葉であったではないか。もしそれが衰退したというのであれば、——どんな言葉や理想がそれにとって替わるというのか？」。

民主主義理念が衰退したというこの感覚、生活にも、ロシアにも、私たちの課題にも、何らかのまったく新しい感触が必要だという明瞭で生き生きとした意識が土台となって、現在、古い信仰と見解の再検討がなされている。その際に生じる思考の動きはきわめて単純で反駁の余地がない。それは次のようである。もし民主主義理念がつねにどこででも真の創造的な力を有するものだとすれば、それはロシアを崩壊と隷属へではなく、偉大さと自由へと導いたことだろう。もし民主主義理念がこの力を示さなかったとすれば、それはすなわち、次の二つに一つだ。当の状況下ではその民主主義理念が不十分であったのか、あるいはそれを実現する力がなかったのか。革命初期に、ロシア社会がそのもっとも優秀でこよなく能力ある人々として抜擢した者たちが、民主政治を護ろうと起ち上がった。これらの人々は、ロシアにとって最良の日の夜明けが始まっているとの固い信念を抱いて、自分たちの課題に取り組んだ。もし彼らの努力が実際は無駄だったとすれば、もし期待していた偉大さの代わりに、ロシアが結局は滅亡のきわに辿り着いたとすれば、明らかに、彼らは何かもっとも重要で基本的な点で間違いを犯したのである。

Ⅱ．「革命の達成」の結果

周知の通り、二月二七日の前夜に統治体制の変更を目指していた人々は、宮廷革命の準備をしていた。実際に起こったのは軍部の蜂起であり、それは長期にわたる統制不能な革命となった。しかしこういった革命のことごとくは同時に、分裂、絆の切断でもあり、義務に抗する激情ならびに全体に逆らう部分の反乱、国家と国民の崩壊でもある。一九一七年革命のこうした性格は、非常に早くから臨時政府にも完全に明確に自覚されており、それは一九一七年四月二六日付の住民へ向けた臨時政府の声明から見てとれる。この声明に私たちが見るのは明白な自白である。それは、臨時政府の革命の推移に対する見方と国家統治体制に関する考え方の貴重な証言として、永遠に残るであろう。

「偉大な民衆運動によって召命された臨時政府は、自らを民衆の意思の執行者にして保護者とみなしている。国家統治の基礎に臨時政府が見てとるのは暴力と強制ではなく、市民自身によって創られた権力に対する自由な市民の自発的な服従である。臨時政府はその支えを物理的な力にではなく、精神的な力に求めている。権力を手にしたそのときから、臨時政府は一度たりともこの原理から外れてはいない。民衆の血の一滴たりとも臨時政府のために流されてはいないし、特定の思潮のために臨時政府によって強制的な障害が設けられたこともない。遺憾なことに、そして自由にとってきわめて危険なことに、国家を確たるものとする新しい社会関係の助長が、旧来の国家体制の破綻により惹起された瓦解の進行のゆえに立ち遅れている。…このような状況下では、旧来の強制的な統治手法、ならびに権力の威信高揚のために用いられる外面的人工的な手段を拒否するに際し、臨時政府が立ち向かう羽目になった課題の困難さは克しがたいものとなる恐れがある。特定の集団や住民層の要望や懇請を略奪的な勝手な方法で実現しようとの制御のきかぬ志向が、自覚性が薄く組織化されていない住民層に移るにしたがって、市民の内的団結と規律を破壊する恐れがある。またそれは、一面では被抑圧者のあいだに新階層への憤怒と敵意の種を播く強制的法令にとって好都合な土壌を、他面では全体を犠牲にして市民の義務の遂行からの逸脱へと向かう私人の志向と利害の伸長にとって都合のよい土壌を養成する恐れがある」。

上の引用文でなされた以上に革命の破壊的な力をはっきりと提示することは難しい。破壊のこのプロセスに対置すべきものを、臨時政府は自分の側からは、自由の最終的な勝利と道徳の力へのその信仰を除いては、何も考慮していなかった。自らの統治の基盤に彼らが見てとったのは、「市民自身によって創られた権力に対する自由な市民の自発的な服従」であった。臨時政府は、「旧来の強制的な統治手法」を適用することを望まず、「暴力と強制」を欲しなかった。手短に言えば、国家と法の必然的手段を望まなかったのである。ナボコフがその回想録の中で臨時政府について的確に指摘したように、このイデオロギーは「無政府主義のイデオロギーにきわめて近かった」。ここで国家統治の規範とみなされていた自由のシステムのうちには、国家、権力そして法の理念が本質的に欠落していた。革命は自然発生的な力の専横のなすがままになり、後日その専横に対し「下からの立法」という装飾的名称が編み出された。極力旧来の権力に似ないようにしようという志向のなかで、臨時政府は権力であることを完全にやめてしまった。それは民主主義というよりは、合法的アナーキズムであった。

理念と現実のこのような結合において、「革命の達成」という有名なスローガンが作用してきたのである。そのスローガンを革命の当事者や崇拝者たちはつねに約束してきたし、今日にいたるまで約束しつづけている。四月二六日付の臨時政府の声明の中では、この革命の達成のプロセスが、「特定の集団や住民層の要望や懇請を略奪的な勝手な方法で実現しようとの制御のきかぬ志向」という真の名前で呼ばれたのである。そして、農民の、労働者の、諸民族出身者の、あらゆる職能集団、職能階級の、あらゆる民族集団、民族階層の、これらのすべての革命達成は、古い束縛を廃止し新しい法律を確立するだけでなく、国家に共通の一体性を破壊するという性格を帯びていた。すなわち、有史以来のロシアがおのずから示してきたあの統一体に対して提示され実現された革命の達成は、この統一体を崩壊と死へと導かざるをえなかったのである。この統一体を尊重しない人々、自分には革命が全てでロシアなどどうでも良いという人々、自分にとってロシアは世界的な火災を起こすための薪にすぎないという人々、これらの人々は、終始一貫して革命の達成過程を継続するように主張し、当時称せられていたごとく、たゆまぬ「革命の深化」を要求していた。ロシアを愛していたけれども、ロシアで実現された個々の人間や集団の自由と革命達成の成就の上にのみもっぱら国の安寧を築こうと考えていた人々、彼らは、統一体のいとなみの共通なる一体性に欠かすことのできない結合と連帯の力を理解せぬまま、意図せずに意に反してではあるが、疑いもなく必然的にロシアの破壊行為に協力しそれを黙認していた。自分ではこのことを自覚せずに、彼らは自分の愛国心とロシアへの愛を、インターナショナルと社会革命への奉仕へと譲り渡していた。そして最後に、革命の深化が奈落へ向かっての疾走であることに気づいていた人は、そもそもの初めから革命の阻止を願っていたが、しかし何かを成し遂げるには無力であった。

自然力に委ねられた制御のきかない革命はすべて、おのが自然の行程を有している。すなわち革命は、救いをもたらす復興がはじまるより以前に、自身の道を最後まで貫徹せざるをえない。ロシアの現実の状況下では、このことはさらにいっそう必然的であった。というのは、革命で指導的な役割を担ったのは、自然の力に抵抗できるだろう人々ではなく、その自然の力に従属してきた人々であったからだ。全ては自由の手に委ねられねばならず、全てはおのずからできあがると考えていた人々が先頭に立った。革命が十分に達成されたと考え、そしてこれらの達成は拡大ではなく強化されねばならぬと思っていた人々が、革命の停止を要求すると、革命の達成の規模は上からではなく下から決定されなければならないとの反駁を受けた。I・A・イリーンの近年のきわめて巧みな表現によれば、「革命の達成」というスローガンは、「革命的放恣」とのスローガンをもはらんでいる。これらの達成の道に立っている人は、ここから生じてくる全ての結果をも目にせざるをえない。

すでに革命の最初の数ヶ月に、指導的な立場にあった人々や、ロシアに対する自分の責任を感じずにはいられなかった人々は、革命の課題を実行しながら、「国際的な責務の遵守」、「ロシアの尊厳の権利と切実な利権の保護」、「政府の権威の確立と政府の権力の強化」をもまた念頭に置かねばならないことを理解していた。しかし、これらの言葉を語った人は、どのようにこれらを生きた現実のものとなすべきかをまったく知らなかった。一方、革命を最後まで押し進めることを望んだ人々や、「下からの立法」に全てを委ねることを望んだ人々にとって、これは何の意味ももたない空言であった。このようにロシアは、「革命の達成」の旗印の下に、抑えがたい力をもってボリシェヴィズムの勝利へと転げ落ちていった。リヴォフ公[3]とケレンスキーとレーニンは、お互いに不可分に結びついている。ケレンスキーがレーニンの罪に対して責任があるのと同様に、リヴォフ公はケレンスキーの罪に対して責任がある。もし革命権力を次々と主導したこれら三人の革命活動家を、内戦や内訌《ないこう》といった悪の原理に対する彼らの関わり方の特徴に基づいて比較するとすれば、この関わり方は次のような様相で示すことができる。国家統治システムとしてリヴォフ公が用いた、悪に対する無邪気な無抵抗のシステムは、ケレンスキーにあって「革命のおとぎ話」や国家福祉に関するフレーズで隠蔽された、悪に対する黙認のシステムに変化したが、レーニンにおいては容赦ない階級闘争や統治者の意にそわぬ全ての者の根絶という形であらわになった、悪への公然たる奉仕のシステムへと変質した。前述の三人は、全員それぞれのユートピア的夢想を持ち、歴史は全員を同じようにあしらった。歴史は彼らの夢想を無に帰し、その夢想から盲目的な自然力の玩弄物をつくりあげた。いちばん大衆の本能と激情に訴えた人が、いちばん堅固に大衆を支配した。全般的なアナーキーの状況下では、権力と専制への道は、何にもまして最悪のデマゴギーに向かって開かれている。この結果として、リヴォフ公とケレンスキーの合法的なアナーキーは、自然の必然として、レーニンのデマゴギー的な専制に場を譲った。

偉大でもあり輝かしくもある運動が一定の時期を経て開花した後で、生活の因循姑息と人間の弱さの影響を受けて歪み退化してゆく場合が歴史上にはままある。ロシア革命の特徴は、その衰退と歪曲が革命の発生の初っ端から始まっていた点にある。V・D・ナボコフの回想録には、事件の渦中にあり、そして革命がその発端から、それが行き着いたその終局へと運命づけられていたということを、革命の終わりがその始まりによって予め定められていたということを、明確に感じとっていた同時代人の貴重な証言が永遠に保存されている。ナボコフの言葉を借りれば、注意深く客観的な見方によって、『無血革命』のまさに最初の日々に、来たるべき崩壊の兆しが見出せるのである」。

相もかわらず何一つ習得せず、頑なままである人々は、今日にいたるまで「革命の達成」についてくり返し語りつづけている。しかし、苦しみつづけ、死に至る苦悩の中で衰弱しているロシアを目の前にして、破滅の極みへとロシアを導いた革命が、達成でも勝利でも道徳的理念の凱歌でもなく、罰、苦痛、悲劇であるということを、はっきりと決然と認めるべき時期がついに来たのではなかろうか。私は革命の原因が過去の中に無かったと断じたくはないし、当の状況下で革命が不可避であったか否かをここで判断するつもりもない。もし革命が避けがたいものであったのならば、まさにそれは苦痛、罰、贖罪としてであったとだけ主張しておく。そして明らかに、ひきつづき再生が起こらなくてはならないのは、「革命の達成」の旗の下ではなく、ロシアの民衆に新しい道を指し示す何らかの新しい旗の下であるのだ。

Ⅲ．ナロードニキ主義の崩壊

革命で高位に登用された人々の見解の中で決定的な意味をもっていたのは、彼らの民衆に対する信仰、「民衆の理性と堅固な意志」への信仰であった。彼らは確信していた。古い道から解放された民衆は、自らの聡明さを存分に発揮し、愛国心と勇気と正義の奇跡をあらわに示すであろうと。彼らは信じていた。「ロシア民衆の精神はまさにその本性上、世界的民主主義的精神であった」、「ロシア民衆の精神は、世界中の民主主義と合流するにとどまらず、その先頭に立ち、自由、平等、博愛の偉大な原理にのっとった人類の発展の道をたどって民主主義を導いてゆく用意がある」と。実際には、ロシア革命の結果、ロシアは、世界中の民主主義と合流せず、その先頭に立たなかったどころか、それとは逆に、独裁的で専制的、同時に破壊的な統治システムとして、自らを民主主義に対峙させたのであった。飢餓、病気、荒廃、死の光景を身をもって示しながら、昨今の身の毛もよだつような日々にロシアは、チャアダーエフの苦い予感を正当と認めるのである。「我々はまるで、人類に何らかの大いなる教訓を与えるために生きているかのようだ」。

民主主義を、法秩序と自由な生活の堅固さと連結している組織化された民衆自治と解するのなら、この意味では民主主義は、リヴォフ公とケレンスキーが統治した革命初期にも、その後のソヴィエト政権下の発展期にも存在しなかった。最初は衷心から民主政権を目指したのだが、無政府状態にしか行きつかなかった。その後ボリシェヴィキが到来し、彼らの苛烈な権力を確立したとき、民主政治の理念は却下され、それが在るべき場所に、いわゆるプロレタリアート独裁が打ちたてられ、実際にはそれは、デマゴギーと虐政により党をも民衆をも支配している党指導者の寡占的支配に帰着したのである。ロシア革命におけるこの民主政治理念の破綻は、かつて、「民衆にいまだ何一つ与えなかったのに、民衆を通じて『全て』を創り出そうとしたあらゆる民主主義綱領の見直し」という完全に根拠のあるP・N・ミリュコフ[4]の要求を呼び起こした。革命時に、ロシアの国民大衆が「無自覚で暗愚である」と判っただけでなく、民主政権の組織化の使命を帯びている文化的な力もまた、自らの政治的未熟さと権力や統治に対するその無能ぶりを露呈したのである。

国家における自由は、権力によって護られている法秩序を基盤に打ちたてられる。政治的自由と法ならびに権力の堅固さとの有機的結びつきに関するこの思想を、かつてチチェーリン[5]は、ロシア人の意識に植えつけようと虚しくも試みた。ロシア・インテリゲンツィアの政治的世界観は、チチェーリンの国家的リベラリズムの影響下にではなく、バクーニンの民族的無政府主義の影響のもとに形成された。ここでは、権力と国家の歴史的課題への敬意ではなく、革命の建設的な力と国民大衆の創造活動への信仰が、ものごとを決定する原理となった。ひたすら古い権力と古い秩序を弱体化させ破壊せねばならぬ、その後、すべてがおのずから創造される――バクーニンのこのアナーキー的信念を、私たちはリヴォフ公とケレンスキーにひとしく認めるのである。もちろんこのような見解に基づいては、民主政権をも統治をも組織だてることはできなかった。もし臨時政府自身の証言通り、臨時政府の統治下で「新しい社会関係の助長が瓦解の進行のゆえに立ち遅れはじめた」のであれば、もし国家が瓦解しはじめたのであれば、それは、制御の効かない遠心力の或る作用のためではなく、権力の無為のせいなのだ。ただ古い権力を打倒することに価値があり、そして民衆が自らの完全さを顕わして普遍的幸福という理想を実現するだろうということを信じていた、センチメンタルでロマンチックなナロードニキ主義は、この無力なまぼろしの権力の中で苛酷きわまりない敗北を喫した。

まだ四月の末に、とある重苦しい寝覚めの瞬間、ケレンスキーはほろ苦い思いで、「暴動を起こした奴隷の国家が果たして自由ロシア国家なのか?」と問わざるをえず、また、「…後にも先にも一度だけロシアに新しい生命が燃えたったという夢想、我々が、鞭や棒を使わずに互いに尊敬し合い、過去の専制君主たちとは違うふうに国家を統治できるという大いなる夢を抱いていた」二ヵ月前に自分が死ななかったことに後悔の念を表わさざるをえなかった。その場合でもケレンスキーは、問題が鞭や棒にあるのではなく、国家は国家であるということが、そのもとでのみ国家のいとなみがなされる共通の条件からロシアが排除されないことが肝心なのだという点を理解していなかった。民衆の新しい指導者たちは、古い統治方式からだけではなく、この共通の条件からも、ロシアの民衆を解放しようと望んだのである。そしてここで彼らは完全な破綻に遭遇した。

ロシアを民主主義の前線部隊にではなく、「世界反乱の前線部隊」にすることを欲した者たちが、彼らにとって替わった。革命のこの新しい段階で、前夜までかくも熱烈な信仰をもって民衆から古い鎖を外していた人たちこそが、もっとも厳しい迫害を受けた。革命の新しい深化が、彼らに迫害と処罰をもたらしたのである。「革命の達成」を護持したナロードニキの赫灼たる希望の悲劇的終焉とはこのようなものであった。彼らと一緒に、民衆への信仰、彼らの自然力の自由で自然な発現の成就と不易の真実に対するロマンチックな信仰も崩壊した。これは、上述したように、センチメンタルでロマンチックな、同時に実証的で唯物的な信仰であった。この信仰は民衆を、まさにその自然的で直截的な定義において受け容れていた。その信仰には、あらゆる魂と同様に、民衆の魂にはその最良の部分と最悪の部分が存在し、そのため民衆からヒロイズムと叡智の高揚も、「無意味で仮借ない叛乱《ブント》」も発生するとの認識が欠けていた。ロシアのナロードニキは、民衆の魂のこの最悪の部分の力を見過ごしてしまった。ここに彼らの深い過ちと大きな悲劇があった。

ロシア人の意識には、ドストエフスキーにあってきわめて鮮烈な表現を見出したところの、民衆への別の信仰も見うけられる。この信仰は、宗教的神秘的であると同時に、現実的でもある。ここでは民衆は、崇拝の対象ではなく、ただ民衆精神の発露の媒体なのである。その自然性と直截性において、民衆それ自体は悪しくも善くもなりうるのだから、崇拝すべきは民衆ではなく、彼らの理想や聖物なのだ。「民衆は、毎日罪を犯し、忌まわしいふるまいをしている。しかし、最良の瞬間、キリストの瞬間には、彼らは決して真実を見間違うことはない。まさに重要なもの、それは、民衆が自らの真実として信じているもの、彼らが思い描いているとおりにそこに真実を見てとっているところのもの、自分たちの最良の願望として立てているもの、深く愛し、神に冀《こいねが》い、それについて祈りつつ涙しているものなのだ。ああ、民衆の理想はキリストなのだ」。このようにドストエフスキーは語る。

この視点に立つ者にとっては、現在でも、起こったいっさいのことの後でも、ロシアの大地は「聖なる、神を担える」大地、「兄弟の血によって呪われ辱められはしたが、ロシアの聖物を守っている」大地であるのだ。「ロシアの帝国は八つ裂きにされた。しかし、その不織のキトーンは破れてはいない」原註一。この見解にとっては、起こったこと全てが、いささかも意外でも不可解でもない。そもそも以前通りに「民衆の理想はキリスト」との固い信仰が残っており、ロシア革命で生じたことは、ドストエフスキーが抱いていた思想、すなわち「おのれの罪や弱さによって」民衆が自らの真の理想を忘れたとき、「たちまち死の影の闇に蹲る獣になる」という思想を確認しているにすぎない。この現実的な見解にとっては、現在のいっさいが、私たちの過去の全てと同様に、次のことを証明しているのだ。すなわちロシア民衆の心の中には、自由への思慕も、神への思慕も共存していると。自由への思慕は、ときとして、すべての絆を断ち切り、神の法をも人間の法をも引き裂き、あらゆる度量を超え、取り決められた境界をも自然の境界をも踏み越える。そのとき、ロシア人は荒れ狂う狂乱の道、叛乱、動乱、アナーキーの道へと惹きつけられてゆく。そのとき、彼らの前には、かけがえのない聖なるいっさいのものから引き離されたことの深淵と空虚が広がる。しかしながらここでこそ、彼らのうちに、果てしのない、永遠なる、だがもはや否定的ではなく肯定的なるものへと彼らを惹きつける、別の崇高な思慕、すなわち神への思慕が芽生えてくるのである。

われらは良心という病に罹っている。
心の中のすべての襞には聖セラフィム、
いつもの宿酔と渇きに身を任せた者が
いつもの自由に苛まれている。[6]

そして、すべての神の法と人間の法から引き離されたことの同じ結果として、あまねき破綻のあらゆる嵐と恐怖の後で、民衆の中に権力への思慕と秩序への渇望、整然とした穏やかな生活への渇望が芽生えてくる。

革命の道へと踏み入り、自由への渇望の奔放な発露の道へと踏み込んだロシアの民衆は、不可避な法則性をもって、ボリシェヴィズムへと転落せざるをえなかった。なぜならば、二〇世紀ロシアの動乱《スムータ》が、どんなに新しい共産主義のスローガンによって覆われていたとしても、そのもっとも先鋭なる現われかたは、一七世紀の動乱と同じように、「上へと突進して、上層部の人々をそこから突き落とそうという下層社会の志向」原註二だったからである。そして、当時も今も、社会秩序の破壊の先鋒は上層社会に属していた。ただ一つの違いは、今回は下層社会が、上層社会の企ての先を越して、「革命政府の下からの立法」の道へと上層の人々を曳きずっていったことである。同時に彼らは、最初から上層社会の愛国的スローガンをも放棄し、ついで大衆の粗野な本能と荒れ狂う盲目的な激情に全てを委ねた公然たるデマゴーグたちの権力に身を任せて、彼ら自身をも下へ投げ落としたのである。こうして、ルーシは奈落へと堕ちた。

よこしまなそそのかしに屈して
強盗と泥棒に身をゆだねて
屋敷と麦畑を燃やして
古き住処を破壊した。
乞食になりはて、卑しめられて
そして、最後の奴隷の奴隷となった。[7]

Ⅳ・革命の心理を拒否する必要性

革命のプロセスの結果について論じながら、A・V・カルタショーフ[8]はきわめて正当に、「アナーキーと動乱の混沌のうちにも、肯定的な現象と原理がありうる」と指摘している。「何かがすでに沈下してゆき、揺すぶられて嵩が減ってきている。…しかしプロセスに情熱的に利害絡みで参加し、それを実見している者たちには、何がアナーキーな夜の悪夢の幻か、何が夜明け前の薄明のうつろいやすい影か、何が明日の光のもとで確固たる現実として明らかになるのかを厳密に識別することはできない。ひとつ疑いないことは、政治体制と社会制度の古い組織が根こそぎ破壊されたということだ。それを機械的に復興しくり返すのは不可能だ。だが直接の復古が不可能だとすれば、そのことはつまり、結局のところ何らかの無計画な制御のきかない革命が起こったということだ。したがって、革命の成果、すなわちその歴史的「達成」も、時間とともに明らかになるだろう。それらの成果は、そのために支払われた慄然たるゴルゴダの値を凌駕しているのだろうか？　いずれにせよ、民族的喪失と損失のまだ支払い終えられていない帳尻のもとで、勝利の凱旋式を性急に祝うような、非人間的な冷酷さを身につけられるのは、私たち、同時代人、血の洪水と底なしの道徳的恐怖の犠牲者ではない」。

革命の勝利を祝い、それを総括するような話を今はすべきではない。荒廃し年々ますます野蛮化しているわが祖国をまのあたりにしては、こういったことはもっぱら健全な意味をも道徳感情をも歪めることにしかならないだろう。革命の「達成」の道は行き着くところまで行き着いて、今やもう一つの道――「ロシア国土の結集とロシア国家の復興」が控えているということを、決然と認める必要がある。

ロシアのいろいろな民主主義政党がはるか以前に自分たちの綱領を書いていたおりには、それらの党はロシアを自由無き国から自由の国へとなしとげることを目的としていた。いまや全てのロシア人の前には、私たちの祖国を瀕死の状態から生へと帰還させるという、はるかに困難で焦眉の急の課題が立ちはだかっている。そしてこの新しい課題のためには、完全に新しい精神が必要であるし、政治意識を根本的に転換させ、母なる祖国に対する私たちの態度を断乎変化させなくてはならない。「革命の達成」の旗印の下に祖国の復興へと向かうこと、革命的階級的欲望の精神で祖国の救済と結集のために奔走すること――このことは、いかなる恐ろしい時代に私たちが生きており、いかなる大きな責任が私たちにのしかかっているのかを、理解しておらず、感じてもいないということを意味する。ロシアの再建は、民族のあまねき統一の苦行と昂揚によってしか可能でないし、聖なるもので至高の原理に固定された精神、全体に対する責任意識によってしか実現しえない。このとき階級分化と革命的要求の精神は、沈黙し立ち竦まざるをえないだろう。世界観、志、精神生活の構造が、まるごと根本的に変えられなければならない。

未来を垣間見つつ、あれやこれやの政治的要求が将来のロシアで必ず実現されねばならない――例えば農民の土地所有や政治的自由が保障されねばならないと主張されている今日にあって、それに対して私たちは次のように言おう。その所有権もその自由ももちろんロシアには必要であり、そして必要であるならばそれらは生活に根ざすであろう。しかしそれらが根ざすためにまず何よりも必要なのは、おとしめられ大の字になって倒れているロシアが引き起こされ、生へと呼び寄せられるようにすることである。ロシアの民衆が、コミュニズムの狂気からも、革命の続行の新たな経験からも死に絶えないようにすることが必要なのだ。まさにこれが、現在すべての者の眼前に立ちはだかっている最重要の課題である。その際には、ロシア救済のこの偉大な事業を遂行するのは誰なのかという問題は、完全に二義的でしかない。ロシアで肉体的精神的に死んでゆくのではなく、再び生き返り呼吸できるようにすることに成功する人々は、待望久しい、民衆に選ばれし人々であるだろう。これら未来のロシアの救済者たちに義務づけられた党の綱領や規約を今あれこれとあげつらうことは、政治面での先見性も愛国心も不足していることを暴露するにほかならない。ソヴィエト政権に確固ととって替わるだろう人々は明らかに、あらゆる党の規約や綱領を不要な襤褸として廃棄できるほど十分に強靭であろう。だからこそ、現在、私たちが経験したいっさいのことの後で、ロシアへの奉仕の祭壇に革命の心理や党の教条主義の残滓を捧げることは、きわめて場違いなのである。ロシアを救済する使命を帯びた政権がいかなる立憲政体を採用するかを、今になってもまだ定めようと試みている者たちは、環境や状況に対する深刻な無理解を露呈している。その時々に、民衆の願望や必要に合致するものが政治形態となるであろう。

荒廃しきわめて貧しく、半ば死にかけている国にあって、自らの物質的文化的蓄積を保持してきた西欧諸国家の複雑な機構を夢見るのは不可能だろう。ロシア人は、より簡単で、ロシアの荒廃状況によりふさわしい機構を考え出さねばならない。古い党の綱領と論争の上に自らの思想を育み、依然として「革命の達成」を夢見ている政治家たちの知恵は、そこでは役に立たないだろう。古い見解と感覚を固持する人々、頑迷なインテリゲンツィアや教条主義者、彼らは過去に属している。私たちから新しい思想と新しい感覚を要求するであろう未来に向かって、私たちこそが準備をなす必要があるのだ。

V．宗教と民族の力が目覚める必要性

クリュチェフスキイ[9]の講話の、動乱時代のすばらしい描写を読み返し、例によって当時と現在との多くの類似点を見つけるその都度、私は、われらが偉大な歴史家の次の言葉に格別の注意をもって目を止める。「一六一一年の終わりにモスクワ国家は目に見えて、完全に崩壊の様相を呈していた…国家は何か形のない、混乱した連合へと変貌していた。しかし政治権力が失墜した一六一一年の末から、滅亡しつつあった祖国を救うべく、宗教と民族の力が目覚めはじめるのである」。

私はこの言葉に、過去に関わる見事な歴史の総括だけではなく、将来にとって重要な、やはりすばらしい予言をも見る。「政治権力が失墜した」が、「宗教と民族の力」が、滅亡しつつあったルーシを救った——これはいったい何を意味しているのか？　動乱の進行過程が、この問いへの明解な答えを与えてくれる。「社会の全階級が自分たちの『別個の要求と志向』を携えて立ち上がった」ことに緒を発し、下層社会が上層階級の根絶を目指し、上へと突進したのである。モスクワを占拠したポーランド人によって、彼らに抵抗する最初の試み、第一次国民義勇軍の形をとったロシア人統一の最初の試みが惹き起こされたときには、社会的政治的矛盾が、この軍勢を分裂させ無力化した。個々の政治集団が自分たち固有の政治的利害のために結託していたうちは、その結託は強固ではなく、それらの集団は相互の争いの中で力を失っていった。そしてこのうえなく重苦しい新たな苦難が、それぞれの別個の利害を共通の国民的利害のために忘れさせたそのときに、分裂した政治集団が信仰と国家の救済へ向けて蹶起した単一の政治的軍勢と化したそのときに、はじめてロシアは救われたのである。

そこで期せずして脳裏をよぎるのは、より高名にしてセンセーショナルな、別の時代の別の記憶である。すなわちフランスが天才ボナパルトの指導下に一八世紀の革命から抜け出したおり、そのスローガンはこうであった。「いかなる派閥もない！（当時、党は派閥と呼ばれていた）国家がまず第一である！」革命期の衝撃と争いに疲弊したフランスは、

このスローガンのもと、ナポレオンによって鎮められ、平穏を取り戻したのである。

わが国と外国のこの二つの事例以上に、民衆の力の結集と再興の象徴、国家統一の象徴としての民族原理がもつ意味を如実に示している例はない。逆らいがたい奔流の中で全ての革命が瓦解へ、国家と国民の崩壊へ帰するとしたら、復興や再生という逆のプロセスは、民衆の力の結集からはじまる。そしてもし、往々にして統一をアピールする高尚なスローガンにはじまる革命の中で、ひきつづき私的で遠心的、破壊的な志向が勝利を占めるのであれば、この破壊にピリオドがうたれるのはすなわち、混沌と動乱、血と涙によって疲弊した民衆の中で、自分たちに共通の苦しみと貧しさの意識が鍛え磨かれてれてゆくときである。その時にこそ、民族感情、共通の結びつきの意識が育ってゆくのであり、それを除いては国家を救済する道はないのである。

現在でもロシアは、多大な犠牲や、筆舌に尽くしがたい苦痛を支払うことで、自身の民族意識を購《あがな》っている。苦しい茨の道を通って、私たちは、ロシアとロシアの文化が、党や政治綱領より高度であるとの確信に至りつつある。とりわけ、若い人々、より繊細で鋭敏な人々のあいだに、民族意識が破竹の勢いで育ち、自分のものや近しきものに対する自然な愛着が強まり、母国や祖国への情熱的な感情があらわれ、忘れ去られた言葉や情念が確実に実地で使用されてきている。そこではインターナショナリズムに対してのみならず、あらゆる種類やニュアンスのアンチ・ナショナリズムやポスト・ナショナリズムに対して異議が申し立てられている。「子供たち」は、「父たち」の抽象的なコスモポリタニズム、その偏狭な党派性、その階級的ナロードニキ主義的雰囲気を、断乎として拒絶している。時代の真の精神、その本質と深さをあらわす熱い意気込みをこめて、彼らは告白している、ロシアの文化が、民族的なもの独自なものであり、自国の歴史的な過去と有機的に結びついているのみならず、この歴史的で民族的な独自性という点で、私たち全員にとって聖なるものでなくてはならず、あらゆる党の教条主義はその前にひれふさなければならないと。

そして民族主義のこのパトスは、党の感情がかくも長いあいだ民族感情を凌駕してきたロシアの意識にとって、きわめて当然であり、また天恵でもある。進歩的な政党の一つもロシアの民族政党と自称する勇気をもたなかった時、このような名称が不埒で恥ずべきものと目されていた時は、そもそもそう遠い昔のことではなかった。私は、民族的なものを過去の遺物とみなす社会主義政党やインターナショナル的政党についてはもはや言を弄さない。自分たちを国家的で超階級的とみなしてきたこれらの政党は、彼らが民族的ではなく、超民族的であるということを、彼らが同等な権利にたって、自分たちの構成内にロシアに居住する全民族の代表を含んでおり、それゆえ民族の特性と区分を超越しているということを、まさにおのれの功として自負してきた。自由主義や人道主義という抽象的な絆によって、自由と平等の原理によって、民主主義や法治国家の原則によって、人々が政党において結束することが、唯一正しく進歩的であると思われてきた。こういった抽象的な原理のほかに、ロシアに生まれ、ロシア文化の揺籃の中でロシア国家の庇護の下に成長した全ての人々が一つになることができ、そうならねばならないのは、何にもましてしっかりと人々を結びつける、より高度なもう一つの原理――すなわちロシア文化とロシア民族への献身によってであるということが、頭に浮かばなかった。これこそが、その理想的な意味においてまさにもっとも高度な、精神的な絆なのである。それは決して個々の居住民集団の民族的文化的特徴の否定を意味するものではない。それら個々の集団の全てを敬い、その文化を発達させはするが、ロシア文化の偉大な宝への尊敬と忠誠を基盤としてそれらを敬い、発達させようではないか。このことは、抑圧ではなく、最高の統一、形式的合法的のみならず精神的な統一と交わりへと与えることなのだ。

現在、ロシアの大地と国家におけるロシア民族とロシア文化の主導権と首位について語るのは、私たちには自然で容易に思える。ところが実際には、つい最近、――「なまなましい伝聞だが、にわかには信じ難い」――政府への公式のアピールにおいて、「ロシア民族」という言葉を「ロシアの諸民族」という言葉に換えるとの提案が真剣に討議された。たしかに現在でも、社会主義的団体ではないのに、「ロシースキー」という純粋に地理的な符号の下に、自分がロシア民族に属していることを恥ずかしげに隠している団体がある。

しかし、民族意識へ回帰すること、ロシアとロシア文化への献身に対する要求をこの言葉の全ての力をもって受け入れるということは、何を意味するのだろうか？ 無論、それは、何よりもまず、ロシアを自分自身の利害や志向、個人ないし集団の、階級ないし党の利害や志向よりも高くに据えるということを意味する。このことは、何よりもまず、全一体としてのロシアを念頭におくということなのである。

動乱時代、自分の利害、自分の土地や家、自分の特権や特典について考えられていたあいだは、万事がばらばらに進行した。ゲルモゲンの呼びかけに応じ、ディオニシイとアヴラミイ[10]が祖国と正教信仰の防衛に起ち上がり、「神の教会」と、当時の言による「至聖生神女の家」を守り抜くための挙にでたとき、ルーシは救われた。

現在も同様に、もし「革命の達成」、もしくは自分たちの土地や家のことが考えられはじめるとしたら、何も始まらないであろう。何よりもまず祖国と信仰を、ロシア国家と正教信仰を救い、「神の教会」と「至聖生神女の家」を守らなくてはならないという深慮に意識がしっかりと定着するとき、そのときはじめてロシアを救う真の民族意識が熟すであろう。

「革命の達成」という旗印は、ロシアを崩壊させるに十分であったが、復興させるには無力である。ロシア再生のためには、別の旗――「聖なるものの復興」が必要である、――そして何よりもまず、現在を過去に、今生きている世代を過ぎ去った世代に、そしてすべての民衆を神に結びつける、民衆の魂の聖なるものの復興が必要である。民衆に負わされた運命として、神から民衆へ与えられた天稟としての、聖なるものの復興が。

ロシア文化を歴史的過去と結びつけるとき、この過去の中に宗教的道徳的再生、民族的再生のための基盤を探すとき、革命のドグマを擁護する者たちはあきれかえるのである。まるでプーシキン、ゴーゴリ、ドストエフスキーが、そのもっとも深い自らのルーツとして、ロシアの民族的天稟のいにしえからの創造性へと飛揚していないかのようだ！　まるでロシア正教の意識が、その足下に過去の永遠の基盤を有していないかのようだ！　永遠の聖なるもの、往古からの絆について語らずして、いかにして革命の崩壊と破綻の後に民族的再生、宗教的道徳的再生のことを語ることができようか？　これらの絆や聖なるものの復興の中にでなければ、その再生はどこにありうるのか？　自らの出自を知ろうとせず、その歴史的な過去を恥じる人々には、このような民族感情が何であり、祖国へのこのような愛が何であるのかが決して解らないであろう。彼らは過去の暗い影を恐れ、その過去の創造的基盤を見ていないのだ。彼らは、唯一の救いたる人類文明の色彩と色合いに祖国を塗り替えようとしたが、祖国の深い基盤を感受してはいないのである。彼らは、現実の真のロシアではなく、ただ彼らの抽象的な観念に応えるかぎりのロシアを愛そうとしているのである。

真の民族感情は、私的で偶然的なもの、党派的で特殊なもの、集団的でセクト的なものをことごとく投げ捨て、共通の結びつきと共通の統一の意識に自分を従わせることだけにもっぱら限定されるものではない。それはまた、おのが民衆の魂、その特別な独自の相貌を感触することでもある。今はかくも威嚇的で嫌悪を催させるが、別の時代には感動的で心和ませもするロシアの相貌は、多くの人には、自国民にも外国人にとっても、躓きの石であり謎である。今日ロシアへの忠誠を保つことは難しい、きわめて難しい。まさに西欧でも私たちのもとでも非常に多くの人々が過去にいったんは魅惑され、そして今は信じずに、「ロシアは滅亡した、当然の報いとして滅びてしまった」と考えている。しかし真の民族感情は魅惑などされえない。それは、母なる祖国の潰瘍と傷に赦しの心でそっと触れ、この傷と潰瘍の後に新しい生命が――固有で自立した、ロシア自らの生命が生まれると信じる。神からロシア人たるべき運命を授けられた私たち全員、幸福なイギリス人とかフランス人になりたいなどと願うだろうか、ロシアを、祖国の苦難の道を、拒絶したいなどと思うだろうか？　もちろん否だ。しかしもしそうなら、もっと先に進まねばならない。わが国の偉大な詩人や思想家たちが教えているように、ロシアの特別な道、その特別な運命、そして貧しいロシアの民衆が背負うものを理解し、ロシアの生きた魂、その使命を見てとろうと志し、そのことで、ロシアに別の物指をあて、善のために、自分固有のものと全人類のために、ロシアが自分の道を行くのを助けるよう努めなくてはならない。

VI・未来を前に

いまロシア人に差し迫っている「聖なるものの復興」というこの課題でとりわけ重要なのは、生活とか風習の何らかの外面的な形態の復活ではなく、魂の復活、宗教的道徳的復活が問題なのだという点を理解することである。新しいロシアを創るためには新しい霊的な力が必要、新しい世界に目覚めて跳ね起きた魂が必要だということを理解せねばならない。

将来ロシア人に求められるのは、破壊しつくされ数世紀前へと投げ棄てられた国で生活し活動するための、英雄的で献身的な努力である。祖国の甚大なる物質的荒廃のなかでばかりか、祖国の文化的基盤、社会基盤、生活習俗の基盤、これらすべての惨憺たる崩壊のただなかでロシア人は生きてゆかねばならない。革命は外面的状況にばかりでなく、人間の魂にも限りなく深い傷痕を残すことだろう。この一面の破壊のなかにあっては、多大な労苦を積んではじめて、苛酷な試練の嵐にも滅ぼされることのなかった新しい生命が芽を吹くであろう。ボリシェヴィズムの腐敗の呼気は、いたる所に崩壊と瓦解の痕跡を残すことだろう。そしてこの恐ろしい闘いのさなかで鍛え上げられた新しい精神は、最大限の労苦を払って、共通なる生活のばらばらになった諸要素を拾い集めるであろう。おぞましくも野蛮な状況下で活動せねばならず、そして死者の骨のただなかで新しい生命がはらまれている果てしない荒野、その荒野を目の前にして、「理性的で善良で永遠なるもの」の種を播く新しい播種者の手は、幾度となく垂れ下ろされることだろう。そのうえ、廃墟の中でロシアの大地に芽生えるだろう新しい芽は、かならずしも善きもの、生を産みだすもの、万人にとっての幸を実らせるものとは限らないだろう。しばしばその芽生えは、周囲の者たちには重苦しく有害な、抑えの効かぬ志向と奔放な成長といった様相を呈するであろう。消滅しなかった自然力の新たな暗い感情がまた幾たび現われることか！　獲得と蓄積という抑えがたい本能を伴う経済復興への強い要求もまた、幾たび重苦しい段階を経ねばならないことか！　この新たな果てしなく困難な状況下で、照らし啓蒙するためには、光と理性の至高の力が要求されよう。前方に救済の出口を見出すためには、信仰に貫かれた意識のこのうえない緊張が要求されよう。

しかし精神の宗教的道徳的啓蒙のうちに今支えを求めるべき、やはりかなり深い他の原因も存在する。今日私たちだけではなく世界中が、法意識の最大の危機を味わっている。そしてこの危機の中でももっとも重要で根本的なのは、すなわち不信仰という危機、宗教から乖離した文化の危機、教会との絆を断った国家の危機、神の法との血のつながりを拒んだ人間の法律の危機である。

まさにこれが、民主主義理念もが衰退した理由である。民主主義理念が全能だという信仰は、ロシア革命におけるその理念の崩壊によってばかりでなく、民主主義理念が近年勝利した国々でのその危機によっても、揺らいでいるではないか。民主政体が何か特別に優れた堅固な形態であるといった古い考え方をする人々はみな、自分たちが志しているプランにおいて、民主主義へのこの希求に拠点を築くことができるといまだに考えている。彼らは民主主義を、全てを包括し汲みつくす公正と自由のシンボル、あらゆる今後の進歩の重要で基本的な条件だとみなしている。ところが一方で、民主主義的原理の適用という広範な実験に基づく現代の科学思想は、他のあらゆる政体と同じく、民主政体が、そこに民衆によって籠められる精神的内容いかんで良くも悪くもなりえ、一定の状況下ではあらゆる公正さを完全に歪曲もしうるという、古典古代からの観察を裏づけている。それどころか、民主政体の現代の発展と状況は、ナボコフが死の直前に書き記したように、まさに民主主義の精神的な衰退を露呈している。

つい最近（一九二二年）、アメリカの作家チャールス・トゥーイングが、この精神的衰退を特徴づけつつ、対話篇『国家』におけるプラトンの古典的描写を、自身では気づかぬままにくり返したことは注目に値する。この「散漫な思想の世紀」——彼の見解では民主主義の世紀がそうである——を描写しつつトゥーイングは、「無政府状態になるのは民主政体のつね」であり、「民主主義の法律は容易に無法となる」と指摘している。「これは、各人が自分は他の者と同じではなく、他の者よりも少しばかり優れていると考えている世界である。その結果あらわれるのは人間のカオスであり…、知的な理想は崩れ去っている。放埒さが支配している。知の放心が、凍てつく極寒のごとくに社会に蔓延している」。偉大なるアメリカ民主政体の市民によるこの苦い意識は、民主政体に対する現代の非常に正確な定義づけによって、さまざまな面から裏づけられている。そしてその定義によると、民主政体は相対主義の体制、あらゆるドグマや考え方に対する寛容と無頓着の体制、このうえなく広く許容し、あらゆる方面に道が開かれている体制なのである。この点に民主政体の長所が認められるが、しかしここにその宿命的な危うさも見ないわけにはいかない。精神的な相対主義と無関心主義のシステムとなることで、民主政体はあらゆる絶対的な基盤を失い、ハスバーフの表現を借りれば、「あたかも空虚な空間」となってゆく。そこでは個々の政治的見解がぶつかりあい、多数派と少数派の相関関係しだいで見解が確立してゆくのである。現代の民主主義国家で生きること、それはすなわち、相対的なものの雰囲気の中で生き、批判と懐疑の空気を呼吸することである。絶対的な精神的基盤が欠如しているところでは、全てが力の闘いに、多数派と少数派の闘いに、そして最後には階級闘争に帰したとしても驚くには値しない。質的な決定が量的な決定に場を譲ることになる。力の闘争と衝突――まさにこれが決定要因となる。もちろん、これは、アナーキー、カオス、「凍てつく極寒」への道である。このプロセスでもっとも恐ろしく宿命的なことは、――人間の魂の荒廃である。

自立的な《アフトノームヌイ》モラルと民主政治の道は、人間の魂における永遠の絆と往古からの聖なるものの崩壊へと行きついた。だからこそ、今私たちは、自立的なモラルに代えて神に立てられた《テオノームヌイ》モラルを、民主主義、民主政体に代えて、聖政体《アギオクラチヤ》、聖なるものの権力を樹立しようではないか。私たちを救うのは、万民を治癒する何らかの政治形態ではなく、恩寵満つる魂の啓蒙なのである。人間の生活の純粋に外面的な整備に向けて国家建設を変更してゆくことではなく、はるか昔のロシアの地の偉大な建設者たちがそのことを信じ、それについて語ったように、国家建設を神の事業にまで高める、まさにこのことが、私たちにとって何よりも必要なのである。

　私たちが新しいロシアの建設について考えるときに、念頭に置かねばならないまったく特殊な状況や状態とは、このようなものである。数多の「消えた灯台」のはざまで、魅力を失い色あせた沢山の価値あるもののあわいで、私たち全員が、精神的な相互の交わりというまったく新しい世界に生きねばならないということを忘れるわけにはゆかない。ロシアでは冷え冷えと住みにくくなるだろう。しかしおそらく、私たちが昔から自らの志向の支えを探し馴染んできたあのヨーロッパでも、もっと冷え冷えと住みにくくなるだろう。痛みに満ちたゴーゴリの叫びが、おそらくロシア人の胸から、新しい力をもってほとばしり出るだろう。「全てが森閑としている、いたるところ墓だ！」

　これらのきわだって辛い状況にあって、自分を失わず、挫けないためには、また道を指示し「心と良心」を指導している人によって疲労困憊させられないためには、まさに自分たち自身が「新しい心と新しい意識」をもった人々となり、周囲の人々の新しい意識の中に支えを見出さねばならない。導く人々と導かれる人々が、もっと以前、「革命の達成」の日々に、「病んだ法意識の自縛と激昂した盲者の痙攣[原註三]」の日々にそうであったままでいるとは想像できない。わが国の民衆をその転落のこよなく深い淵から導き出すのは、何らかの機械的な選挙や外面的な政治形態ではなく、ただ共通の意識の新しい転換だけであると、皆が理解しなくてはならない。肝心なのは、権力がもっとも進歩的な原理の上に必須的に樹立されることではなく、この権力が自身の課題を神の事業とみなし、民衆がその課題を、国務という苦行に向っての神に祝福された課題と受けとることなのだ。革命的要請という本能は沈黙し、共通のもの全体なるものに奉仕する犠牲的心構えの精神が目覚めなくてはならない。苦行と犠牲に向かって覚悟のできている、十字架を担う軍勢が前方に立ち、その背後に、霊かがやき、心きよき、祖国と信仰への愛に奮いたった信仰者たちの共同体《オープシナ》が控えねばならない。全てのものが、自らの有機的基盤としてそこに支えられるような、生活の堅固な精神的軸が形づくられなくてはならない。

ソヴィエト政権の苛酷で殺人的な独裁からより自由で生き生きとした政体への移行をどのように思い描こうとも——この政権の排他的な支配が漸次弱まり、新しい要素による統治へと次第に牽引されてゆく様相で、はたまたソヴィエト政権の突然の転覆という様相で——、ロシア民衆のうちに宗教的で民族的な力が覚醒しないならば、やはり民衆は自分たちの寝床から起き上がらないだろう。ロシアを救うのは政党ではない、永遠に聖なるものの世界に向かって跳ね起きた民衆の精神が、ロシアを甦らせるのだ！

原註

一 S・N・ブルガーコフの言葉

二 一七世紀の動乱時代に関するV・O・クリュチェフスキイの言葉

三 I・A・イリーンの言葉

訳注

1 ウラジーミル・ドミートリエヴィチ・ナボコフ（一八六九～一九二二）。法学者、社会政治評論家。カデットの創始者にして指導者の一人で、党機関紙『言論』の発行編集人。第一国会議員。一九一七年、ノルデ男爵とともにニコライ二世退位宣言の草稿を執筆し、臨時政府を支える。一九一八年一一月より白軍のクリミア地方政府の法務大臣。一九一九年四月にベルリンに亡命し、I・ゲッセンと共に『舵』紙を発行。一九二二年、ミリュコフをかばって当地で暗殺される。小説家ナボコフの父。

2ボリス・エマヌイロヴィチ・ノルデ（一八七〇～一九二六）。ロシアの法律家、社会政治評論家、カデットの中央委員会メンバー。憲法制定会議の選挙法規準備特別評議会の指導者の一人。

3ゲオルギイ・エヴゲニエヴィチ・リヴォフ（一八六一～一九二五）。名門公爵家の生まれ。一八九〇年代にはゼムストヴォの活動に献身し、L・トルストイと交際し彼の活動に協力する。日露戦争開始時にロシア赤十字協会創立を唱道し、満州に赴き前線医療基地建設を指揮する。一九〇六年からは主に社会慈善活動に没頭し、一九〇五年秋よりカデット党員となる。第一国会議員。一九一七年二月革命後臨時政府首相兼内相となる。七月七日退任後はモスクワへ移り、その後オプチナ修道院に籠もる。十月革命後変名でチュメニへ脱出の後、オムスクに身を隠す。一九一八年に亡命してからは「ロシア政治評議会」の組織者の一人となり、亡命者援助のための「職業安定所」組織を創立する。晩年は政治活動から隠退し、パリに居住、貧窮のなか回想録を記す。

4パーヴェル・ニコラエヴィチ・ミリュコフ（一八五九～一九四三）。歴史家、政治家。「カデット」を組織、党機関紙『言論』を編集。第三、四国会議員。第一次世界大戦に際してはツァーリズム政府の無能無策をきびしく批判したが、戦争遂行そのものには賛成。革命後は臨時政府の外相に就任したが、戦争継続を連合国側に約束する覚え書がもとで、ペトログラードに大抗議行動が起り、五月一五日辞任。十月革命後は白衛軍と行動をともにし、二〇年より亡命、ロンドン、パリで政治活動を続けた。

5ボリス・ニコラエヴィチ・チチェーリン（一八二八～一九〇四）。法学者、歴史家、哲学者、ペテルブルグ・アカデミーの名誉会員（一八九三年）、モスクワ大学教授（一八六一～六八年）。西欧型の法治国家を志向した。「国家学派」の一人。

6M・A・ヴォロシンの詩「燃え尽きざる柴」（一九一九）の一節。

7ヴォロシンの詩「聖なるルーシ」（一九一七）の一節。

8アントン・ウラジミロヴィチ・カルタショーフ（一八七五～一九六〇）。神学者、教会史家、哲学者、教会活動家。政治家。ウラル炭鉱夫の家庭に生まれる。ペテルブルグ神学大学卒業。ペテルブルグ宗教・哲学協会に積極的に参加する一方、カデットの熱心な活動家の一人となり、神学大学と決別し政治活動に没頭する。一九一八年末まではベストゥージェフ高等女学校でロシア教会史を講ずる。二月革命後第二次臨時政府の宗務院総監、ケレンスキー内閣の宗教省大臣を勤める。十月革命後逮捕され、三ヶ月の投獄後非合法状態でモスクワに住み、「聖ソフィア兄弟団」を設立。一九一九年年頭フィンランド経由で亡命。一九二〇年からはパリに住み、亡命者の教会・社会活動、政治活動に積極的に参加。一九二五年から六〇年までパリ正教神学院の教授。死の前年に五〇年以上にわたる彼の研究の集大成『ロシア教会史概論』全二巻を出版する。

9 ヴァシーリイ・オシポヴィチ・クリュチェフスキイ（一八四一～一九一一）。一九世紀後半の代表的歴史家。ロシア史に関する多くの著書、論文を残した。『ロシア史講話』は、各国語に翻訳され、彼の名を世界的なものにした。社会・経済史的視点を導入し、ロシア史における植民活動の重要性を指摘した。ここで紹介されている動乱時代の記述は『ロシア史講話』四三講に見られる。

10 ゲルモゲン（一五三〇～一六一二）。動乱時代のモスクワ総主教。祖国防衛のための戦いを呼びかけるが、一六一〇年モスクワに侵入したポーランド人により、チュードフ修道院に幽閉、そこで餓死させられる。ディオニシイ（一五七〇／一五七一～一六三三）。三位一体セルゲイ修道院の修道院長。修道院がポーランド軍包囲から解放された後の一六一一年夏、ポーランド人からのモスクワ解放の檄文をロシア全土の主要都市に送付。この檄文に応えてニージニイ・ノヴゴロドでミーニンとポジャルスキイがモスクワ解放のために決起する。アヴラミイ・パリツィン（?～一六二六）。三位一体セルゲイ修道院の管財僧。三位一体セルゲイ修道院攻防戦（一六〇九年九月～一六一一年一月）に最初から最後まで参加し、その戦いの詳細な記録を残す。ミーニンの義勇軍にも参加。

（浅野知史、新井正紀、大山麻稀子、堤佳晴、横山輝彦、渡辺圭 訳）

パーヴェル・ノヴゴロツェフ

パーヴェル・ノヴゴロツエフの生涯と法思想

渡辺 圭

「この早すぎた墓を前に、なんと心が苦しいことだろう！ なんて活発なたましいが飛び去ってしまったことだろう、なんて義務に忠実な心が止まってしまったことだろう、なんて鋭い瞳が永遠に閉じてしまったことだろう……」

（イリーン「Ｐ・Ｉ・ノヴゴロツエフの想い出」より）

はじめに

本書に載録した「聖なるものの復興」は、パーヴェル・イヴァーノヴィチ・ノヴゴロツエフが一九二三年に亡命先のプラハで行なったとされる講演である。ノヴゴロツエフは翌二四年の四月二四日に没するが、この講演には、晩年の彼の思想の精髄を見てとることができる。ここでは一九世紀後半から二〇世紀初頭のロシアを代表する法学者にして哲学者、かつ社会学者であったノヴゴロツエフの生涯を辿り、講演「聖なるものの復興」をその著述活動のなかで位置づける。管見では、ノヴゴロツエフを直接研究対象とした論考は日本には見当たらず、彼の著作の翻訳としては、島野三郎訳『社会理想の法理学的研究』（一九三一年）と『深き淵より――ロシア革命批判論文集2』（一九九二年）所収の高橋一彦訳「ロシア・インテリゲンツィアの道と課題」の二点しかない。わが国での本格的なノヴゴロツエフ研究が待たれる。

一、ノヴゴロツェフの生涯

『天分のある教授』、『卓越した社会評論家』、『観念論者』、『カデット』――パーヴェル・イヴァーノヴィチに対するこれらの特徴づけは、彼のことを言い尽くしていないばかりか、つねに最も本質的な点を見過ごしていた。パーヴェル・イヴァーノヴィチは強靭で、規律正しい性格であった。その性格においては、美的な形式が大きな意志と生きた霊的経験を包みこんでいた」（イリーン「Ｐ・Ｉ・ノヴゴロツエフの想い出」より）。

ノヴゴロツエフの思想を論じる前に、その生涯を見てみよう。ロシア法哲学モスクワ学派を代表し、ネオ・リベラリズムの理論家であったパーヴェル・イヴァーノヴィチ・ノヴゴロツエフは、一八六六年の二月二八日にウクライナのバフムトに生まれた。彼の父、イヴァン・ティモフエエヴィチは第二階級の商人であり、ノヴゴロツエフが大学に入学した頃に他界したが、残された家族の生活は裕福な親類縁者により支えられ、経済的には比較的恵まれて育ったらしい。エカテリノスラフのギムナジウムを優秀な成績で卒業し、金メダルを授与されて、一八八四年にモスクワ大学の物理学・数学部に入学するが、後に法学部に転部する。

一八八八年に卒業後、教授職就任の準備段階として同大学の法哲学史の講座に籍を残した。一八九〇年から九九年の間にベルリンやパリの大学で聴講を重ねて知見を深めた。一八九四年からはモスクワ大学で講義を始め、一八九六年に同大学の常任講師となった。

「パーヴェル・イヴァーノヴィチとは二二年来の付き合いである。私は助教授時代の彼のことを覚えている。……私たちはまだ入学したてで、多くのことを理解できないままだったが、パーヴェル・イヴァーノヴィチの授業を特別なものとして、その一言一句に注意を払い、考えを集中しながら聴いていた。パーヴェル・イヴァーノヴィチは大切なことを話した。彼は事実に関することも方法に関することも語らなかった。抽象的ではあったが、生きたもののことを話した。彼は人生の目的について、何よりもまずその目的を探求し基礎づける学者の権利について語った」（イリーン「P・I・ノヴゴロツェフの想い出」より）。

一八九七年三月二九日にマギステル論文「法学者の歴史学派、その発生と運命」が審査を通過し、一九〇二年九月二二日には論文「法律と国家の学説におけるカントとヘーゲル」によって国家法博士の称号が与えられた。

「私は覚えている。博士論文の審査を終え、ペテルブルグから戻り、私たちと出会った時のパーヴェル・イヴァーノヴィチの熱烈な挨拶を。彼の動揺して蒼ざめた顔を。感謝の言葉に震えるその声を」（イリーン「P・I・ノヴゴロツェフの想い出」より）。

この頃のノヴゴロツェフは論文集『観念論の諸問題』を編集した（一九〇二年）。また、彼は、ロシアに法治国家を建設するとの理想を胸に「解放同盟」へ参加し、法学分野の専門家としてカデット（立憲民主党）の中央委員会のメンバーになるなど、政治活動に積極的に携わった。一九〇四年にはモスクワ大学の教授に就任する。さらに、一九〇六年からモスクワ高等商科大学の教授および学長の職にも就いた。この年、ノヴゴロツェフは第一国会の議員となる。これを契機に彼はモスクワ大学の教授職を辞し、モスクワ高等商科大学を仕事の拠点とするようになるが、それでも一九一一年までは母校で講義を続けた。同じく一九〇六年、ノヴゴロツェフは第一国会解散に抗議して国会議員一八一人が起草した「ヴィボルグ宣言」に署名し、そのかどで禁固刑を受け、その後政治活動から後退してゆくこととなる。

「パーヴェル・イヴァーノヴィチが国会議員だった当時のことを覚えている。それは、概ね『反対派』と『左翼的傾向』の時代だった……。パーヴェル・イヴァーノヴィチは左翼に対し堅固に断固と一線を画していた。形式の感覚、等級づけの感覚、規律の有機的な受容、自然そのものの本質性――それらはパーヴェル・イヴァーノヴィチに『右翼』への賢明なる道を開き、断じて彼を盲目の衆愚政治に近づけはさせなかった。『ヴィボルグ宣言』は、パーヴェル・イヴァーノヴィチの政治的『左翼的傾向』の限界であった……」（イリーン「P・I・ノヴゴロツェフの想い出」より）。

一九一一年から一七年にかけて、ノヴゴロツェフは、代表的著作「社会的理想について」を雑誌『哲学と心理学の諸問題』に掲載する。一九一七年の十月革命後、ノヴゴロツェフは反革命運動に参加、ロシア統一国家評議会のメンバーとなる。一九一八年には革命政権による逮捕と処刑を恐れモスクワを離れた。内戦期にはクリミア半島のシンフェローポリに住み、ターヴリヤ大学で講義を行なった。一九二〇年にはロシアを去り、ベルリンに逃れた。その後チェコ・スロヴァキアのプラハに移り、同地のロシア人知識人グループの代表者となった。

なお当時のチェコ・スロヴァキアでは、大統領T・マサリクが主導し議会と外務省が援助して「ロシア運動（アクシオン・リュス）」を展開しており、それにより創設された「チェコ・スロヴァキアにおけるロシア人学生救済委員会」は、革命と内戦でロシアを追われた多くの学生がロシア人教師の下で学業を継続できるよう尽力していた。神学者であり、ユーラシア主義者でもあったG・フロロフスキイの伝記を著したA・ブレインは、一九二〇年代のプラハにおける亡命ロシア人の暮らしぶりについて、「彼らは皆、つつましく暮らしていたが、その思慮分別のある文化的な営みにおいて、彼らの生活は、他に類を見ないほど、集中した、創造的なものであった」と述べている。

ノヴゴロツェフは、一九二二年の二月に結成されたV・S・ソロヴィヨフ名称プラハ宗教・哲学協会の初代代表の任に就き、さらに同年の五月一八日にはプラハ・ロシア法学部を創設し、一九二四年の四月二三日に他界するまでそこで学部長を務めた。

「――あなたは覚えていないのですか――とパーヴェル・イヴァーノヴィチは言った――自分の義務を果たしている人間には、生きている間も、死に際しても、悪いことは起きないとソクラテスの言葉にあることを」（イリーン「P・I・ノヴゴロツェフの想い出」より）。

二、P・I・ノヴゴロツェフの思想と「聖なるものの復興」

「ソロヴィヨフの遺産」の継承者

「我々のところでは、まず道徳哲学の領域において『カントの元へ』の回帰が始まった。……これと関連して、九〇年代に特徴的であるのは、何よりもまずP・I・ノヴゴロツェフの名前と結びついた自然法の復権である。それは、社会哲学と法政策における一面的な歴史主義からの離脱であり、諸々の権利の道徳的判断と評価の復権であった」（G・フロロフスキイ「一九世紀末のロシアの思想潮流について」）。

「ソロヴィヨフのことを、主として彼の神秘的直観と志向の面から知る者は誰しも、ソロヴィヨフが輝かしく、優れた法哲学の代表者であったと聞けば驚くに違いない」（ノヴゴロツェフ「V・S・ソロヴィヨフの哲学における法概念」）。

ノヴゴロツェフは、法律の哲学的解明を志向した思想家である。ノヴゴロツェフの研究対象は、国家と法律、民主主義、様々な形態の国家体制、社会と個人、社会的理想などの問題であった。彼の打ちたてた法学は、自然に内在している法の規律、つまり「自然法」において人間の自己実現がなされるとする自然法学であり、経験的に実証可能な「実定法」のみを法学の研究対象とする「法実証主義」とは対立する。ノヴゴロツェフの思想における法律とは、究極的に言えば、人間の人格と絶対者との間の法であった。彼の哲学の核にあるのは、人格の理想と価値の問題であった。

ここで、ロシア哲学史におけるノヴゴロツェフの位置づけについて簡単に言及しておこう。フロロフスキイは主著『ロシア神学の道』の中で、一九世紀末のロシアを、「人間」が形而上学的存在としてとらえられるようになった時代、道徳哲学で「カントへの回帰」が行なわれた時代と規定し、道徳哲学においてカントとショウペンハウエルを結びつけたのがV・ソロヴィヨフであり、その流れで自然法の復権を目指したのがノヴゴロツェフだったと述べている。V・ゼンコフスキイは『ロシア哲学史』中で、ノヴゴロツェフをロシア法哲学の大家としながら、ソロヴィヨフの直接的な影響下に、超越論から出発したがそれに満足せず、形而上学の道を進んだ思想家たち（A・スピール、B・ヴィシエスラフツエフ、ストルーヴェ、イリーンなど）のグループに分類している。N・モトロシロヴァは『哲学史——西欧、ロシア、東方』において、ノヴゴロツェフをヴィシエスラフツエフ、イリーン、N・アレクセーエフ、フロロフスキイらと並ぶ法哲学ロシア学派の創始者の一人とし、また彼はインテリゲンツィアだけでなく民衆にもマルクス主義の弊害を警告し続けたと、彼のマルクス主義批判者としての側面を強調している。また、I・エヴランピエフの『ロシア哲学史』では、ロシアに法哲学の伝統の布石を据えたB・チチェーリンの思想の継承者としてノヴゴロツェフが位置づけられている。確かに、アナーキーと独裁の間を揺れ動くものとして「革命」を規定したチチェーリンの思想と、「聖なるものの復興」におけるノヴゴロツェフの革命観には相通じるものが見られる。

ノヴゴロツェフは観念論者である。博士論文「法律と国家の学説におけるカントとヘーゲル」（一九〇二年）では、カント哲学とヘーゲル哲学における法概念が比較考査されているが、彼の以降の法思想により強い影響を与えたのはソロヴィヨフであった。ノヴゴロツェフのソロヴィヨフへの傾倒ぶりは、一九〇一年の二月二日に行なわれたV・S・ソロヴィヨフ記念心理学協会での講演「V・S・ソロヴィヨフの哲学における法概念」から窺い知ることができる。ここでノヴゴロツェフは、一九世紀末の法学において権勢をふるっていた実証主義のコンセプトを、人間の道徳的問題を軽視するものとして批判している。彼は、当時のロシアでは、法学が持つ高度な道徳的権威が失われていたと主張した。チチェーリンとL・ペトラジスキイは、当時の学問における法意識の崩壊を指摘したが、彼もこれに依拠し、実証主義は、法律を盲目的な欲望を生み出している力と打算の産物とし、法律の道徳的原理を排除すると強く非難する。

「V・S・ソロヴィヨフの哲学における法概念」において、ノヴゴロツェフは、ソロヴィヨフのスラヴ派批判を高く評価している。いわく、ソロヴィヨフは、ロシアが世界的な事業を担う使命を神から与えられていると認めたうえで、スラヴ派のオプチミズムを厳しく非難した。すなわち彼は、「神からロシアに与えられた使命」に関してはスラヴ派に同意するが、同派にはロシアに対する現状認識が欠如していると指弾し、栄誉ある「神の事業の推進者」であるロシアが、これほどまでに荒廃し混乱しているという矛盾を直視せよと主張した。さらに、「権利の意味」に関してソロヴィヨフはスラヴ派の誤りを正しく指摘して、スラヴ派は、「西欧」がロシアの見本にはならず、ロシアの民衆が非国家的民族であり、権力への志向を欠いているため、民衆に政治的権利は不用であると主張したが、これは誤りであると断じ、個人の権利が尊重されるためには、法治国家の建設が必要であり、この点に関しては西欧文明に見習うべき点が多いと主張した。このようにノヴゴロツェフは、ソロヴィヨフ思想に代弁させるかたちで西欧型の法治国家のありかたを評価した。彼の法治国家の構想には西欧派的、自由主義的な発想があった。しかし、ソロヴィヨフは、法治国家の形態を人間の道徳的連帯の最終表現とはみなさず、それを移行期のものとし、「神権政治的連帯」が至高の道徳形態であるとしたが、ノヴゴロツェフがソロヴィヨフのこの神権国家の構想をどこまで受容していたのかは判然としない。

一方一九一七年の革命勃発以降、ノヴゴロツェフはスラヴ派やドストエフスキーの思想における「法」概念を再評価するようになってゆく。一九二一年のロシア革命批判論文集『深き淵より』に収録された論文「ロシア・インテリゲンツィアの道と課題」では、ロシア・インテリゲンツィアの潮流をチャアダーエフ、ドストエフスキイ、ソロヴィヨフの流れとバクーニン、チェルヌイシェフスキイ、ラヴロフ、ミハイロフスキイらの社会改革者の流れに大別し、後者を破滅に至る道として非難している。ここで、チャアダーエフ、ソロヴィヨフと並び土壌主義者のドストエフスキーの名前があげられていることは、彼の思想的変遷を見る上で注目に値する変化だといえる。

講演「聖なるものの復興」

「パーヴェル・イヴァーノヴィチには、存在するものの生きた秘密と、それを目の前にした神秘的な敬虔さが常にあった。パーヴェル・イヴァーノヴィチは、自らの経験の中にも、自らの研究対象の中にも、表現し難い、名状できぬ深みを、神聖なる闇を、存在論的な問題の秘密を、絶えず感知していた。そして、パーヴェル・イヴァーノヴィチにおいては、理性論的な道徳の諸原則――『義務』、『自由』、『人格』――は、理性的には思考されず、神秘的に感受され、彼の著述活動において叙情的に讃美されていた」(イリーン「P・I・ノヴゴロツェフの想い出」より)。

すでに述べたように、本書に載録した「聖なるものの復興」は、ノヴゴロツェフの最晩年の講演である。ノヴゴロツェフは、モスクワ高等商科大学で「哲学入門」という授業を担当していたとされているが、本講演での彼は、哲学者というよりはむしろ愛国主義に取り憑かれたアジテイターといった佇まいである。異郷の地にあって祖国を憂う「亡命者」の立場が、彼を熱狂的な右翼的アジテーションに駆りたてたであろうことは想像に難くない。この講演の核となるテーマは、「荒廃した祖国ロシアの再生の道の模索」である。ノヴゴロツェフは、この講演が行なわれた一九二三年のロシアを、民主主義の理念が消滅した、荒みきった世界だと断言し、一九一七年に発生した「革命」がその荒廃をもたらした諸悪の根源であると主張する。彼によれば、第一段階として、二月革命後の臨時政府がロシアをアナーキー状態にし、第二段階として、十月革命後のボリシェヴィキ政権が独裁体制を築き、ロシアを破滅の道へと導いた。このように民主主義の理念を完全に喪失してしまったロシアを再生する旗印となるのが、「聖なるものの復興」というスローガンである。ここでは、ノヴゴロツェフによって提示された「聖なるもの《スヴャトウィニャ》」の概念の分析を通じて、晩年の彼の思想のエッセンスを抽出することを試みる。

本講演において、ノヴゴロツェフは、体制側が標榜する「革命の達成」というスローガンは、ロシア再生の道を照らす旗印にはなりえないと厳しく非難する。なぜなら、かつては「統一体」であったロシアを分裂、崩壊せしめたのが「革命」だからである。そこで登場するのが、「聖なるものの復興」というスローガンである。それでは、「聖なるもの」とは一体何であるのか。第一に、「聖なるもの」とは、ロシアの民衆の理想であり、彼らが崇拝する聖物である。ノヴゴロツェフは、ドストエフスキーに依拠しつつ、ロシアの民衆の魂には最良の部分と最悪の部分があるとし、後者を見逃し、際限のない民衆崇拝に陥ったナロードニキ主義の弊害について論じている。彼によると、ロシアの民衆には、神への希求と自由への希求が共存しており、前者がロシアを統一体とする根拠であり、後者がアナーキーへの道である。つまり、「聖なるもの」、ロシアの民衆の理想とは、彼らの魂に刻印されたイエス・キリストの像なのである。すでに述べたように、ノヴゴロツェフは、人間の「人格」と「絶対者」の間の「法」を重視した。しかしこの両者の結びつきを奪ったのが、科学的無神論を標榜するボリシェヴィキ政権なのである。また彼は、この講演が行なわれた当時を、法意識における最大の危機の時代としている。彼は、神との繋がりを人間本来の在りよう（＝自然）としたうえで、革命政権がロシア国家を牛耳る時代を、神と人間の法的結びつきの断絶の時代としてとらえている。ベルジャーエフやブルガーコフらは、「人格」の問題を軽視し、それを冒瀆したとしてマルクス主義を批判したが、ノヴゴロツェフにおいても同様に、「人格」が重要なキイワードなのである。

第二に、「聖なるもの」とは、「ロシア人の過去」のことである。一九世紀中頃の自由主義者、法思想家であるＫ・カヴェーリンは、統合原理としての「国家」概念をロシア人の「民族性」から導き出したが、ノヴゴロツェフはこの「民族性」に「宗教性」を接ぎ木する。ノヴゴロツェフが理想とする国家とは、民族・宗教原理による統一体である。この統一体を取り戻す旗印となるのが、ロシア人の内奥に刻印された「聖なるもの」という神秘的抽象概念である。ノヴゴロツェフによる国家統一体の構想は、ロシア文明を統一体として解釈する点でスラヴ派に接近しているものの、A・ホミャコーフによるロシア人の統合原理としてのソボールノスチ（霊的共同性）の概念とは異なり、祖国ロシアへの絶対的な愛と献身を要求する。ここにおいて、ノヴゴロツェフは、ソロヴィヨフのいう「教会」よりも「国家」を上位に置いている。しかし、チチェーリンやカヴェーリンらの国家観とは違い、ノヴゴロツェフは、「ロシアという国家」そのものを「聖物」とするのである。また、ノヴゴロツェフのいう「宗教」は、S・ブルガーコフらの宗教哲学者とは異なったニュアンスで語られている点にも注意する必要がある。

「パーヴェル・イヴァーノヴィチは、人生の終わりに至るまで宗教的な人間に『成りきってしまう』ことはなかったが、彼はつねに宗教的であった」（イリーン「P・I・ノヴゴロツェフの想い出」より）。

彼にとっての「宗教心」とは、そのまま「愛国心」、さらには「民族意識」に結びつく。ノヴゴロツェフによる「聖なるもの」の概念は、独自の民族性を保持しながら歩んできた「ロシア人の過去」を指す。つまり、ここでいう「宗教心」とは、ロシア人の築いてきた歴史を「聖なるもの」として信じきることであり、その聖なる歴史を歩んできたロシアに身も心も全て奉げることなのである。「国家という共同体」への同化の呼びかけという点では、ノヴゴロツェフの主張はナチズムに類似している（ちなみに、ナチス法学においても反実証主義的アプローチがとられていた）。しかし、その「聖なるもの」は、人間を根源的な生の原理から引き離す「革命」によって失われてしまった。ノヴゴロツェフにとって「プロレタリア政権」の名の下に独裁体制を固めたボリシェヴィキが目指す「革命の完遂」の思想は、「愛国心」を脱色し、「聖なるもの」を喪失せしめる破滅の思想であった。ノヴゴロツェフは、多大なインパクトを有したボリシェヴィズムに対抗するために、熱狂的な民族主義、愛国の思想をぶつけたが、この思想は諸刃の剣でもある。何故なら、ロシア人の民族的独自性を過度に強調することは、「ロシア人に生まれたこと自体が特別なことである」との歪んだ優越意識に転じる危険性をはらんでいるからである。このような優越意識は、他民族の蔑視につながる。本講演においてノヴゴロツェフが見出したロシア再生の道は、聖なる歴史を歩んできたロシアという国家に全身全霊を捧げることにより、ロシア人の内面深くに刻み込まれた「聖なるもの」、すなわち「自分たちは聖なるロシアに生まれたロシア人である」という強い民族意識の回復を志向する民族主義の道であった。ここにみられるような、ノヴゴロツェフの煮えたぎる国粋主義的愛国精神は、彼の弟子のイリーンにそっくり受け継がれてゆくこととなる。

本書に載録した「ロシア革命における人神宗教」において、ブルガーコフは、ロシアの進むべき道を、「苦行」によって「神の似姿」を取り戻す道として示した。この道は、「宗教」の道である。

それに対して、ブルガーコフと同様に、カント、ヘーゲルからソロヴィヨフへという系譜を踏襲したノヴゴロツェフは、講演「聖なるものの復興」において、ロシアに全てを捧げることによりロシア人の内にある「聖性」を復興するという道を提示した。これは、「民族主義」の道である。この二つの道が現在のロシアに何を語るか、その答えは今後に委ねられるだろう。

「祖国ロシアへの戦いにおいて、強靭で、疲れを知らず、不屈の戦士だった彼が、私たちの世界からいなくなってしまった。彼のことを理解することも、見ることも出来ない。何故なら、もう彼は答えてくれないから。だから、静かに祈ろうではないか……。許してください、受け入れて下さい。そして、安らぎを与えたまえ」（イリーン「P・I・ノヴゴロツェフの想い出」より）。

VI

独裁政権へ
1928—1938

イヴァン・イリーン
力による悪への抵抗に関して
1931

解題†イリーン——人と思想……堀江広行

1931
力による悪への抵抗に関して

イヴァン・イリーン

一九三一年三月九日、リガで、「国民同盟」主催のロシア青年集会で行なわれた講演。ミュンヘンで発行されている雑誌『ヴェーチェ』一九八四年第一六号ではじめて公表される。

I.

一九世紀をつらぬくロシアの精神文化の発展に目をやると、三つの大きな精神的奔流――宗教、哲学、芸術――のうち、哲学がその最後尾に位置していたとの結論にたどり着かざるをえない。一九世紀全体を通してロシア哲学は、借りもの、家庭向けの通俗的な説教の域を出なかった。それらは通常、西欧からの借りものであった――私たちにはヘーゲル主義者、シェリング主義者、唯物主義者、カント主義者等々がいる。さらに私の見るところ、若手の哲学者たちはみな自らの力を成熟途上にあるものと感じて、西欧へと発っていった。当地で過去の記念碑か、あるいはゴーゴリの市長風に言えば、「記念碑でないとしても、せめてただの垣根」[1]を自分のために発見してそれにもたれかかるために。またドイツやフランス、イタリアの何がしかの初ものの賢哲に追随するために。

このような模倣と並んで私たちが有していたのは、家庭向けの通俗的な説教と新聞雑誌向けの無責任な社会評論にすぎなかった。これらの社会評論は、述べられたことを証明する義務を負わず、自らに科学的哲学的な厳しい評価を下すこともなく書かれたという点で、無責任であった。人々は最も重大で恐ろしい諸問題に関して、はっきりとした方針や目的もなく、そのうえ時には二、三年毎に根本から変わってしまうような「主観的な哲学」、「主観的な社会学」、「主観的な宗教」を書き散らしたのである。

総じてそのように提起すべきではないような、正しくない問題提起がされた。なぜならば、そのような問題設定は誤った解答しか与えることができなかったからである。誤った設問に対する幾つかの答えは、何か啓示のようなものとして受け取られ、熱をこめて先鋭化された、すなわち、パラドックス化していった。そして、これらの偽りの結論はその解答者らのお気に召せば召すほど、ますます逆説的なものとなっていったのである。このような空理空論のこねまわしとこういった見解のあらゆる病性と畸形性、またこのような雰囲気のあらゆる有害性と破滅性を示すためには、幾つかの例で十分である。

まずバクーニンは、間違って理解された自由への愛から、あまねき破壊を主張し、自分のすべての望みをロシアの徒刑囚と強盗たちにゆだねている。そしてクロポトキン公爵、彼は人間の善意を信じるあまり、すべての国家秩序の廃止をすみやかに願い、そのため自分の追随者たちと一緒になって、「事実によるプロパガンダ」——任意のブルジョワを殺害し、カフェに爆弾を投げ入れ、劇場を爆破するといったような、アナーキストの権利——を唱導している。そしてV・V・ローザノフ[2]、彼にとっては精神の宗教的な状態が性的な興奮と合致した。彼は生涯をとおして執拗に、宗教心の性化と性の宗教的神聖さを唱え、それを実地に応用しつづけている。社会評論や詩、文学における彼の一派もまさにそうである。そして一九一六年に著書『創造の意味』を上梓したベルジャーエフ。彼の著書では、神は両性の存在であり、人間は神に近づけば近づくほど両性具有に似てくる旨が主張されている。あるいはブルガーコフ。彼は同年に『哲学と心理学の諸問題』誌に論文を掲載し、その中で聖三者に関する新しい啓示を提唱した。すなわち、父たる神、子たる神、聖霊たる神は、自らが愛してやまぬ共通の聖ソフィアを有し、聖三者はかわるがわるソフィアに対する愛のうちに自らを入寂させる、ソフィアはその聖三者によって身ごもり、目に見える世界を生み出す。詩人ブローク、ヴャチェスラフ・イヴァーノフ。彼らは売春婦をいと清き乙女としてたゆまず賛美し、堕落という形容辞を聖なるものへと当てはめている。

畸形的な諸現象のこの博物館のすべて——病的偏向のこの富のことごとくを、列挙する価値があろうか？　音楽、絵画、習俗における相似た諸現象を逐一指摘する必要があろうか？　いつだとてこのようであったし、いつでもこのようであるだろう。無責任で不純な空理空論に成りはてた哲学は、堕落と崩壊以外にはいかなる種をも播くことができなかった。これらの人々のあいだから、ラスプーチンはロシアを導く偉大な神秘主義者であるといった声が一九一五年に響いてきたのは、偶然ではない。

世界的な天才にして巨星としてのその芸術的天稟の度合からいうと、私が列挙した上記の名前とは段違いだが、しかし家庭向けの通俗的な説教の枠を出ないその空理空論の度合でもそれらの名前の比ではない——レフ・トルストイが立ちはだかる。彼の説教の虚偽性と彼の見解の有害性は、多くの面で、残りの一切合切の人々がなしたすべてを凌駕している。センチメンタルな感動と抽象的な判断からなる彼の哲学は、センチメンタルに理解され解釈された徳行のために、正真正銘の精神的文化的なニヒリズムを前面に打ち出し、提起した。そのニヒリズムは、国家、科学、芸術、そしてキリスト教会の肯定的な宗教性を否定した。彼は、宗教的には世界の拒絶へ、実践的には無抵抗主義へと帰してゆくような、善と悪の理解を打ち出した。そして、この無抵抗主義はロシアの民族主義的な性格の一連の傾向と弱点に訴えたので（このことに関して、私は以前の講義の一つで指摘した）、彼のこの教義は、ロシアのインテリゲンツィアの生活と運命に特別な意義を持ったのである。

この教義、トルストイの宗教的哲学的根幹の概要について、彼の論拠と誤りに関して、私は、一九二五年に出版した、力による悪への抵抗に関する拙著の第九、一〇、一一、一二章で詳説した。ここでは叙述したすべてをくり返すことなどできない。しかし、最も重要なことを端的に言えば、次のようになろう。ロシアの建設のためにロシア人が何かを必要としているとすれば、それは何よりもまず、何にもまして、個人においても集団においても、学校の場でも政治の場でも、日常生活でも法廷においても、意志強固な毅然たる性格を育成せねばならないということだ。仮に何ものかがこの事業を妨げ、生活の中でそれを損なうことができ、またできたとすれば——それは世界拒絶、無抵抗主義、政治的無関心の思想にほかならない。

神の世界を受け入れて、それを祝福し、それに感謝することができない宗教性は、誤った、有害な宗教性である。キリスト教においては、それは異端である。正教にあっては、それは虚偽なる偏向であり、歪曲である。無抵抗主義を標榜する宗教性は、自分自身、自分たちの民衆、地上における神のみわざのことごとくを悪と悪人たちの手に引き渡すことへと人を導く。これらの悪人たちは、それらのすべてを足で「踏みつけ」、無抵抗主義者たち自身をも、彼らに魅せられた小さな人々をも「ずたずたに引き裂く」ことを厭わないのである。国家的な事業を拒否する宗教性（「国家というものは概して悪魔の発明である」というテーゼは今日では、ＹＭＣＡグループの人々[3]の信仰に由来している）は、何を行なっているのかを知らないか、もしくは、誰を助けているのかをあまりに良く知りすぎているかなのである。

ロシアが身をもって味わい、私たちがこの目で見たいっさいのことの後で、無抵抗主義の思想を断乎かつ確固と根底から見直して、すべてをとことんまで語りつくさねばならない時が今や来た。ここにはイデオロギー的な壊疽がある。その壊疽を治した後でなければ、ロシアの人々――今生きている世代と来たるべき世代――は、ロシアを復活させ、建設することができないだろう。

II.

力による悪への抵抗という問題を正しく解決しようと望む者は、何よりもまず、この問題の正しい提起についておもんばからなければならない。誤った問題提起は、しばしば偽りの答えを導くということを銘記せねばならない。なかんずく殆どすべての両刀論法的な問題提起とはそういったものである。たとえば、この物体は金属なのか、それとも鉱物なのか――いや、それは多分植物だ、とか。もしくは私になにが出来るのか――商売をするか、それとも軍役に服するか――いや、あなたは多分生まれついての詩人だ、といった具合に。フランスの諺は言っている。無意味な問いには無意味な答えと。万事がこうなのだ。

道徳的に完全であろうと志している人が、悪に対して力と剣をもって抵抗することができるであろうか？　神を、神の創りたもうた世界を、その世界における自分の場を宗教的に受け入れている人が、悪に対して力によって、必要ならば剣によって、抵抗しないでいられるであろうか？　この問題を研究するためには、何よりもまず、すべての、あらゆる種類の偏見――政治的、党派的、イデオロギー的、宗教的等々の偏見を脇へどけておかなくてはならない。たとえば、我々の政党もしくは我々の組織は、無抵抗主義を支持し、異議を唱えるすべての者に対し全力でおとしめ誹《そし》る旨を決定した、ということから出発して、この問題を研究してはならない（これは研究ではなく、偏見と悪意に満ち、誹謗や中傷の域に達するのも厭わぬプロパガンダとなるであろう）。または、壮大な世界的試みをしているコミュニストたちを、剣のイデオロギーが傷つけるのではないか——そして国粋主義者たちがこのイデオロギーを信奉し、ロシアに転覆と独裁を据えて、国中を絞首台で埋めつくすのではないかと恐れている、ということから出発してこの問題を研究してはならない。誰かがそのように考え、感じ、だから無抵抗主義を支持している——あるときには新聞紙上で、あるときには集会で、気取った中傷と個人排斥によって——ということを、心理的には、私は理解できる。しかし、このような活動家やもの書きは、哲学には、誠実な哲学研究にはほど遠い。彼らは、哲学研究の法衣の端にも触れておらず、彼らの記したものは、世界の哲学的事業ならびにロシアの民族的事業を前にしては——鴻毛《こうもう》よりも軽い。

しかしながら、問題の哲学的な提起には、予想外の、政治屋的にあらざるはるかに複雑な誤りもままある。

物理的な強制と阻止の手段による悪への抵抗をどの程度許容しうるかという問題を研究することは、ある一定の条件があって、はじめて意味を持つ。悪と善は心と精神の内的な状態であり、個人の心の秘められた深みに生じ、そこで熟する状態であるのだから、外部から強制され、根絶されるものではない。「邪魔をしないでくれ。私が自分でやる。強制しないでくれ。私が自分でやる」という公式に自由に従ってはじめて、善であり、善となることができる。悪とは悪しき意志にして悪しき感情であり、そして、そののちはじめて悪しき外面的行ないとなり、いろいろな悪しき外面的ふるまいの体系となる。悪に勝利することは、つまり、最終法廷において悪をやわらげ、溶解し、変容させることである。悪に勝利することは、つまり、悪が外面的に発現するのを阻止することではなく、あるいは、恐喝や脅迫、監獄によって、悪しき意志の外面的発現を抑えることでもない。このことはキリスト教徒には二〇〇〇年間にわたって明白である。彼らの目には、このことには一点の疑いもくもりもないし、ありえない。にもかかわらず、まさにほかならぬこのことのうちに、問題がそのあらゆる先鋭さと複雑さをもって発生もするし、提起もされるのである。

このことを認めた人間は、きわめて頻繁に自身を以下の条件下に立たされた者とみなす。彼は、それらの条件が存在するということを確認しなければならない。

A．第一に、彼は、正真正銘の悪が自分に与えられているということを確認しなければならない。

それは悪のまがい物ではなく、影ではなく、幻でもない。悪しき意志であり、悪しき感情であり、悪しき行ないであるが、災厄や苦しみ、錯誤や弱さではない——なぜなら、人々は、しばしばこの種の一切合財をもまた「悪」と呼ぶから。外面的な行ないのうちに表出している人間の悪しき意志が、目の前に現存していなければならない。それは、精神ならびにその精神の自由、愛に満ちた生きている、人々の結びつきに抗する方向へと向かう意志であろう。

精神に逆らい愛に抗するこのような意志が意図的に外面的行ないのうちに表出されているところでは、いたるところで阻止の手段による悪への抵抗に関する問題が持ち上がってくる。精神的な働きかけ、内的な強制が無力であり、悪しき意志が内的に憑依された外的な力として現われているところ、悪しき意志が精神的に盲目な、残酷で攻撃的、無恥で罰当たり、手段を選ばず精神的に人を堕落させる悪意として現われているところ——そこでは阻止力による悪への抵抗が、人間の権利ではなく義務となる。この阻止は悪しき意志をやわらげず溶解もしないが、しかしその意志に、我に返って自らの本性とか動機や動因を見直す根拠を与え、あるいは、しかるべき外的行為によって自らの内的悪意を完遂できなくさせるのである。

トルストイは、実在する悪を病気、錯誤、弱さ、偶然の一致と解釈することで、自らの無抵抗主義を基礎づけようとした。これによりトルストイは、根本的な問題を解決せず、それを除去してしまったのである。彼は問題に答えず、ひそかに問題に対する答えを避けたのである。彼の場合は次のようであった。問い「もし悪が存在せず、悪に見えるものが悲しみと弱さであるのなら、私は物理的阻止を手段として悪と戦うべきであろうか」。答え「もちろん、否。戦うべきではない」。しかし、まさにこれこそが、問い自らが自身を無効にさせている誤った設問に対する架空の答えなのである。

B．問題の正しい提起が行なわれる第二の条件は、悪の確かな知覚、すなわち、悪の受容や承認へと移行することのない知覚があるということである。

悪が、いまだ誰にも知覚されず、またいかなる魂によっても、その悪の外的行ないが認められず、その行ないの背後に潜みその中に実現した悪意が洞察されぬうちは、誰ひとり私たちの根本問題を提起し解決するための根拠も理由も持ちはしない。まさしくこのため、多くの人は、予感されている必然的な答えを重荷に思い、悪から顔を背け、それを目にしないことの方を選んでいる。彼らはあるいは伝えられる報道に耳を塞ぎ、あるいはその報せを「好意的に」解釈するために牽強付会をし始める。あるときは隣人を裁くなかれという禁忌を口実にしだし、またあるときは総じて悪は人間生得のものではないとの信条を信奉して唱導し始める。まさしく自分自身がこのように行動し、またそうするように他人に勧めたのがトルストイであり、部分的にはクロポトキンである。

顔を背けた者、見もせず、知覚もせず、身をもって味わいもせぬ者が問題を解くことができないのは当然だ。なぜなら、彼は自分自身の内部でその問題を打ち消し、その重荷から自身を解放し、問題の厳しさと痛みを鈍らせて、その問題の討議に与る権利を自ら失わせしめるからである。この結果、彼の全判断は、たとえば生まれついての盲人の色彩についての判断とか、識別不可能な色調に関する色盲の判断のように無責任なものなのだ。

現実の悪を見なくてはならない。これなくして責任ある設問も解答もない。一方、悪を知覚し経験した者、その悪魔的な火傷を身に被り負った者、顔を背けず、自らの視線を悪魔の眼差しに沈めた者、自分自身の中に悪の形象が偽ざる本来の姿で映ることを許し、感染することなくその悪に耐えた者、悪を知覚したが、それを受け入れはしなかった者、――このような人は自己の霊的経験のうちに悪の本性を包摂し、視《ヴィーデニエ》ることの力と裁く義務とを獲得したのである。

反対にトルストイではこうである。「もし私が悪を見ず、また、その悪がどの点にあるのか、総じてそれは存在するのか、もし存在するなら今どこに在るのかを知らない以上、外的な抵抗の手段で私は悪と闘うべきであろうか？　私は顔を背けた――ほら知覚していないし、裁いていない、見たくないし、裁くつもりもない。答えは一つだ。いまだ見ず発見せぬうちは、もちろん悪と闘うべきではない」。しかし、無邪気な幼児か、意識的に無邪気を装っている大人の設問に対するこのようなお慰みな答えにどんな価値があるというのだろうか。

C．問いかけ答える心の内部での善への真実の愛、これが問題の正しい提起が行なわれる三つ目の条件である。私たちの問題は理論的なばかりか実践的でもある。それは、人が他人のふるまいを知覚するのみならず、生きた関係によってそれらのふるまいと結びついて、評価し、賛同し、是認し、選択をし、そして是認され選択されたものを、自己の喜びと悲しみ、生と運命に結びつけることを前提とする。ここでは知覚するだけではまだ足りない——愛し、生きた交わりに踏み込まなくてはならない。考えるだけでは足りない——心から真に感じなくてならない。確かめるだけでは足りない——歓喜し憤怒せねばならない。善と悪の運命に無関心に関わっている人、善悪を識別せず何も愛さぬ無関心者は、問題を提起することも解くこともできない。問題の全容が明かされるのは、その問題を自分の魂の最も重要で中心的な感覚器官で取り上げる人に対してだけである。そのような人にとって、悪に対する勝利の問題は彼個人の生死の問題なのである。悪への真の抵抗は人を生と死の問題に直面させ、——悪が勝利しているのに生きるに値するのか、この勝利を無くすためにまさにいかに生きるべきかという問いへの答えを彼に要求する。もし、暴虐、冒瀆的な聖職者排斥、憎悪に満ちた迫害の勝利が、人を窒息させず、彼の眼の光を消さないとすれば、それはつまりその人が私たちの問題を感じず、その正しい解決のための基盤を有していないということである。

私たちの問題は次のように公式化することができる。「精神と自由と愛に生得《スチヒーヤ》の力をいとおしむ者は、それが故意に貶められ、歪められ、撲滅されるのを目にしたとき何をなすべきなのか？」。愛さない者に、愛していない対象の悲劇を裁断する権限があるだろうか？ 燃えたつ魂——生に向かって、死に向かって——によって地上での神の事業を受け入れている者に対して、冷たき者、なまぬるき者は何を言えるというのか？ 無関心者が関心のない対象の破滅を目撃するとしても、何をなそうとしているのかとその無関心者を詮議することに意味があろうか？

まさしくこれゆえに、祖国と民族文化、科学、芸術、教会を否定する精神のニヒリストは、——トルストイがしてきたように——悪への抵抗の問題を立てるとき、問題自体を取り去って、それに架空の解決を与えるのである。彼は次のように問題を立てる。「もし悪の活動が何ものをも侵さず、あるいは、価値の無い愛されぬもの、実際に防御にも擁護にも値せず無関心に処すべきものが侵されているにすぎないのであれば、私は悪に対してそれを阻止することで抵抗すべきであろうか？」。答えは一つである。「否、すべきではない」。しかし、このような臆病で自閉的な問題設定に対する計算ずくめの「正解」に何の価値があろうか。

D・問題の正しい提起が行なわれる第四の条件は、問いを発し解答する魂の内部に、世界の発展過程に対して意志的に関わる態度があることである。

ここでは、脅威と攻撃に曝されているものへの単なる愛だけが必要なばかりではなく、意志による行動をする能力、くわえて、宗教的禁欲者のように個人の人格の内でのみならず、その外で、——つまり他の人々に対して、彼らの悪しき活動、そういう彼らが組み込まれている世界の歴史過程に対して、意志による行動をする能力が必要である。この歴史過程は大いなる戦いであって、そこには生ける壮健な精神がすでに参戦しており、また参戦せずにはおられないのだ。この精神は、一方を助け他方を挫くことで、愛し、決定し、全身全霊を張りつめずにはいられない。

この戦いで、根本的に意志の欠けた人間（そのような者がありうるとしての話だが）、あるいは人為的な無意志へと自分を駆りたてる人間が、何をせねばならないのかと問うのは愚かであろう。外面世界への参加から自己の意志を故意に離脱させる者、あるいは他人に影響を与えないように自分の意志を抑える者には私たちの問題を提起する根拠などない。なぜならそもそもの初めから彼は、唯一この問題を解明しうるところの魂の能力（意志）と精神の方向性（他人の意志に向かっての）を消し去り、あるいは脇に逸らしているのである。このような人間は問題全体を提起するに値しない。というのは彼にとってこの問題は存在していないからである。彼はこの問題を解くにも値しない。なぜなら問題は彼にとってすでに解決済み——しかも否定的な意味で解決済みだからである。もし彼が一貫性を持ちたいのであれば、この問題について検討と判断を差し控えるがよい。

トルストイは世界否定に惹かれ、世界を蔑み死に思いを凝らせというアテナゴラス[4]の見解に傾いた。彼は自らの意志を人類の道と運命から引き離し、同じようにせよと他の者にも奨めた。このとき問題は次のように組み立てられた。「もし私の意志が外面的なものいっさいに対して死んでおり、この死が正しいならば、もしこの意志が私自身の魂の外部にいかなる目的も課題も持たず、どんな外的なものにも惹き寄せられないならば、私は外的な働きかけと阻止を手段として悪と戦うべきであろうか？」。答えは明白である。「否、すべきではない」。しかし、問題が提起そのものによって圧殺されており、死んだ問いの中に死んだ答えがすでに内包されていることもまた明白ではないか。

E．最後に、五番目に、外的な阻止による悪への抵抗の問題が実際に生じ、正しく提起されるのは、人に悪行を拒否する内なる動機が欠け、外からの説得も無意味であるような条件下でだけである。諸状況の目下の集積のもとでは、物理的働きかけが、必要不可欠なものとして、すなわち、実践上で唯一の現実的な手段として、その人に試みられざるをえない。

問題のほかならぬ本質は、人間には実際に全部で二つの可能性しか、全部で二つの解決策しか与えられていない点にある。悪を黙過する無為か、それとも物理的抵抗か。前者の場合、人は完全に闘争をやめ、脇へ退くか（私の知ったことじゃない）、あるいは明らかに失敗へと運命づけられている手段を欺瞞的に採り続けるかである。どうにかして自分が八つ裂きにならずにすむことを期待しながら、そもそも自分は抵抗しなかった、ただ柔和に真珠を投げ与えただけと最後の瞬間に言い訳をすることを、おそらく直接当てにしながら、彼は豚どもに真珠を与えているのである。後者の場合、人は外的な働きかけにとりかかることを決意し、阻止する闘いに踏み切る。その際に第三の解決策——荒れ狂う者自身が徐々に正気を取り戻すので、彼の好きなようにさせ、彼の暴行を妨げないようにするだけでよい、あるいは、彼は荒れ狂うかもしれないが、我々は彼を説得しようといった、まさに第三の解決策を提起する者は、問題を解決しているのではなく、抹消しているのだ。こう提起する者は、外的な阻止が必要ないことを証明している。だが、外的な阻止が唯一で不可欠な手段となっている次元から問題が始まっているのだ。

トルストイも次のように問題をたてた。「慈悲や説得、証明、あるいは羞恥心や良心への訴えがこれほど有効であったり、さらにもっとずっと有効であったりするのなら、私は阻止を手段として悪と闘うべきか？」答えは明白である。もちろん、闘うべきではない。しかし、そもそもこの答えは私たちの問題には関係がない。もし、手術が必要ないならば、手術する必要はあるだろうか？　この答えは、設問が黙している ジレンマの悲劇的な深みを無視している。問題の正しい提起とは今までに述べてきたようなものである。

ロシアの国家体制の庇護下に平和裡に保護され、ロシアの国家権力——大臣や軍、警察、司法機関——によって守られたわが国の哲学者や社会評論家が、悪の体験、具体的な愛、意志といった根本的な条件を、自分の身から免除したあとで、——もし、私がすべての人々のうちに或る善を見るほどに親切で善良であるとすれば、おそらく、すべての人々も同様に親切で善良であり、万民のうちに或る善を見ているのだと、無邪気に人間の本性を理想化し、この自分独自の理想化に感動しながら、私たちの問題の解決にとりかかっていた時代があった。

トルストイは時おり、次のように率直に問うた。「逮捕し、処罰し、裁かねばならないような特別な悪人はどこにいるだろうか——そのような者はいない」と。もしそのような者たちがいないとすれば、弾圧者は彼らではなく、逮捕し、処罰し、裁く人々ということになる。文字通り、「弾圧による悪への抵抗が不可欠であると認めることは、人々によって自分たちの習性、おさだまりの欠点——復讐心、金銭欲、妬み、名誉欲、権勢欲、傲慢さ、臆病さ、憎悪——が正当化されることにほかならない」。あるいはまた、「元老院議員、大臣、君主は、偽善によってその身を覆っているために、刑吏や密偵よりも下劣な悪人である」。あるいはさらに、「悪人はつねに善良な人々を支配し、つねに彼らを弾圧する」。

歴史はすでに、このような見解に対して自らの審判を下した。歴史は未曾有のスケールにおいて、私たちに悪を体験させた。やれるものなら、悪から顔をそむけてみよ。歴史は、私たちの問題を、想像を絶する前代未聞の段階にまで先鋭化した——やれるものならば、この先鋭化をやわらげ、糊塗してみよ。歴史とは牧歌やエコセーズやボードビル[5]ではなく、炯眼さと意志と行為を必要とする悲劇なのだということを、私たちに歴史は示したのだ。いかなる力によっても私たちの魂からこの洞察《ヴィーデニエ》、この重圧、この責任が取り除かれることはないだろう。ロシア人の良心とロシア人の尊厳を麻痺させうるような、偽善や空言は存在しない。いわんや、人類共通の尊厳や良心はいうまでもない。歴史の力強い腕によって、正しく的確に確固と問題が提起された。私たちはこのことについてあえて黙していられるだろうか? いや、できない! もし私たちが黙するとしても、もはや石が叫び始めているではないか!

Ⅲ.

二〇年間にわたって私たちの問題を心の中にあたためつづけ、わが国の破滅という悲劇とロシア革命の推移に衝撃を受け、またそれによって強靱にもなった私は、一九二五年に自著『力による悪への抵抗に関して』——ためらわずに言えば、これは誠実で率直な学術研究である――を上梓した。そして私が前もって予測していたことが起こった。

国外におけるロシア人の社会評論は――まさにそれらについて、私は第一回目の講義の初めに述べたが――、私の著書をこぞって糾弾した。都市から都市へと――プラハからパリへ、パリからベルリン、リガへ、さらにはエルサレムへと――四散したわが国の人々は互いに手紙で連絡を取り、申し合わせて、私の著作に対し、また私個人に対して、口頭でも印刷物によってでも異を唱えた。ベルジャーエフやゼンコフスキイ、ギッピウス、チェルノフ、ステプン、デミドフ、ミリュコフ、アイヘンヴァリト[6]――さらにいろいろな匿名の人たち――は、私を血に飢えたポグロムの実行者、強圧の詭弁家、前代未聞の傲慢家、トルケマダ[7]として描出しようとした。ギッピウス女史は、私が狂人で、その狂気は医師たちによって立証されるだろうとまで述べた。別の社会評論家は、私が血を見てカラマーゾフ流に淫猥に舌なめずりしている、とまで言った。

じつを言うと、私はこれらの文学的罵言のすべてに目を通しているわけではなく、全部で二回しか返答をしなかった――それも敵のためではなく、友人たちのために。とはいえ、私が読了したすべてのものは、反論者のうちの誰一人として私の研究書を最後まで読み終えていないことを証明するものだった。それは単に、私が知っている特定のセンターから出ている mot d'ordre(既知情報)にすぎなかった。すなわち、イリーンのイデオロギーは要注意だ、なぜならばそれは、極刑やポグロムへと帰着するような政治集団、またはそのようなスローガンになりかねないからであると。このようなアジテーションを私は前もって予測して、覚悟はしていた。それは心理学的には理解できる。しかし、まさにそのことが、私に次のように述べる根拠を与えてもくれるのだ。私は自分の本を、ロシアの崩壊に愕然とし、冷静な判断ができなくなり、驚き惚けている同時代人のためというよりもむしろ、ロシアの若い世代のために書いたのである。今もかつても私は承知している、彼ら若い世代が訪れようし、おそらくすでに訪れているということを――彼らは平静な良心をもった人々である、というのは、彼らはロシアの崩壊には罪がないからである。彼らは、不屈の意志、ロシアに対する限りない信仰、ロシアへのたゆまぬ愛を抱く人々である。彼らは見て、理解して、多くのことを解決するだろう。彼らのために私は自分の研究書を書き、私は彼らに問題の正しい解決、キリスト教的・正教的に正しく、哲学的に説得力のある問題の解決を示そうと試みた。そして彼ら若い世代は、わが亡命批評家たちが政治的恐怖とインテリゲンツィアとしての先入観にとらわれて、私の著作の中に見落としてきたものに気づくだろう。まさにこの見落とされてきたものを、私は最後にあなた方に少し述べたい。

人類は国家的に組織された強制と抑止なしには生きられないと主張し、証明したうえで、私はまさに次のように断言せねばならないと思ったし、今もそう思っている。すなわち、脅迫、監獄、刑罰は神聖にして公正な手段ではない、それらは、悪しき意志を変容させはしない、良心に照らして不可欠かつ唯一目的に適っているとみなされる場合にしか、それらは許容されえない。そして最後に、それらの手段に訴えた人間の魂は、たえず自らの内面の霊的浄化について心を砕かなければならない。

剣の道を拒否する者たちは、剣の道は正しくない道だと主張している。この主張は——絶対的道徳的評価という意味では間違っていない。しかしこの主張は——実践的な解決策を示すという意味では間違っている。道徳的に完全な人間には、悪を純粋に霊的に打ち負かすうえで克服できぬ障害はなく、かくして彼は自分の一瞥、一言、一挙動であらゆる悪人を制止し変容させることができるという夢想はわかる。この夢想は理解できる。それは、二つの交差する思想——道徳的に完全な人間は神の似姿を有すという思想と神は全能だという思想——を形象化したものである。真に高徳な人は、彼の霊的な力を強めている因《もと》である神の完全さへと近づいており、それゆえ悪人には、この霊的な力に耐えることがますます困難になるということを、この夢想は引証しているかのようだ。これは崇高ではあるが、幼稚な夢想である。この夢想の根拠のなさは、それを行動の普遍的な規則に変えようと試みるやたちまち明らかになる。この夢想は霊的に根拠がない。なぜなら、悪人の転向と変容は、他者の完全さの照り返しではなく、その人個人の自主的な行為、彼個人の自由が放つ炎でなくてはならず、もし仮にこれが違ったものでありうるなら、悪人はすでにずっと以前に神の口より出ずる息によって変容しているであろうからだ。この夢想は、歴史的にも根拠がない。現存する悪行を前にして、義人の霊的な力には限界がある。そして、転向も変容もしなかった悪人たちの手で殉教した山ほどの聖者たちのイコンを眼前に有するほかならぬキリスト者には、この夢想は過大に評価すべきではないと思われるだろう…。

剣の道は不正な道である。しかし、この不正におびえ、それを「悪しき行ない」であると言明し、そこから逃げているのはいったい何者か？　これはまさに次のような人間ではないか。彼は、不正が自分にとって「必要」であり、「有益」であるかぎり、生涯を通してありとあらゆる不正と妥協してきたばかりか、今日でも平静な気持ちでたえず罪を犯し、「自分の利益のために」罪を犯し、そのことを一顧だにしないのだ。そして、国家体制の重圧と、真に「神の事業」（ピョートル大帝の深遠な言葉による）であるがために「無関心」を許さぬ勤めとを引き受けなければならない時に、突然、この人間は、自分がかならずや無辜《むこ》なる義人でなければならぬことを思い出し、この不正におびえ、それをわざとがましく「罪」であると表明し、自分には「アリバイがある」と証言する…。

そう、剣の道は不正な道である。しかし、不正を経過して進む者は罪へと向かうという精神の法則はない…。もしそうであるのなら、不正を経て、罪すらをも経て進むすべての人々は、たえず出口のない破滅へと運命づけられることとなろう。なぜなら、罪は罪の上に堆積し、この耐えがたい罪の重荷は、人間を底なしへと導くからである。否、人生の叡智は、疑心暗鬼の義人ぶりにあるのではなく、必要に応じて果敢に不正へと踏み込み、不正を経て進み、しかし不正には向かわず、不正から去るために、不正へと踏み入ることのうちにあるのだ。

そう、力と剣の道は正しい道ではない。しかし、はたして他の正しい道があるだろうか？　センチメンタルな無抵抗の道だろうか？　すでに指摘したように、それは弱者の裏切りの道であり、悪人への協力の道、妨害者との「共犯」の道であり、あげくの果てには——幼稚で偽善的な自己満足である。もちろん、この道は、より「穏やか」で、より「上品」、より血なまぐさくない外見をもっている。しかし、この「穏やかさ」と「上品さ」に対してどれだけの代償が払わればならぬのかを感じずにいられるのは、ただ無思慮と悪しき鈍感さだけである。

攻撃的な悪行に直面した者は、自分の完全さ相応に「理想的」で、道徳的な解決策を要求し、他のいかなる策をも受け入れはしない。しかし彼は、根本的な生の悲劇を理解していない。その悲劇とは、この状況では理想的な解決策がないということである。他者の魂の中に愛に抗し霊に刃向かう冷酷な意志が普通に存在しているという事実が、このような無条件に正しい解決策を、極度に困難で疑わしいものとしている。けだし、いかに裁かず、断罪せずにおくべきか？

いかに満ち満ちた愛から離れ、心底から激怒せずにおくべきか？　いかに離反せず、抵抗せずにおくべきか？　しかし、外面的な悪しき行ないとなって表出している真の悪が目の前にある場合には、理想的に正しい解決策が架空の偽りの課題となる。この解決策は存在しないし、存在しえない。なぜなら、人間の前にたち起こるジレンマが、その解決策の余地を残さないからである。そのジレンマが、人間の霊的使命と、地上の生活の諸状況下でたえず人間につきまとう彼の道徳的完全さとのあいだの激しい衝突をつくりだす。

神の事業は、自由に見てとることができ、私たちの誰もが自由意志で受け入れられるものでなくてはならない。しかし自分自身をその事業への奉仕に定めるだけでは足りない、その事業の防衛において、よりいっそう強くなければならない。「自由に」神の事業を拒絶し、その対極に立ち、攻撃を行なう人々——おそらく、構成要員、同盟、組織——このような人々はいつでも見いだせる。そして、これこそが悪人なのだ。彼は、人間の霊的使命を踏みにじったあとで、他の人々にそうするように強い、神の事業を受け入れた人全員を次のジレンマの前に立たせる。すなわち自分の「正義」を守りつつ、神の事業を裏切り、自身の霊的宗教的使命に背くか、あるいは、不正な道を選択し、かつ実現しつつも、神と使命に忠実でありつづけるか。この命題には正しい解決策はない。なぜなら、神の事業を裏切り、自己の霊的使命に背いている者は、その思慮の浅さによってしか自分の解決策を正しいとみなせないのだから。襲いかかる悪人を面前にして、道徳的に完全な行動パターンなどないということを理解して、最後まで考えぬくことが不可欠である。

正しい解決策が客観的に存在しない場合は、設問自体が虚偽であり、それを探求すること自体が絶望的な行為となる。その絶望の背後にはときとして巧みに臆病さと不誠実さが隠されている。反対に、勇敢さと誠実さは、この場合、霊的な妥協を公然と受け入れるように要求するのである。

もし、日常生活、日頃の言葉遣いの面では、自分個人の（あるいは集団の）利益を守り、より少ない犠牲でより多くの儲けを得ることを望んでいる人の慎重な譲歩というものが、妥協ということだとしても、私たちが提示している霊的な妥協は、個人の利害面でなされるものではなく、いかなる利益をも守ろうとしない。それは、神の事業の敵である悪人との闘いにおいて、自分個人の不正を、私心なく受け入れることである。霊的な妥協を受け入れている者は、自分のことではなく、「対象」のことを考えている。そして、自分のことを考えているとしても、それは自分の生活上の利益に即してではなく、自分の霊的道徳的な緊張に即してであるのだ。それでもなお自分のことを考えているとしても、隠れて、自分のみせかけの正しさを大切に守っている者ほどには考えてはいない。

剣を帯びた者の妥協とは、道徳的に正しくない解決策を、霊的に抑制できないものとして、彼が自覚的かつ自発的に自分の意志で受け入れるということである。そして、もし道徳的な完全さからのあらゆる後退が不正であるとしたら、彼は自分の身に不正を引き受けるのである。もしあらゆる意識的で自発的な、意志による不正の許容が罪を作るのであれば、彼は自らの決断の罪をも受け入れる。かつて彼が、良心の要求に接近しつつ、生きるという最大の幸福を満ち足りるまでに甘受していたとしても、今は、不可能なものとしてこの幸福を拒絶するのである。現存する悪人を目の前にして、良心が人間を招くのは、神と神の全能にとってしか到達できず、人間の思考も言語もそれを理解できず形容もできない偉業に向かってである。これらの偉業は、もしそれが可能だとしても、地上の人間に対し、その固有のばらばらな存在のあり方そのものを否定するだろう。そして、義人が自分自身でありつづけながら、悪人の魂へと入り込み、最後までは悪人にならないまま、その悪人になるという可能性を提唱するであろう。それは、悪人を義人の方へ向けたあとで、その悪人が自分の内部で悪人であることをやめ、悪人から脱するようになるためである。しかし、この偉業は、人間の力ではなく、神の力による。そしてそれらに関する夢想は、地上では事実上、実を結ばぬままでありつづける。

この不可能を前にして、抵抗する者は、不正な道ではあるけれども、霊的に欠かせない決断を下さなくてはならない。抵抗する者は、現存する道徳的な苦境を受け入れ、それを、感覚で、意志で、思考で、言葉で、行為で耐えぬかなくてはならない。善を望み、善に身を献げながら、彼は、自分が宗教的に信じている目的のために、不正と、おそらくは罪をも、あたかも善からの離反であるかのように選ばざるをえない自分に気づく。そのうえ彼は、自分がしていることを完全に自覚しているのだ。彼の状態は、道徳的に悲劇的なものである。そして、そこからの脱出がただ強い人の双肩にかかっているのは当然だ。しかし強い人は、衝突を避け、みせかけだけの受身の態度へと逃げて、その衝突の悲劇的な本性に眼を瞑ることなどはせずに、小心を脱し不正の心へ向かって踏み入ってゆき、そうすることで自分の力を確立してゆく。

強い人は、おのが状態の悲劇性を見て、その悲劇性に入り込み、それを耐えぬくために、その悲劇性にたち向かっていく。彼は不正を選びとるが、それは自分のためではなく、神の事業のためなのである。この闘いで彼がしていることは、彼自身のふるまいであり、彼自身の行動であって、その行動を神に帰そうなどとは彼は考えない。これが彼の人間的な解決策である。彼自身はそれを霊的妥協として自覚し、同時にそれは彼の苦行《ポードヴィク》でもある。なぜならこれは、善と自由のための闘いへと導かれる、偉大にして具体的なる彼の精神の緊張だからである。苦行はこの場合、闘いそれ自体の遂行にあるばかりでなく、可能な罪を公然と忍耐強く受け入れるのに不可欠な、霊的な緊張にもある。霊の緊張は、この場合、悪人を殺すためだけではなく、その必然性を小心に拒絶して自分の行為を堕落させたりせず、しかしその行為の道徳的内容を理想化することもなく、自分の行為を耐えぬき、なされた事業を生涯を通してやり貫くためでもある。

悪及び悪との闘争の悲劇は、まさにこの苦行を受け入れ実行することで解消される。苦行者の中に、その苦行を神の完全性の光で照らす能力が、より生き生きと根づいていればいるほど、苦行そのものが高邁なものとなる。自分の緊張と行動が必要だということだけでなく、その行動を生み出した人間的な八方塞りの状態をも見なくてはならない。必要なのは、目的にかなった心理的な剣のメカニズムではなく、自らの決定に際して慧眼な霊のオルガニズムである。そのオルガニズムは、この慧眼に耐えられるまでに強い。すなわち、行ないを果たすだけでなく、その後にその行ないを神の光で照らすまでに強い、換言すればその行ないが正しくないと知った後で、改めてその行ないが霊的に不可欠であることを見、この不可欠性に応じてそれを遂行するまでに強い。それは、こういういっさいを個人的な動機からではなく、宗教的秩序において引き受けるまでに強靭である。

悪との闘争にはつねにヒロイズムが必要である。人間を育み、人間の霊的な飛翔を養成する内的努力というかたちでその闘争が行なわれるときばかりでなく、強制し、阻止する剣というかたちでそれが行なわれるときにも、ヒロイズムは求められる。剣のヒロイズムは、剣の事業が困難で不安なものであり、喪失と困苦と危険に満ちているという点にあるばかりでなく、剣を手にする者が自分個人の霊の砦を護るために、特別な霊的努力を必要とするという点にもある。なぜならば、剣のヒロイズムは、意識的に確信をもって受け入れられた不正のヒロイズムだからである。そのほかにも、悪との出口なき闘争の中で剣を取る人間は英雄的である。なんとなれば、彼はそのことによって世界の重荷を持ち上げているからである。道徳的な出口が残されていないような根本的な悲劇的ジレンマの前に立たされた人間は、この出口なしの状況を宗教的に受け入れる。そして可能なかぎり不正が少なく、このうえなく困難な剣の道を選びつつ、彼はこの道を自らの運命として受け入れる。

自分の運命を宗教的に受け入れることは、各人がそれへと召命されているところの、根本的なヒロイズムである。傍観主義とか決定論、あるいは無意志症とか宿命論の意味合いで運命を受け入れるのではなく、意志強固に、生活面では活動的に、宗教面では献身的に運命を受容することに、各人は召されているのである。そしてその受容は、生を奉仕として観照し、生を使命の光で照らし、この宗教的使命への宗教的奉仕に個人のすべての力を傾注させるのである。人間の運命は、折伏できぬ悪の狼藉に地上の生活で関与することにある。この運命を逃れることはできない。あるのは二つの可能性だけである。この運命から醜悪に顔をそむけ、盲目的に小心にこの運命を破廉恥にもやり過ごすか、あるいは、運命を受け入れることを奉仕と意味づけ、自らの使命に正しく踏みとどまって、きちんとその運命を受け入れるか。しかし、このことは神の事業のために剣を取ることでもある。

人間は、このように自分の運命と剣を受け入れることに「全力をつくす」が、しかしそのことで自分の精神ならびにその精神の尊厳を確立するのである。彼は、自分の地上の生を悪人との戦いに捧げることに同意するという低次の意味においてだけではなく、事業の完遂を引き受けるという高次の意味でも全力をつくす。彼は、その後、おそらく生涯をとおしそれらの事業の重荷を担い続け、その事業のことを直接思い出すたびに、おののき、嫌悪するのである。彼は死の重荷だけでなく、殺人という重荷をも受け入れる。そして殺人の重荷には、行為そのものの重さのみならず、決断と責任、そしておそらくは罪の重さもある。彼の精神的な運命は彼を剣へと導く。すなわち彼は運命を受け入れ、かくして剣が彼の運命になる。そしてこの解決策、根本的で悲劇的なジレンマのこの英雄的な解決において、彼は、義ではないにせよ正ではあるのだ。

キリストが教えたのは剣ではない。彼は愛を教えた。しかし、彼は一度も一言も剣を批難しなかった。剣が最後の裁可となる組織化された国家体制といった意味でも、軍職と軍務の意味でも剣を批難しなかった。そしてすでに彼の最初の弟子たち、使徒ペテロとパウロは、剣に対する師のこの批難のなさの肯定的な意味を啓示した（「ペテロの第一の手紙」二章一三〜一七節、「ローマ人への手紙」一三章一〜七節）。たしかに、使徒には剣は無縁であり、「剣をとる者はみな、剣で滅びる」（「マタイによる福音書」二六章五二節）との指摘が彼らに与えられた。そしてキリストはご自身のための武装防衛を望まなかった。しかしまさに、この防衛の拒否の点に、税の支払いに関する問題のうちに（「マタイによる福音書」二二章一七〜二一節、「マルコによる福音書」一二章一四〜一七節）、ピラトとの会話の中に（「ヨハネによる福音書」一八章三三〜三八節、一九章九〜一一節）、カエサルに対する自発的な忠誠の精神が漂っている。その精神は後に使徒たちにより主張されたが、その後アテナゴラスとテルトゥリアヌス[8]などの世捨て人たちによって理解を得ずに消滅させられてしまった。そしていまや、手にされた剣による地上での破滅が、剣をとる者に預言された福音書の究極の「罰」となってしまっているのだ。

　キリストは愛を教えた。しかしまさに愛は多くのことをたち起こさせる。不正の犠牲をも、生命の犠牲をも。然り、剣を手にする者は剣によって滅びるが、まさに愛は人をして、この滅びをも受け入れさすことができる。剣を取る者は殺す覚悟が出来ているが、彼は自分自身が殺される覚悟もしなければならない。だからこそ、剣を受け入れることは死を受け入れることであり、死を恐れる者は剣を取るべきではない。しかしながら、愛のうちには死の恐怖が解消しているだけでなく、剣へと導かれる根拠と動機が開かれているのだ。死は剣そのものに定められた「罰」にとどまらない。死は、さらに剣を受け入れるための生きた方策でもある。なぜならば、剣を取ることが意味をもつのは、人間が実際に死ぬに値することのため、つまり、地上での神の事業のためでしかないのだから。この世で自分自身よりも、自分の個人的な生活よりも高いものを何も知らず、持っていない人間は剣を取っても無意味である。なぜならそのような人は、裏切りと悪人への屈辱的な屈服を代価としても、剣を捨てて命乞いした方がましだからだ。しかし神のための事業——自分自身のうちでの、他の人々においての、世界のなかでの——には、死へと赴く意味がある。なぜならその事業のために死ぬ者は、大いなるもののために小なるものを、個人を超えたもののために個人的なものを、不死なるもののために死すべきものを、神的なもののために人間的なものを引き渡しているのであるから。まさにこの引渡しにおいて、この引渡しによって、彼は自己の小なるものを大なるものに、自分の個人的なるものを超個人的なものに、自らの死すべきものを不死なるものにするのである。なぜなら彼は、自分に、すなわち人間に、神の働き手としての尊厳を付与するのだから。このような意味で死は剣の受容のための方策なのである。

私たちが示し主張してきたこの精神的な妥協のことごとくが、人間が地上の生をいとなむうえで避けられないものであるのだ。外的な強制を行なう国家という原理は、この妥協へゆきつかないが、しかし最終審判の段階ではこの妥協にその基礎をおく。国家の事業は断じて剣に帰されることはないが、しかし剣が国家の究極的で必然的な支えではあるのだ。剣を容認しない者は国家を破壊する。しかし、これによって彼が妥協から逃れられると考えても無駄である。なぜなら彼は、自覚的で勇気ある、自己犠牲的で真摯な妥協よりも、意志薄弱で臆病な、背信的で偽善的な妥協の方を選んでいるにすぎないのだから。生と死へと人間を分かつシンボルである剣は、人と人の関係において、もちろん「道徳的により良きもの」ではない。しかしこの「道徳的により良くないもの」が、人々の生活の上で精神的に欠かせないのだ。剣を取り、それで戦い、この戦いにおいて精神的な高みに立ち続けることは、誰にでも出来ることではない。そのために必要なのは、最悪の人々ではなく、自己の中に気高さと力を結びつけている最良の人々である。なぜなら、弱い人々はこの重荷に耐えられないだろうし、悪い人々は剣という自身の使命を裏切っているのだから……。

地上での人間の生の悲劇的なパラドックスの一つは、このようなものである。まさに、最良の人々は次のようなことへと召命されている。悪人たちとの戦いを遂行し、彼らとの避けがたい相互関係に踏み込み、彼らの悪しき意志を強制的に変え、彼らの悪しき活動を阻止し、くわえて、より良きものでない手段でこの戦いを行なう。そういうより良きものでない手段にあっては、やはり剣がつねに最も直接的かつ崇高なものとなるだろう。悪人たちと国家レベルの戦いを行なうことは、必然的かつ精神的に正しい事業である。しかし、この戦いの方途と手段は強制的・不正的なものとなりうるし、しばしばそのようなものでもある。まさに最良の人々のみがこの不正に耐えながらも、それに犯されることなく、その不正にしかるべき方策を見出してそれを遵守し、その方策の不正さと精神的な危険さを記憶にとめ、その方策にとって個人的かつ社会的な解毒剤を見いだすことが出来るのである。

国家の指導者たちと比較すると、修道士、学者、芸術家および瞑想家は幸せである。清い手によって清い事業を行なう力が彼らにはそなえられている。しかし、彼らが政治家と軍人に負わせなくてはならぬのは、裁きと糾弾ではなく、彼らに対する感謝、彼らのための祈り、そして豊かな知恵と浄化なのである。なぜなら、清い事業のため自分たちの手が清いのは、汚い事業のための清い手が他の者たちに見いだされたためだということを彼らは理解せねばならないのであるから。もし、すべての人々にとって罪への恐怖が善への愛よりも強いということになれば、この世で生きてゆくことがまったく不可能になるということを、彼らは銘記せねばならない。聖アンブロシウス[9]は、その書簡の一つで、天使たちが、平安と清さに満ちた天上での観想の至福を捨てて、神の命令で地上へと降り、悪人たちに裁きと懲罰、神の怒りの炎を下さざるを得ないときに、彼らをとらえる悲しみについて語っている。至福の存在にとって、神性の充溢（プレーローマ界）から出でて、悪へと向かい、その悪に公正に報復することはさびしく悲しいことなのだ。まさに、権力と剣の高潔なる担い手はみな、自分のための慰めと力の源をこの天使の像のうちに見いださざるをえない。

むすび

このような解決策には、まず何にもまして統一のとれた強い性格（ハラークテル）が必要であるということが明らかだ。そして、くり返し、くり返し私は問う。その性格とは何なのか？　答えよう。それは人格（リーチノスチ）――人格がもつ精神、本能――の有機的統一なのである。それは、内的に聖なるものの、疑う余地のない権威であり、自分自身と自分の激情とを統べる力なのである。

そして諸君、苦しみによって鍛えられているロシアの若者たちよ、強い性格のこの力を手に入れよ――この異国の地で、そしてかの奴隷の地で。ロシアがそれを要求している。祖国を守る闘いにおいて、あなた方が内的に分裂し、バラバラになり、もつれてしまってはならない。森にも悪霊にも惹かれてはならない。さまざまな相対的な視線ですべてを眺め、すべては相対的なものである、などと触れ回ってはならない。宿命的な問題を歪めて設定し、その問題に誤った解答を与えてはならない。自分の運命を祖国の運命から切り離してはならない。これだけは覚えておかなくてはならない。ロシアは侮辱された。ロシアの至聖所で神の火は消え、地表からロシアの魂を消し去ろうとする不信心者がその火を支配しているということを。

意志薄弱、無意志、弱さ、奴隷根性、これらに因る愛には価値がない。意志を持たずに愛し、感傷的な憔悴状態に陥るような愛には価値がない。ラドネジの聖セルギイに、総主教ゲルモゲンに、アレクサンドル・ネフスキイ[10]にキリスト者の愛を学びなさい。しかし、レフ・トルストイとその追随者には学んではならない。覚えておきなさい。愛にあっては、他者のための苦しみだけでなく、他者のための怒りも必要だということを。なぜなら、真の愛は、人間のうちに、単なるうめき苦しむ獣性ではなく、天使の像を見るからだ。地上に降った天使には、センチメンタルな同情心より炎の剣が相応しいのだ。

創造主の叡智の決定のどこかで、私たちロシアを追われた者たちが、祖国からの断絶を経て、その私たちのすばらしい祖国を取り戻すということが予め定められている。したがって、私たちは、自分たちにあてがわれた時間を、弱さの涙のうちに、あるいは傲慢な妄想のうちに過ごすのではなく、来たるべき労働にむけて、個人かつ共同の準備をすることのうちに過ごさなくてはならない。

また、私たちは、怒れる愛としなやかな闘争を学ばねばならない。私たちは私たちの勝利を確信しなければならない。なぜなら、私たちには正当性と意志の力があるからだ。私たちの背後にはロシアの歴史がある、ロシアの聖地がある。私たちには民族的自己防衛の覚醒した本能がある。

しかし、まず最初に、何よりも先に、私たちが習得せねばならないこと、それはすべての運命的な問題を神の面前で誠実に追求し、そして得た解答を誠実に表明することである。

訳注

1『検察官』第一幕第四景の市長の台詞「どこに記念碑を建てたって、ちょっと垣根をつくったって、どこから運んでくるのか知らないが、たちまちごみの山ができてしまう」（野崎韶夫訳）を念頭においているものと思われる。

2 ワシーリイ・ワシーリエヴィチ・ローザノフ（一八五六〜一九一九）。二〇世紀初頭に活躍した哲学者、社会評論家、文芸批評家。メレシコーフスキイらと同様に、「新たな宗教意識」を志向し、『月光の人々』（一九一三）等で独自の性愛理論を提唱した。

3 YMCAは一八四四年英国に端を発したキリスト教青年組織。米国YMCAの代表ジョン・モットは一九二二年、亡命直後のベルジャーエフと会見し、ベルジャーエフ主導のベルリンにおける宗教哲学会への資金援助を約束。翌年にはYMCAのポール・アンダーソンの助力によって数々の亡命ロシア思想家の著作を発行するYMCA出版も設立、ベルジャーエフが同出版の編集長に任命された。YMCAはさらにロシア・キリスト教学生運動の設立（一九二三年）、雑誌『道』発行、聖セルギイ正教神学院設立にも助力した。しかし、YMCAが宗派を超えたキリスト教徒の合同を呼びかけていたことから、カルロフツイの白系在外ロシア正教会など右派亡命界には、これを「フリーメイソン」や「シオニスト」組織と誹謗する者が多かった。イリーンの嫌悪感はベルジャーエフとの仲たがいに基づくものか？

4 アテナゴラスは二世紀後半のアテネの哲学者。後にキリスト教に改宗し、護教家となる。子たる神をロゴスとするなど、彼の思想にはプラトン主義哲学が反映されている。

5 エコセーズは、一八世紀末から一九世紀初めにかけてフランスとイングランドで特に流行したスコットランドのフォークダンスをいう。通常は四分の二拍子である。ボードビルは、一幕ものの通俗的喜劇のこと。

6 ワシーリイ・ワシーリエヴィチ・ゼンコフスキイ（一八八一〜一九六二）。哲学者、神学者。一九一九年に亡命。主著に『ロシア哲学史』二巻がある。

ジナイーダ・ニコラーエヴナ・ギッピウス（一八六九〜一九四五）。ロシア文化史における「銀の時代」に活躍した作家、批評家であり、D・S・メレシコーフスキイの妻。一九一九年に夫と共に亡命。

ヴィクトル・ミハイロヴィチ・チェルノフ（一八七三〜一九五二）。エス・エルの創始者の一人。一九二〇年に亡命。

フョードル・アヴグストヴィチ・ステプン（一八八四〜一九六五）。哲学、社会学にとどまらず、作家、演出家、役者と幅広い才能を持っていた宗教哲学者。一九二二年にロシアから追放。

ユーリー・イサイエヴィチ・アイヘンヴァリト（一八七二〜一九二八）。ロシアの文芸批評家。ユダヤ人。一九二二年にロシアから追放。

7トマス・トルケマダ（一四二〇?～一四九八）。ユダヤ人追放を行なったスペインの大審問官。

8テルトゥリアヌス（一六〇?～二二〇?）。二世紀の神学者。ラテン語で著述を行なった「ラテン教父」の最初の一人。キリスト論、三位一体論を系統的に論じた最初の神学者であり、『護教論』など三一編の著作がある。

9アンブロシウス（三四〇?～三九七）は、四世紀のミラノの司教（主教）。ローマ・カトリック、東方正教会、聖公会の聖人で、記念日は一二月七日。四大ラテン教父、かつローマ・カトリックの四大教会博士の一人に数えられる。アウグスティヌスに影響を与えた人物としても知られる。

10ラドネジの聖セルギイ（一三一四～一三九二）。ロシア最大の聖者の一人。三位一体セルゲイ修道院の開基。一三八〇年、クリコヴォの戦いで、キプチャック・ハン軍と戦うため戦地に赴くドミートリイ・ドンスコイ公を祝福した。ゲルモゲンについてはノヴゴロツェフ「聖なるものの復興」訳註10参照。

アレクサンドル・ネフスキー（一二二〇?～一二六三）。モスクワ大公。ネヴァ河畔の戦い（一二四〇年）でスウェーデン軍を、氷上の戦い（一二四二年）でドイツ騎士団を、打ち破った国民的英雄。


（大山麻稀子、ベリャーエヴァ・エカチェリーナ、堀江広行、山口祥平、渡辺圭 訳）

イリーン――人と思想

堀江 広行

革命以降の亡命ロシア思想の流れを身をもって体験したロシア宗教思想研究者L・ザンデルは、一九二二年の大規模な知識人国外追放処分で欧州各地に散った知識人グループと、それ以前にすでに自らの意志で亡命していた人々のグループとの間の政治的見解の相違を指摘している。それは主に当時のソヴィエト・ロシアの現状への認識の違いであった。一九二二年以前のごく初期の亡命者グループの間では、一九二一年の白軍勢力のロシアからの敗走にもかかわらず、彼らが憎悪する革命政権の崩壊と帝政の復古が早晩訪れるとの楽観的な期待が圧倒的であった。チェコ・スロヴァキアのマサリク大統領が当時プラハを中心に繰り広げた「ロシア運動」がこのような気運を象徴的に示している。「ロシア運動」は、当時チェコ・スロヴァキアだけでも一万五千人ほどにのぼったロシア人難民を視野に、「近い将来」のボリシェヴィキ政権崩壊後を見越した「新政権」のための人材育成を目指して、「ロシア大学」や「民衆大学」等で亡命ロシア青年を教育しようとの活動であった。新政権樹立は現実的な課題であったのだ。

これに対してソ連政権下ですでに五年間近くを過ごした知識人のグループは、この政権に対する否定的見解にもかかわらず、ソヴィエト政権が当初の予想以上に存続しうるであろうと見ぬいていた。N・ベルジャーエフやS・ブルガーコフといった哲学者たちがこのような見方をしていた。彼らは、第一次世界大戦の最中に勃発したロシア二月革命には然るべき原因があり、しかもその原因は、決して一部革命派の冒険的偶発的な政権強奪にのみ求められるものではないと理解していた。その責任は、旧帝政自体、さらには抑圧的な帝政と結託し十分に国民の心をとらえられなかった教会や、内部分裂をくり返し、第一次大戦当初の愛国主義的熱狂に溺れた民主主義的知識人層自身にもあるのだ。なかんずく、ロシア正教会の伝統への回帰が、社会を指導する知識人の新しい精神的な道だと自覚していた彼らには、帝政崩壊と、それに伴う国家による教会管理体制の消滅は、ロシア正教会を国家権力との癒着体質から解放し、国民の精神的中心として復活させる機会を供するうえで有意義だとすら感じられたのである。また、彼らは、ボリシェヴィキの政策に根本的な誤りを見つつも、ボリシェヴィキ政権を、彼ら亡命者自身とはまったく疎遠な世界に君臨する何かの悪の権化とはとらえていなかった。そもそも彼らの多くが以前に、マルクス主義と革命運動に熱中した過去をもっていたのである。

このようなわけで、彼ら一九二二年の亡命者たちの見解は、過去への単純な逆行、すなわち帝政の単なる復活を目指す運動が無意味だとの点で概ね一致していた。まして、外国軍の干渉に頼んだ軍事力による帝政復活など論外だった。革命ロシアの実状に通暁した彼らには、革命のごく初期のロシア脱出者たちが抱いている、革命政権の自己瓦解への期待と軍事力による帝政復活の理念は、革命以降のソヴィエト・ロシアの現実を知らぬ極めて稚拙なものに思われたのだ。

イヴァン・アレクサンドロヴィッチ・イリーン（一八八三〜一九五四）は、このような一九二二年に国外追放処分を受けたロシア知識人グループの中でも、軍事力による革命政権転覆の夢を捨てなかったばかりか、亡命者に活発な反ソ「運動」を呼びかけて、新政権の樹立構想等を頑なに執拗に練り続けた点で異色であった。彼の思想は、純粋に宗教と哲学に沈潜していったブルガーコフ、ベルジャーエフ、フランク、ヴィシエスラフツェフといったロシア亡命思想の「王道」とはかなり異なる。彼は、ボリシェヴィキを歴史上に出現した形而上的悪の具現のごとくとらえ、革命時とそれ以降に反革命軍事勢力への活発な擁護協力活動を展開した。

イリーンは、一八八三年、弁護士の父とルーテル派から正教に改宗した母を両親としてモスクワに生まれた。貴族の家系である。一九〇一年にはギムナジウムを卒業し、P・ノヴゴロツェフやE・トルベツコイの下でモスクワ大学法学部に学ぶ。一九〇六年卒業と同時に教授称号取得準備のために専任講師として大学に残された。同年に結婚。一九一〇年には、モスクワ心理学協会に迎えられ、後年議長を務めている。この年の末から一九一二年にかけて、ドイツ、イタリア、フランスへ研究目的で長期出張し、リッケルト、ジンメル、フッサール等の下で学んだ。この時期に、『法律と執行力の概念。方法論的分析の試み』、『シュティルナーの論説における人格の概念。個人主義の歴史に関する試み』、『大フィヒテの知識学における主体の理念の危機。系統的分析の試み』、『シュライエルマッヘルとその「宗教論」』、『親切さについて。社会心理学的叙述の試み』、『ヘーゲル主義の復興について』、一九一四年には、『良心の宗教としてのフィヒテ哲学』、『戦争の根本的な道徳的矛盾』など一連の論文が書かれている。これらの著作では、主に、個人と社会的統一性の関係をめぐる問題に焦点が置かれ、個人の不可侵性と独立性の理念を一方で維持しつつ、同時に、社会には超感覚的で集団的なある種の場が存在論的に実在している旨が主張されている。ちなみに法律は、このような実在する超個人的な場に根ざすというのである。また、当時のイリーンの著作では、社会のあるべき発展の方向性として、法治国家の必要性、このような法治国家への忠誠、法意識の重要性などを強調する西欧民主主義的な主張が目を惹く（後年、イリーンは西欧民主主義を含めた西欧文化全体に相当に否定的な見解を抱くようになった）。その他、「霊的明瞭性の経験」、「対象への没入」など、イリーンの後期の著作に頻出する概念がすでにこの時期に生まれている。

しかし、イリーンに、研究者としての名声をもたらしたのは、二巻本『神と人間の具体性に関する教義としてのヘーゲル哲学』であった。この大著は、第一次大戦初期より誌上で部分的に発表され始め、一九一八年に、学士号と博士号論文として受理されて、直ちに出版された。

　ここで、イリーンの重厚なヘーゲル論を再生するのは難しい。しかし、あえて述べれば、イリーンは、ヘーゲルの哲学行為には、その汎論理主義の外見の基盤に、思考と観照の統合、すなわち知的直感の概念があったと考えており、ヘーゲルによって明らかにされた絶対精神の「純粋な理性概念」の領域を、純粋に論理的、無条件に合理的なものとみなすことに疑念を挟む。ヘーゲルは「純粋な理性概念」の純然たる論理性という表面上の主張にもかかわらず、世界と人間意識における具体的な非合理的要素の解消は不可能と認めており、絶対精神への人間精神の上昇、人間意識の主観性の排除が、全現実の純粋思考論理への捨象ではないと知っていたと主張する。彼は、このようなヘーゲルの内部分裂の分析を通じて、「純粋な理性概念」の領域は、個人の人格とその非合理性を解消するものではなく、むしろ、絶対精神に非合理的要素を包含させ、他方で個人の人格に絶対的基礎を与えるものだと主張するのである。現代の研究者は、このようなヘーゲル解釈を、二〇世紀のヘーゲル理解のパラダイム転換に特徴的なヘーゲルの非合理的基盤の発見の先取りとして高く評価し、また、ヘーゲル分析への、フッサールの現象学的方法の適用等の先駆性をも指摘している。

　一九一七年二月の帝政崩壊と共和制移行を、イリーンは法治国家制度の危機ととらえ、活発な文筆講演活動を開始した。彼は、当時、革命によって発生した社会的無秩序を、回復されるべき一過性の状況と定義し、この無秩序状態の克服、出来るかぎり早急な新しい合法的秩序への移行を訴えた。

　しかし、歴史はイリーンの期待するところとは正反対の方向へと向かった。新しく成立した臨時政権は混迷し、ソヴィエトと臨時政府の二重政権状態が続いた。この中で、一〇月二四日、ついにレーニン率いるボリシェヴィキの武装蜂起が発生した。

　十月革命は、イリーンの目には何よりも、合法的秩序の回復ではなく、破壊、蹂躙と映った。彼はモスクワ大学法学部やその他のモスクワの高等教育機関で授業を続けるかたわら、講演や出版活動を通じてボリシェヴィキ政権に対して激しい抗議活動を始める。それのみならず、彼は、アレクセーエフ将軍とコルニーロフ将軍による白軍武力闘争を歓迎する旨を公然と表明した。当時、同じようにボリシェヴィキ体制に距離を置き、精神文化自由アカデミーなどを組織して、自由思想、宗教的立場の擁護を目的とする啓蒙活動を展開したベルジャーエフやフランクが、このような反革命軍事行動の公然たる是認にまで至らなかったことをかんがみると、イリーンの立場の急進さがよくわかる。

　結果、当然のことながら、一九一七年から二二年九月までの間に、イリーンは六度にわたり逮捕され、「ソヴィエト政権への非承認」の罪により二度死刑判決を受けた。しかし、おりしも、体制に不服従的な知識人や学者達を国外へ追放するという、トロツキーの表現によれば「人道的」な処置がとられた時期にあたり、イリーンの死刑判決も、一九二二年、「ソ連国内に立ち入った場合は銃殺」との条件付きで国外追放に変更された。

一九二二年一〇月、追放のイリーンは、ベルリンに到着する。このドイツ滞在は、一九三八年まで一六年間続くことになる。彼によればこれは、霊的な戦いを続けるための避難であった。イリーンは、ソ連政権に対する武力対決の主張を崩さず、翌二三年にはロシア学術研究所の教授に就任しながらも、南部ロシアの反革命ヴランゲリ政権の代表者、A・ランペ中将など白軍運動の指導者達と接触し、革命ロシア政権の打倒を呼びかける執筆や講演活動を続けた（ヴランゲリ将軍自身とも文通している）。この白軍運動支援のための講演活動は、ドイツ、ラトヴィア、スイス、ベルギー、チェコ、ユーゴスラヴィア、オーストリアなど各国で行なわれ、一九二六年から一九三八年の間に二〇〇回を数えた。一九二五年にストルーヴェにより創刊され、保守的傾向で有名な露文日刊紙『復興』の編集にも加わり、頻繁に記事を掲載した。また、一九二七年には、自己の信念をより直接に伝えるために、『ロシアの鐘』誌を自ら編集・出版し、一九三〇年まで九号を発行している。さらに、この時期、亡命ロシア軍人組織として有名なロシア全軍人同盟にも進んで協力するなど、反革命目的の組織活動にも積極的に参加している。

当時、発表された主要な著作としては『哲学の宗教的意味』、『力による悪への抵抗に関して』、『白露の理念』、『祖国と我々』、『ボリシェヴィズムの凶毒』、『ロシアについて』、『霊的刷新の道』などがある。なかでも、一九二五年に発表された『力による悪への抵抗に関して』は、イリーンの著作中でも最も有名なもので、現代ロシアの研究者、リーシツァをして、チャアダーエフの『哲学書簡』、『道標』と並び、ロシアの思想史上三大論争の一つと言わしめた議論を亡命界に巻き起こした。論争には、ベルジャーエフやギッピウス、ゼンコフスキイ、ストルーヴェ、ステプンなどが参加し、『最新ニュース』や『復興』等の露文紙誌上でその是非をめぐって激論が戦わされた。

本書には、この『力による悪への抵抗に関して』の立場をよく伝える同名の講演を載録した。この講演は、一九三一年三月九日、当時大規模なロシア人避難民のコロニーがあったラトヴィアの首都リガで当地の「国民同盟」の招待により行なわれた。

ここでは、この講演の元となっている著作『力による悪への抵抗に関して』をとりあげよう。

この著書は、白軍運動の擁護とそれへの支援の訴え、そして彼が「降伏的平和主義」、「歴史と祖国からの個人主義的逃避」と考えていた全てのロシア亡命思想家たちへの攻撃を直接の執筆動機としている（講演も同様と考えてよい）。

この書は、トルストイ伯が唱えた無抵抗主義に対する弁駁という形式をとっている。トルストイの平和主義は、革命以前よりロシアの思想家たちの間に物議を醸しており、トルストイ批判自体は、ロシア思想において珍しいものではない。しかし、イリーンは、それらをはるかに超えて、トルストイの無抵抗主義こそロシア革命運動の心髄だと主張する。彼によれば、トルストイの無抵抗主義は、悪の非在論に根ざしている。悪は独立した存在ではなく、迷妄、錯誤、弱さ、執着、堕落、苦しみ、貧困の副産物であり、善は苦の欠如、愛は哀れみと共感の感情であるとの考え方だというのだ。イリーンによれば、これは自己中心主義、個人主義的逃避であり、その愛は真の愛ではない。

イリーンは、トルストイの道徳論を次のように再構成する。全ての悪が苦にある以上、個人の課題は苦を去り、さらに可能なかぎり他者に苦をもたらさないよう努力することである。したがって、悪への力による抵抗は、結局、苦を他者にもたらすことで苦を除去しようとする不合理な試みである。彼によれば、このようなトルストイの道徳論は、人間の快楽を増して、苦を除去しようという「動物的魂的（感性的）」な人間の本質に立脚している。トルストイが考える人間の課題は、イリーンが説くところでは、自己の苦の除去と他者の生活への不干渉となり、したがって、この不干渉主義から、暴力機関としての国家と法の否定へといたる。この国家と法の否定は、法学者としてのイリーンを特に苛立たせた点で、彼は、ここにトルストイの無抵抗主義と革命運動のはらむ無政府主義、虚無主義、政府転覆思想との接点を見ようとする。

他方、これに対してイリーンは、人の心には悪が明白に実在し、この悪と戦うため愛に基づいて人間同士が「協力」、ひいては「干渉」しあわねばならないと主張する。彼は、このような自己の見解を説明するために「自己強制」、「他者に対する強制」、「心理的強制」と「物理的強制」という四つの重要な概念を区別する。彼によれば、本来、悪は、善と霊性への衝動によって克服されるべきである。しかし、悲劇的なこの世においては、悪の克服には一種の「強制」が必要となることがある。その一つが「自己強制」で、人が自己の弱い精神に抗してあえて自らを善の行為に向かわせる、あるいは自己の唾棄すべき習慣から脱するために自らに物理的苦を強いる場合などがそれである。しかし、それでもなお、世界の悪は克服されがたい。世界には自ら悪と戦うことができない人々がおり、彼らには「干渉」による協力が必要となる。イリーンによれば、その例が児童教育に見られる強制を含んだ訓導である。法律や国家法も、警告を手段とした一種の「他者に対する心理的強制」であって暴力ではない。そして、彼が容認するこのような「強制」の最終段階が「他者に対する物理的強制」である。このような強制は、必要時に自己の魂の中で悪を克服できず、悪の虜となった人間に対して適用される。イリーンによれば、他者に対するこのような「物理的強制自体は、それが本質的に霊性と愛に反するものでないかぎり、悪の現象ではない」。むしろ、それは愛の表われである。

しかし、悪との戦いのための「干渉」の必要性の主張にもまして、何よりも人々を驚かせたのは、聖書を論拠とした死刑の是認論、「愛の行為としての死刑」というイリーンの思想であった。

さらに、この「愛の行為としての死刑」を実行する「戦士」に、コルニーロフ将軍を初めとする実際の反革命軍の将兵が擬らえられ、帝国ロシア軍の旧弊の残る何かと問題の多い白軍の活動が過度に美化されていることに、多くの読者は不快の念を感じたはずだ。同書の冒頭には、次のような献辞が掲げられている。

「このヴィジョンを求めながら、思惟と愛をもって、君たち、白軍の戦士たち、正教会の剣を帯びた者、ロシア国家に対する重い労役を自発的に担う者たちに、私は向かう！ 君たちの中には正教会の騎士道の伝統が生きている。君たちは、自らの生と死をもって、いにしえの義しき奉公の精神のうちにその名を刻んだ。君たちは、ロシアのキリスト愛戦士の精神の旗に従ったのだ。（中略）君たちの剣は祈りとなれ、君たちの祈りは剣となれ！」

このような呼びかけが疎ましく受け取られたのも無理あるまい。しかし、このような積極的「干渉」への呼びかけ、イリーン特有の「行動主義」は、彼のそれまでの哲学に深く根差している。「明瞭性の経験」と「対象」の概念がイリーン哲学の鍵になる。これらの概念が明確化された一九一四年のイリーンの著作『良心の宗教としてのフィヒテ哲学』を参考に、「明瞭性の経験」と「対象」が何を意味するのか、それが彼の政治的主張といかに関係するのかを少し探ってみよう。

イリーンは、全ての深遠な哲学体系の基盤には、哲学者が彼自身の霊のレベルで体験する「直接的な霊の経験」があると言う。イリーンによれば、この「経験」こそが、その哲学の「対象」が本物であり、客観的なものであることを保証するのである。機知に富んだ思いつきや擬神秘的な幻想、権威への依拠などをもってこの経験に代えることはできない。この経験の中で、哲学者の霊は、哲学の「対象」——それは前掲書では「絶対」そのものと呼ばれる——の性格に集中する。「実際にそれに浸透しながら、認識的に浸透し、その対象そのものの「炎」で燃えるために、自身の貧しく揺らぐ火をかい消す。魂は、対象の内容と意義に満たされ、美、真実、善、啓示に癒される。魂は注視するために沈黙し、侵入し歪曲してくる偶然、主観的な経験上の諸要素から、何よりもまず真の対象の位置を守る」。彼の言うには、この経験は決して誰にでも得られるものではないが、真摯に「対象」に没入しようとする者なら、誰でもこの経験を知っている。

「明瞭性の経験」論は、一見、対象への一種の主体的「没入」を要求する類の非合理で個人的な体験の必要性を説く論のように思われる。しかし、このような「明瞭性の経験」の中で与えられるとされる「絶対」の性格描写は興味深い。イリーンがフィヒテを借りて説くところによれば、啓示される「絶対＝対象」は、論理や理性と矛盾はしない。「宗教を哲学から引き離し、臆病にも自己の信仰を、喜びに満ちた理性の活動から隠蔽する者、理性の光が啓示自体から輝き射していることを見ようと望まない者」は間違っている。このような絶対＝論理＝啓示という図式は、す問が起こる。
それでも、いかにして絶対と論理が両立しうるのかとの素朴な疑
絶対精神の概念の宗教性、非合理性的要素の指摘に基づくのだが、
でに紹介したようにに卓越したヘーゲル学者イリーンのヘーゲルの

でに紹介したように卓越したヘーゲル学者イリーンのヘーゲルの絶対精神の概念の宗教性、非合理性的要素の指摘に基づくのだが、それでも、いかにして絶対と論理が両立しうるのかとの素朴な疑問が起こる。

絶対という「対象」への没入によって明かされる内容も意想外のものである。イリーンの主張では、「明瞭性の経験」によって、フィヒテのいう生得の「あらゆる感性的な非合理的な定義からの人間精神の自由、その絶対的な霊的自己定義性」が啓示される。彼によれば、フィヒテが述べるように、小我としての人間精神は、大我としての神性と本来同一である。「神性は人間の外ではなく、人間自身の内部で人に開示される。神性は主体（人間）の外にあるのではなく、主体の内にあり、人間の霊の超感覚的な根である」。この神人同一性の主張によって、絶対的に自由で、何ものからも規定されず、つねに能動的である者としての神性の性格は、イリーンによってそのまま、人間の霊の根本的性格に転化され、ここから人間の絶対的能動性の必要性が引き出される。イリーンが引用するフィヒテの言葉を利用しよう。「一過性の感性的な日常生活の中で良心は（君に）語る。君は、感性的な外存在（非我）に対する純粋で完全な独立の中で生きなければならない。実体（substantia）にのみ固有の理性的な自己定義性の中で生きなければならない。ここにこそ君の使命がある。なぜなら、正しく、君は、君の秘められたる本質の点ですでに実体（substantia）であり、永遠にそうであることを止めないのだ」。

しかし、このような小我と大我の同一論において、他我の問題はどう解決されるべきなのか。絶対的自由を持ち、能動的な個々の小我は、いかにして他我との関係を築き得るのか。イリーンの主張に従えば、おそらく、「明瞭性の経験」には一種の浄化効果があり、個々の主体に付き物の主観的誤謬が正されるので、個々の主体間の矛盾は起きないということになるのかもしれない。また、絶対的に自由で能動的な主体はもちろん、経験論上の我とは別だということかもしれない。しかし、実践上で問題が生じるだろうことは想像に難くない。他我との関係には受動的なものをも含めるべきではなかっただろうか。

次のような主張は懸念を招く。「（主体の行為対象である）客体は、客体であることを止めなくてはならない。客体は廃止されなければならない。客体の可視性は消滅しなければならない。主体の客体への勝利は最終的で最大限のものでなければならない。ただ、このような完璧な無限の勝利だけが経験上の客体の独立した存在を廃棄するのであり、主体に、絶対的自由への道を開示するのである」。一つの「客体」である「ボリシェヴィキ」や「臆病者」に対するとき、イリーンは客体に対するこのような絶対的な能動的関係を打ち立てようとしたのではなかろうか。

しかし、忘れてはならないことだが、このような、小我たる主体の大我たる絶対との同一性は、一種の集団的な責任を個々人に要求する。この啓示は、道徳的なものである。イリーンによれば、個々人は、「神の本質の生きた内容」であり、神の真の生命

に実際に「参加」している。「明瞭性の経験」の中で、「道徳的啓示の声を理解しながら、各人は神の霊の実体（substantia）を帯びたる限られた魂として自らを認識しなければならない」。さらに、「（明瞭性によって与えられる至福の神の）この生命に生くる者、理論的と実践的な良心の声に忠実な（自らの）人生上の行動が神の力を帯びていることを、実際に経験している者は、実際に、知識と行動において最高自己意識を実現しつつあるのだ」。現代のロシアの研究者エヴランピエフは、このようなイリーンの思想を宗教的タイプの実存主義と名づけているが、首肯できる意見である。

イリーンによれば、このような者はもはや啓示内容を「信じている」のではなく、「知っている」。「良心の声の中に神の声を見出して、それを通じて、道徳的行為が神の力の人間の中での発露であることを認識した者は、信じているのではなくて、すでに明瞭なヴィジョンをもって、自身の行動が絶対的に必要であり、世界における善の実現過程で絶対的に目的に適っていることを知っているのである」。

イリーンは、いわば、自己を神の一部と任じ、本来的で道徳的な絶対的能動性の「善」の実行、すなわち「神の霊を帯びた行動」を呼びかけているのだ。そして、このような「神の霊を帯びた行動」に対する責任を人々に要求しているのである。一九一四年にすでにこのような思想を抱いていた彼には、『力による悪への抵抗に関して』で主張した積極的「行動」への呼びかけは当然だったと言えよう。

イリーンは、後年、このような「明瞭性の経験」を自らの思想の基盤として、「対象に参入しない者」、「行動しない者」を告発し続けていくことになる。しかし一方、イリーン自身の主張はその外面上の論理性にもかかわらず、極度に主観的で善悪二元論的である。このような「明瞭性の経験」の主張、あるいは「対象」への主体の没入の要求こそが、祖国に対して無関心ではいられなかった彼にこのような極度に主観的な見解を抱かせたのではあるまいか。この没入の力、ロシアという対象への全身全霊の真摯な没入、自らを神の一部と感じる「神の霊を帯びた行動」への要求こそが、イリーンに「赤」を絶対悪とし「白」を絶対善とする善悪二元論的な世界観を抱かせたのではなかろうか。

当然ながら、彼のこの「明瞭性の体験」に基づいた哲学は、「対象」への全身全霊での投企を保証はしても、その没入の結果つくられる見解の正しさは保証しない。たしかに、ロシアという対象へのイリーンの当時の没入が真摯なものであり、極限的なまでに全身全霊を込めたものであった点には疑いの余地はない。たしかに、亡命先ですごした彼の後半生は、この真摯さで貫かれており、イリーンは死ぬまで自らの主張をくり返し、その実践の方策を練り、可能なかぎりの実践を試みた。しかし、やはり、彼はどこか間違っていたのではなかろうか。「祖国」という土と血への没入は、高潔なイリーンには、少なくとも非道徳的なものを持ちきたしはしなかったが、イリーンの思想に共鳴したナイーブな人々には何をもたらしえたであろうか。イリーンの「祖国」への熱中は、ファシズムなどの野蛮行為すれすれの線で、その高潔さを保っていたのである。

いわゆる保守的で極度の反共思想の持ち主であったイリーンが、ロシアの保守的知識人にごくありがちな反ユダヤ主義に陥らず、当時ドイツに居ながら、ヒトラー・ドイツ体制に協力しなかったのは少し意外に思われる。実際には、協力の提案を受けながら拒絶したとされ、ヒトラー政権成立の翌年の一九三四年、ナチス党の綱領に沿った講義を行なうことを拒んだかどで、ロシア学術研究所を追放されている。さらに一九三八年には、全出版物を押収され、一切の講演活動を禁止された。

しかし、イリーンのナチス・ドイツ体制やファシスト・イタリア体制への態度は微妙であったようだ。実際にファシズム体制を身をもって経験する以前、一九二八年に『ロシアの鐘』誌に発表された『ロシア・ファシズムについて』では、イタリアのファシズムを歓迎し、それを「共産主義とボリシエヴィズムの凶毒」に対する「愛国的独断による緊急的救済」だと賞賛している。当時の彼によれば、イタリアに見られるようなファシズムは「社会・国家生活で、人々が、自発的奉仕、質的選別、無欲、誇り、義務、規律、忠義の原理で団結し、愛国主義によって動かされ、この原理の下で祖国に奉仕し始めるところ」で起こるものであった。他方、一九三五年に発表された、前出の『霊的刷新の道』では、真の国民的統一、愛国主義の基準は霊的な統一であって、人種や血、出身、さらには言語などの本能にしか立脚しない統一とは別物であり、偽の「盲目的、本能的愛国主義」と、発達した「人間的霊性」の基盤にのみ成立しうる真の「霊的愛国主義」とを区別せよと主張されている。この真の「霊的愛国主義」は本能的な「祖国愛」が霊性によって浄化されてはじめて成立するというのである。

ともかく、生活の糧を失ったイリーンは、ヒトラー・ドイツ政府による出国禁止処分にもかかわらず、友人であった有名な作曲家ラフマニノフ等の助けによりスイスへの出国ヴィザを入手、一九三八年七月にドイツを奇跡的に脱出、以降、チューリッヒ郊外のツォーリンコンに居を定めた。スイスでは、いっさいの政治活動を禁じられたにもかかわらず、ロシア全軍人同盟への原稿執筆も匿名で続行し、思想と行動の一致という自己の信念を貫きつづけた。

この第二の亡命生活の中で、イリーン歿後の一九五六年にロシア全軍人同盟により編纂され刊行されることになる『我々の課題』、独文で発表された三つの芸術哲学的散文集『私は生を覗き込む。思索の書』、『鳴り止む心。沈想の書』、『彼方への眼差し。考察と希望の書』などが執筆された。その他、一九五四年一二月二一日の死を迎えるまでに、長年にわたり心血を注いだ著作『宗教的経験の公式』、『君主制について』を完成、さらに『明瞭性への道』の出版準備を完了した。

最後にイリーンの研究史を一瞥しよう。ソヴィエト連邦での彼の紹介と研究が事実上不可能であった以上、それは海外で在外亡命ロシア人に委ねられることとなる。このような在外ロシア人の研究家、ひいてはイリーンの遺産の継承者として、N・ポルトラツキーの名を忘れることはできない。自身、亡命白系将校の血筋を引く彼は、イリーンの弟子を任じ、米国ミシガン大学やピッツバーグ大学で亡命ロシア思想研究に携わった。特に、スラブ諸語・文学研究室の室長を長年務めたピッツバーグ大学では、イリーンの文書保存館を設立、イリーンの研究、及びその著作の再出版と思想の宣伝に力を注いだ。彼自身、イリーンの思想を実践した熱狂的反共主義者であり、ソ連市民に客観的情報を伝える名目で設立された戦略的対共産圏放送「ラジオ・リバティー」の対ソ編集局にも勤務した。イリーンの没後に海外でポルトラツキーによって出版された著作には、本稿で言及した『力による悪への抵抗』（一九七五年）、『君主主義体制と共和国体制』（一九七九年）、『将来のロシアについて』（一九九一年）等があり、イリーンに関する研究書も刊行している。この他、亡命ロシア人による研究としては、V・ゼンコフスキイの『ロシア哲学史』（一九五〇年）中のイリーンの思想の解説にも触れておくべきだろう。聖職者としてのゼンコフスキイのイリーン哲学の解説は、ロシア正教の教理的立場からの解釈を代表するものと言える。そこではイリーンにおける「宗教的なもの」には神の超越性に対する理解が欠如しており、ヘーゲルを継承した内在論的な概念による宗教的なものの描写の試みが失敗だったとの評価が下されている。

故国ロシア（ソ連）では、イリーンに関する出版は、その極めて濃厚な反体制的性格のためままならなかった。しかし早くも一九八四年には、『モスクワ大学紀要 哲学』誌で、A・ヴァシエストフが、その反動的性格に関する長い前置きを添えたうえでイリーンの思想に対し当時としては驚くべき勇気ある肯定的な評価を試みている。

ペレストロイカが決壊させたイデオロギーの見直し、土壌的民族的なるものへの回帰の波と共に、イリーンは、ソヴィエト政権に抗い帝政と伝統を擁護した「抵抗の哲学者」として一躍脚光を浴びることになった。

このような流れのなかで、一九九一年五月『哲学の諸問題』誌にリーシツァによる解説「法学者、国家学者としてのI・A・イリーン」が登場、初めてイリーンがロシアで正面から論じられるようになった。さらに、一九九三年には、彼女により一〇巻にわたるイリーン著作集の刊行が始まった。

他方、先にも言及したI・エフランピーエフは、イリーンを政治的なコンテクストにおいてではなく、すぐれたヘーゲル研究者として分析する一方、その政治的思想傾向には率直な批判を加えた論稿を発表している。

また、現代のロシアでは、イリーンは一定の人気を持つ思想家であり、インターネットを覗くと、「愛国者」としてのイリーンに関する数多くのページを見つけることができる。

私たちは、祖国ロシアが復活しうるのではないかというイリーンの熱い希望と焦燥感、そして祖国という「対象」への彼の没入に可能なかぎりの想像力をもって共感したうえで、真摯であると同時に極端でもある彼の思想を冷静に判断すべきであろう。

VII

第二次世界大戦
1939―1946

ゲオルギイ・フェドートフ
いかにしてファシズムと戦うべきか
1943

解題†ロシア霊性の語り部――G・P・フェドートフの生涯と思想……渡辺 圭
†「ポスト革命」派とフェドートフの思想……新井正紀

セミョーン・フランク
ユートピア主義の異端
1946

解題†フランク――人と思想……木部 敬

1943
いかにしてファシズムと戦うべきか

ゲオルギイ・フェドートフ

初出はニューヨークで発刊された『新雑誌』一九四三年、第六号、二九一〜三〇六頁。

I.

戦争が行なわれている最中にこのような問いかけをするのは奇妙に思われるかもしれない。今、大砲や戦車や爆撃機でファシズムと戦っているのではないのか？　——そして、その戦争による荒廃は、まだ間近ではないにせよ、水平線上にすでにはっきりと見えはじめているのではないのか？

勝利が世界の全問題を解決する、ドイツの敗北がファシズムの最終的な敗北である、そのように信じている楽観主義者が現在大勢いるのかどうかは知らない。そのように考えるためには、目下の戦争が純粋にイデオロギーの戦争であって、ファシズムと民主制のあいだで行なわれており、そして、ドイツとファシズムは同一のものだということを確信する必要がある。

そう、政治的な分水嶺によって、相戦う国民間にかなりはっきりと分離が生じた時期があった。一九三九年、実際に、民主制はファシズムに宣戦布告した。このことは、異常なまでに純粋な政治的気運を生み出し、その気運のなかで、最も分別があり、かつ責任のある国家の要人たちが、自由な人民の共和国についての夢想を声高に語った。この純粋さに対し、私たちは高い代償を払ったのである。ファシズムは民主制よりも強いということが判明した。フランスがファシズムの餌食となった——「純粋な」戦争への準備を自ら怠っていたために真っ先に餌食となった。身内のファシズムと秘められた階級闘争によってフランス自体が引き裂かれた。その上部はヒトラー側に、下部はスターリン側に与した——当時は両者とも一緒に歩んでいたのだ。フランスの民主制には、守り手がいなくなっていたのである。

純粋ではあるが、ほとんど希望のないこの状況は、戦争の進展とともに変化した。ヨーロッパのほぼ全ての国民にとって、戦争は、生き残るための戦いという性格を帯びるようになった。イギリスでさえ、このことを一九四〇年の夏に痛感した[1]。しかし、このような戦いでは、自分の同盟国の純粋さをとりたてて詮索する必要はなくなる。使えるものならどんな力でも貴重なのだ。ファシズムと半ばファシズムの国々が、じつは民主制の同盟国であった。少なくとも一つの民主制国家、すなわちフィンランドはヒトラーと歩みを共にしている。ヒトラーのロシアへの侵攻の瞬間から地図が縺《もつ》れた。だがこの瞬間にはじめて、私たちの勝利のチャンスが訪れたのである。

しかし、事実は事実として残る。今はイデオロギーの純粋さについて語るべきではない。民主制のための——自由のための——戦争が、生存のための戦争と絡み合った。そして、いくつものいろいろな民主制が未来の世界を築くであろう。だからといって、もちろん、目下の戦争からそのイデオロギー的な内容が失われるわけではない。この戦争は何よりもまず解放戦争でありつづけ、現在でも、世界の自由を守ろうとの希望はことごとく、以前通りに連合国の勝利と結びついている。ヨーロッパでヒトラーが勝利したら、自由な国が一つもなくなってしまうのは完全に明白ではないか。連合国の勝利は、少なくとも一定の領域では自由を保障しているし、世界で自由を強化し広める可能性を生みだしている。

ドイツの敗北により、ファシズムの疫病の最も膿んだ病巣の一つが根絶されてゆき、そこからその疫病が、共産主義の広まりと至極うまい具合に競り合いつつ、あらゆる国へと拡散していった。けれどもファシズムは残存しているのだ。ある国々では国家体制として、他の国々では脅威ないし隠れた病として残っている。一九一八年、民主制には反動に対する勝利を祝うあらゆる根拠があった。しかし、私たちが現在目にしているまさにこの戦争が、民主制に重い一撃を加えた。

ヨーロッパにおけるファシズムの誕生とその漸進的な発展は、第一次大戦の結果の一つである。戦争によって生じた経済的混乱、戦勝国における貧窮ならびに階級間の衝突、四年のあいだにヨーロッパの色彩が培われたほかならぬ弾圧の精神、――話し合いによってではなく、全ての問題を剣で解決するという習慣――それらがファシズム革命のための条件を創出してきたのである。

目下の戦争に直面している民主制諸国家の政府は、(一次大戦時の政府より―訳者)もっと成熟し、戦後の危機に対しいっそうの準備を整えている。しかし私たちを待ち構えている危機は、一九一八～一九一九年と同様の危機ではあるが、おそらくもっと緊迫したものである。一九三九年に世界を無力な虚脱状態に陥れた、資本主義、失業、民族紛争、人種紛争といったあらゆる問題が歴史の次の転換期に世界を迎えるだろう。何ものも解決されてはおらず、全てが解決を待っている――戦前よりもさらにいっそう困難な状況の中で。なぜなら、戦争は、社会大衆をより加工しやすく可塑的にするとはいえ、しかし社会の仕事をするうえでの新しい客観的な障害をつくりだすからである。否定的で不快な力――憎悪と敵意の力の嵩を法外に増大させることで。しかしこの戦後の毒に満ちた雰囲気の中で、最初は微小で目に見えぬファシズムの細菌が増殖してゆくのである。一九二五年に将来のナチズムを、あるいは一九一七年の三月にボリシェヴィズムを、いったい誰が見抜くことができたであろうか?

II.

いや、民主制には「大砲」の類は勘定に入っていない(古典的表現で失礼)。将軍たちにできるのは、民主制のために活動の場をわずかに掃いたり、清めたりすることだけである。「今度は貴君(民主制を指す―訳者)らの出番だ。諸君。歴史は貴君たちにさらに一〇年、多くて二〇年間の最終猶予期間を与えている。貴君らがうまく対処できないとしたら、それは貴君らのせいだ」。そして、現在でも銃声と爆音のさなかにもれ聞こえてくるこの空想的な言葉は、自暴自棄としてではなく、参加への誘いとして響かねばならない。この言葉には、行動や闘いへの呼びかけがあり、私たちの手にできる最後の希望が息づいている。

民主制は、その恐ろしい敵との戦いのなかで自らの英知と想像力と意志の力の全てを集中させなくてはならない。何よりもまず、いまだに民主制を誑《たぶら》かしている幻想を拒絶すべきである。これらの幻想はいまや私たちにとってきわめて高い代償となっている。真実と向き合い、敵の本当の顔を見ることが、勝利のもっとも根本的な条件である。ドン・キホーテに勝利はない。まして平穏を渇望しているドン・キホーテなど論外である。いま民主制には、ゴーリキイの「黄金の夢」[2]を処方して民主制を寝かしつけようとする、あまりにも沢山の腰巾着がいる。しかし民主制には、自身を刺すアテネのソクラテスのような、うるさくて無作法なアブ[3]がまず必要である。もし従来どおり大衆が戦時下の幻想で毒されつづけるならば、平和が訪れる頃には彼らの政治活動の能力は失われてしまうであろう。もしくは、彼らの活動自体が、民主制の新たな自殺へと帰してしまうであろう…。

ファシズムといかに戦うべきかという問いは、ファシズムをどう解釈するかしだいで答えがかわってくる。もしファシズムがドイツや日本を指すのならば、これらの国を完全に撲滅することが回答になる。しかしながら、ヨーロッパ国民全体にとって根絶すべき主要な敵は、ドイツを隠蔽したり補完したりしている別の名称を帯びている。イタリア、ハンガリー、ルーマニア、ブルガリア、さらにはセルビア(クロアチア人にとっての)…。広く流布しているが、明らかに根拠薄弱なこういった謬見に拘泥する価値があろうか? これらの謬見は、私たちの文明の存在を脅かしている内部の疾患の分析を、それぞれの国にとって別々の外部の敵の摘発——民族感情の声に操られることで——にすり替えている。ドイツを特別視するのは簡単である。この国には、実際に世界のファシズムのエネルギーの晶化が生じた。しかし、それらのエネルギーはいつでも別の病巣、培養場所を見出しうるのだ。

一連の民主制国家に広く流布したもう一つの考え方は、さらにゆゆしく有害である。それは、ファシズムが、旧来の社会の保守勢力の戦闘的組織と化して、右翼から攻めて来ているとの主張である。この主張から、「左派」勢力を結集し、「人民戦線」[4]を設立し、右翼に対して可能な限りの破壊攻撃を加えることがファシズムに対する主要な防衛策だという結論が直接に出てくる。もたらされる結果は、——経験の再三のくり返しだが——、反動勢力の結集、それらの実際のファシズム化、そして、ファシスト独裁がそこで生まれる内戦の雰囲気の醸成である。

この見解は、ファシズムが保守的な力ではなく、むしろ革命的な力であって、それが古いブルジョワ自由主義社会の維持を志すのではなく、新しく、原理的に異なる社会の建設を目指しているという点を致命的に見誤っている。ファシズムは、その社会の建設のために二、三の極右の思想を取り上げ、それらを別の極左の思想と結合させた。そのため左翼と右翼に関する通常の性格づけは、ファシズムにはまったく当てはまらない。現代の政治的素養の第一歩は、ブルジョワ自由主義が絶対王政と闘った時代に形成されたこれらの定義づけをやめることから始まらざるをえない。その傾向からして旧時代の自由主義革命と対立している現代の社会革命には、まったく別の定義が必要なのだ。

ファシズムの動因となっている力、ファシズムが古い社会を爆破するのに用いているダイナマイトは、創り出されたものではなく、ファシズムによって古い社会の内奥に見つけられたものなのだ。それらの力は、内戦の双方の陣営に振り分けられながら、今日まで社会を各部分に引き裂いてきた。右翼は民族主義的感情を、左翼は社会的公正さを独占してきた。現代のこのもっとも強大な双方の梃子をファシズムはつかみ、その両方を自分たちの革命運動のために結合させる。この点にファシズムの成功の秘密がある。これらの力は道理にかなっており、それ自体としてはときには高尚なものであるが、深刻な危機の状況下では異常に高揚し、病的な発作にまで達する。この緊迫した状況下にあってファシズムはこの力をつかみ取り、それを、すべての文化層を破壊することに向けているが、この文化層こそがその力の際限ない氾濫に抵抗しうるのだ。ファシズムがつねに強調している自己の革命性は、この点に発している。ファシズムは実際に、旧来の資産を、家族、教会、貴族階級を破壊している。そのことを一九世紀の革命家たちは行なってきたか、あるいは行なおうと試みてきた。しかし、過去の諸革命のうち最も大胆な革命でさえもが踏みとどまった、科学、芸術、人道主義的キリスト教的時代の道徳意識にも、ファシズムはその破壊の手を広げている。

ファシズムは、その二面的な性格に応じて、相対立する陣営の双方から人々を惹き寄せている。ファシズムへ向かうのは民族主義者であり、彼らには国の（「偉大なる」！）力の方が支配階級の特権よりも尊い。ファシズムへ向かうのは専門科学者《スペシャリスト》であり、彼らには社会経済の組織化の方が自由よりも尊い。圧制と大胆な道徳否定に対する嗜好が、極右と極左を結びつけている。ニーチェ、ソレル[5]、レーニンは彼らの教師である。ニーチェの強圧がむしろ「右翼的」に、レーニンの強圧が「左翼的」に感じられるとしたら、左翼出身のソレルは、政治的スペクトルのあらゆる色合いを発している。この意味において、彼はファシズムの真の先駆者である。

ファシズムが生まれる典型的な舞台装置とは、競争する二者間の熾烈な闘争である。この闘争の結果を決定づけるのは中道の中間層であり、彼らは日和見主義、ならびにより少ない悪の選択という判断により、両翼の一方を支持する。通常、保守主義者は右翼的ファシズムを、急進主義者や社会主義者は左翼的ファシズムを選ぶ。闘争が終結するのは、敵同士の同盟によってではなく、政治的にそのような同盟と同意義の何かによってである。勝利者はそれが誰であろうと、敵の血によって自身の憤怒を和らげた後で、すべての裏切者を自分側で働かせ、彼らと一緒になって中間層を抑圧する。保守主義者と民主主義者は自らの小心への報いとして、直接的、あるいは比喩的な意味で、ひとしく皆殺しにされる。敗北を喫した党派の、人材ばかりでなく、思想までもが、「新しい秩序」の到来のために利用される。民族主義は社会主義的になり、社会主義は民族主義的色合いを帯びる。数年後、あるいは十数年後には、それぞれの国のファシズムを彩る民族的特色を捨象すれば、民族主義と社会主義はほとんど一致するまでに接近する。

イタリアで創案された「ファシズム」という名称[6]を、ドイツのナチは受け入れていないし、共産主義者はなおさらそうである。しかし、もしイタリアとドイツの両者を含める広い意味でこの言葉を用いるとすれば、この二カ国の新しい社会体制の分析から本質的に導き出されうるファシズムの全定義で、現代のすべての全体主義的国家政体を必然的全面的に規定することができよう。

ファシズムにとってきわめて特徴的な、未曾有の政治体制、すなわち、指導者の独裁、単一の党、党機関により間断なく維持されつづけている大衆の受動的で革命的な興奮状態、これらが結合された体制を見てみよう。このシステムは、言うまでもなくレーニンによって創出され、彼のライバル―弟子たちの全員に受け入れられた。全体主義、すなわち全文化領域での国家独裁の思想自体は、また革命発生の思想でもある。すべての「大」革命（つまりフランス大革命とロシア大革命――それ以外はまだない）は、自身の深奥から、すなわち絶対的破壊と新しい絶対的創造のパトスから、全体主義を発達させている。しかし、現代国家の力で武装している革命的専制主義は、歴史上に正当化の根拠と手本を求め、それらを古代の全体主義的文化のうちに――ローマ帝国に、中世のドイツに、イヴァン雷帝のモスクワに見出している。この概括的な分析はすでに、「保守」と「革命」の力のあいだに、民主制を崩壊させる右翼と左翼の毒のあいだに、いかなる相互浸透が生じているのかを示している。

Ⅲ．

この分析から、ファシストに対する防衛の第一の公理が、直接に導き出されてくる。すなわち、両方面での闘いが不可欠なのである。ファシズムは、右と左の両翼から同時にせまり来る。現在、一面的に片寄った「人民」戦線ないし「民族」戦線は、民主制の崩壊によって、ことごとく終息しつつある。包囲された要塞に、敵が招き入れられている。そして、突撃をかけてくる隊列のために、早晩、門が開かれる（なんと古典的なことか！）。私たちの眼前で、ロシアで、ドイツで、フランスで民主制はこのように死滅した。ドイツでは、右翼がヒトラーを利用しようとした。フランスでは、右翼も左翼も、ファシスト的同盟者あるいは共産主義的同盟者に寄りすがった。かならずしも無邪気や無知ゆえにそうするとは限らない。その時々の同盟者の真の意図をしっかりと見抜き、全員がその意図を選び取る場合もありうる。

衰弱感から、また自分自身の旗印への不信感から、人々はより小さい方の悪を選びはじめている。ファシズムと共産主義のどちらがより良いのかという、際限のない、恐ろしく不道徳な論争が始まっている。この論争は完全に抽象的であるわけではなく、多くの場合は本質的に pro か contra か（是か非か）を告げることができる。戦わずして敵の一方、より恐ろしくない方に服従しようとひそかに心の準備をすることは不道徳である。誰がよりましであるかとの論争が始まっているところでは、意識的、無意識的を問わず、民主制への裏切りがすでに行なわれていると断言して間違いない。ゲー・ペー・ウー[7]がゲシュタポよりもましだと、もしくはその逆を信じた人々は、自分の選択の対象を徐々に美化しはじめ、決定的瞬間にはそれに屈服してしまう。

民主制内部でのファシズムの美化は、今や日常茶飯事である。現在、ロシアについて書かれているほぼ全ての書物が民主制を毀損している――アメリカやイギリスで。戦前にも、ドイツとの関係で同様の現象が見られた。ただ保守主義者だけが、ヒトラー主義の成功に手を貸したかのように考えるのは誤りである。イギリスとフランスの急進的な若者のあいだで、とりわけ非戦論の土壌で、「理解し許容しよう」との志向が広まった。反ユダヤ主義や民族主義的ヒステリーを是としなかった人々が、ヒトラー主義の若者たちの理想主義、自己犠牲、彼らの「激しい情熱《ゴレーニエ》」に感激した。自分たちの民主主義的環境に自己犠牲が脆弱なのを自覚して、彼らは偽りの自己犠牲、もしくは直接に犯罪的な目標へとはしる自己犠牲に跪こうとした。もっとも、自前の悪をラディカルに否定する風潮のなかでは、これらの目標もそれほど嫌悪をもよおさぬものに感じられはじめていたのだが。民主主義的ラディカリズムに特徴的な性急さと短気さは、多くの人に、次のような判断をさせている。「より悪くとも、他のやり方がある」もしくは、「これ以上悪くはなりえない」。ここからあからさまな裏切りまでは、あと一歩である。そして現に、若い「理想主義者」が、ファシスト党か、あるいは共産党に加入しているではないか。とはいえ、そこに至らぬまでも、この理想主義者は、敵の攻撃を準備するスパイなのだ。

さて、反ファシズムの第二の戒律、それは不寛容である。歴史家たちに、彼らの危険な客観主義と、道徳的評価の抑制を、知らしめなくてはならない。最後の、もしくは絶対的な審判は、神の手にある。しかし、動物的にではなく、人間的に生きるためには、自分と他人を裁かなくてはならない。評価能力が失われた社会は死滅していく。すなわち、より生命力の強い他のものに取り込まれていく。たとえそれがより野蛮なものであったとしても。ことがまさに文化の存立、つまり私たちの価値体系に及んだときには、自己を防衛するために厳しくならなければならない。半分の真実や真理を容認したとしても、若々しいエネルギーに共感したとしても、祖国を愛したとしても、私たちの嫌悪の念、恐怖、悪への私たちの憎しみを和らげてはならない。もろもろの党や国家や文化のあいだで善と悪がはっきり分かたれないことを、私たちはみな知っている。しかし、おそらく（善と悪の―訳者）内なる目に見えない境目が、歴史上これほど文化・政治的な境目に接近したことはなかった。民主制を守ることで、私たちが守っているのは、自分自身でも、悪を丸ごと含んだ現存の社会でもなく、社会がその上に築かれている偉大な原則と、社会に内包されている偉大な可能性なのである。

現代の誠実な民主主義者の第三の戒律は、物事や言葉を正確に測定することである。誇張的な表現が社会的危機となっているが、その表現は最近までラディカルで革命的な言葉にとって決まりきった修辞であり、欠かすことのできぬ形式であったものだ。私がまず念頭においているのは、否定する際にも批判する際にも、さらにまた社会的な現象を比較するおりにも節度を守ることである。

たとえば、自由なプロレタリアートという状況は奴隷制や中世の農奴制よりも悪いという主張を幾度となく耳にせざるをえなかった。そしてプロレタリアートは実際に全てのファシズムの国々で奴隷化されているが、そのことに対しては彼ら自身にも半分は責任がある。というのは、彼らの自由が奴隷状態より悪いことだとくり返し流されたデマゴギーを信じたからである。はたして、ゲー・ペー・ウー（もしくはゲシュタポ）は、民主制国家のインテリジェンス・サービス[8]やその他の警察よりもどの点でも悪くはないと言われてきたのではなかろうか？　何百万の虐殺の犠牲者があったと言っても、世界のあらゆる警察機関での殺戮を引き合いに出すことによってご破算にされている。

哲学会では、量からの論拠を俗物視するやり方がなされている。しかし、文化の相対的で道徳的な価値は、悪や暴力、虚偽の量によらずに測られるだろうか。はたして、もし私たちが絶対的死刑反対論者だとしても、私たちにとって、私たちの一人ひとりにとって、国家が一ヶ月に一人を死刑にすることと、一晩に千人処刑することが同じであろうか？　または、どのように処刑するかの点でも、裁判による法の庇護の可能性がある場合と、証人も公式報告もなく公正であろうとの志向すらなしに、音の漏れない拷問部屋で処刑される場合が同じであろうか？　血みどろの池で自分の魚を取るために、その中の全てのものをかき混ぜ、一切の違いを取り去る――ファシストのデマゴギーの戦略とはこのようなものであり、不幸にも、それにより、ひどくおめでたいか、あるいは立腹しているかの差はあるが、いずれにせよまじめな人々が働いている。

しかし、物事の正確な測定に関して言えば、測定を乱すもう一つのことを念頭に置かなくてはならない。それは、真に価値のあるものの膨張、「インフレーション」である。ファシスト国家は、ある種の真正の人間的価値に寄生している。それらのうちでも主要なものは、前述のごとく、祖国への愛と公正（平等）への愛である。満ち満ちた有機的な文化から引き離されたこれらの本物の価値は、社会の有機体の残りの組織を犠牲にしてとてつもなく発展しながら、文化的な死をはらむ癌腫瘍になってゆく。癌腫瘍の形成過程はすでに民主社会の中で、そのファシズムの前段階で始まっている。精神的な均衡と全体性を失えば、もっとも合法的で偉大でさえある事由が死に至ることになる。公正に対する病的に誇大化した愛はレーニン主義者、もしくはトロツキストを生み出す。祖国への愛はヒトラー主義者、もしくはスターリン主義者を生み出す。善への愛にさえも尺度が必要だ。なぜならば善もしばしば人間憎悪の源となるからである。これらの「優れた畸形」は、旧い堅固な文化の深みでは、容認されうるものとなって、その文化に味わいと鋭さを与えることができた。しかし、今は苦く渋く刺激的なものはすべて毒となっている。民族主義、平等、報復――もしそれらが主権を主張するならば、私たちはこれらの合法的ですばらしくさえあるものに関して用心しなければならない。

Ⅳ.

今まで述べてきた反ファシズム行動の信条は、一般人にも政治家にも、つまり私たち一人一人にかかわってくる。私たち全員が、市民も公民権のない難民も、ファシズムに好意的だとか敵対的だとかいうような周知の社会的オーラの醸成を、真面目なスピーチやおしゃべりによって促成している。そういう心理的な構えがそのまま民主主義的な抵抗を瓦解させているというのに、言葉でファシズムを呪うだけでは不十分である。このことはとりわけ私たちに――敗北の悲哀を味わい、懐疑的な態度と研ぎ澄まされた民族感情を有したロシア人にかかわってくる。自分を管理し、自身の想像力と熱情、言葉に規律を与えることが私たちの第一の義務であって、それは、これら三つの戒律（もちろん概略的ではあるが）――二方面での闘い、非妥協、物事を正確に測定する感覚――のうちに表わされる。

しかし、もちろん、ファシズムを打ち負かすべきなのは一般人ではない。ファシズムとの闘いには、民主制のあらゆる政治的かつ精神的な力の極限までの緊張が必要である。ファシズムを分析すると、それが私たちの文明の内深くにある病弊から生じていることが分かる。これらの病弊を治療し、生活と文化を全面的に革新すること――「革命」という両義的な言葉を使うつもりはない――は、ファシズムに対する唯一確実な勝利である。言葉で、権力で、武器でファシズムと闘いつつ、戦争と革命の火中で、今やすみやかに新しい社会を建設しなければならない。かつてユダヤ人が剣を手にして崩壊したエルサレムの城壁を再建したように。保守的な構えは不十分なばかりでなく、完全に有害だ。古い生活、馴染みの生活様式――「通常通りに仕事を」――、これらすべてとは、新たな生活を探求してゆくうえで決別せねばならない。なぜならば、古い生活は絶望的に老朽化し、惰性で維持することすら不可能だからである。このことは、イギリスで理解されたようだ。戦争が終結するまでに、他の民主制の国々でもこのことは理解されるだろうか？　民主制のみならず、世界の運命は結局のところこの点にかかっている。

新しい文化の建設において、ファシズムは十字を切って退治するべき悪魔であるだけではなく、耳を傾けるべきメフィストフェレスでもある。古い世界を批判した点で、ファシズムあるいは共産主義は少なからず正しい。この否定の正しさを抜きにしては、ファシズムは、若い世代を導けなかった。しかし、ファシズムは、その怪物的な顔をのぞかせる積極的ないし破壊的な活動においても、民主制の未来の道のための道標となりうる。肝心な点は現代社会の根本的な諸問題というものは、どこにおいても変わらないことである。それらの問題を提起したのは、生活であって、革命家の気まぐれではない。ファシズムはそれらの問題の上に栄達を遂げた。だからそれらを払い除けるのは狂気の沙汰である。私たちがこれらの現代社会の問題を解決できず、その意義を理解すらできなかったことこそが、ファシズムを世に生み出したのである。

したがって、この大戦後の危険性の一つ、それはまさに、保守的自由主義的反動——この二つの言葉の結合がいかに奇妙に響こうとも——の危険性である。私はこれを前世紀の伝統への回帰、否定的な意味での自由主義の蘇生——自由への愛の蘇生ではない——、すなわち不干渉、無為、破滅に向かう社会的推移の抑えがたい力だと考える。ファシズムを嫌悪するだけでは、一〇〜二〇年のあいだに虚偽の自由主義的志向が容易に復活し、ついには新たな革命や戦争の勃発に至るだろう。これらの積極的な課題によって、ファシズムとの闘いはよりいっそう複雑になっている。だいぶ以前にブルジョワ社会の中産階級の資質となった自由主義の資産、ファシズムへの抵抗の意味で最も期待のもてた資産は、それ自体が深刻な危険となっている。その危険性を処理するという希望を持つためには、中産階級は世界の革命的状況をしっかりと意識しはじめなければならないだろう。急進主義者がファシズムを嫌悪の念で見ることを覚えなければならないとしても、保守的自由主義者たちはファシズムからあるものを学んだほうがよい。すなわち、現代の諸問題が先鋭化しているのを理解することを。

どのような方向で、袋小路からの出口を探さねばならないのか。ファシズム革命によって提起されたが解決されなかった諸問題のなかでも主要なものを概観することで、ファシズム―自由主義を解明できる。

A．権力と自由の問題

根本的な困難は、自由のための闘いが、自由を部分的に犠牲にすることを要求する点にある。この犠牲は、民主制の流儀や慣習のすべてに反するし、そして、反するというそのことは非常に素晴らしいことだ。しかし、こうした苦しい犠牲をなしえない民主制は滅びつつある。自由を犠牲にすることは、ファシズム革命の進攻との戦いにおいても、新しい社会の建設という難しい仕事においても避けることができない。ファシズムは、自由を押しつぶすために、民主制によって自分に提供された自由を利用する。革命の武装集団は諸国の首都を行進し、内戦の予行演習をしながら、攻撃や殺人を行ない、一歩一歩すべてを破壊し、それでなくても脆弱な国家防衛組織を破壊する。

しかしながら、ファシズムのパンフレットの発禁や集会の解散は、「独裁的だ」とか自由の蹂躙だという叫びを引き起こしている。こうしたやりとりの中でヨーロッパの最も偉大な国家を三つ四つ失ったのだから、民主制の国々はもっと賢くなるべきであろう。戦争において武器の対等は不可欠である。このことは、内戦においても国家間の争いにおいても同じである。言葉は拳に抗する武器ではないし、拳は機関銃に抗する武器ではない。これは明白である。というわけで、世界の基盤のすべてを揺さぶる恐ろしい戦争の時期においてさえ、それでもやはり民主国家のジャーナリストたちは、軍の検閲に不平を言っているのである。そうした検閲は、軍事機密が漏らされるか、ないしはセンセーションを巻き起こそうとして連合国のあいだに不和の種が蒔かれるのを防ぐというのに。

自由の制限は民主制を防衛するうえで不可欠であるが、それはどこまで許されるのか。それをあらかじめ示すことは不可能である。その制限は危険の度合によるのだ。あからさまな独裁制ですら、民主制の原理に矛盾するわけではなく、民主制に対する不可欠で極端な補足であり、それは専制君主制における君主殺しに似ている。ワシントンやクレマンソー[9]は民主的な独裁者であった。ローマの共和制における任期制できっちりと制限された独裁制、それが執政官の制度であった。

しかしながら、次のように言われる。自由の制限は全体主義的な慣習を育む。そうした制限は、私たちがそのために戦っている諸々の価値それ自体を破壊する。ファシズムへの抵抗のために樹立されたブルジョワ的独裁制にファシズムはやすやすととって替わる（例えば、オーストリア）。

疑いなく、危険はある。民主的な独裁者が暴君と化す例を、少なからず世界は知っている。だが、独裁制を原則的に拒絶することは、民主制の自殺行為にひとしく、すなわち、戦わずしてまったく同じ暴政に屈するにひとしい。

矛盾からの出口は、独裁制を外的に制限することにではなく、独裁制の精神そのものにあると思われる。独裁制へのパトスが真に自由へのパトスであるならば、その苛酷さを恐れずにいられる。独裁制自身が、自らの使命を臨時の避けられない悪であると感じている。やむをえず行なっていることをほとんど恥じているのだ。独裁制の民主制は戦時の民主制に似ている。民主制には戦争を愛することはできない。戦争崇拝が生まれるところでは、自由は死ぬのだから。自由はまた、権力崇拝が生まれるところでも死ぬ。権力へのパトスと自由へのパトスは両立しない。一方が他方に従属せざるをえないばかりでない。究極的には、一方はもう一方にとって悪とならざるをえない。キリスト教的な民主制にとっては、自由は絶対的善であり、権力は相対的悪である。だからといってもちろん、ある型の自由が相対的な悪となることや、その悪が権力というやはり相対的な悪によって抑えられるべきことが妨げられるわけではない。全体主義的な意識にとっては、権力は絶対的善であり、自由は悪か、よくても許容されうる悪かである。両者の違いはまさにパトスに、つまり道徳的・宗教的な態度にある。

自由に対する懐疑的な態度は、自由の最も苛酷な抑制以上に危険である。「自由」という言葉の前で肩をすくめ、その意味を理解することを拒否する（「空言だ」）知識人は、自由を蹴散らす独裁者よりもいっそう悪質な自由の敵である。外的な強制は、自由に無関心な胸のうちに自由への愛を呼び覚ますかもしれない。ただし、もし自由の最後の火が消えてしまっていなければであるが。しかし、ファシズムがヨーロッパで可能となったのは、世代全体の哲学者、法律家、作家たちが自由の権威を失墜させたからである。自由に忠実なままでいる国々においては、自由は宗教的に確立されている。自由には、預言の霊に見捨てられていない守護者たちがいる。このことは、自由を守るために剣を取らざるをえないその日にも、彼らは自由を裏切りはしないという希望を抱かせる。

権力とは、相対的な悪であるが、自由、生活、公正を守ることで相対的な善となる。現在、その意義は民主制の防衛の面だけでなく、新たな、何よりも経済的な生活形態の建設の面でも増大しつつある。何世紀かのあいだ、ブルジョワ社会の民主制は、過去の君主的で警察的な国家との戦いの中で成長してきた。国家と権力に対する民主制の態度は不信の上に築かれた。国家の使命は軍事的・司法的・警察的な機能に終始していた。資本主義社会においては、自由な発意が残りのすべての機能を一手に引き受けていたのだ。権力は小さければ小さいほどより好ましい——。一九世紀の民主的志向とはこういったものであった。そして、それは高潔で、時代に適していた。

しかし、いまや事情は異なる。私的経営が力を獲得し、その力は自身の組織破壊的な性格のゆえに、社会をも国家をも爆破しようとしている。国家は自由な社会の救済のため、社会の再組織というヘラクレス的な重荷を引き受けざるをえない。現代の民主制は強固な権力を必要としているが、過去の伝統的な諸制度が民主制に遺したのは、絶えざる不信によって引き裂かれ損なわれた、脆弱な権力のみであった。この時代に対応するためには、民主制のあらゆる制度は改革されねばならない。とはいえ、ここはさまざまな改革案の長所を比較検討する場ではない。ただ次のことのみを言っておこう。反ファシズム的自由主義の保守的立場は、まったくの自殺行為である、と。例えば、もしフランスで、壊滅以前に存在しており、完全に内部崩壊してしまっていた体制を復興しても、その体制は最初の一撃すら持ちこたえることができず、ファシズムのどんな波にもさらわれてしまうであろう。

社会の経済的基盤の多方面かつ深部にまでわたる再構築——それは「社会革命」とひとしいものとなるであろう——を実行しようとするならば、権力は威信と堅固さとを獲得しなければならない。それらが長い危機の時代に権力の存続を保障するのだ。権力とは、社会の救済のためにあらゆる階級の利益を深く傷つけざるをえないものであり、だからそれは、世論の移ろいやすい風潮に左右されるべきでない。国民からニュー・ディール政策[10]あるいは「社会革命」の委任状を得たからには、民主制国家の権力は強固な意志によって人々を導かねばならず、砂漠を渡ったモーセのように、移行期のあらゆる種類の困窮と犠牲とを潜り抜けなければならない。権力を支える国民の代表機関は、利益や風潮の代表であることをやめ、諸管轄の精鋭の集まりとなりつつある。勤労者社会の民主制が最終的にどんな形をとるようになるか、これは将来の問題である。一九世紀の理想とは、無政府という理想であり、それは自らを道徳的に正当化する強い根拠を持っている。しかし、それは私たちの時代、闘争と彷徨の世紀の理想ではない。次のことを忘れてはならない。もし民主制が社会変革を実行しうる権力を打ち立てることができないならば、その時には革命という道しか残らない。だが、私たちの時代の革命とは、すなわちファシズムである。

B. 新しい社会体制の問題

ここでは必然的にもっと簡潔に述べざるをえない。現代の経済的諸問題はきわだって複雑である。経済の素人には、専門の学者のあいだで何ら意見の一致をみていないことに関して語るのは困難である。しかし語らねばならない。なぜならば、私たち一人ひとりの生活と社会全体の生活が、これらの問題の解決にかかっているのだから。素人には自分の信念を語るか、もしくは自分の経験の結果を語るしかない。

私たちは、反対の真実を見たがらない人の目を開かざるをえない出来事の証人であった。

現代の戦争と革命の時代は、まず一九二九年のアメリカ、ついで世界の経済恐慌から始まった。この恐慌には外見上の理由がなかった、ということは、何らかの深い有機的な理由があったのである。思うに、色々な可能な説明の中で最もありえそうなものの一つに、現代の資本主義が国外への絶え間ない拡張なしには成長できないというのがある。しかし現代の資本主義にとっては、後進国や植民地国、ロシアや日本やカナダ、東ヨーロッパ、さらにはインドのような国々の工業化とともに、海外市場は次第に閉鎖されていく。絶え間ない資本主義的拡大によってもたらされる製品を、国内市場だけでは消費しつくせない。しかし、資本主義を安定化させ、あるいはそのエネルギーを封じ込めれば、資本主義そのものの魂を殺してしまう。これは資本主義の終焉である。何百万、何千万という失業者や、製品の破壊、生産技術の人為的な低下は、一時的ではなく常態的な、資本主義の衰退状態である。このことは大衆にとっては、たとえ飢餓がなくとも、未来への信仰の喪失、階級破壊、絶望を意味した。イギリスは何百万もの労働者を国家の保護下に置き、彼らを侮辱し堕落させることで革命から救われた。アメリカは国民経済全体の建て直しの道を勇敢に進みかけた。ここには未来への光が——アメリカにとってだけでなく、すべての民主制国家にとっての光が見えていた。ところがこの発展は、戦争によってだけでなく、すべての資本主義勢力、このアメリカで恐ろしく強力になり、恐慌からの脱出とともに自信を取り戻した資本主義勢力の反動によって中止させられた。

今、この経済的反動が自由のスローガンの下に進行している。世界のいたる所で葬りさられた経済的自由は、ただアメリカでのみ生きながらえるチャンスを見つけている。このチャンスは戦争によって、つまり戦争による荒廃や、アメリカの戦後の資本拡大の可能性によって与えられている。どのくらいの期間だろうか、二、三年か、それとも五年間か？

権力なしの、いわゆる経済的権力なしの生活は、自分にとっては生活ではなく、ただ生きさらばえているだけだという人々は、このことを考えていない。もし彼らが勝利したならば、資本と労働のあいだの争いは、そのあらゆる周知の結果ともども避けられない。

今日のあらゆる問題の中で、「パン」の問題（またも古典的表現だが）、あるいは食料供給問題がもっとも緊迫している。始まってまもない今世紀においてさえ、大衆には自由よりもパンの方が重要なのだと理解するに十分なものを、私たちは見てきた。つねにそうであったし、おそらくこれからもそうであろう。いかなる国においても大衆は、たとえ奴隷制と引き換えであっても、食糧供給を約束する人物についていくだろう。

選択が、——一九世紀の自由とファシズムとのあいだではなく、民主制における経済的自由の自己制限と、ファシズムにおける完全な自由の抑圧とのあいだの選択が差し迫っている。合理的経営の目的とノルマとしての個人的利害や利潤を拒絶するとの条件下で、個人的な発意を社会への奉仕へ用いる可能性が、実際に、民主制によって与えられるのである。私的自由を制限し調整するという条件下で経済を組織することは、いかなる者の自由をも無視するあらゆるファシズムの組織とは比べものにならないほどの大きな困難を呈する。私たちの眼には、しかしながら、この利点があまりに高くつくように見えるのだ。社会革命下の人を、市民としてだけでなく、経済主体としても救済しなければならない。

労働者、商工業者、経営者は何らかの程度で、自分の労働と生活を自分で規定しなければならない。それがどの程度なのかは、経験によってしか示されない。いずれにせよ、今日ここで、――おそらく政治よりもさらに大きな規模で――自由の可能性そのものを守るために、自由を犠牲にすることが必要となる。

C．文化と精神の問題

政治的、および経済的問題は後回しにすることができない。これらの問題は今解決する必要がある。しかしその解決もまだ救いにはならない。これら政治・経済的危機は、文化のすべての領域で進行しているもっと深刻な危機を反映したものにすぎない。これらの危機の根源は、この文化を創り出す精神の深刻な病にある。文化は、すでに久しく自己の統一性と関連性を失いはじめており、昨今は自己への信仰をも喪失しはじめている。文化は科学にその礎を据えようと試みてきたが、しかし科学はばらばらの相互に無縁な諸分野に分裂した。そしてこれら諸分野は、技術面ではまだ利をもたらしはするが、統一的な世界像を与えることができない。この文化に属する芸術は、新しい形式と感覚を熱にうかされたかのように捜し求めながら、生と人間に対するあからさまな憎しみに蝕まれている。キリスト教の伝統に根ざすその政治的理想――自由、平等、博愛――は、この伝統の喪失によって意味を失っている。人間のあるべき姿というものを目的としない現代の教育は、子供と若者を、彼らをとり囲む恐るべき世界に無防備なままに放擲しては、教育であることを止めている。虚無と無意味は、外面的にだけ緊張した労働のプロセスによって埋め合わされているにすぎない。

ファシズムは、この虚無を埋め合わせることに名乗りを上げている。そしてその全体主義的神話の成功は、現代人の宗教的飢餓の激しさをまざまざと示している。現代人は祈ろうと、せめて切株にでも祈ろうと欲している。形而上的虚無のなかで生きることはかくも耐えがたいのである。

やすやすとファシズムの獲物となるような精神的荒廃に、すべての国々が達したというわけではない。しかし「前ファシズム的状況」はいたる所に存在する。その克服は、精神的エネルギーの復興をともなってはじめて可能である。このエネルギーこそがかつて私たちの文化を創造したのであり、それはまだ決して涸れ尽きたわけではない。

闘いは奥深くで進行しており、それほど目につくものではないが、しかし、その結末は今回の大戦の結末以上に、私たちの文化世界における自由の運命を決する。もし仮に、今日のキリスト教の力がただの残滓でしかないのであれば、ファシズムとの戦いは絶望的なものとなろう。しかしキリスト教は残滓ではなく、まさに復興である。キリスト教は数においてはまだ劣ってはいるが、質において、つまりその指導者たちの清潔さ、勇気、理性において勝っている。キリスト教がファシズムに対する抵抗のもっとも堅固な砦の一つであるような多くの全体主義国での、キリスト教の復興は誰の目にも明らかである。アングロ・サクソンの民主制では、キリスト教はヒロイズムよりも、むしろ社会意識の広さと深い洞察力を発揮している。英国とアメリカのもっとも進歩的な社会綱領は、教会のふところで熟しつつある。

アメリカの精神的状況を図式的に一瞥することは、自由のための精神的闘争における力関係を解明する助けとなろう。かつてこの国では、自由を信仰の自由と解した一握りのピューリタンたちによって、聖書に自由の礎が据えられた。ピューリタン主義はアメリカで最近まで巨大な勢力であった。それは数世紀のあいだに人間中心主義(ヒューマニズム)となり、フランスの民主制から少なからぬ世俗の原理を受容したが、大体において聖書的・プロテスタント的な自分たちの起源に忠実でありつづけた。聖書の残響は今も米国の指導者たちの演説に聞きとれる。ホワイト・ハウスは、今でもキリスト教的自由の象徴たりえる。

この数世代に、ピューリタン的な地域主義の偏狭さと不寛容さに対する反動のなかで、新しいアメリカ、純粋な、すなわち無神論的な人間中心主義のアメリカが成長した。新しいアメリカは、その新鮮な空気の流れを、息の詰まるようなピューリタン的な環境に吹き込みはしたが、しかしヨーロッパと同じく自身の相対主義と無信仰によって堕落しつつある。この新しいアメリカは、「進歩的な」学派やジャーナリズム、映画、演劇――というよりもショー演劇によって代表される。ブロードウェイとハリウッドがいまやその精神的中心であり、象徴である。

見世物と扇情的なせりふを渇望している疲れきった群衆は、いまやそれらと共にある。この彼らが、口先ではファシズム――しかも右翼のファシズムだけ――を退けながら、「前ファシズム的状況」を創り出している。しかし、アメリカを脅かす真のファシズムの危機は、崩壊したブンドや種々の色シャツから発するのではなく、リベラルなブロードウェイ、すなわちこの象徴的存在が醸している精神的荒廃から発しているのである。アメリカのすべての道徳的勢力、労働者と農夫の労働の偉業、社会的公正に献身する理想主義者の熱情、再生しつつあるキリスト教の伝道者たちの預言の声がホワイト・ハウスの側に与している。この神の戦士たちの軍勢を見やるとき、私たちは希望を新たにする。しかし真の闘いはまだ先である。この闘いは戦争の向こう側で行なわれる。これはホワイト・ハウスとブロードウェイのあいだの闘いである。

訳註

1 一九四〇年七月一〇日、ドイツ空軍によるイギリス空襲が開始され、いわゆる「イギリス戦」が始まる（翌年五月まで）。

2 ゴーリキイ『どん底』第二幕で「役者」がうたう歌の一節。「諸人よ！ 聖き真に至るの道を／世にして見出す力なくば／人類に黄金の夢を送る／うつけ者こそほまれなれ」（中村白葉訳）。

3 若者に思想的害毒を与えたとのかどで告発され、法廷に立ったソクラテスは、国家と当時の人々を馬に、自分を馬を刺すあぶに例えた（プラトン『ソクラテスの弁明』より）。

4 「人民戦線」は、一九三三年のヒトラー・ドイツの政権掌握などに代表される一九三〇年代のファシズムの進出に対して形成された統一戦線運動である。フランスおよびスペインでは政権を奪取し、労働改革・社会改革などで先進的民主主義を実現した。

5 ジョルジュ・ソレル（一八四七〜一九二二）。フランス人の哲学者、社会理論家。アナルコ・サンディカリスムを唱えた。フランス・シェルブール出身。当初はフランス政府の技師を勤めた。しかし、一八九〇年代にマルクス主義に接近し、労働組合の団結と闘争とを説いた（一八九八年）。その反議会主義的思想と直接行動への志向は当時の知識人と労働者に支持された。

6 ファシズムは、イタリア語の「ファッショ（束ねるの意）」に由来し、狭義にはイタリアにおけるムッソリーニのファシスト党による一九二二年から一九四二年までの政治体制を指す。

7 ゲー・ペー・ウー（GPU）は、一九一七年にレーニンによって設立されたチェーカー（反革命・サボタージュ取締り全ロシア非常委員会）を前身とする。一九二二年に、チェーカーは国家政治部となった。当初は、反体制派の告発、殺害や強制労働を目的としていた。一九二四年には統合国家政治部（OGPU）に改組され、一九三四年には内務人民委員部（NKVD）の直轄となる。一九三七年にはロシアの全州に設置されるようになり、弾圧の対象者を拡大し、赤色テロの実行部隊となった。

8 情報機関のこと。ここではイギリス情報局秘密情報部（Secret Intelligence Service 略称 SIS）を念頭においていると思われる。このイギリス情報機関は、本部はロンドン、所管官庁は外務省。イギリス国外の情報を主に扱う。一九〇九年、英国首相は、国家特務機関を再編することを帝国国防委員会に勧告し、それに従って一〇月に設立された。

9 ジョルジュ・クレマンソー（一八四一〜一九二九）。フランスの政治家。首相（在任一九〇六〜〇九、一九一七〜二〇）。第一次世界大戦時に独裁的指導でフランスを勝利に導いた。

10 アメリカ合衆国大統領フランクリン・ルーズベルトが世界恐慌を克服するために行なった一連の経済政策。それまでの古典的な自由主義経済から、政府自らがある程度経済へ介入する政策へと転換したものであり、第二次世界大戦後の資本主義国の経済政策に大きな影響を与えた。

（新井正紀、内田健介、大山麻稀子、木部敬、ベリャーエヴァ・エカチェリーナ、堀江広行、渡辺圭 訳）

ロシア霊性の語り部
——G・P・フェドートフの生涯と思想

渡辺 圭

はじめに

ゲオルギイ・ペトロヴィチ・フェドートフは、一般にはロシア霊性史に関する論考の著者として有名である。歴史学者、宗教思想家、社会評論家であったフェドートフの諸著作は、主として亡命先のフランス、アメリカで読まれており、ロシアで注目されだすのはペレストロイカ以降のことである。ロシアにおけるフェドートフの再評価は、彼の代表作の一つ『古代ロシアの聖者たち』の再版（一九九〇年、モスクワ、初版は一九三一年、パリ）から始まった。この著書には、横死した教会著述家長司祭アレクサンドル・メーニが、「源流への回帰」と題する巻頭論文を寄せ、フェドートフを世界的に評価されるべき歴史家・思想家として称揚している。メーニによると、『古代ロシアの聖者たち』の眼目は、世界の歴史に類のない現象——正教の霊性を脈々と伝えてきた宗教国家たる「聖なるロシア」の根源を探ることにある。なおこの論文ではフェドートフにロシアの霊性を現代に伝える「語り部」の役割が与えられている。一九九六年には、フェドートフ著作集（全一二巻、モスクワ、マルティス社）の刊行も開始された。

一、G・P・フェドートフの生涯

ゲオルギイ・ペトロヴィチ・フェドートフは、一八八六年一〇月一日、サラトフ県の七等文官の長男として生まれた。フェドートフの父ピョートルは、サラトフ県知事室の事務官であった。三年後に一家は父の故郷ヴォロネジに移る。フェドートフが一一歳のおりに父が他界、元音楽教師の母エリザヴェータは、貧しい年金生活の中、何とか息子を寄宿学校に入学させた。当時のフェドートフは病弱だったが、性格は擢《ぬき》んでて明朗だったという。この時期フェドートフは、ロシア社会の現状を憂い、社会改革の必要を痛感し、ベリンスキイ、ドブロリューボフ、ピーサレフ、シチェドリン、ミハイロフスキイ、シェルグノフ等を読み耽り、ついにマルクス主義と社会民主主義に至る。その過程でヘーゲルの歴史哲学と出会うが、これは彼の歴史観の形成に大きな影響を与えた。一九〇四年一八歳の彼は、ペテルブルグの技術大学へ進学する。しかし一九〇五年革命で大学の講義は中断。帰郷した彼は、革命運動に積極的に加わり、一九〇五年の八月二四日、ロシア社会民主労働党サラトフ市委員会関連全サークル集会の席で逮捕される。翌年の六月八日に再逮捕されるまで、彼は、サラトフにおける最も積極的な革命家の一人であった。二度目の逮捕の際、彼はシベリア流刑を宣せられるが、サラトフの警察長官の助力で刑を免れ、ドイツに送られる。

ドイツでもフェドートフは社会民主主義者と交流を続ける。一九〇六〜一九〇八年、彼はまずベルリン大学、ついでイエナ大学に学んだ。この頃、マルクス主義、無神論に疑念を抱きはじめ、社会変革には歴史学の知識が不可欠だと思うに至る。一九〇八年には追放を解かれ、ペテルブルグに移り、ペテルブルグ大学の歴史・文献学部に入学する。当時ここには古代東洋史のB・トゥラエフ、古典文化と文学のF・ゼリンスキイ等多くの権威がおり、その中には、実証主義から宗教への「転向者」があらわれ始めていた。フェドートフは、革命サークルとの交わりを絶つことはなかったが、関心はすでに歴史学と社会学に移っていた。ロシア中世史の教授M・グレブス（一八六〇〜一九四一年）との出会いを契機に、彼は自国ロシアの辿ってきた歴史の重みを感ずるようになり、S・ソロヴィヨフやV・クリュチェフスキイの歴史学に強く魅了される。なかでも彼は中世の宗教史全般に関心を抱き、これは一九一一年の論考「聖アウグスティヌスの書簡（クラシス・プリマ）」に結実する。なおグレブス教授の講座には、ロシア中世史研究の一大潮流を形成したL・カルサーヴィン、S・シテイン等が参加していた。しかし、フェドートフの学業は再び中断させられる。一九一〇年、彼の実家が家宅捜査され、首都から持参したアジビラが見つかる。それを知ったフェドートフは、逮捕を恐れ、イタリアへと逃亡。その後、身分を偽りペテルブルグに戻り、一九一四年の秋、ペテルブルグ大学の中世史講座の私講師に就任。しかし、この講座には学生が集まらず、帝国公立図書館でも働らかざるをえなかった。そこで彼は歴史家にして神学者のA・カルタショーフと出会い、正教に興味を抱き始める。自国の伝統宗教への関心はやがてキリストへの強い信仰に変わったが、しかし、彼にとってそれは社会変革への希求と矛盾はしなかった。フェドートフの目には一九一七年の十月革命は、フランス革命に比肩される歴史上の偉大な事件と映ったが、その後の革命の展開は、社会変革に対する彼の期待を裏切るものであった。彼は、ボリシェヴィキ革命が恐怖政治に転じるのを危惧し、その不安から、社会活動を離れ、自身の研究に没頭してゆく。

一九一七年に勃発した二度の革命に幻滅した多くの知識人が正教へと回帰していった。革命が進行するペトログラードで、フェドートフは、キリスト教思想家アレクサンドル・メイエル（一八七六〜一九三九年）と出会い、彼の組織する宗教・哲学サークルに参加する。このサークルは政治活動には触れず、ロシアおよび世界の霊的文化の保存と発展を目的としており、その活動を次第に教会の領域へと移してゆく。一九一八年、彼はメイエルの主宰する雑誌『自由な意見』に寄稿を始める。なお当時の多くの文化人と同様に、フェドートフも貧困に喘ぎ、図書館の仕事で糊口を凌がねばならなかった。翌年フェドートフは、図書館で知り合ったエレーナ・ネチャーエヴァと結婚、新たな生活手段を探す必要が生じたが、おりよくサラトフの大学の中世史講座のポストを提示される。一九二〇年に彼は故郷サラトフに帰り、大学でフランクらとともに教えた。だが、ボリシェヴィキによる検閲、逮捕の手はサラトフにもおよび、彼は当地を去らねばならなくなった。ロシア人ディアスポラの時代が始まったのである。

新たな生活手段の模索中に、最初の著書『アベラール』が刊行される（レニングラード、一九二四年）。一九二五年九月、彼は、国外での中世史の講義を認可した証明書を手にベルリンへと旅立つ。ここから、亡命ロシア人としてのフェドートフの新たな人生が始まった。彼はその後、エヴロギイ府主教によってパリに創設された神学院に職を見つけ、パリに移る。そこではすでに友人カルタショーフが教鞭を取っていた。神学院でフェドートフは聖者伝の研究に着手し、これが歴史家としての彼の視野を広げることとなった。一方パリの亡命ロシア人社会は複雑で、ある者は君主制を信奉しロシアにおける帝政の復古を唱え、ある者は修道士のように禁欲苦行を重視し、また「ユーラシア主義者」のようにソヴィエト政権との対話の機会を求める人々もいた。だが、穏健な民主主義者であったフェドートフは、ラジカルな道を拒み、それらのいかなるグループにも属すことはなかった。メーニは、この点に関して彼の態度は、ベルジャーエフに似ていたと述べている。パリでフェドートフはロシア人キリスト教学生運動やエキュメニカル運動に積極的に参加した。当地での彼の著述活動は、YMCA出版社の協力を得て豊穣なものとなった。同出版社は、まず一九二八年に『モスクワ府主教聖フィリップ』、一九三一年に『古代ロシアの聖者たち』、一九三二年にはロシアと革命について論じた『そうであるし、そうなるだろう』、一九三三に『キリスト教の社会的意義』、一九三五年には『宗教詩』と、フェドートフの著作を次々と出版した。

一九三〇年代に入ると、フェドートフはロシアとロシアの教会が新しい段階に入ったと感じ、三一年、文化・社会的、キリスト教・民主主義的な綱領を掲げる雑誌『新都』を発刊する。寄稿者は、ベルジャーエフをはじめステプン、イリーン、B・ヴィシェスラフツェフ、詩人のM・ツヴェターエヴァ等多彩であった。

一九三九年に勃発した第二次世界大戦は、パリの亡命ロシア人社会に動揺をもたらし、彼らの間に激しい議論を巻き起こした。この年、フェドートフは、ソ連邦がとった反ヒトラー政策の公正さを論証した論文「耐えて下さい」を発表。戦火から逃れるために彼はまずマルセイユに行き、その後アメリカに向かった。一九四一年の一月一五日のことである。ここからフェドートフのアメリカ時代が始まる。

アメリカ生活の最初の二年間を、フェドートフはニュー・ヘヴンで過ごし、当地でエール大学附属神学大学の教授に就任する。ここで彼は『ロシアの宗教意識』の執筆に着手する。ロシア霊性史を代表するこの著作では、ロシア史の形成と精神文化との関わりが考察されている（第一部一〇～一三世紀、第二部一三～一五世紀、出版は一九六六年）。一九四三年にはニューヨークの聖ウラジミル正教神学校に招かれ、死ぬまでそこで教鞭を取る。一九五一年九月一日、彼は心臓病のため、ニュージャージー州のベーコンで息をひきとる。六五歳であった。

二、フェドートフの思想——終末、聖霊、人間

次に、フェドートフの思想を概観しよう。フェドートフの著作は主に、ロシア中世史分野、ロシア霊性史分野、宗教詩、様々な評論に大別される。また、彼の妻エレーナは、彼の著述活動をロシア時代（～一九二五年）、フランス時代（一九二五～一九四〇年）、アメリカ時代（一九四〇～一九五一年）の三期に区分している（伝記とは多少のずれがある）。

V・B・ルィバチュクは、『G・P・フェドートフの文化の哲学』（トヴェーリ、一九九六年）の中で、フェドートフの著作を、人類の歴史と文化の文脈での「終末論」の分析の好例とみなす。フェドートフは、著書『ロシアの宗教意識』において、ロシア人の歴史観を分析する上でその終末論的な傾向が重要な意味を持つと述べる。彼によれば、中世ロシアの終末観は、肯定的なものと否定的なものの二極に分裂している。前者はキエフのイラリオンに見られる永遠の生の到来に対する希望であり、後者はスモレンスクの修道士アヴラーミイの著作に象徴的な報いとしての最期の審判である。また彼は、論文「終末論と文化」（パリ、一九三八年）において、否定されるべき終末論の解釈として、西欧の近現代思想に窺われる「人類の無限の発展」という観点からの「終末」の否定と、原始キリスト教やロシアの民衆が体現してきた強制的・非文化的終末論の二つを挙げる。彼によると、現在、戦争が生んだ混乱状態からヨーロッパのキリスト教徒の間に終末論的な気運が生まれているが、終末を人類の滅亡と解釈することも、自らの苦悩を解消するために即時の終末の到来を期待することも、真のキリスト教終末論ではない。それは、「終末論のペシミスティックな変種」である。人間は、来たるべき終末に向かいつつ、自らが生きる歴史に主体的に参加しなくてはならない。人間は神との「共同事業」の参画者である。このように、フェドートフの終末論では「人間の主体性」が強調されるが、これはソロヴィヨフの「神人論」に淵源を持つ。

「神の支配は、人間の努力、献身、闘争と無関係に訪れるものではない。神の支配は、神人の事業なのである」（「終末論と文化」）

フェドートフの歴史論、文化論は、人類の歴史の進展を「神の救済の営為」と捉える「オイコノミア」の精神に貫かれている。そしてそこでは神の第三位格である「聖霊」の働きが強調される。論文「自然と文化における聖霊について」（パリ、一九三二年）では、聖霊が人間の創造行為の動因とされている。

「何よりもまず、聖霊がこの世界において、教会の領域を超えて活動しているということは確証可能であり、確証されねばならない」（「自然と文化における聖霊について」）

彼によれば、教会以外では、自然界と文化の領域に聖霊の働きが開示されている。聖霊は全被造物に生を吹き込む存在であり、それは動物、植物、宇宙、世界精神の中に脈々と息づいている。火地風水の変転はすべて聖霊の働きによるものであり、人間に恵みと同時に恐怖をもたらす。キリスト教以前の異教の世界観では、

これらの聖霊の働きがそれぞれ個別の神として認識されていたのである。

また、人間の築く文化の中にも聖霊が満ちている。概して、文化とは、神と宇宙の間に立つ存在たる「人間の事業」である。そして、神の霊によって人間は文化的な活動を行なう。文化の基礎は「労働」と「霊感」である。人間は聖霊の与える霊感によって創作意欲を刺激され、さまざまな表現行為を行なう。ギリシア・ローマ神話のミューズ（詩神）は、聖霊による霊感を個別の神として認識したものなのである。ニーチェは、古代ギリシアの文化の原理をアポロン的なものとディオニュソス的なものに分類したが、フェドートフはここにキリスト教登場以前の文化の原理の相克を見、これに対し、キリスト者の文化の原理は、使徒パウロの説いた教えによるものでなければならないと主張する。それは、ロゴスと聖霊の名による文化の原理である。フェドートフの聖霊論において人間は、神の働きかけとしての霊感の存在を文化というかたちで体現するものとされる。

フェドートフの人間観はそのまま正教の人間観といえる。彼によれば、人間の労働も、文化も、神の似姿である人間の本質を表現することを目的とする。人間は霊を吹き込まれた存在であり、世界全体の変容へと招かれた存在である。人類の歴史には、その始まりから超自然的なパルスが働いており、それは人間の営みそのものを聖化へと導く。被造世界全体の聖化、それが歴史の持つ意味である。

フェドートフは、自身が発行した雑誌『新都』（パリ、一九三一年）の表題について次のように述べている。すなわち、「新都」とは、「来るべき神の世界」ではなく（それは歴史の終局に到来する）、迷走を続ける二〇世紀初頭の資本主義体制を脱するための「新しい秩序」のことを指す。フェドートフによると、ファシズムでも共産主義でもない「新しい秩序」によって運営される組織を、「地上の都」として私たち自身の手で創り出さなくてはならない。この「新都」の建設は、地上におけるキリスト者の事業であり、そのまま「天の都」に繋がる。「新都」の建設に重要なのは、個人の権利、個人の自由、そして何より精神の自由である。それらは、やがて地上に降臨する神の支配を待つ上で、私たち人間が守らなければならないものである。フェドートフは論文「新都」（パリ、一九三一年）で次のように主張している。実証主義、保守主義、自由主義、社会主義……─これらの思想はどれも「キリスト者の真実による統一」を打ち砕いている。だが、全体と部分、個人と世界の間の平等を、折衷主義的にではなく主張しうるのはキリスト教だけなのである。それ故に、キリスト教はいかなる社会的真実にも優越する。このように、フェドートフには「宗教思想家」というよりも「キリスト教思想家」という呼称が相応しい。

三、おわりに

近年のロシアでは、フェドートフの著作のペーパー・バック版が書店の「宗教」の棚に並んでいる。彼の著作は、ロシアが千年以上の長きにわたって培ってきた「霊性」の歴史を現代に伝える語り部の役割を果たしている。アメリカでも、近年、フェドートフの編集による『巡礼の道、およびロシア霊性の古典』がペーパー・バック版で再版される等（ミネオラ、ニューヨーク、二〇〇三年）、彼が当地に残した足跡は消えていない。フェドートフの著作をひもとくことで、私たちはロシア正教の豊潤な霊性の世界に足を踏み入れることができるのである。

「ポスト革命」派とフェドートフの思想

新井 正紀

はじめに

近年公刊された資料集『ロシア亡命者の政治史——一九二〇〜一九四〇年』中の解説では、フェドートフは亡命ロシア人思想家の中の「ポスト革命」派に属するとされている。ここでは、この区分に従い、この「ポスト革命」派を概観し、亡命ロシア人思想家の中での彼の位置づけを探り、ついでその思想の一端をたどる。その際、訳出した載録論文の基礎をなすと思われる彼の論文「我々の民主制」(『新都』第九号・一九三四年)、「ロシアの防衛」(『新しいロシア』、一九三六年)、「新都」(『新都』第一号、一九三一年)を参考にした。

一、「ポスト革命」派のグループと思想

「ポスト革命」派思想の大きな特徴は、ボリシェヴィキ革命の成果を否定しない点にある。この「ポスト革命」という呼称には、革命前の状態への復古の可能性や必要性を否定する意味が込められている。さらに彼らは十月革命の必然性やその民族的な性格を承認し、革命によってもたらされた成果の大部分を肯定した。ここから、新しいロシアへの道は、実在するソヴィエトの破壊ではなく、建設的な変容の方向にあるという主張が生じる。以上のような考えは、他の亡命者集団、とりわけボリシェヴィキ政権打倒のために様々な軍事行動を行ない、思想的な共通性というよりも「敵の敵は味方」という論理で、ソ連と戦う様々な国の政権、最後にはナチスとも手を結ぼうとしたロシア全軍人同盟や「新世代の民族・労働同盟」とは大きく異なる。道標転換派のイデオローグであるN・ウストリャロフによれば、「ポスト革命」派の思想の特徴は、革命の承認、愛国主義、初期スラヴ派的な普遍主義、物質的なものに対する精神的なものの優位、精神的・文化的メシアニズム、資本主義やブルジョワ的民主制やフランス革命の原理への反発にある。

以上のような思想的共通点を有する「ポスト革命」派は、さらに思想の差異から、「ムラドロス派」、「主張派」、そしてフェドートフが主宰した「新都派」の三グループに分かれていた。

「ムラドロス派」は、一九二三年に、青年組織「若いロシア連盟」として発足した。この組織は、一九二五年には指導者A・カゼム=ベクのもとに「ムラドロス連盟」に改組する。一九二〇年代末までには、結成当初とは異なる次のような思想に至り、「ポスト革命」派のなかでも際だって自主・自律的な集団となった。その思想の特徴は、社会主義、ナショナリズム、王制主義の結合にある。「ポスト革命」派の中でも王制主義を唱えたのはこのグループだ

けであり、アレクサンドル三世の第三子ウラジーミル大公の子で、一九二四年に亡命先で非合法に皇帝の称号を受けたキリル・ウラジミロヴィチ大公を援助した。ただし、彼らは王制を単なる復古ではなく、すでに形を成し全社会層に根づいたソヴィエト統治システムに調和したものでなければならないとする。カゼム＝ベクは、このことを「皇帝＋《プラス》ソヴィエト」というスローガンで言い表した。また、革新思想の面では、マルクス主義よりもむしろイタリア・ファシズムの組合主義から影響を受けていた。一九三四年には政党となる。彼らは、ソ連での大規模な国有化への動きを歓迎しつつも、スターリンの政治には否定的な態度をとり、軍隊の指導者のなかの民族主義者たちに期待を寄せた。この党は、パリに本部を置き、ユーゴスラヴィア、ブルガリア、チェコ・スロヴァキア、アメリカ、南アメリカ、中国と世界各国に支部を擁した。しかし、一九三九年の独ソ不可侵条約を機に、この党はフランスで弾圧され、カゼム＝ベクをはじめ多くの党員が強制収容所に拘束された。戦争が始まると、党員の多くはヨーロッパのレジスタントに加わった。戦後、ムラドロス派の組織はその活動を終えた。

「主張派」の中心人物シリンスキイ＝シフマートフ公爵は、一九二〇年代に「民族最大限同盟」を結成し、自己資金で雑誌『主張』を発刊する。この雑誌を中心に、民族最大限派、ナロードニキ・メシア主義者、ネオ民主主義者、民族主義キリスト教徒などが、「主張派」として結集した。この派は、徹底的に資本主義社会を批判し、キリスト教的な倫理にそった社会的な正義こそが、本来の民主主義社会の基礎であるとの思想を抱く。一九三三年には、「ポスト革命派連合」が結成されるが、それは現実的な政治勢力とはならなかった。集団としての「主張派」は、終戦を待たずして自然消滅する。

「新都派」とは、フェドートフ、I・ブナコフ＝フォンダミンスキイ、F・ステプンが編集者に名を列ねた雑誌『新都』の周囲に結集した知識人たちを指し、いかなる組織ももたなかった。キリスト教的社会主義のヴァリアントであるとはいえ、西欧の自由主義的民主主義に立場が近く、「ポスト革命」派のなかでも最も激しくファシズムを攻撃した。フェドートフは論文「新都」のなかで、自分たちとその他の「ポスト革命」派とは、「政治危機の理解と、社会を新しく組織化することへの意欲の点では」同じであるとしながら、その違いについては次のように述べている。「ファシズムと共産主義に対抗し、我々は個人の永遠の正義とその自由を守っていこう。個人は、自身の良心と思考と精神的創造の奥底で、自身の道徳的な尊厳を保持し、全体を救うために、また共同事業の可能性のために、自身の経済的な自由のうちの多くのものの犠牲にせざるをえない。こうした個人の自由に対する認知によって、ロシア政治思想のポスト革命派と呼ばれるものの大半と、我々は区別される」。

また、キリスト教を思想の中核に据えている点でも他のグループとは異なる。「個人の自由と共同生活の真理は、民族的・全世界的本質である。その本質は、キリスト教を抜きにして、どこで内部的・有機的に調和できるのであろうか？　唯一キリスト教だけが、個人と世界との、教会と人間の魂との、完全なもしくは部分的な平等を折衷的にではなく完全に確立している。キリスト教は、最高の社会的な真理である。歴史過程における悲劇的な進展において、社会的真理に逆らい、キリスト教は不当に厳しく弾圧されているが、結局のところ社会的真理を実現させるのは、キリスト教をおいて他にはない。つまり、それはキリストが完全に真理であることを社会的に示しているのである」。

ドイツのパリ占領後の一九四〇年に、雑誌『新都』が廃刊となったことにより、その周囲に結集したこのグループも自然消滅する。

二、フェドートフの民主制に関する考え

フェドートフは、現存する民主体制は全てが異端であるとして、本来の民主制というものを「ネオ民主制」と呼び、次のように定義している。

まず、政治に参加する市民の一人一人が高い政治意識を持ち、政治に積極的にかかわらねばならない。そして、それは一部の所有物ではなく、全体のものであり、そのためには犠牲も全体で背負わなければならない。こうした考えは投票を通じて培われていく。また、個人と政治とは直接的につながるのではなく、代表者、組織を介して結びつくべきである。

そして、その代表者の資質は、単なる代弁者ではなく、大衆の間に政治的意思を創出していくところにある。さらにもう一点、「全ての自身の慣れ親しんだ思想や因習を捨て去る覚悟」が必要である。現在の議員は変化を恐れて、市民を裏切っている。以上のことから、代表者を選ぶ選挙は、その代表者の政策理念などではなく、その人の個人的な資質を基準にしなければならない。そのため、「被選挙者は、いかなる党にも属することができないし、選挙のときに党から抜けなければならない」。

「権力は芸術であり、才能ある指導者は芸術家のようなものである」と彼は述べる。いくつもの可能性から一つの手段を選び出し、それを節度を持って実行する点が芸術家に喩えられるのである。選択と節度は共に必要である。「全ての事業は、不適切な手段を選択することで台無しになりうる。グループの指導者やその代理人の節度のない行為は、例えば彼らも市民も欲していない戦争を引き起こすこともありうる」。

以上のような「ネオ民主制」に立脚した共通原理から具体的な政策の構想までの距離は大きい。「その距離は、理論的に実現不可能な計画ではなく、政治的な試みによって埋められ得る」。その一つの試みが職業組合的な民主制である。それは政策集団としての党による民主制に替わるものである。職業組合的民主制はいわば下から創り上げていく民主制なのである。もう一つの試みが、地域的代表制である。これらは、ソ連において実験されており、その結果を見守り理想の民主制の土台としようとするのが彼の立場なのである。「ソヴィエト・ロシアにおいて、職業的・地域的代表制の結合を実演しているソヴィエト建設は、新しい民主

制の発展への出発段階である」。

三、ロシアの現状認識

つぎに、戦争、革命、内戦、復興を経て新しい体制を確立しつつあるソヴィエト・ロシアに対するフェドートフの評価を見よう。

まず彼は、亡命者の祖国に対する反逆について述べる。「全ての時代の市民の亡命者は、自身の祖国と武器をとって闘ってきた。アテネ人とスパルタ人、グェルフとギベリン、大革命のフランス人、そして、一九、二〇世紀のロシア人たちは」。そして、追放の身となって初めて彼は、「ロシアの民族的な部分にとってのクールプスキイ公とゲルツェンの意義を十分に評価するようになった」と言う。ついで、「祖国が最高の聖地ではなく、真なるもの、すなわち神に祖国は従属せねばならないということから、反逆の道徳的な意味は発生している」と、反逆の正当性を主張する。「不正で、違法で、暴虐な祖国に対して闘う可能性、もしくは闘うことが義務」であるのは、「キリスト教文化の時代たる中世においては疑う余地がない」。こうして、現在のソヴィエト・ロシアが、不正で、違法で、暴虐であるならば、それが祖国であっても反逆しなければならないとの結論に至り、祖国の現状に論を進める。「第一次大戦において、我々は初めてロシアの生命力(の弱さ)に驚いた。かつて、我々は、政治的な伝統に則り、ロシアの脆弱さを語り、『粘土の足の虚像(ダニエル 二章三一〜三五節)』についての言葉をくり返しはしたが、心の底ではそれらを信じてはいなかった。我々にはロシアが、故P・トルベツコイが創作したアレクサンドル三世記念碑のような、堅固な花崗岩の記念碑のごとく思われた」。「戦争は我々の目を開いた。このような戦争は史上初めてであった。初めて、政府でもなく、軍隊でもなく、国民が対立しあった。男性だけではなく母親が任務を遂行するという消耗戦は、ロシアの恐ろしい脆弱性を暴露した。腐敗した権力と低い技術のせいで、祖国を守るのを拒否する人民や、「何のために私にはロシアが必要なのか? ロシアなんて屁とも思わない。私にとって自国のブルジョワが唯一の敵である。私はドイツ人のもとで生き延びよう」と言う人々がいた。国民がおおよそこのように考えていた国は世界でただ一つであった」。このように帝政国家の末期症状の中で、それに従属していた諸民族の民族意識が覚醒した。「ロシア人の国家において、民族意識が死滅したように感じられたとき、崩壊した帝国の他の全ての民族は、自身の民族的な誕生に対し激しい恍惚状態を体験した。我々は彼らの覚醒を、彼らの存在そのものさえをも(中略)見落としていた。ロシアの民族的構成を、オーストリア=ハンガリー帝国と比較考察することすら我々は思いつかなかった。(中略)一九一七年に我々は、ロシアの解体という現実そのものに直面した。解体は始まり、ロシアから全ての西部辺境地域が引き裂かれた」。このようなロシア解体の危機は、「ロシアの革命的愛国主義の予想外の覚醒によって阻止された」。そして彼は革命による愛国心の発揚に期待する。「虚無主義的信仰に傾注している労働者と農民の多くの人々には、革命は祖国そのものでないとしても、新しい基本的な祖国の感覚の結晶の中心である。ブルジョワから解放されたロシア、百姓的なロシアは、自分たちのものであった。道徳的腐敗によって損なわれた組織体において、自己防衛の衝動はまだ非常に弱いとしても、それは守るに値した。新しいソヴィエト的愛国主義は、否定できない事実である。これは、ロシアが生存するための唯一のチャンスである。もしそれが損なわれたり、国民がニコライ二世のロシアを守ることを拒否したように、スターリンのロシアや民主共和国のロシアを守ることを拒絶したりしたら、おそらく、この国民が歴史的に存在する可能性はないであろう」。

以上のように彼は、帝政末期には欠如していた愛国心を、革命政権は民衆の間に育成しており、それがロシアの存亡にとって重要であることを認めつつ、「しかし、スターリンの王座を築いている背後で、労働者や農民大衆において、その愛国心は同様に強力であろうか?」と問う。というのは、ソヴィエト・ロシアの現状が彼の目には次のように映っていたからである。「コルホーズ的農奴化の時代に、スターリンは、現在彼がかくも必要としている農民的愛国主義を、自ら破壊した。しかし、現在の急速な産業建設においても彼は、ソヴィエト共和国が拠って立つところの労働者の愛国主義を台無しにしている」。

おわりに

以上のように、革命によりもたらされた成果の大半を肯定し、そこから、新しいロシアへの途を、実在するソヴィエトの破壊ではなく、建設的な変容の方向から導き出そうという「ポスト革命」派に、フェドートフは属している。そして彼にとって、腐敗した帝政を打倒し、市民一人一人が政治に積極的にかかわっていく「ネオ民主制」の方向で、新秩序を生み出した革命の成果は評価できるものの、それを破壊しようとするスターリンによる王制・帝政の復活は、許し難いものであった。すなわち、たとえ祖国であったとしても、「ネオ民主制」の基礎となりうる革命の成果を無に帰そうとするスターリン体制に対して闘うことが、フェドートフにとって正当であり、義務であったのである。

1946 ユートピア主義の異端

セミョーン・フランク

初出はニューヨークで発刊された『新雑誌』一九四六年、第一四号、一三七〜一五三頁

古典古代のあの有名な確信[1]に従うと、あらゆる人間の傲慢さとか横柄さ（hybris）は、またそれがために人間が物事の自然の秩序を乱して、人間に本来そなわってはいない場や意義を要求しているところのあらゆる不遜なわがままは、その宿命として報復を受けることとなる。報復はこの場合、一線を踏み越えた《プレストゥープヌイ》企ての存在それ自体によって、内在的にあらかじめ定められている。なぜならば、幸福や自由や力を人間が志すのはきわめて自然であるにもかかわらず、これらの志向は、ある一定の境界を越えるやいなや止めどのないものとなり、前もって打ちたてられた神的宇宙的法則を、人間の可能性の制限により尊重するということをやめてしまうからである。そしてこの志向自体がすでに、人間をとらえ必然的に破滅へと導く狂気なのである。

この古典古代の確信は、ギリシア人の宗教的道徳的思想として人類に遺された偉大で永遠の真理の一つである。これはごくありふれた生活体験からも立証されるし、キリスト教の宗教的人生観のうちにも、さしたる困難なしにより深い論拠を見出しうる。想像を絶したあらゆる悪事と苦しみをともなって、私たちが体験した世界大戦は、その出来事の進行全体において、この古典古代の永遠のモチーフ上に打ちたてられた悲劇の古典的見本なのである。この悲劇は上演された——あるいはより正しく言えば、今日まで上演され続けている。なぜならば、その最終幕、あるいはエピローグは、未曾有に巨大な、真に世界的なスケールにおいて、いまだに閉じられてはいないからである。その火付け役と主役が一

握りの狂人と悪人であるとしても、その協力者と犠牲者は幾百万と算定され、それによって呼び起こされた強烈なショックはほとんど人類全体を襲ったのである。

いかにこの世界的な悲劇が教訓的であったとしても、この悲劇の意味はこれ以上あれこれ考察する必要などまったくないほどに単純明解である。その企てと手段の点で、もっとも初歩的な道徳律をもかえりみぬような、果てしなき権勢欲という悪魔主義は、犠牲者に勝るともおとらず、その犯罪者自身にとっても、破滅的な狂気として発現した。

兇悪で犯罪的な意志というものは、少なくともある一定の境界線を越えてしまうと、狂気の、まさにそれゆえに破滅的な意志となる——これはある意味においておのずから明らかである。より深遠で困難な問題点は、先に述べた古典古代の思想では明白な表現を見出さなかった、もう一つの同類のテーマにある。すなわち、私欲とか肉欲によってではなく、人々への愛、および苦しみや不公正から彼らを救済して生活を正しく秩序立てる志といった道徳的モチーフによって支配されている、その根本においては善きものである意志が、同様に止めどのなさや不遜なわがままと結合し狂気の意志として現われ、自らの狂気の中で犯罪的で破滅的な意志に変質することがあるという点が問題なのだ。私たちが念頭に置いているのは、ユートピア主義という一般的な呼称で呼びうるところの、思考と意志の希求のことなのである。

ユートピア主義という言葉で意味しているのは、悪や苦しみから解放された完全な生活を地上に実現するといった一般的な夢想ではなく、次のようなより特徴的な企てなのである。すなわちその企てに従えば、生活の完全性が、ある社会秩序とか組織機構によってあたかも機械的に保障されうるのであり、したがって保障されなければならないのである。換言すれば、これは人間の建設的で専断的な意志による世界救済の企てである。この性質においてユートピア主義は、異端という概念の正確で理にかなった意味で——虚偽の、それゆえ破滅的な道へ人間を誘うような、宗教的真理のほかならぬ歪曲という意味において——、異端の典型的な見本なのである。ここに立てられている目的が不可能なのは、単にどんな思想も絶対的に完全かつ純粋なかたちでは実現しえないとの理由からなのではなく、私たちが以下に示そうとするように、この目的が自らのうちに内的矛盾をはらむからなのである。この企てが単に夢想としてとどまっているあいだは——プラトンやカンパネラ、トマス・モア[2]の「ユートピア」におけるように——その内的矛盾性、したがってその企てへの志向自体の虚偽性と破滅性は隠されたままになっている。この虚偽や破滅が現実に明らかになるのは、ただこの理想が意志をとらえるとき、すなわちその理想の内容そのものに従って、まさに外的に組織だった方策により、つまり人間の行為による強制的な管理を通してこの理想を実現しようという試みがなされるときである。まさにそのときに道徳的な狂気、すなわち最初は善き動機に導かれていた建設的な意志そのものの背徳性が暴露される。

ほかならぬこのような実際的な政治的運動として、ユートピア主義の異端は、少なくとも広範なスケールで、宗教改革運動と結びついて、チェコの「タボル派信徒」のもとで、またドイツ農民戦争とトマス・ミュンツァーの運動、再洗礼派といったドイツ宗教改革の諸現象のうちに、典型的なキリスト教異端として最初に発生した。[3] それらは、福音の成就を強制的に社会のうちに実現させようとする企てであった。非宗教化した形態においては、この異端は初めにジャコバン主義において具現し、その後革命的社会主義のうちに現われた。そしてその革命的社会主義は今日、ロシアのボリシェヴィズムの様相をとって何百万の国民の生活を支配しており、そのことで反駁の余地なく説得力にみちた実際上の検証をうけているのである。

ユートピア主義の異端を理論的に分析し、その誤った考えの共通の根源を明らかにしようと試みるより先に、簡単な自明の歴史的事実に注意を向けよう。ユートピア主義は、自ら立てた目標に実際には一度も達しなかったばかりでなく、つまり生活の道徳的な完成を保障する秩序を実現することができなかったばかりでなく、その実現の過程でまったく逆の結果へと行きついた。すなわちユートピア主義は、求むべき善と正義の国の代わりに、虚偽と暴力、そして悪行の支配へと達した。また、苦しみからの人間の生活の望ましい救済の代わりに、その苦しみの計り知れない増大へと行きついた。いかなる悪人も犯罪者も、人類の救済者たろうと望んだ人々ほどには、この世でこれほど多くの悪事をなしてこなかったし、これほど多量の人間の血を流しはしなかったと言える。おそらく、この一般的な命題からの唯一の例外は、私たちの時代に国家社会主義とファシズムの悪魔主義によって引き起こされた悪である。しかし、この際にも忘れてはならないのは、この悪魔主義も、大衆を誘惑し世界的広がりを得ることができたのは、その悪魔主義の中の太古からの悪しき意志が、やはり世界救済というメシア的運動の外見を身にまとったからである（その原因は共産主義でもなく、ユダヤの富豪階級の精神的腐敗でもない）。

しかし、これだけでは不十分だ。ユートピア主義の運命におけるもっとも驚くべき逆説は次の点にある。すなわち、いつでもユートピア主義は、本来の企てに反して、善ではなく悪に行きつき、生を救済するのではなく滅ぼしてきたというだけではなく、この途上において人類の救済者、福祉への献身的な奉仕者その当人が、なんらかの不可解な思いもよらぬかたちで、卑劣な悪人、血に飢えた圧政者に変わってきたのである。つねに、ユートピア主義運動を始めるのは、人々への愛に燃え、自分の生命を隣人の幸せへ費やす覚悟のある献身的な人々であった。このような人々は、聖者のように見えるだけではなく、ある程度実際に（若干歪んだかたちだけれども）聖性にあずかっている。しかしながら、だんだんと、ちょうど自分の胸に秘めた目標が実践的実現へと近づくにつれて、彼らは悪の悪魔的な力にとらえられている人間に自ら変わっていくか、あるいは自分の席を悪人や堕落した権勢欲の強い人に譲って、彼らを自分の当然の後継者とするのである。無条件に完全な生活秩序を打ちたてようというユートピア的な企てで導かれているすべての革命の逆説的で運命的な進行とはこういったものである。この聖性からサディズムへの道の途上には、あたかもこの道徳的弁証法の悪魔的逆説を全身で具現するかのごとく、ロベスピエールやジェルジンスキイ[4]のような私生活においては禁欲的で有徳な吸血鬼たちの、身の毛のよだつような謎めいた類型が立ちはだかっている。

ロシア思想史には、思想の実践的実現の範疇で、いかなる具体的な生活の働きかけもなしに、思想が純粋理念の発展計画上でいとなまれるという、この弁証法のこのうえなく興味深い、ある見本がある。だからこそ、この見本はとりわけ教訓的なのである。私たちが念頭においているのは、ヘーゲル主義と決別した後のベリンスキイが、この世の不正についての深い悲しみと社会生活の道徳的な健全化に対する志向というパトスにとらわれたときからの、彼の思想の発展状況なのである。ヘーゲル主義との決別を宣言している有名な手紙の中でベリンスキイは、「主体、個体、個人の運命は、全世界の運命…すなわちヘーゲルの言うところの Allgemeinheit（普遍性）の運命よりも重要である」と表明し、もし彼が、彼の「血のつながった兄弟」の一人一人と運命を分かち合うことができないのならば、どんな世界的な調和も彼を満足させないだろうと主張する。「発展段階の一番上の段」に達したあとでさえ、彼は「あらゆる犠牲になった生活や歴史の状況」についての報告を要求する。さもないと、この「一番上の段」からまっさかさまに落っこちてしまうだろう。ここで表現された道徳的な意志による熱烈な支持の全体が、生きている人々に具体的に必要なものや、個人の幸せへと向けられる。具体的な個人一人一人の絶対的な価値に直面して、人類の普遍的な発展とか生活の普遍的価値の未来における実現といった関心事はことごとく力を失う。ここには、イワン・カラマーゾフの口を通して語られたドストエフスキーの有名な公式の先取りがある。「最高の調和でさえもたった一人の苛まれている赤ん坊の涙には値しない」。まさに個人一人一人の幸せをおもんばかるこの途上で、ベリンスキイは社会主義の熱烈な信奉者になっていく。ここにおいて、生活の社会主義的な建設のプログラムに対するこの熱狂は、ベリンスキイの魂の中ですべてを包みこむまでになっているので、彼をしてたちまちに、この道徳的志向の出発点たる思想を完全に覆してしまうような身の毛のよだつ公式へと至らしめる。「もし社会性（すなわち社会主義）の確立に千の首が必要ならば、私は千の首を要求する」[5]。ゲルツェンも、ベリンスキイが狂信で燃える目をもって、ギロチンの必要性を布教した旨を述べている[6]。まさにこのように、生きている人々と彼らの具体的な運命への熱烈な愛から彼らに対する容赦のない残虐な行為が生まれるのだが、それは、それらの人々が、彼らの幸せを保証するはずの体制を実現する際の障害とみなされるからである。ある意味、心理学的に自然で、論理的に一貫したこの思想行程は、このようにして、言語道断な道徳的な矛盾へと行きつく。ロシア人民を愛する献身的な人々を私たちの目の前で迫害者、チェキスト[7]に変えたあの展開が、実験室のプレパラートのように理想的で純粋なかたちで、ここには表われている。この思想の行程が具体的に実現していくにおよび、「千の首」が数えきれない量、十万もしくは百万の首にまで増大してゆく――そこには、もはやいかなる原理的な違いもない。

狂信的な情熱は、その苛烈さで道徳的に目をくらませ視界をくもらせて、純粋で高潔な動機自体を見失わせうるものだといった安易な考えによって、このおぞましいパラドックスを払いのけるのはたやすい。これは実際にはそのとおりだが、本質的には何の解明もしていない口先だけの漠然たる公式にすぎない。倫理学思想は、このようなおぞましい矛盾へ思想を導くあのほかならぬ客観的な弁証法を明晰に分析する必要を説いている。この弁証法は、明らかになんらかの前提に依拠しており、その前提が偽りなら、そこから導かれる弁証法の結論は誤る。

ユートピア主義の最初のもっとも手近な謬見に次のようなものがある。それによると、ユートピア主義とは世界を「救う」企て、すなわち世界から悪や不正を根絶し、体制を改革したり生活を秩序立てたりすることにより、善の絶対的な支配を確立しようという企てである。体制とは、法律つまり強制的な共通の規範によって保障された人々のあいだの関係の総体である。しかしながら、この企ては法律の本質そのものに矛盾する。

悪との闘争や生活の道徳的完成化という問題においては、二つのまったく別種の課題を明確に識別しなければならない。すなわち、悪の外面的制御、その破滅的活動からの生活の保護という課題と、善の力の有機的育成の課題と合致する悪の本源的根絶ないし克服という課題とを。善も悪も本質的には精神的範疇の力であるのだから、善の育成も悪の本源的根絶も、人間の意志ないし個人の精神のたたずまいに対する内部からの精神的作用の範疇で、つまり精神的育成の範疇ではじめて可能なものとなる。その精神的育成は、ただ自由という自然力《スチヒーヤ》のうちでのみ考えられうる。つまるところそれは自由な自己修養――恩寵に満ちた力を自由に魂に受け入れ、根づかせることなのであって、その力の働きのもとで、悪はおのずから、月光に照らし出された闇のように四散し消え去ってしまうのである。逆に、つねに命令か禁止でしかないどんな強制やどんな法律も、またいかなる重い厳罰でさえも、悪の原子を本源的に滅ぼすこともできず、善の原子を本源的に育成もできない。この意味において、トルストイの国家批判、外的な力の助けを借りた悪との闘い全般に対する彼の批判は、完全に正しい。だからといって、実際、ここからは、国家法による悪との闘争など必要がなく有害だというトルストイの結論はまったく出てこない。なぜならば、強制を通して働く法律、法秩序は、悪の本質を滅ぼさずに、前述したごとく、ただ悪を制御し悪から生活を保護するだけなのだが――このことはもちろん不可避で有益な課題だからである。暴漢や悪党をおとなしくさせ彼らが悪を行なうのを妨げることが、悪人を善人に変え悪から解放するのとはまったく別のことだとしても、そこにはやはり、悪い行動によって引き起こされる損害から生活を守るという理性的で正しい機能がある。トルストイ主義やあらゆる宗教的アナーキズム、あるいは政治的無関心主義とは逆に、悪と不正から生活を強制的に守る理性的で公正な秩序のこういった有益性は、もはや立証する必要のない自明の真理である。

しかしながらユートピア主義の企てを面前にして、つい先ほど述べたような物事の裏面を見逃さないことが必要である。何らかの社会秩序がもつ有益性の限界とは、強制の有する有益性の限界なのである。もっとも公正で政治的な改革は、権力の勤勉な代理人、せんじつめれば警察によって具体的に実現するという単純な事実を決して忘れるべきではない。警察の任務はグレープ・ウスペンスキイの主人公の的確な公式に従えば、「解放するのではなく拘束する」ことにある。——先に述べたように、その業務は、生活に不可欠で、一定の限界内では道徳意識が要求していることでもあるが、しかしそれには「世界を救済する」、つまり世界に道徳的完成や幸福の充溢を確立することは明らかにできない。

こう見てくると、社会秩序を通して善の完全な実現を期待しているユートピア主義は専制政治《デスポチズム》への内在的な傾斜を——専制政治中の悪しく破壊的であるところのものを全てもって——はらんでいるということになる。これは、全一的《インテグラーリヌイ》社会主義に対する、根本的な——同時に道徳的でもあり、社会学的でもある——論駁である。富者による貧者の搾取、強者による弱者の搾取に対して、あるいは利己的な意志の無秩序な争いから生じる経済的な無政府状態の災厄に対して、国家の講ずる強制的な方策が不可欠であり道徳的な義務であるという単なる一般的思想を社会主義と理解する限り、社会主義は正当かつ反駁の余地のない思想である。しかし、経済的営為の全体、人々のあいだのあらゆる社会的関係を国家権力に従わせようという企て、すなわち、国家的強制の助けを借りて社会的経済的営為全体を計画通りに築こうとの企てを社会主義と解する限り、社会主義は専制政治の企てへと変質していく。「解放するのではなく拘束する」方法によって生活を道徳的に復活させようという企てへと変わってゆくのである。そのとき社会主義は次のことを見失う。すなわち、生活とは人造的合理的な構築物ではなく、精神的なものをも含む有機的な創造行為であって、自由な自然力のうちでしかいとなまれないということ、またそれゆえあらゆる自由の抑圧は生活を麻痺させ、そのことで、その働きがなければいかなる生活の完全化も不可能である善の力を麻痺させるということを。以上から、問題なのは全一的社会主義における社会的政治的プログラムの内容の何らかの誤りなどではなく、ユートピア主義——それの単なる部分的ケースが社会主義ユートピアであるが——それ自体の社会哲学、せんじつめれば宗教哲学の誤りだということになる。

ユートピア主義の認識によると人間本性の不完全さのもとでは、自由は、理性的で公正な生活を保障するにとどまらず、逆に実際には甚だしい程度において悪と無分別の自由でもあるのだ。このまったく正しい認識から出発することで、ユートピア主義は、善へと方向づける単一の理性的な意志によって社会生活を計画どおりに強制的に指導することにより、この危険性を根本的に阻止しようと企てるのである。本質的にはまさにこの点に全体主義の純粋に哲学的な理念があるのであって（実際に全体主義に混入し、それに加担している罪深く利己的な目的はさておき）、それは、最初にプラトンの不朽の道徳的＝政治的なユートピアにおいて表現されたとおりである。

しかしこのことで、先に述べたように、人間の生活を計画に沿って強制的に適正化《ノルミロヴァーニエ》する正常な機能――すなわち法律の機能――が、あたかもぎりぎりに引っぱり延ばされたかのように極度に誇張され、そのあげく歪曲されるのだ。法律とは生活にもっとも有害なかたちで現われた恣意を制限することしかできないのであって、いかにしても人間の本性に共通の不完全さや罪深さといった根本的な事実を除去などできないのに。

必然的に悪と無分別をうちに含んでいる、不合理な自然力としての自由は、ある意味において生の本質そのものと一致しており、その自由を滅ぼそうというあらゆる試みよりも、もっと強いものである。はっきりと知覚できるかたちで障害なしにあからさまに現われ出る可能性を奪われた、内面へと追いやられた自由は、まるで地下活動のように、思いがけない、法律では予測できない、多くの道や水路を自分自身に見つける。これは、必然的に、二つの面で現われる。まず、生活を強制的に適正化することで悪を滅ぼそうとの企ては、現に善と理想的な意志に導かれていてさえも、実際に目標を達成することができないのである。生活の皮相な上っ面の層としての、ただの見せかけの礼儀正しさや規則正しさと生活の内部の混沌や背徳性とのあいだには、生活を毒する病的な矛盾が生みだされる。そして他面では、理性的で善良なおのれの意志によって悪しき生活の無分別を克服するのを義務としている生活の指導者たち自身が、実際は、人間として、彼が克服することを使命としているまさに同じ人間本性の不完全さで満ち満ちているのである。人間の悪しき無分別な意志を方向づけ制御するのは、何らかのより高度で完全な機関《インスタンツィア》などではなく、――指導者その人の――悪と無分別に満ちた、同じあの人間の意志なのである。しかも、不合理な自然力――悪や無分別を容認する自然力――である自由は、同時に善と理性を産み働かせる自然力、すなわち生活を自己修正し完全化する唯一の可能性でもある。

悪や無分別の克服は、人間の自由な自己修養や自己克服、そして人間のうちにおける低次なもの、悪しきものに対する高次なもの、より善きものの自由で内面的な勝利というかたちをとって、はじめて可能である。外的で強制的な生活完全化の企てが、この可能性を除去してしまうところでは、実際に完全化へと到達できないにとどまらず、逆に、人間に本来そなわっている不合理性や背徳性が、あだ花として咲きほこる。

このように、ユートピア主義の異端をもっとも身近に定義するとしたら、世界救済というキリスト教の理念を法の強制的な力で実現させることで歪めたものと規定できよう。法の理念は、旧約的宗教を導く理念であるので、ユートピア主義の異端とは、キリスト教的意識が旧約的観念の方向へと歪められたものである。そのじつ、旧約自体にあっては、法は世界を救済する手段とは決して考えられていない。法は単に、神の前での義認という意味で人を「救済する」手段でしかなく、この際、法というのは当然、国家法ではなく絶対的な宗教的命令としての法（宗教儀礼に関する法はさておき）——すなわち、私たちが現在道徳法と呼びうるところのもの——を意味している。こういう法理解に対する使徒パウロの批判——キリスト教の救済理念を最初に明解に説明したところの批判——はとみに有名である（「ローマ人への手紙」七章参照—訳者）。法は罪の修正であると同時に、その罪の結果であり、まさにそれゆえに外的には罪を抑制しながら、本質的にはそれを克服できず、救済へと導くこともできない。旧約的意味での法がその自然な動きとして強制的国家法に変わるだろうという点をかんがみれば、使徒パウロのこの天才的な宗教的直観が私たちのテーマにもつ意味は明らかである。神の意志の表現であることにより、法は絶対的な拘束力を有する。すなわち、正義はどんな条件の下でも実現されなくてはならず、正義の侵犯は抑止されなくてはならない。法に内在するこの強制性が、社会により個人に下された道徳的審判という弾圧として卑近なかたちで具体的に表現されるとすれば、社会の道徳的意志は、国家的強制手段によってでも自分には正義を確立する権利があり、またそうすることが義務だとさえ自覚するだろう。法の宗教は不可避的に当然の成り行きとして強制的な神政制《テオクラーチヤ》のうちに具現される。

キリスト教史ではこういった思想の歩みが随所に露呈しており、そこでは旧約的傾向がキリスト教のうちに滲み出ている。ちなみにカルヴァン主義（カルヴァンのジュネーヴの強制的神政制と、イギリスのピューリタン革命のしかるべき現象）がその例である。この場合法と正義は、世界救済としてではなく、罪の抑止の手段として、したがって世界のありようの一般条件の範疇で考えられ、罪の破壊的な力から世界を保護する手段として、すなわち堕罪に揺り動かされた世界の営為の安定と安寧の条件として考えられる。しかし、正しい秩序あるいは法を確立することを通し、世界を救済するという理念がユートピア主義のうちに生じてくるかぎり、神政制の旧約的理念は国家の強制による世界救済というユートピア主義の性格を帯びる。ユートピア主義における旧約的観念の――それは歪曲されたものだが――この種の意義づけは、宗教改革期のユートピア主義の諸類型のうちに明らかに見てとれる。神の法の敵は、容赦なく撲滅すべき不信心な「アマレク人やペリシテ人」[8]（当時における宗教的狂信の日常的スローガン）とみなされる。この過程で、「タボル信徒」が最終的にキリスト教をあからさまに否認し、旧約的信仰に立ち戻っていることは特徴的である。この知的傾向のもっとも明瞭で、私たちとの関わりで教訓的な形象は、財産共有制というキリスト教の理想を強制的に実現しようとの、ミュンスターの再洗礼派の人々の試みである。すなわち、法の命じるに、昼夜をとわず家々のドアを開けたままにしておくべし、すべての人は欲しいものをどこででも取ることができる、法の違反者は容赦なく死刑に処されると。これは、キリスト教の理想によって正当化された野蛮な完全化、すなわち、必然的にテロで支えられている強制的社会主義の見本であり、おそらく歴史的にはボリシェヴィズムの最初の実験である。

しかしこのように、ユートピア主義の異端を旧約的神政制の方向へ向かうキリスト教的救済理念の歪曲として理解するだけではまだ不十分である。この歪曲自体が可能となるような前提をまだ明らかにする必要がある。問題は新約にも旧約にも、それ自体としてはこの歪曲の典拠たりうるものが何も含まれていないことにある。すでに述べたように、神に規定された強制的な行動規範としての律法の宗教的な意義があらゆる面で誇張されているにもかかわらず、旧約の考え方は、絶対的な完全をこの世に打ちたてるという意味での世界救済の手段を律法には見てはこなかった。一方、世界の救済やこの世における罪の克服についての新約の福音は、原則的にはこの世を越えた次元での救済を考えている。現在の世界的アイオン[9]にあっては、この救済とは、人間の魂にとっての永遠の財産である「天の国」への道を開くことによって、魂を罪の世界の従属から解放することなのである。このゆえに幸せの充溢および魂の完全化の可能性としての救済は、罪と苦しみに満ちた不完全な世界での生活と両立するとされる。「あなたがたには世で苦難がある。しかし、勇気を出しなさい。わたしは既に世に勝っている」（「ヨハネによる福音書」一六章三三節）。罪へのこの本質的な勝利、したがって世界のありようの罪深いアイオンのまだ目に見えぬ克服は、「神の国」への変容をもって終わらなければならない。しかしこの変容はすでに世界の「終末」と一致する。前者の救済も後者の救済もかたちが違いこそすれ、ともに同じく「この世」の境界の向こうへの脱出を意味しており、「この世には属していない国」（「ヨハネによる福音書」一八章三六節―訳者）を念頭においている。それゆえに、馴染みの「この」世のありようの域にあっては――あたかもカテゴリー的条件にあるかのように――幸せの充溢、完全化の可能性についての考えは保持されないばかりか、そのまま拒否されるのである。

聖書と古来の宗教的慣習全般を構成する唯一のモチーフは――そこにユートピア主義にとっての基点を見てとれるかもしれないが――、「新しい天と新しい地」「新しい創造」（それ自体が旧約聖書の預言者たちの希望へと遡っていくところの思想、「イザヤ書」一一章参照）という黙示的希望である。そしてユートピア主義は、しばしばこの黙示的信仰に接近するのがならいである。しかしながら、その際両者の本質的な、いわば決定的な差異を見落としてはならない。変容した完全なる世界――「新しい天と新しい地」――は、黙示的信仰においては、ちょうど「新しい創造」つまりあたかも天地創造の第二の最終行為のように考えられている。最初の創世と同様に、これは創造的な神の意志による奇跡行為であり、その行為は人間の理解力を越えており、とりわけ人間の意図的で作為的な意志でできるいっさいのことの限度をはるかに越えている。そして、――少なくとも新約聖書の黙示録では――この新しい創世は、最後の審判によって、古い創世――現在の世界的アイオン――とは明確に切り離されている。その審判において、全能なる神の正義の最終的な勝利が、この世の不正のすべてを根絶して、「この世」全体に終焉をもたらすのである。逆に、ユートピア主義が考えているのは、絶対的な正義つまり「神の国」を地上に、すなわち「この世」というカテゴリーのうちに確立しようとの企てで導かれている作為的な人間意志の業による「新しい創造」なのである。

ユートピア主義の真の究極の思想的源泉は、――旧約と新約の一連の考え方全体と比べれば――まったく新しい宗教的理念である（その若干の類似は、二世紀のグノーシス主義[10]にしか見出せない）。これは、世界の悪と苦しみを、世界のうちに入り込んで神の完全なる創造をゆがめた、この世の限界内では避けることのできない、秘められた罪の力と規定する思想ではなく、それを世界自体の不正な構造と規定する思想である。これにもう一つの思想が加わる。それは、絶対的な正義への志向によって導かれる人間の意志には、世界を根本的に再建する――古く不都合で正しくない世界に代わって、新しく意味づけられた正しい世界を創造する可能性が与えられているとの思想である。ユートピア主義は、まず第一に堕罪の教義の否定である。それは地上の不正に対する責任を、この世における罪の力にも人間の罪深い意志にも負わせずに、世界の不正で不公平な構造という罪名の何か別の権力、思想を完全に首尾一貫させて、その結果、世界を創った機関《インスタンツィア》そのものに負わせる。これは、世界の創造者と彼の創造物としての世界自体に対する、人間の道徳的意志の反乱である。古代のグノーシス派の人々の教えによると、世界は悪い神によって創造されたのであり、キリストにより啓示された愛と正義の神は、世界の創造者とはまったく異なる神である。ここから、禁欲的に世界から逃走したり、別の「かなたの」愛と正義の神に精神的にあずかることによって、創造者たる悪い神の権力から免れようとの志向が、最も身近な形で出てきた。

ドイツの神学者ハルナック[11]は（マルキオン[12]に関する自著の中で）、この古代の宗教的傾向とトルストイの教えとの類似点を的確に指摘している。しかしながら、トルストイにおいて禁欲家が革命家と結びついているのは偶然ではない。この世からの逃走、美や肉欲や文化の否定――地上での生活に結びつき、宇宙の肯定的宗教的な価値の認識と結びついたあらゆる精神的力の否定は、新しい秩序――トルストイ的生活規則と呼んでもよいところのもの――に服従することによる完全な生活の可能性をめぐる夢想によって補填される。確かに、この正しい生活の秩序は、いかなる肉体的強制をも拒否する自由意志に基づくと考えられている。そしてこの点に、トルストイ主義とユートピア主義の本質的な違いがある。しかし、すでに前述したように、絶対的な神の正義の完全で包括的な表現としての法秩序に対する信仰は、本質的にすでにその秩序を強制的に実現させようとの精神的要求を内包しており、強制的な神政制の理想へと無条件に導かれる。正しい秩序の確立が、思惟し創造する人間の意志の業と考えられているかぎり、強制的な神政制《テオクラーチヤ》は強制的で背信的な人政制《アントロポクラーチヤ》といった性格を帯びる。人間は、新しく正しい基盤の上に世界を打ちたてることを自ら引き受ける。この新しく正しい、理知的な世界――人間の道徳的意志によって創られた創造物――は、悪と無分別に満ちた往古からの古い世界――ある盲目的で混沌とした悪しき力によって創られた世界とははっきりと対立している。正しい秩序の強制的な樹立を通して完全に新しい世界を打ちたてようというこの企てに、まさにユートピア主義の本質がある。ユートピア主義が、当初はキリスト教的異端でありながら、この世の正しい法に従うことにより世を救済しようとの思想の点で、無神論的なものへ、神に対する人間の反抗へと変わってゆくのは、偶然ではなく、まったく当然で、確固不動の首尾一貫性をもったことなのだ。――この場合、キリスト教的異端という性格は、ただ世界救済とか世界変容の思想そのものにしか残っていない。

ユートピア主義のこの本質のなかに、すでに、その運命――善が悪へ変化するという宿命的弁証法――それを確認することが私たちの思索の出発点であった――が、あらかじめ定められている。新しい世界を築くか創るかするためには、まず、古い世界を壊さなければならない。そもそも肝心なのは、世界をまったく新しく創造することなのである。神と同様に、人間は無から世界を創造しようと計画する。しかし、世界を初めて創造した神の立場にはない人間は、自分の創造の企てにとって、すでに存在している世界という障害と出会う。だから、破壊の課題は、人間にとっては、その創造の課題の全一的《インテグラーリヌイ》な部分をなしている。これはバクーニンの青年時代のドイツ語の論文――革命的ユートピア主義のこの哲学的宣言――の中での有名な格言、die Lust der Zerstörung ist auch eine schaffende Lust（破壊への情熱もまた創造の情熱である）[13]と一致している。

実際、ユートピア主義自体の企てによると、古い世界の破壊は、ほんの短い準備段階でしかありえず、そしてその後には、新しい世界の構築という純粋に建設的な仕事が続かなくてはならない。しかし、古い、昔からの世界――罪深く、無思慮で不完全な世界――は、自分の存在に固執し、自己が破壊されることに抵抗する。この固執は、ユートピア主義には、つねに何か不可解で、予期せぬ、自然に反したことのように思われる。なぜならば、それは、新しい世界を比較的簡単に建設することができるというユートピア主義の考え方と矛盾している。だから、その固執は、ある種の偶然的で部分的な障害物とみなされて、なんらかの歪んで誤った意志に帰せしめられる。正常な人々は、「救済」つまり理性的で至福の生活を彼らに保証する、新しい世界の構築の計画に同意しなければならないということが、当然の理と考えられる。少数者のこの歪んだ、誤った意志は、圧殺され撲滅されるべきである。ここから「千の首」の要求が生まれる。しかし、この古い世界は、その欠陥と古めかしさ全体、そのまるごとの不完全さにもかかわらず、やはり、人間を超えたある起源を持っており、それゆえに、純粋に人間的などんな意志でもぶち当って砕けてしまうような、ユートピア主義には思いもよらぬある堅固さを持つ。したがって、どんな「千の首」の除去も、ここでは助けにならない。「反革命のヒドラ」の切り離された首に代わって、何千——あるいはむしろ何万何十万——の新しい首が生えでてくる。破壊の仕事は、絶望的に長引いてゆき、その途上でユートピア主義は、ますますあまねく拡大していく仮借なきテロルの道へと宿命的に引きつけられる。まさにしたがって、人類の恩人は必然的に人類の圧制者、迫害者、破壊者になる。救済にあずかる者は、救済者の盲目性の報いを受け、また、新しく世界を創ることによって世界を救おうという、彼らの企てそのもの——人間のいかなる外的な方策によっても取り除けない、世界の罪深い不完全さについての真理を忘れることのうえに基づいた企て——の虚偽性に対して罰を受ける。カントの的確な格言によると、「人間が作られた曲がった木から、完全にまっすぐなものを作ることは出来ない」[14]。世界存在の太古からの基盤を制御、鎮圧、破壊するという、無限の、決して終わることのない課題に、全力をささげながら、世界の救済者は世界の呪われた敵となり、次第にこの途上での自分の自然の導き手——人間への悪意と憎悪と軽蔑の精神——の権力下に陥る。背信的な人政制《アントロポクラーチヤ》は、世界を救済ではなく破滅へと導く悪魔政制《デモノクラーチヤ》へと宿命的に変質する。

当然の反論が予想される。この見解全体が、人間の社会生活の領域としての「世界《ミール》」と、宇宙《コスモス》としての世界概念とを混同する単純な言葉遊びに基づいており、根拠がないことは一目瞭然だ。いわく、どんなユートピア主義者たちも、そもそも自然の法則を変えて、新しい基盤の上に宇宙を創造しようなどとはしていない。彼らは、新しい公正な社会秩序を打ちたてることしか目論んでいない。歴史の経験により証明されている社会体制の可変性は、宇宙的存在構造の不変性と完全に両立しうると。しかし、この反論は単に見せかけだけの説得力しかもっていない。それは問題の最も本質的な面を避けて通っている。しかし、ここでは次のことを軽く指摘するにとどめよう。例えばフーリエ[15]のユートピア的夢物語、あるいは社会主義の到来がまさに宇宙のありよう《ブィティエー》のまったく新しいアイオンと考えられる旨を示しているマルクスの公式の中に見られるように、ユートピア主義はしばしば公然と自らを宇宙的変容についての夢だと自認している。総じてユートピア主義には、社会体制の改革は真の救済を、すなわち盲目的な自然の力に対する人間の悲劇的な従属の終わり、新しい、明るいこのうえなく幸せなありかたの到来を何らかのやり方で保障しなくてはならないという信仰が、ぼんやりした形で存在している。しかしながら、私たちにとってはるかに本質的なのは、他のもっとデリケートで深い（人間社会と宇宙との）結びつき《スヴァーシ》である。その結びつきには、ユートピア主義にとって、ある全般的宇宙的存在基盤の改革の企てとなるべき内在的必然性が露呈している。

問題は、人間の生活の構造そのもの——社会生活の世界——が、ある種の共通の条件下において、（もちろん、その条件下では多様な歴史的ヴァリエーションが可能である）宇宙的秩序の力への人間の従属を表現している点にある。人間が純粋な霊ではなく肉体を有する生物であるかぎり、自身の肉体およびその肉体の不断の必要と要求の中にあって人間は「宇宙」の成員に入れられ、宇宙の力に従わされるのである。それゆえこの共通の条件を変化させ、それをまったく新しいものに代えてしまおうとするあらゆるもくろみは、——これを自覚しようとしまいと同じことであるのだが——本質的には人間の存在の宇宙的基盤を変革しようという試みなのである（普通は、むしろ自覚されない、なぜならあからさまな自覚はユートピア主義を断罪するにひとしいことであるだろうから）。

手始めに、単純で完全に初歩的で、それだけに少々乱暴な例を挙げよう。普遍的平等の原理は、一人一人の人間の人格《リーチノスチ》の聖性への尊敬の表現であり、その人格が神の似姿であり神の子であるという認識の表現なので、もちろん道徳的要求としてまったく合法的で義務的なものである。しかし、万人の状況、可能性、生活条件を現実上で無条件に平等化しようとの試みは、人々が実際にはその才能や活力、勤勉さに応じ平等でないという、普遍的で揺るぎなき宇宙的事実を撤廃する試みにひとしい。その宇宙的事実は、人々の生活において不条理な偶然性が持つ意義と同程度に揺るぎない事実なのである。女性に男性と「平等の権利」を恵与することは可能であるし、そうでなければならないのだが、しかし両性の知性面心情面の気質や生活上の「役割」の、宇宙的にあらかじめ定められたことなく深い差異を廃することは完全に不可能である。これに類した諸意見も、万人を現実に平等にしようという他のあらゆる試みに対し避けられぬ限界を措く。それら全ての試みが事実上意味しているのは、「宇宙革命」の企てであり、存在の質的量的な差別化、すなわち存在の多様性や位階的構造という普遍的で宇宙的な事実を、まさに撤廃しようという企てなのである。

　このことから、基準として定められた人間生活の秩序という意味である種の「法」が存在し、それらの法は、人間がその存在の、不易にして――「この世の」限界内では――、宇宙的なる状況に従属していることと一致しているとの結論が生じる。この点に「自然法」の概念の意味がある。自然法は、すでに古典古代思想によって作りあげられ、キリスト教会によって、その固有の宗教意識と完全に合致して会得された。「自然法」とは、完全で至福の生活を保障する法律ではないし、人間の精神的要求をしっかり満たす社会的秩序でもない。逆に、自然法は宇宙的秩序の力に従属している人間生活の全般的な不完全さを表わすものとして、当然不完全なものである。もっと正確にいえば、自然法とは、この宇宙的力に人間の本性が従属している範囲内での、人間の道徳的で精神的な本性の、最大限にぴったりした《マクシマーリノ・アデクヴァートヌイ》表現なのである。たとえば、一夫一婦制は、性という宇宙的自然力が人間の道徳的精神によって調整される形式である。たとえば、国家と国家権力は、敵対的で悪意のある無政府主義的な力という宇宙的存在を前にして、自由で平和的な団結を求める道徳的な要求が、社会生活の内と外に実際に満たされる形式である。まさにこの意味において国家権力は、使徒パウロの教え通りに、神によって立てられている（「ローマ人への手紙」一三章一節―訳者）。（国際的統一というまだ実現されていない企てをも含めて、国際法の自然法的な基盤も、もちろんこのようなものである。）たとえば、財産の具体的な形の多様性にかかわらず、また、人間の団結に益する点で財産制限が必然であるにもかかわらず、私有財産は、その原理そのものの点で、「経済的な」需要、すなわち人間の生活は物質的富の所有に依存しているという宇宙的事実を前にした、人間の自由な自主活動の当然の条件である。

　それゆえ、この世の存在の宇宙的力への従属状態を反映している人間の生活の一般的形式を廃止し、あるいは滅ぼして、人間がでっちあげる道徳的思想により、それらをまったく別の形式にしようとするあらゆる企ては、人間の違法で不自然な傲慢と、自力でまったく新しい世界を打ちたてようとする人間の巨人的志向の表われである。この企ては、人間を超えたその起源が露われ出ている世界の克服しがたい頑なさにぶつかり砕けるため、事実上、実現不可能であるというだけではない。その企ては、実際にその実現に向かう途上で、世界の破壊という望みのない、いまだかつて成就されたことのない課題へと変わりながら、自然な——それゆえ人間本性の所与の状況下では倫理的に不可欠な——、人間生活の条件をゆがめ損なう過程へと変質する。絶対的な神の正義を地上に確立するため考え出されたユートピア主義は、その実現の過程で、現実の具体的な生きている人間の殺戮行為——直接的な意味においても転義した意味においても——へと化し、生活自体の壊滅へと変わり、そのことにより、生活の倫理的完全化のあらゆる可能性を無にすることになる。

深く正しいキリスト教思想に従うと、人間は「世界《ミール》」に従属している。すなわち、自分自身の罪深さ、あるいは自分の内面の不完全さにふさわしく、自らの存在の宇宙的状況に従属している。この依存関係からの解放は、人間生活の外面的秩序の、機械的に働く何かしらの思いがけない変化を通しては行なわれず、人間の内的な精神的道徳的完全化のかたちでのみ可能となる。人間生活を完全化するという事業は、人間の精神の自由な育成、ならびに自己修養という事業であって、天恵の力により人間精神が内側から明るくなるということである。社会改革というものは、まさにこの領域でのみ、すなわちそれらが人間の自由で内的な精神の再教育というこの事業にとってより良い状況を創りだすかぎりにおいてのみ必要であって、理にかなったことなのである。とはいっても、それらの社会改革は、こういった自分の機能を果たすために、人間の現実の状態を尊重すべきであり、強制的に人間の現実の状況を変える企てであってはならない。

一九世紀ロシア思想史には、この自覚に至る以前の悲劇的で切実な政治的な経験の結果としての、深い道徳的な知性のいわば古典的な典型——それはベリンスキイの思想の、先に述べたような、内的に矛盾した弁証法とは正反対の、知的で道徳的な進化の典型——がある。ゲルツェンは、彼の政治的な遺言とみなされうる『古い友人への手紙』の中で、社会革命であるユートピア主義的企てを批判して、次のように述べている。「ブルジョワジー的な世界を破壊せよ。廃墟から、血の海から——やはり同じブルジョワジー的な世界が生ずるだろう」[16]。革命家であり社会主義者であり、くわえて歴史の目を持った教養人であるゲルツェンは、もちろん、ブルジョワジー的な世界が永遠ではなく、ただ歴史的な現象にすぎないことをよく知っていた。しかし、彼は、社会生活のこの秩序が、人間本性のある種の精神的な状況によって規定されており、したがって強制的な革命によっては撲滅されえない、ということを理解していた。そしてそれゆえに、真に自由な知性の誇りをもって、彼は次のように付け加える。「私は恐れない。低俗な言葉である『漸進性』を」。彼は、それと同時に、ユートピア主義の異端の根本的な過ち――この世に、すなわち、世界のありかたの本質的に不完全な状況の条件下で、完全な生活を実現する企て――を理解した。あらゆる宗教的な信仰とは無関係なこの不羈の知性は、生活の単純な観察と、それについての思索から、ユートピア主義の異端の非難へとたどり着いたのだが、その非難の最終的で完全な根拠は、ただキリスト教の意識の中にのみ見出されるのだ。

訳註

1 ギリシア神話中のイカロスの故事にちなむ。

2 カンパネラ（一五六八〜一六三九）。イタリアの哲学者。カラブリア出身。ドミニコ会修道士。理想的キリスト教社会を南イタリアに建設しようとし、一五九九年八月に独立戦争を企てた咎で捕らえられ、二六年間拘束された。その後『真正哲学』（一六二三）、『太陽の都』（一六二三）を著す。国家によって市民生活が適切に管理された社会を理想として描いた。

3 タボル派は、一五世紀前半、宗教改革者フスの教説を守り、南ボヘミアの城塞都市タボルを闘争の拠点とし、教皇側に立つ神聖ローマ皇帝に対し反乱を起こした急進的一派。財産共有制を厳格に実施する。ミュンツァーは、全ての聖俗支配者を否定し、チューリンゲンでの農民戦争に神の国の始まりをみて、それの指導的役割を果たす。再洗礼派については、本書ブルガーコフ「ロシア革命における人神宗教」訳註9参照。

4 フェリックス・エドモンドヴィチ・ジェルジンスキイ（一八七七〜一九二六）。十月革命の組織者の一人で、一九一七年一二月、チェーカー初代議長となり、チェーカーがゲー・ペー・ウーに改組した後は、生涯その議長をつとめた。

5 一八四一年三月一日のボトキンへの手紙からの引用。

6 A・ゲルツェン『過去と思索』、一五章参照。

7 チェーカーの構成員。チェーカーに関してはフェドートフ『いかにしてファシズムと戦うべきか』訳註7参照。
8 アマレク人は、イスラエルの民がエジプト脱出後、最初に出会った敵。ペリシテ人は、パレスティナ沿岸に移住し、イスラエルと争った「海の民」の一派。
9 ギリシア語。一世代、一時代、宇宙の一周期のような期間、「永遠」を意味する場合もある。
10 グノーシス主義とは、後一世紀のローマ帝国辺境に興り、二～三世紀に最盛期を迎え、四世紀以降一部を除いて急速に衰える古代キリスト教の異端。派内で教説に差異があるが、徹底した霊肉二元論の点では共通。物質世界の無知から解放され霊世界の叡智（グノーシス）を覚知する者の救済と不死を説く。
11 カール・グスタフ・アドルフ・フォン・ハルナック（一八五一～一九三〇）。ドイツのプロテスタント神学者。キリスト教と近代文化との統一を志向した。カール・バルトの師。主著に『教理史教本』、『キリスト教の本質』がある。
12 マルキオンは、二世紀中ごろの反ユダヤ的な広義のグノーシス主義者。仮現説を提唱。小アジアの出で、後にローマで独自の教会を設立。旧約の神と、新約の神とは別の存在とし、後者のみを重要視した。
13 『ドイツにおける反動』（一八四二）中の言葉。
14 カントの『世界的市民の構想における普遍史の理念』からの引用。
15 フランソワ・マリー・シャルル・フーリエ（一七七二～一八三七）。フランスの哲学者、社会・経済思想家。空想的社会主義者と呼ばれる者の一人。「ファランステール」と称する共同体住居の設置による新社会構築の計画を行なう。共産主義の先駆としてマルクスに評価される。
16 革命家中心主義を非難したこのゲルツェンの手紙は、M・A・バクーニンへ宛てたメッセージである。

（浅野知史、新井正紀、大山麻稀子、福間加容、横山輝彦 訳―『歴史科学と教育』第二〇・二一号、二〇〇二年三月より、若干の修正を加え転載）

フランク――人と思想

木部　敬

「ユートピア主義の異端」は世界大戦終結後まもない一九四六年、ニューヨークで発表されている。そこで「ユートピア主義」の名によって非難されているのは、何よりボリシェヴィズムであり、ソ連の体制であることは明らかである。これらのことを考えるならば、この小論は思想の体裁をとっているものの、つまるところ、自由主義的な一亡命ロシア知識人の恨み節にすぎず、上品な装いを施した反共パンフレットだとの皮肉な見方をしたくなるかもしれない。けれども、著者フランクは、N・ベルジャーエフなど同時代の思想家たちがその明晰さをこぞって賞賛した優れた理論家であった。彼は状況に感情的に反応する人間ではなく、よく練り上げた思索に基づき発言する学究肌の人であった。ユートピア主義批判の真意を理解するためには、彼ともう少し深く知り合わなければならない。

セミョーン・リュドヴィゴヴィッチ・フランクは、一八七七年一月二九日、ユダヤ系の両親のもと、モスクワに生まれた。父は医師であったが、フランクが五歳のおりに死ぬ。母は幼い子供たちを伴い実家に戻る。母親の父、つまりフランクの祖父はユダヤ教神学に関し豊富な知識を蓄えており、モスクワ・ユダヤ人協会の創設にも参画した。彼はフランクにヘブライ語を教え、原語で旧約聖書を読ませた。また、シナゴーグにも連れて行き、これはフランクにとって初めての深い宗教的体験となった。フランクは後年、ヘブライ語を忘れ、ユダヤ教自体からも離れ、正教に帰依することになるのだが、にもかかわらず、「私は自分のキリスト教を、旧約基盤の上に積み重ねられた層として、幼い頃の宗教生活の自然な発展として常に自覚していた」と述懐している。

一八八六年、フランクはギムナジウムに入学する。だが、九一年に母が再婚し、家族はニージニイ・ノヴゴロドに転居する。彼は学業を続けるために残るが、その年のうちに祖父を亡くし、やむをえずニージニイ・ノヴゴロドのギムナジウムに移る。母親の再婚相手は元ナロードニキであり、義理の息子に革命思想を植えつけた。彼は新しいギムナジウムで政治的なサークルに関わるようになる。その頃すでに『資本論』を読み、その科学性に感銘を受けたと言う。

一八九四年、フランクはモスクワ大学法学部に入るが、ここでも当初マルクス主義のサークルに関係し、政治運動に加わった。しかし、九六年、理論的な研鑽への欲求やみがたく、実践から距離を置くようになる。彼は政治経済学のゼミナールに参加し、本格的な研究生活を開始する。そうした中、九八年、或るサロンで、当時合法マルクス主義者として名を馳せていたP・ストルーヴェと知り合う。自分より七歳年長のこの思想家・活動家を、彼は師ないし先輩として生涯にわたり敬愛する。九九年、ロシア全土の大学を巻き込む学生騒乱が起きる。フランクはこれに積極的に関与はしなかったものの、ちょっとしたパンフレットを書いた廉で検挙され、二年間の学業停止処分を受ける。研究を続行するために彼はドイツに渡り、ベルリン大学でジンメルらの講義を聴く。この時期の彼はストルーヴェの影響の下、マルクス主義と新カント主義との結合を志し、その成果は『マルクスの価値理論とその意義——批判的試論』として一九〇〇年にモスクワで出版された。

ほどなくしてフランクはロシアに帰国し、一九〇一年、大学への復帰を許可される。ただし、モスクワ大学は除くとの条件が付いていたため、カザン大学で卒業証書を得た。そして、ちょうどこの頃、彼に転機が訪れる。一九〇一年から〇二年にかけての冬、彼はニーチェの『ツァラトゥストラかく語りき』を手に取り、この書に震撼する。その思想内容にというよりも、精神的苦闘の雰囲気にである。幼い頃彼のうちに育まれた感覚が甦る。彼は政治や科学とはまったく異なる領域に目を向ける。こうして、これ以降彼の思想には、外的な社会に対する関心と、内的な精神、哲学ないし宗教への関心という、二つの極が存在するようになる。

一九〇二年、この頃すでにマルクス主義から転じていたストルーヴェがP・ノヴゴロツェフの助力を得て編んだ論集『観念論の諸問題』が刊行される（編者はノヴゴロツェフ）。その目的は、唯物論に対抗して形而上学的な意味での「イデアリズム」を復興し、それによって自由主義を理論的に基礎づけることにあった。これには、やはり合法マルクス主義から転向したベルジャーエフやS・ブルガーコフなどが寄稿しており、フランクもまた「フリードリヒ・ニーチェと『遥かなるものへの愛』の倫理学」を寄せ、革命思想にニーチェの倫理学を接合しようと試みている。また、同年彼は、ストルーヴェがドイツで編集に当たっていた自由主義系雑誌『解放』への参与を計画し（実現しなかったが）、一九〇三年にはスイスで行なわれた「解放同盟」創立会議に参加している（参加者には『観念論の諸問題』への寄稿者が多く含まれていた）。この後フランクは『解放』に協力し、しかし、一九〇四年秋にはロシアに戻り、翌年の第一次革命に立ち会うことになる。彼は、「解放同盟」らの自由主義者たちにより結成された「立憲民主党」には入党せず、その支持者に止まったが、指導者の一人ストルーヴェに同調しつつ、党主流派の急進主義を牽制する論陣を張った。フランクのこうした反革命的言説は、一九〇九年刊の論集『道標』（寄稿者は『観念論の諸問題』のと大きく重なる）に収められた「ニヒリズムの倫理」へとつながる。

第一次革命失敗以後の政治的アパシーの時期、フランクも多くの精力を、政治ではなく、研究・教育活動へ振り向けている。一九〇六年から彼はすでにギムナジウムなどで教壇に立っていたが、一二年にペテルブルグ大学で学位試験に合格し、同大学の私講師となる。この間、一九〇八年に結婚、また一二年に正教徒になっている。一九一三年春から翌年秋まで、フランクはドイツで研修し、その成果として一五年『認識の対象——抽象的知識の基盤と範囲』を発表、これによって学位を取得する。同書は彼の認識論・存在論上の主著の一つであり、V・ソロヴィヨフから継承した「全一体《フセエジンストヴォ》」がその鍵概念をなしている。

一七年の革命後、フランクは、サラトフ大学に新設された歴史・文学部の部長教授として招聘され当地へ移る。もっとも、この転任には首都の混乱を避ける意味合いもあったらしい。サラトフでの暮らしは革命期の生活としては概ね良好であったが、一九二一年にネップが始まるや、モスクワへ行き、モスクワ大学哲学科の代わりに同大に設立された「科学的哲学研究所」のメンバーになる（そこではI・イリーンや所長のG・シュペートなども講義していた）。また、それと平行して彼は、ベルジャーエフが設立した「精神文化自由アカデミー」にも積極的に協力している。

だが、こうした活動は長くは続かなかった。一九二二年、フランクは他の多くの知識人たちと共に国外追放に処せられる。彼はベルリンに居を構えるが、当時の心境について後にこう語っている。「私は、当時知り合った人々のグループ、ベルジャーエフが指導的役割を果たしていたグループと共に、ロシアのカタストロフィの印象から逃れられないまま、精神的な生活、精神的な関心の領域へとすっかり退いた。自分の世界観の基盤を内的に検討し深める仕事に、青年たちに精神的な影響を与え、彼らの精神的な蘇生を試みる公の活動にのめり込んだ。私たちのこうした態度を決定したのは、一部には次のような純粋に理論的な見解であった。すなわち、今後これがロシアの再生に向けての唯一実りある可能な道であり、亡命という条件下においてあらゆる政治活動が幻想的で不毛でしかありえないときにはなおさら、これが亡命中に考えられうる唯一の肯定的な仕事だ、という見解であった。しかし、そうした態度は主として、ロシアのカタストロフィから受けたショックに対して私という人間が示したひどく直接的なリアクションであった。私にとって、このリアクションは宗教的なものであり、人生観全体を見直すという精神的緊張を要求する、そうした或る種の宗教的転回として経験された」。ここに述べられているのは、亡命後のフランクの次のような活動のことである。一九二二年、ベルリンにベルジャーエフを指導者として「宗教・哲学アカデミー」が設立される。フランクはアカデミーに設立当初から協力し、それが二四年にパリへ拠点を移して以降もベルリンで数年間アカデミーのための講義を継続した。また、一九二三年、やはりベルリンで亡命ロシア人学者たちが「ロシア科学研究所」を創設すると、これにも参加し、ロシア語とドイツ語で講義を行なっている。著述面では、フランクはこの時期、ロシア革命に関する考察をいくつも発表するが、それらは政治評論や社会科学として書かれているのではなく、それらにおいて彼は哲学的・宗教的視点から革命という出来事を理解しようと努めている。彼のこうした態度はやがて社会哲学的著作に結実する。一九二五年には論文「『我』と『我々』——共同性の分析について」が、そして三〇年には主要著作の一つ『社会の精神的基礎――社会哲学序説』が世に出る。

一九三七年、フランクはゲシュタポの尋問を受けたのを機にドイツを去ることを決意する。だが出国に先立ち、彼は自分の著作のうちでも最も重要なもの――三九年に公刊された『理解されえないもの――宗教の哲学への存在論的序説』を書き上げている。そこではニコラウス・クザーヌス等から影響を受けつつ、「全一体」の思想が深められている。一九三八年から三九年にかけて、フランクはパリで暮らす。その後南仏へ移り、当地では一時ゲシュタポから隠れるために山中に潜んだりもした。一九四五年、ロンドンに渡る。逃避行によって彼の健康状態は悪化していたが、それにもかかわらず、執筆活動は盛んであった。この頃書かれたものに、『神、我らと共に――三つの思索』（一九四六年）、『闇の中の光――キリスト教倫理学と社会哲学の試み』（一九四九年）、『実在と人間――人間存在の形而上学』（一九五六年）などがある。一九五〇年一〇月一〇日、ロンドンでフランクは七三年間の生涯を終えた。

さて、フランクによるユートピア主義批判の真意を探るためには、彼が辿り着いた思想的境地を見なければならないが、そのためには何よりもまず、「全一体」の概念に言及する必要がある。それをごく簡略に説明すると次のようになる。任意の対象はAであるか非Aであるかのいずれかである。それゆえ、Aと非A（B、C、D……）とを合わせることによって全体的なものが得られると思われよう。しかし、実はそうならない。Aと非Aとの総和は何か巨大な対象とでも言ったものαであるが、その場合、αに対して必ず非α（β，γ，δ……）が成り立ちえる。それでは、α＋非αが全体かと言うと、それはさらに巨大な対象でしかなく、それに対しては必ずさらに別の対象がありえる。このことから分かるのは、全体とは、ありとあらゆる対象の総和以上であり、もはやいかなる意味においても対象ではないもの、いわば超対象であるということである。こうしたものとしての全体は、ありとあらゆる対象を包含し、ありとあらゆる対象を一括している。この意味でフランクは全体的なるものを、ソロヴィヨフの用語を借りて「全一体《フセエジンストヴオ》」と呼ぶ。また、全体は文字通り全てであり、それ以外のものを持ちえないから、それはつまり唯一者である。この意味でフランクは全体を「絶対的なもの」とも呼ぶ。

この全一体の概念に依拠して、フランクは認識論のアポリアを解決しようとする。現象主義者によれば、我々は対象自体を知ることはできず、知ることができるのは対象の像のみである。なぜならば、定義からして、対象自体とは私の意識の圏外に在るものであり、もし私の意識の内に入りうるならば、それはもう対象自体ではありえないからである。だが、この主張にフランクは反論する。現象主義者の考えによれば、我々が或る対象を見ているとき、我々が見ているのは対象自体ではなく、対象の像にすぎない。しかしながら、そのように言うとき、現象主義者は或る対象を何らかの特定の像として見ていることの現実性だけは認めているわけである。もし、そうした現実性をも認めないと言うのであれば、その時には対象の像すら際限なく破壊されていくことになり、完全な混沌という不可解に行き着くことになる。したがって、我々は対象自体を認識できるのでなければならないわけだが、問題はどのようにしてかである。それについて、フランクはこう考える。現象主義者にあっては、認識とは私と対象との対峙であるが、そこではそれらがどこに根差すのかという点が見落とされており、私と対象はあたかも空無に浮かぶかのようにイメージされている。しかし、それらはどこかに属しているはずである。それはどこか。全一体である。なるほど、全一体を捨象した層においては、私と対象との関係は対峙であり、そこには齟齬が生じる。しかし、全一体においては、両者の関係は隣接であり、そこでは交感がありえる。こうして、認識に二種を区別しなければならなくなる。一つは、対象の表層・外部を取り扱い、その実在性・現実性には関わらず、それをもっぱら操作・制御する知であり、もう一つは、対象の深層・内部と関わり、普段は前提されている〈存在〉をひたすら問題化する知である。フランクは前者を「抽象的知識」と呼び、後者を「直観」と呼ぶ。

以上と同じ論理を用いて、フランクはソリプシズムをも解消しようとする。独我論者によれば、我は他の我を知ることはできない。なぜならば、他の我とは、我の外に在るからこそ他の我なのであり、我が知りえる、つまり我の内に入りえるのであれば、それはもう他の我ではないからである。しかし、フランクはこれに反駁する。独我論者は他の我を知ることはできないと言うが、しかし、実際には、我は〈昨日の我〉や〈一ヶ月前の我〉や〈十年前の我〉等、さまざまな他の我を知っている。もし、こうした他の我すら認めないのであれば、我が我として成り立つことすらありえない。したがって、我は他の我を知りえるのでなければならないが、では、どのようにして知るのか。フランクの答えは同じである。我と他の我とは全一体においては隣り合っており、だから通じ合えるのである。全一体を忘れているときには、我と他の我とは疎遠であり、それらの関係は「我—彼・彼女」である。だが、全一体に目を向けるならば、その時には両者の関係は「我—汝」、すなわち「我々」である。「我々」関係は、我と昨日の我との間や、我と我の家族との間などで成り立つことは無論であるが、それらに止まらず、原理的にはどこまでも広がりうる。「私が私の家族や党派やグループという狭い統一に関して『我々』と言えるのであれば、同時に私は『我々人間たち』さらには『我々被造物たち』とすら言うことができる」(『社会の精神的基礎』)。こういうわけで、社会と普通呼ばれているものには二つの層があることになる。一つは「我—彼・彼女」関係という表層であり、そこでは人々は個々ばらばらの要素となり、分離・結合や衝突・孤立をくり返している。要素間のそうした離合集散をコントロールするのが権力であり法である。一方、それに対して「我々」関係という深層があり、そこにおいて人々は独立した個であると同時に一つに結びついている。つまり、人々は有機体をなすのであり、ここには上からのコントロールはなく、おのずとなるルールのみが存在する。フランクは前者を狭義での「社会《オプシエストヴォ》」と呼び、後者を「共同性《オプシノスチ》」ないし「ソボールノスチ」と呼ぶ。

人と物との間においても、人と人との間においても、基本をなすのは表層ではなく深層の関係である。表面的な関わりにもそれ固有の価値があるが、しかし、深部での交わりがなければそれは空虚だからである。したがって、我々は何よりもまず深層の関係を強化しなければならないわけだが、ここで問題が生じる。実のところ、深層的関係は原理的に不完全たらざるをえないのである。例えば、私が或る対象を認識するとしよう。私はその対象の外面ではなく内部を知ろうとするのだが、そのためには全一体の上に立ち、対象と隣り合わなければならない。しかし、全一体とはいかなる対象化の働きからも逃れ去る超対象であり、つまり、「理解されえないもの」という形でのみ理解されうるものである。一体どうしたらこのようなものの上に立つことができるだろうか。こういうわけで、私は全一体の上に立つことはできず、ただ立とうと努力し続けることができるのみである。全一体はこの不断の努力においてのみありえるのであって、それをやめれば途端に消滅する。全一体に立脚すること、対象を直観すること、「我々」を拡大すること、これらは終わりなき過程であり、あるいはより正確には、もはや過程とは言えない過程——というのも、過程とは終点あってこその過程であろうから——である。

さて、深層的関係とは、このように不完全たらざるをえないものであるがゆえに、そこにはもっとも広い意味での悪が不可避的に生ずる。そのため、この悪をどうにかしなければならないという課題が持ち上がることになるが、この時、或る誘惑が沸き起こる。深層的関係の不完全性から悪が生まれるのだから、これを絶やすためには表層的関係に訴えるしかないのではないか。この発想こそ、フランクが「ユートピア主義」と呼ぶものにほかならない。だが、彼はこれに断固反対する。確かに、深層の関わりはあまりに不完全である。しかし、と同時にそれは「自由」である。なぜならば、誰もそれを統御していないし、何の強制もそこには認められないから。我々が頼りにできるのは、深層的関係におけるこの「自然《スチヒーヤ》」のみである。なるほど、悪はまさしくこうした自然状態から生み出されたのである。しかし、それは一方では、我々が善をどこまでもなし続けうることの根拠でもある。我々は自身の力のみでは悪を根絶しえないが、つまり、天恵なしには悪の絶滅はありえないのだが、しかし、それでも我々は我々の力の及ぶかぎりにおいて、善を試み続ける——全一体に立とうと試み続ける——のでなければならない。なぜならば、それが神ではないが神に似た存在者、すなわち「神人」たる人間の使命だからである。信仰とはこの使命を果たすことであり、そのようなものとしてこそ、それは正統的である。一方、この使命を軽視すること、あるいはそれから逃避すること、これらは皆すべからく「異端」である。

信仰という言葉によってフランクが念頭においているのは、もちろんキリスト教（正教）信仰である。これに関しては、なぜ他ではなくキリスト教でなければならないのかと問い質すことがいずれどこかで必要となるであろう。しかし、その問いに対する答えがいかなるものであれ、彼の信仰が狭隘な教条主義とは無縁であったことは確かである。そのことは、「ユートピア主義の異端」の末尾において、彼が無神論的な思想の持ち主であるA・ゲルツェンに自身の主張を代弁させていることからも分かる。フランクはある時、ゲルツェンに関して次のように語ったと言う。ゲルツェンは自然や歴史という現実がその本質において、我々のあらゆる思惑を超えたものであり、我々にはいかんともし難いものであることを知っていた。だが、彼の考えでは、現実がそのようなものであることに対して不平を言ったり、ましてや現実がそのようなものではないかのように思い込んだりすることは、無益であるばかりか、有害ですらあった。何よりもまず、そうしたものとしての現実をそのまま受け止めなければならない。このような確信から、ゲルツェンは現実がままならぬことに業を煮やしての大変革といったものすべてに反対し、もし現実に関与したいのであれば、我々が真になすべきは、ほんの少しずつ、丁寧に事実を積み重ねることであると説いたのであった。「ユートピア主義の異端」の最後でフランクは、ゲルツェンを「あらゆる信仰と無関係なこの不羈の知性」と呼んでいる。しかし、今述べたようなゲルツェン理解からするならば、彼はそうした知性にすらキリスト教を見ることができた、あるいは、そうした知性にこそキリスト教を認めたのだと言うべきであろう。

翻訳出典

Владимир Соловьев : Краткая повесть об антихристе. («Три разговора о войне, прогрессе и конце всемирной истории, со включением краткой повести об антихристе и с приложением» С-Петербург. Типография Спб.Т-ва «Труд» 1900, С.151-195)

Сергей Булгаков : Религия человекобожия в русской революции. («Два града, Исследования о природе общественных идеалов» Том Ⅱ. Москва. Товарищество типографии А.И.Мамонтова, 1911, С.128-166)

Евгений Трубецкой : Война и мировая задача России. («Русская мысль» 1914 Кн.12-декабрь, Москва, С.88-96)

Николай Бердяев :О политической и социальной революции. («Русская свобода» 1917 №4, 7 мая, Москва-Петроград, С.5-10)

Николай Бердяев : Гибель русских иллюзий. («Русская мысль» Кн.1-2, Январь-феврарь, Москва, С.101-107)

Николай Бердяев : Пореволюционные мысли (Вместо предисловия). («Духовные основы русской революции. Опыт 1917-1918гг.» Серия «Из архива русской Эмиграции» Санкт-Петербург. Изд. Русского Христианского гуманитарного института.1999, С.18-29)

Павел Новгородцев : Восстановление святынь (Посвящается памяти В.Д.Набокова). («Путь» 1926 №4, Париж, С.54-71)

Иван Ильин : О сопротивлении злу силой. («Вече» 1984. №16, Мюнхен,)

Георгий Федотов : Как бороться с фашизмом? («Новый журнал» 1943, №6, Нью-Йорк. С.291-306)

Семен Франк : Ересь утопизма. («Новый журнал» 1946, №14, Нью-Йорк. С.137-153)

ロシア革命と亡命思想家　年表

1900－1946

＊ロシアに関しては1918年1月31日までは露暦(ユリウス暦)を使用。
西暦に換算するには13日を加える。

1900

ロシア思想（露暦）

1月

25日　P.ラヴロフ、パリで没(77歳)。

3月

23日　S.トルベツコイ、学位論文「ロゴス説、その歴史」公開審査、哲学博士取得、ほどなくモスクワ大学教授に。『哲学と心理学の諸問題』誌編集メンバーにもなる。

5月

初旬　V.ソロヴィヨフ、弟のミハイル邸夜会で「反キリスト物語」の校正刷を朗読。聴衆に詩人S.ソロヴィヨフ、A.ベールイら。

「この時から私は終焉の感情に生き始めた」(ベールイの回想)

V.ソロヴィヨフ『三つの会話――戦争、進歩、世界史の終わりについて、反キリストについての短い物語の結びと付録を付し』(ペテルブルグ、「トゥルード」印刷所)。

7月

31日　V.ソロヴィヨフ、トルベツコイ公爵別邸ウースコエで没(47歳)。

「主の労働は困難だ」(ソロヴィヨフ辞世の言葉)

8月

3日　V.ソロヴィヨフ葬儀。モスクワ大学聖タチアナ教会で。ゲリエーらが弔辞。

「今日我々は最も偉大なロシア人を葬った」(S.トルベツコイの感慨)

9月

S.フランクが追放後ドイツ滞在中に執筆した処女作『マルクスの価値理論とその意義――批判的試論』、モスクワの「ヴォドヴォゾヴォイ」出版社から出版。

12月

P.ミリュコフ、ペテルブルグの鉱山大学のラヴロフ記念集会で講演。これが原因で翌年6カ月間の投獄を宣告、保釈後首都居住を禁止され、その間に英国留学の許可を得る。クリュチェフスキイの斡旋で短期刑で済み、その後、1902～05年までバルカン、イギリス、フランス、アメリカと旅行。

ロシア文化（露暦）

1月

トルストイ、チェーホフ、コロレンコ、アカデミー名誉会員に選ばれる。

28日　第二回『芸術世界』誌展がディアギレフの企画でペテルブルグ、シュティーグリッツ男爵学校美術館で開催。

4月

14日　パリで万国博覧会開幕。ロシアからは絵画、版画、彫刻を併せて400点以上が出品。コロヴィン、マリャーヴィン、セローフらが表彰。

8月

E.ゴルビンスキイ『ロシア教会史――第二期、モスクワ時代』第2巻(モスクワ、大学印刷所)。

モスクワに書肆「スコルピオン」(社主S.ポリャコーフ)創立。

9月

モスクワ、ボリショイ劇場でオペラ「ルサールカ」初演。

V.ブリューソフ、詩集『Tertia Vigilia』(モスクワ、「スコルピオン」出版社)。

この年

A.ヴォルインスキイ『観念論のための闘い』(ペテルブルグ)。

55の神学校に神学生1800名在籍。

1900

1月
ロシア、ペルシアに2250万ルーブリの借款供与。

3月
3日　ロシア艦隊、仁川に停泊。
5日　京城で馬山浦の海軍基地租借権を確保。

6月
1日　ロシア陸軍4000、天津に到着。
21日　ロシア、東部シベリア軍を奉天に動員。

7月
レーニン亡命（ミュンヘン、ロンドン、ジュネーヴ。～05年）。
2日　ロシア軍、ブラゴヴェシチェンスクの江東六四屯民（中国人）を虐殺。
16日　オデッサでユダヤ人へのポグロム。

8月
17日　ロシア軍、黒竜江省城を占領。

9月
8日　ロシア軍、吉林省城、20日　瀋陽占領。

10月
キエフ大学で学生たちのデモ。
27日　清の将軍増祺と増阿暫章を調印し、ハルビン・旅順間の鉄道施設権を獲得。
29日　李鴻章との協定で満州占領地域の独占的権益を獲得。

12月
11日　社会民主労働党機関紙『イスクラ』創刊（～05年10月第112号まで）。創刊号はライプツィヒで発行。第2号以降はミュンヘン、ロンドン、ジュネーヴで発行。
月末　エスエル党機関紙『革命ロシア』創刊（～05年）。第1号と第2号はロシアで発行。第3号以降はジュネーヴで発行。

5月
義和団20万の勢力をもって北京入城。清宮廷では義和団に同調する一派が指導権を握る。

6月
11日　北京日本公使館書記官、清国兵に殺害される。
14日　義和団、北京で連合国と戦闘。
20日　北京ドイツ公使殺害。義和団、北京各国公使館を包囲（～8月14日）。
21日　清、列強に宣戦布告。華北一帯にわたる外国人と教会に対する大規模な攻撃、殺戮。
日本、ドイツ、ロシア、イギリス等8カ国が連合して出兵。

7月
4日　義和団、奉天近辺の東清鉄道を破壊。
14日　連合軍、天津を攻略。
30日　英・日・露三カ国、天津臨時政府を組織。天津は外国の支配下に置かれる（～02年8月15日）。

8月
4日　連合軍、北京に向け天津を出発。
14日　連合軍、北京入城。
15日　北京陥落。
25日　ニーチェ没（56歳）。

9月
23日　第二インターナショナル第五回大会開催（～9月27日）。

10月
17日　北京に連合軍総司令部設置、義和団の徹底討伐をめざす。

12月
16日　イタリア・フランス秘密協定、モロッコのフランス権益とトリポリに関するイタ

この年

B. チチェーリン『法哲学』(モスクワ)。

S. ブルガーコフ「資本主義と農業」でマギステルの審査を受ける（同年、ペテルブルグ「オプシェストヴェーナヤ・ポーリザ」出版社より2巻本で出版)。

1901

ロシア思想

2月

S. トルベツコイ、デモで逮捕された学生たちの救済に奔走。

V. ローザノフ『不明にして未解決なるものの世界で』(ペテルブルグ)。

12日　D. ゴリツィン公、A. スヴォーリン、S. シグマ、N. エンゲリガルトら、極右愛国主義思想家たちの集会開催。

3月

4日　P. ストルーヴェ、イヴァーノフ＝ラズームニクら、カザン聖堂広場のデモで逮捕。

春

S. フランク帰国、カザン大学法学部卒業（入学したのはモスクワ大学法学部だが、追放解除復学条件にモスクワ大学を除くとあったため)。

6月

N. ベルジャーエフ「イデアリズムのための闘い」(『神の世界』誌第6号)。

11月

27日　セルゲイ主教、D. メレシコーフスキイ、V. ミロリューボフ、V. ローザノフ、V. テルナフツェフらが中心となってペテルブルグで「宗教・哲学協会」が発足。

「精神的危機を経験しつつあるインテリゲンツィアの『真のキリスト教』を基盤にした『再生』」(ローザノフによる会の性格づけ)

12月

P. ストルーヴェ、スイスに逃亡（後にドイツへ)。

この年

S. ブルガーコフ、キエフ総合工科大学の経

ロシア文化

1月

I. ブーニン、詩集『落ち葉』(モスクワ、「スコルピオン」出版社)。

ペテルブルグ美術アカデミイで第三回『芸術世界』誌主催絵画展開催（ベヌア、セローフ、ネステロフ、ヴルーベリ、コローヴィン、マリャーヴィン、ソーモフら)。出展作品はデカダンとの非難を浴び論争を呼び起こした。

31日　モスクワ芸術座でチェーホフ『三人姉妹』初演。

2月

24日　『教会報知』紙にL. トルストイへの破門に関する宗務院の決定が公表。

「人々の頭と心の中で正教信仰を根絶することにその文学活動を捧げた」(宗務院発表文)

A. ヴォルインスキイ『カラマーゾフの王国。レスコーフ。随筆』(ペテルブルグ)。

3月

D. メレシコーフスキイ『トルストイとドストエフスキー』(ペテルブルグ)。

4月

詩文集『北方の花』第1集（モスクワ、「スコルピオン」出版社)。A. ドブロリューボフ、フォーファノフ、ギッピウス、ミローヴィチ、バリモント、ソログープ、ブリューソフ、チェーホフ、ブーニンらの作品が収録。

4日　トルストイ、宗務院に宛てた『回答』。

「教会の教義は、理論においては陰険で有害な虚偽、実践においては最も粗野な迷信と妖術の集成である」(『回答』より)

「わが国には二人のツァーリがいる。ニコライ二世とレフ・トルストイ」(A. スヴォー

ロシア政治・社会（露暦）

世界情勢（西暦）

リアの要求を相互に承認。

24日　北京の列国公使団、清国全権委員に12か条の講和条件を提起（30日、清側受諾）。

1901

1月

11日　学生運動に加担した183名のキエフ大学生（後日ペテルブルグ大学生27名を追加）を兵籍に編入する旨の臨時政令発布。

2月

3日　清国に満州撤退条件として、満州・蒙古・中央アジアにおける権益の独占、北京への鉄道施設等を要求した協約草案を提示。

9日　モスクワの学生たちが社会政治闘争の道を選択する旨を決議し、アカデミーの自由を守るための闘争宣言をする。

学生の政治闘争が全国各地へ波及。それに対し当局は厳しい手段を採る旨決定。

14日　大学生P.カルポヴィチ、文相N.ボゴレーポフを襲撃、重傷を負わせる。

21日　清国に協約調印を要求。

3月

4日　ペテルブルグ、カザン聖堂広場で、臨時政令廃止を要求した学生デモ。

「群衆は膨大で12000から15000名。参加者は2～3000名で残りはシンパの公衆です」(ゴーリキイの手紙)

5月

7日　ペテルブルグのオブホフ軍需工場でストライキ、軍隊と衝突（～17日）。

6月

29日　フィンランドに新兵役法を施行。

8月

エスエル党結成。

9月

22日　ロシア・清国間で満州撤退の条件に関して交渉開始するが、11月7日李鴻章が没し、交渉は停頓。

1月

22日　ヴィクトリア女王没(82歳)。

2月

24日　日・英・米・独・オーストリア、ロシアの対清協約草案に不満表明。

3月

2日　米西戦争終結後、98年12月のパリ講話条約の取り決めでアメリカがキューバの占領軍を撤退させるにあたり、プラット修正条項をキューバに押し付け、キューバを事実上の保護国とする。

10日　イギリス、対露抗議。

4月

19日　北京列国公使団、清国に義和団事件賠償総額4億5000万両を要求（5月29日清国側受諾）。

5月

ドイツ語での宗教授業に反対するポーランド人の学校ストライキ。

9月

内田良平ら日露協会を組織。

7日　日・英・米・仏・露・独・墺・伊・白・西・蘭の11カ国が清国と義和団事変処理に関する最終議定書（北京議定書）を調印。責任者の処罰、賠償金の支払い、北京および海港間の駐兵権などを清国に承認させる。

11月

28日　伊藤博文、ニコライ二世を表敬訪問、日露協商提案。

済学教授になる。
N. ベルジャーエフ『社会哲学における主観主義的個人主義――ミハイロフスキイに関する批判的エチュード』P. ストルーヴェの序文付(ペテルブルグ)。
P. ノヴゴロツェフ『法と国家に関するカントとヘーゲルの学説』(モスクワ)。

リン『日記』)
M. ゴーリキイ「海燕の歌」(『生活』誌第4号)。「三人」(『生活』1900年、第11、12号、1901年、第1-4号)。
11月
トルストイ、チェーホフ、ゴーリキイ、クリミヤで相会す(～02年6月)。

1902

2月
S. ブルガーコフ「哲学類型としてのイヴァン・カラマーゾフ」(『哲学と心理学の諸問題』誌第1号)、現代文明と社会主義運動に宗教的再生を呼びかけ、批評界に賛否両論を惹き起こす。通常この論文で彼のマルクシズムとの決別が表明されたとみなされている。
3月
レーニン『何をなすべきか？われらの運動における焦眉の問題』(シュトゥットガルト、「ディーツ」出版社)。
4月
P. ストルーヴェ『さまざまなテーマで(1893-1901年)』(ペテルブルグ)。
「実証主義も、それに立脚するマルクス主義も、著者にとっては、全ての真理たることをやめた」(序文より)
9月
22日　ノヴゴロツェフ、学位論文「法と国家についてのカントとヘーゲルの学説」公開審査、法学博士取得。
11月
『観念論の諸問題』(モスクワ、モスクワ心理学協会出版)。(序文―ノヴゴロツェフ、S. ブルガーコフ「進歩理論の基本的諸問題」、E. トルベツコイ「歴史におけるイデーの意義についてのマルクスとエンゲルスの学説の性格づけに寄せて」、ストルーヴェ「わが国の哲学的展開の性格づけに寄せて」、ベルジャーエフ「哲学的観念論の世界における倫理学の問題」、フランク「ニーチェと『はるかなものへの愛』の倫理学」、S. アスコリド

1月
モスクワで「三十六人展」開催(ヴルーベリ、ヴァスネツォーフ、マリャーヴィン、ベヌア、ソーモフら)。
2月
ペテルブルグ、マリンスキー劇場でオペラ「デーモン」が初演。
3月
詩文集『北方の花』第2集(モスクワ、「スコルピオン」出版社)。ブリューソフ、バリモント、ソログープ、ローザノフ、ミンスキイ、メレシコーフスキイ、ギッピウス、ヴォルインスキイらの作品が収録。
5日　スクリャービン、モスクワ音楽院大ホールで自作演奏会。
9日　ペテルブルグ、パッサージュ展覧会ホールで第四回『芸術世界』誌展開催。ヴルーベリの「デーモン」出展(他にセローフ、コスクリャービン、ソーモフ、ベヌア、マリャービンら)。
24日　グレープ・ウスペンスキイ、ペテルブルグで没(59歳)。27日、ヴォルコフ墓地に埋葬。
4月
A. ベールイ『シンフォニー――第二、劇的』(モスクワ、「スコルピオン」出版社)。
5月
メレシコーフスキイ『トルストイとドストエフスキー』第2巻(ペテルブルグ)。
6月
A. ベヌア『十九世紀絵画史。ロシア絵画』(ペテルブルグ、「ズナーニエ」出版社)。

1902

1月
シベリア鉄道、ウラジオストーク・ハバロフスク開通。

2月
各都市で学生の革命運動が激化。労働者の学生支援の兆候。
「労働者の運動も学生の運動も…無際限のこの専横のうちに共通の敵を感じ、おのずから一緒になった。こうして流れは一本の奔流となった」(V. コロレンコ『日記』)

3月
各都市で学生たちの逮捕、流刑が相次ぐ。
3日　露仏共同宣言を発表し、日英同盟条約中の清・韓独立条項に同意。
18日　ペルシアに1000万ルーブリの借款を追加し、ジェルファ・タブリーズ・テヘラン間の鉄道施設権を得る。
26日　清国と満州還付条約調印（18カ月以内の撤兵）。
3月末〜4月前半　ポルタヴァ県とハリコフ県で大規模な農民一揆。

4月
2日　内相D. シピャーギンがS. バルマーショフにより暗殺される(49歳)。新内相にV. プレーヴェが就任。
8日　ロシア・清間に、満州還付条約調印。

6月
シュトゥットガルトでP. ストルーヴェ編集『解放』誌第1号発刊(〜05年10月)。P. ミリュコフ創始メンバーの一人。第1号掲載の「ロシアの立憲主義者から」はミリュコフの執筆。
「ロシア社会の節度ある、革命闘争に未参加

1月
30日　ロンドンにて日英同盟協約調印。

5月
30日　イギリス、ボーア人と平和条約調印。99年より始まったボーア戦争終わる。トランスヴァール、オレンジ両共和国がイギリスに併合される。

6月
28日　ドイツ・オーストリア・イタリア三国同盟の第四次更新。
30日　モロッコ問題に関するイタリア・フランス秘密協定。相互中立を約す。

フ「哲学と生活」、S. トルベツコイ「哲学史の教えるもの」、ノヴゴロツェフ「法哲学における道徳的観念論」、B. キスチャコーフスキイ「ロシア社会学派と社会的－倫理的問題の解決に際しての可能態のカテゴリー」、A. ラッポ＝ダニレフスキイ「コントの社会理論の根本原理」、S. オリデンブルグ「思想の自由の擁護者としてのルナン」、D. ジュコフスキイ「道徳的創造性についての問題に向けて」)。

「つい最近までロシア社会に蔓延していた哲学への否定的態度が、哲学問題への生きた関心にとって代わったのは、今日では疑いの余地がない」(「序文」より)

この年

V. ソロヴィヨフ9巻著作集(ペテルブルグ、「オプシェストヴェーナヤ・ポーリザ」出版社)刊行はじまる(07年に完結)。

8月

ゴーリキイ、アカデミー名誉会員に当選するが官憲の圧力で取り消される。チェーホフ、コロレンコ、抗議して名誉会員を辞退。

10月

ヴャチェスラフ・イヴァーノフ『導きの星──叙情詩集』(ペテルブルグ)。

11月

15日　モスクワで第一回『芸術世界』誌展開催。ヴルーベリ「ファウスト」「女占い師」「ライラック」、セローフ「M. モロゾフの肖像」出展。

12月

18日　モスクワ芸術座でゴーリキイ『どん底』初演。

1903

1月

ペテルブルグ宗教・哲学協会機関誌『新しい道』創刊(P. ペルツォフ編集)。創刊号には「宗教・哲学協会の活動記録」の他、ペルツォフ、ローザノフ、ミンスキイ(論文)、メレシコーフスキイ、ギッピウス、ソログープ、バリモント(詩、評論)らの作品が掲載。

「いかなる文学的形式においてであれ…宗教的・哲学的思想の覚醒とともに我々の社会において発生した新しい諸潮流に対し、表現の可能性を与えることが本誌の任務である」(表紙裏の巻頭言)

S. ブルガーコフ「ソロヴィヨフ哲学は現代意識に何を与えたか」(『哲学と心理学の諸問題』第1号)。

L. シェストフ『ドストエフスキーとニーチェ(悲劇の哲学)』(ペテルブルグ)。

4月

5日　ペテルブルグ宗教哲学協会、宗務院により散会される。

1月

A. ブローク、A. ベールイと文通開始、V. ブリューソフとも知己に。

2月

13日　ペテルブルグ芸術振興協会ホールで、第五回『芸術世界』誌展開催。

15日　ペテルブルグ、マリンスキー劇場でワーグナーのオペラ「神々の黄昏」ロシア初演。

『芸術世界』誌グループと「三十六人」グループが結集して「ロシア美術家同盟」を結成。

3月

クリミヤでチェーホフ、ゴーリキイ、クプリーン、ブーニン、アンドレーエフ、ヴェレサーエフらが会合を重ね、「ズナーニエ」出版の活発化を話し合う。

ブローク、後日『美しき婦人の歌』として出版されることになる「美しき婦人(プレクラースナヤ・ダーマ)」を謳った詩を『新しい道』誌3月号、詩文集『北方の花』第3集に発表しはじめる。

ロシア政治・社会（露暦）

の部分」を対象に、「わが国における自由・民主主義的運動を組織し形成すること」を主要課題の一つとする。（「編集部より」）

7 月

蔵相ウィッテ、満州鉱山会社設立。

10 月

ウィッテ、極東を訪問。

11 月

2 日　ロストフでゼネスト。軍隊により鎮圧（～25 日）。

30 日　ロシア、ペルシアに対し英国製品に不利な新関税採用を勧告。

世界情勢（西暦）

8 月

15 日　日・英・独・仏・伊・露、天津の臨時政府を解消し、天津を清国に返還。

9 月

29 日　ゾラ没（62 歳）。

11 月

1 日　イタリア、フランスが他国と交戦する際に中立維持を表明し、ドイツ・オーストリア・イタリア三国同盟、事実上の空洞化。

12 月

ナイル河にアスワンダム開設。

この年

イギリスで、ソールズベリ首相退位。バルフォアが首相に就任（～05 年）。

1903

ロシア政治・社会（露暦）

4 月

5 日　清国に満州撤退条件として 7 項目要求。

6、7 日　キシニョフでユダヤ人へのポグロム。

世界情勢（西暦）

4 月

ロシア軍、満州への駐留を継続し、清国内に反露運動広がる。

20 日　日本外相小村寿太郎、清国政府にロシアの新要求拒絶するよう駐清公使に訓令。

27 日　清国、ロシアの要求を拒絶、前年の条約の履行を要請。

ロシア思想（露暦）

9月

S. ブルガーコフ『マルクス主義から観念論へ（1896年 - 1903年）』（ペテルブルグ、「オプシェストヴェーナヤ・ポーリザ」出版社）。

12月

論文集『実在論的世界観概説——哲学、社会科学および生活に関する論文集』（ペテルブルグ、「S. ドロワトフスキイ・A. チャルシニコフ」出版社）。（A. ルナチャルスキイ、V. バザーロフ、V. フリーチェ、V. シャリャーチコフ、A. ボグダーノフらによる、『観念論の諸問題』への反論論文集）。

15日　N. フョードロフ、モスクワで没（74歳）。

この年

ベルジャーエフ、ヴォログダからキエフに戻り、S. ブルガーコフと知己になる。

P. ミリュコフ『ロシア文化史概観——三部』（ペテルブルグ、1896年から執筆）。

ロシア文化（露暦）

詩文集『北方の花』第3集（モスクワ、「スコルピオン」出版社）。ブローク、ベールイ、バリモント、ブリューソフ、ギッピウス、A. ドブロリューボフ、A. レーミゾフらの作品が収録。

5月

K. バリモント詩集『太陽のごとくなろう——象徴の書』（モスクワ、「スコルピオン」出版社）。

6月

19日　サーロフの聖セラフィム列聖。

9月

A. ベールイ評論「魔術（テウルギーヤ）について」（『新しい道』9月号）。

10月

「スコルピオン」出版社からデカダン、ないしシンボリストの詩集が相次ぎ出版——ブリューソフ『Urbi et orbi』、F. ソログープ『詩集　1897－1903』、メレシコーフスキイ『詩集』、ギッピウス『詩集』、ベールイ『北方シンフォニー——第一、英雄』。

ベールイ宅で文学集会『日曜会』はじまる（～1906年）。参加者、ブリューソフ、バリモント、ヴォロシン、ヴャチェスラフ・イヴァーノフ、バルトルシャイチス（以上詩人）、タネーエフ、メトネル（以上作曲家）、ボリソフ＝ムサートフ（画家）→「アルゴナウテース」グループ。

12月

A. ヴォルインスキイ『大いなる憤怒の書』（ペテルブルグ）。

モスクワで「ロシア美術家同盟」展開催。ヴルーベリ、マリャーヴィン、リューリッヒ、ヴァスネツォーフ、ベヌア、ソーモフらが出展。

同時期モスクワで「モスクワ美術家同人会」展が開催。ボリソフ＝ムサートフ、V. カンディンスキー、P. クズネツォフらが出展。

この年

モスクワ絵画彫刻建築学校学生たちがメーテルリンク『室内』を上演。

ロシア政治・社会（露暦）

5 月

上旬　ロシア軍、鴨緑江を越えて竜岩浦に至り、軍事基地建設開始。

31 日　鴨緑江木材会社（責任者ベゾブラーゾフ）設立。

7 月

〈解放同盟〉の創立会議、スイスでもたれる。ストルーヴェ、ノヴゴロツェフ、S. ブルガーコフ、キスチャコーフスキイ、フランク、ベルジャーエフが参加。

1 日　カフカスとロシア南部工業地帯でゼネスト（～8 月 14 日）。

ロシアの東清鉄道全線開通。

17 日　ブリュッセルとロンドンで〈ロシア社会民主労働党〉第二回大会。党綱領と規約を採択するが、レーニン率いるボリシェヴィキとマルトフ率いるメンシェヴィキに分裂。レーニン派が人事面を掌握。

30 日　旅順に極東総督府設置。総督アレクセーエフ。

8 月

16 日　1892 年から蔵相を務めていた S. ウィッテ、ニコライ二世により罷免。プレーヴェ体制へ。

9 月

25 日　ロシア軍、奉天省城を占領。

世界情勢（西暦）

5 月

エドワード七世がパリ訪問、英仏友好の気運高まる。

6 月

13 日　ロシア陸相クロパトキン、旅順への途中訪日（桂首相と会談）。

23 日　日本、御前会議で、満韓問題に関しロシアとの交渉開始と協定案を決定。

24 日　日本、東京帝大七博士、対露強硬論を建議。

7 月

11 日　日本、清に対露強硬を勧告。

8 月

2 日　マケドニアでイリンデン蜂起。

オーストリアとロシアがマケドニアに関し共同政策を協定。

9 日　日本、頭山満ら対露同士会結成。

10 月

6 日　日本の小村外相と駐日ロシア公使ローゼンとの間で協定交渉開始（～04 年 1 月）。

11 月

3 日　パナマ独立。

18 日　アメリカ、パナマとヘイ・ブナウ＝バリジャ条約を締結し、パナマ運河地帯の永久租借権を獲得。

1904

1月

『プラウダ』誌（編集・発行V. コジェーヴニコフ、編集局員、A. ボグダーノフ、N. ロシコフ、P. ルミャンツェフ、M. ルンツ）がモスクワで創刊（〜5年）。寄稿者にはルナチャルスキイ、ゲルシェンゾーン、ネヴェドムスキイ、ブーニン、バリモント、ヴェレサーエフ、ナイジョーノフ等。ベルジャーエフやS. ブルガーコフら観念論的思想家との闘いを標榜はしていたが、思想的にはあまり一貫性がない。

28日　N. ミハイロフスキイ、カルーガで没（61歳）。30日　ヴォルコフ墓地に埋葬。

2月

3日　B. チチェーリン没（76歳）。

1月

月刊誌『天秤（ヴェスィ）』（編集・発行S. ポリャコーフ、モスクワ、「スコルピオン」出版社）が創刊（〜09年12月）。1908年頃まではV. ブリューソフが中心。寄稿者、バリモント、バルトルシャイチス、ベールイ、ヴャチェスラフ・イヴァーノフ、メレシコーフスキイ、ギッピウス、ミンスキイ、ローザノフ、ソログープ、D. フィロソーフォフ、S. コトリャレーフスキイ、ブローク、M. ヴォロシン、バーチュシコフ、ミロポリスキイ等。他にヨーロッパ諸国からの海外通信者。06年以降はベルジャーエフ、M. クズミン、I. グラバーリ、A. レーミゾフ、H. グミリョーフ、A. コンドラーチェフらが参加。創刊号掲載のブリューソフ「神秘の鍵」と第2号掲載のベールイ「批判哲学とシンボリズム」がマニフェスト的論文。

「芸術は芸術家が自己の曖昧で神秘的な感じを自分自身に対して明確化しようという瞬間に始まる」（ブリューソフ「神秘の鍵」）

「形象の中にイデーを汲み取ることは、つまりこの形象をシンボル化することであり、この視点より、全世界はボードレールの謂う『シンボルに満ちた森』なのである」（ベールイ「批判哲学とシンボリズム」）

17日　モスクワ芸術座でチェーホフ『桜の園』初演。

3月

文集『ズナーニエ』第1集（ペテルブルグ、「ズナーニエ」出版社）。アンドレーエフ、ブーニン、ヴェレサーエフ、ゴーリキイ、セラフィーモヴィチなどの作品を収録。

バリモント『詩集、第2巻──燃える建物、太陽のごとくなろう』（モスクワ「スコルピオン」出版社）。評論集『山頂──第1巻、芸術と文学』（モスクワ、「グリフ」出版社）。

ベールイ『瑠璃色の中の黄金』（モスクワ、「スコルピオン」出版社）。

ヴャチェスラフ・イヴァーノフ『透明──第

1904

1月

〈解放同盟〉第一回大会、ペテルブルグで開催。

28日　日露戦争勃発。

「…戦争しているのは政府であり、国民ではない。政府が戦争をするのは、国家の利益のためではなく、自分の権力強化のためである」(2月4日ゴーリキイの手紙)

「私はロシアの味方でも日本の味方でもなく、政府に騙され、自身の安寧、良心、宗教に反し戦うことを余儀なくされた両国の戦う民衆の味方である」(2月9日のアメリカの新聞の質問に対するL. トルストイの回答)

「くだらない目的のための恐ろしい、流血と荒廃の戦い――幾千の人命を既に呑み込み、今も呑み込み続けている歴史的過ち――これが目下の戦争に関する私の見解である」(7月8日『株式報知』編集部宛てのコロレンコの書簡)

1月

20日　日本政府、英、米、独、仏に、日露交渉への仲裁拒絶を声明。

23日　韓国、日露戦争に中立を声明。

2月

4日　日本、御前会議で、ロシアとの交渉を打ち切り、軍事行動に移ることを決議。

6日　日本、ロシアに国交断絶の通牒。

8日　日本、仁川沖でロシア艦隊を攻撃し、旅順口を奇襲する。

10日　日、露ともに宣戦布告。

12日　清、日露戦争局外中立宣言。

23日　日韓議定書調印。

24日　日本、第一次旅順口閉塞作戦開始。

4月

12日　ウラジオストーク艦隊、日本の軍隊輸送船金州丸を元山沖で撃沈。

24日　ガポン組合「ペテルブルグ市工場労

4月

8日　英仏協商調印、エジプトにおけるイギリスの優位とモロッコにおけるフランスの

秋

ベルジャーエフ、新雑誌の発刊のため、ペテルブルグへ移住。

10月

『新しい道』誌、編集主幹がペルツォフからフィロソーフォフに替り、S. ブルガーコフ、ベルジャーエフを編集人に加えて、紙面刷新。政治的性格の評論が掲載されだす。ベルジャーエフは「哲学と生」を掲載。

12月

『新しい道』終刊。

E. トルベツコイ『プラウダ』第39号に「戦争と官僚主義」を掲載、大きな反響を呼ぶ。

この年

ノヴゴロツェフ、モスクワ大学法学教授に就任。

E. トルベツコイ『ニーチェの哲学――批判的概論』(モスクワ)。

故N. グロートの遺稿集『哲学とその一般的課題』(ペテルブルグ)。

チチェーリン『哲学の諸問題』(モスクワ)。

ニコライ・ロスキイ修士論文審査学位取得『主意説の視点からの心理学の基本的諸学説』(ペテルブルグ、「M. スタナレヴィッチ」印刷所)。

クリュチェフスキイ『ロシア史講話』第1部刊行。1922年に第5部が刊行され、完結。

二抒情詩集』(モスクワ、「スコルピオン」出版社)。

5月

ベールイ「世界観としてのシンボリズム」(『芸術世界』第5号)。

S. ヴェンゲロフ『ロシア作家と学者の批評・伝記事典。ロシア文化の黎明期から現在まで』第10巻(モスクワ)。

6月

日露戦争についてのトルストイの評論「反省せよ」がロンドンの『自由な言葉』紙に公表。

7月

ソログープ『死の針』(モスクワ、「スコルピオン」出版社)。

2日　A. チェーホフ、ドイツの保養地バーデンワイラーで没(44歳)。9日　ノヴォデーヴィチ修道院で葬儀。

10月

ブローク『美しき婦人の歌』(モスクワ、「グリフ」出版社)。

「ロシア美術家同盟」展。セローフ、マリャーヴィン、ベヌア、ヴルーベリ、ソーモフ、ドブジンスキイ、パステルナーク、ドセーキンらが出展。

11月

ベールイ『帰還――第三シンフォニー』(モスクワ、「グリフ」出版社)。

12月

M. アルツィバーシェフ「ランデの死」(『万民のための雑誌』第12号)。

ペテルブルグで、第二回「ロシア美術家同人会」展開催。ベヌアによるプーシキン『青銅の騎士』の挿絵、ヴルーベリ「真珠」、グラバーリ「二月の瑠璃色」、マリャーヴィン「農婦」、ボリソフ＝ムサートフ「エメラルドの首飾り」。後の象徴主義新世代の美術グループ「青薔薇」の画家たち、クズネツォフ、サプノフ、ミリオチ、ウトキンらも出品。グループとしてまとまりを示す。

第二十七回「モスクワ絵画彫刻建築学校学生」展が開催。

ロシア政治・社会（露暦）

働者の集い」結成。

6月

2日　ウラジオストーク艦隊、日本の陸軍輸送船常陸丸、和泉丸を撃沈、津軽海峡を抜け、7月17日帰還。

3日　フィンランド総督ボブリコフ暗殺。

16日　ドイツと通商条約調印。

7月

15日　内相プレーヴェ、エスエル党員E.サゾーノフにより暗殺される(58歳)。

8月

11日　バルチック艦隊の太平洋派遣を決定。

末　P.スヴャトポルク＝ミールスキイ、新内相に任命。自由主義的治世方針を表明。

9月

17日　パリでロシアの反政府諸党会議開催。

11月

6日　ペテルブルグでゼムストヴォ代表大会(～9日)。代議制議会召集と市民的自由を要求。

28日　ペテルブルグ、ネフスキー通りで政治デモ。

12月

5、6日　モスクワで学生の政治デモ、警察当局による弾圧。

12日　国家体制改善計画に関する勅令。

13日　バクーの労働者たちのゼネスト(～1905年1月13日)。

19日　旅順港要塞が日本軍により陥落させられる(21日、日本軍入城)。

「旅順港の降伏はツァーリズムの降伏のプロローグである」(レーニン)

「旅順港の陥落は私を悲しませた。私はつらい。これは愛国心だ」(トルストイ)

22日　ジュネーヴでレーニン編集・発行『前進』紙創刊。

世界情勢（西暦）

優位を認め合う。

5月

1日　日本軍、九連城占領。

2日　日本軍、遼東半島上陸開始。

26日　日本軍、南山を占領、30日大連を占領。

8月

10日　黄海海戦。

14日　蔚山沖海戦。ウラジオストク艦隊一隻撃沈。

第二次インターナショナル第六回大会、アムステルダムで開催(～20日)。戦争反対を決議。この大会に片山潜が出席。

19日　日本軍、旅順第一回総攻撃失敗。

22日　第一次日韓協約締結、顧問政治開始。

9月

4日　遼陽会戦。

10月

9日　沙河会戦(～20日)。

21日　ドッガー＝バンク事件。バルチック艦隊、英漁船を日本の駆逐艦と誤認し砲撃。英露関係緊張。

11月

30日　日本軍、旅順二〇三高地攻略。

1905

ロシア思想（露暦）

1月

『新しい道』の前年10月以降の傾向を継承するかたちで雑誌『生の諸問題』創刊。政治哲学部門主宰はベルジャーエフ、S. ブルガーコフ、文芸と批評部門の主宰はチュルコフ。ヴャチェスラフ・イヴァーノフ、ゲルシェンゾーン、ノヴゴロツェフ、E. トルベツコイ、ローザノフ、ソログープ、ベールイ、ブローク、シェストフ、エルンらが協力。

「宗教的社会性から実際的的社会性への移行」(ギッピウス)

28日　カザン聖堂でミハイロフスキイ没後一周年記憶祭。コロレンコ、コトリャレーフスキイ、バーチュシュコワらが出席。

2月

血の日曜日事件への反応として、エルンとスヴィンツィツキイが「キリスト教闘争兄弟団」を結成する。S. ブルガーコフ、フロレンスキイ、エリチャニノフらが参加。

3月

チェルヌイシェフスキイ『何をなすべきか』が40年間の発禁を経て出版。

5月

A. ルナチャルスキイ『批判的論争的試論』(モスクワ、「プラウダ」出版社)。

6月

ミハイロフスキイ晩年の著作集第2巻(ペテルブルグ、「ロシアの富」出版社。第1巻は2月)。

ロシア文化（露暦）

1月

『北方の花』第4集発刊(モスクワ、「スコルピオン」出版社)。ブリューソフ、バリモント、ヴャチェスラフ・イヴァーノフ、レーミゾフ、ソログープ、ギッピウスらの作品が掲載。

文集『ズナーニエ』第3集出版。アンドレーエフ「赤い笑い」、ゴーリキイ「別荘の人々」等収録。

9日　デモを行なっていた民衆に発砲したペテルブルグ警備隊を支持したペテルブルグ美術アカデミー校長に対し、ポレーノフとセローフが公式に抗議表明。

22日　「文学・芸術サークル」でチェーホフを記念する文学の夕べ。

2月

モスクワで、第十二回ロシア美術家同人会開催。セローフ「シャリャーピンの肖像」、「ゴーリキイの肖像」。

月末　文集『グリフ』の第3分冊発刊(モスクワ、「グリフ」出版社)。ブローク、バリモント、ベールイ、ソログープらの作品が収録。

3月

文集『ズナーニエ』第4集、第5集が発刊。ゴーリキイ「牢獄」、アンドレーエフ「泥棒」等収録。

リムスキー＝コルサコフが革命的な学生を擁護したかどで、音楽院を免職される。

ゴーリキイが積極的に参加した『ロシアの生活』誌創刊(2号で廃刊)。

6日　ペテルブルグ、タヴリーダ宮殿で、ディアギレフ主催「ロシア肖像画――歴史・美術展」が開催。

4月

メレシコーフスキイ『ピョートルとアレクセイ』(ペテルベルグ)。

17日　ニコライ二世、信教の自由に関する勅令。

5月

文集『ズナーニエ』第6集発刊。クプリーン

1905

ロシア政治・社会（露暦）

1月

3日　ペテルブルグ、プチロフ工場でストライキ、ゼネストに発展(7日)。

9日　血の日曜日、ガポン神父率いる労働者中心の群集のツァーリへの請願行進に警察が発砲。官憲側発表では死者96、負傷者330名。これ以降10月まで、ストライキ、デモ、市民運動―政治改革と社会改革の要求が高まる。

「巨大な重苦しい取り返しのつかぬ不幸。それは、停滞しきったロシアの生活の急転を示すべき境目の陰惨な兆候、恐ろしい前兆となり、ロシアの生活の新しい世紀のはじまりとなった」(コロレンコ)

11日　ゴーリキイ、リガで反逆罪のかどで逮捕される(2月14日保釈金1万ルーブルで釈放)。

20日　ブルイギンが内務大臣に就任。

29日　事件原因追及のための特別委員会設置(委員長、元老院議員N.シドロフスキイ)。

2月

各地で農民の暴動が起こる。

ニコライ二世が国会（ドゥーマ）選挙に同意。

2日　地理学協会ホールでロシア社会民主労働党中央委員会会議開催。その晩、9人の中央委員並びに、アンドレーエフとスキターレッツが逮捕。

4日　セルゲイ大公暗殺される。

4月

12日　ボリシェヴィキがロンドン党大会を開催。一方、メンシェヴィキはジュネーヴ協議会を開く。

5月

イヴァノヴォ・ヴォズネセンスクで最初のソヴィエトが成立。

5月から7月にかけて農民運動が高まりをみせる。

6月

9日　ウッチでゼネストが発生。

世界情勢（西暦）

1月

1日　日本軍、旅順を占領。

3月

パリで「ロシア民族及びロシアに隣接する諸民族の友好協会」設立。アナトール・フランス議長。

1日　奉天会戦で日本軍が勝利する（～10日）。

21日　イギリス、アフガニスタンとの新協定で国境画定を再確認(ロシアを牽制)。

31日　第一次モロッコ事件勃発。

5月

27日　日本海海戦（～28日）。ロシアのバルチック艦隊が敗れる。

ロシア思想（露暦）

9月
ヴャチェスラフ・イヴァーノフが自宅(「塔」と呼ばれていた)で「水曜会」を始める。そこでは、文学、哲学、神秘学、心霊学、宗教、さらには社会問題までが論じられ、ベルジャーエフが3年間議長を務める。ブローク、ローザノフ、ソログープ、ミンスキイ、画家ゴロジェツキイ、ロスストーフツェフ教授らが参加。
1日　S.トルベツコイ、自治権を獲得したモスクワ大学学長に就任。
29日　S.トルベツコイがペテルブルグで没(43歳)。10月2日モスクワのドンスコイ修道院に埋葬。

10月
ストルーヴェがロシアに帰国。

12月
15日　ストルーヴェ編集による週刊誌『北極星』がペテルブルグ(「ピロシコフ」出版社)で創刊(～1906年3月)。フランク、ベルジャーエフ、S.ブルガーコフ、イズゴーエフ、コトリャレーフスキイ、ツガン＝バラノフスキイ、ゲッセン、キゼヴェッチェル、メレシコーフスキイ、オフシャニコ＝クリコーフスキイ、ローザノフ、フィロソーフォフ、シェストフ、カウフマンらが協力。ベルジャーエフ「革命と文化」(第2号)、メレシコーフスキイ「来るべき賤民」(第3号)、ストルーヴェ・フランク「文化哲学評伝」(第2、3号)が掲載。
翌年にかけて　キスチャコーフスキイ、ハイデルブルグで、ストルーヴェにより始められた『ドラゴマーノフ著作集』全2巻の仕事を完結(パリで出版)。

冬
E.トルベツコイ、エルン、ブルガーコフ、V.スヴェンツィツキイ、フロレンスキイによってモスクワで「ソロヴィヨフ記念宗教・哲学協会」設立(後にヴャチェスラフ・イヴァーノフ、ベルジャーエフ参加)(～1918年)。

ロシア文化（露暦）

「決闘」等収録。
アルツィバーシェフ短編集第1巻(ペテルベルグ)。
3日　スクリャービン、パリのシャトレ新劇場で「神聖な詩」初演。

6月
ソログープ「小悪魔」掲載開始(『生の諸問題』第6-11号)。

9月
バリモント『妖精のお話。子供の歌』(モスクワ、「グリフ」出版社)。

10月
19日　宗務院総監ポベドノスツェフ退官。
27日　ボリシェヴィキの政治文学日刊紙『新しい生活』創刊(ペテルブルグ、～12月3日)。ミンスキイが名目上の編集者であった。

11月
『新しい生活』紙第5号(1日付) -25号および12月1,2,3日付の第26,27,28号(最終号)に、ゴーリキイ「小市民についての覚書」、レーニン「党組織と党的文学」、バリモント「詩人は労働者に」等が掲載。ブリューソフはレーニン論文に論争を仕掛け、この論争はチュコフスキイに継承される。ゴーリキイ論文も論争をひき起こす。

12月
ペテルブルグ、マリンスキー劇場でワーグナーの楽劇「ラインの黄金」ロシア初演。
クラフチンスキイ『地下ロシア』(ペテルブルグ、「万民のための文庫」)。
月末　ブリューソフの詩集『花冠(1903～

ロシア政治・社会（露暦）

14日～24日　戦艦ポチョムキンで兵士が反乱、ゼネスト中のオデッサに入港。

7月

11日　ロシアとドイツの皇帝の間に相互援助条約であるビョルケ密約が結ばれるが、両国政府の反対で破綻。

31日　全ロシア農民同盟創立大会開催。

8月

6日　国会設置法及び国会設置規定が発布される（ブルイギン国会）。

27日　1884年にアレクサンドル三世によって廃止された大学の自治が復活。

9月

25日　シベリア横断鉄道開通（バイカル迂回線）。

10月

6日　モスクワ－カザン鉄道のストライキ開始。全国的なゼネストへと発展。

12日　カデット党創立大会が行なわれる（～18日）。8項57条からなる綱領採択。P. ミリュコフ、A. シンガリョーフ、V. ナボコフ等が幹部。

13日　ペテルブルグ・ソヴィエト成立。

14日　モスクワでゼネスト。

17日　十月詔書発布。皇帝は、1. 市民の自由の保障　2. 国会議員、選挙の継続　3. 国会による法のチェックを約束。

18日　キエフ等で黒百人組を中心とするユダヤ人に対するポグロムが発生。約4000人が死亡。

ウィッテが新設の首相職に就任。

26日　クロンシュタットで水兵の反乱。ウラジオストークでも軍の反乱が起こる。

11月

6日　全ロシア農民同盟第二回大会開催。

10日　10月17日同盟（オクチャブリスト同盟）結成。

11日　セヴァストーポリで反乱勃発。

22日　モスクワ・ソヴィエト結成。

12月

新国会選挙法成立。

ラスプーチンが宮廷に接近。

世界情勢（西暦）

6月

7日　ノルウェーがスウェーデンより独立宣言。

7月

29日　桂・タフト協定締結。日本の韓国支配、アメリカのフィリピン支配を相互に認め合う秘密協定。

9月

5日　日露間でポーツマス条約が調印される。朝鮮に対する日本の優先的権益を容認。樺太の北緯50度以南を日本に割譲（全権代表：日本―小村寿太郎、ロシア―ウィッテ）。

15日　ハンガリーで血の金曜日。労働者の普通選挙権要求運動を鎮圧。

10月

満鉄共同経営に関する桂首相と米国鉄道資本家ハリマンとの協定。しかし帰国した小村外相の反対で、23日ハリマンに協定破棄を通告。

11月

17日　第二次日韓協約調印。韓国各地に反日暴動起こる。

12月

ペルシアで立憲革命始まる。

9日　フランスで政教分離法公布。

22日　満州に関する日清条約および付属議定書調印。

ロシア思想（露暦）

ロシア文化（露暦）

この年

『天秤（ヴェスイ）』誌に掲載された諸論文が、論争的な性格の反響を広く呼び起こす。

E. トルベツコイがモスクワ大学教授となる（～1918年）。

アクセリロード『観念論の諸問題について』。

ボグダーノフ『新しい世界（論文集）』。

カザン神学大学教授ネスメロフ『人間の科学』。

1905年）』。

この年

美術専門の象徴主義の雑誌『芸術』創刊。編集者はN. タロヴァティ。

モスクワ、パヴァルスカヤのスタジオで、メイエルホリドが独自の演劇の試みを開始。

ミンスキイ『未来の宗教』。

グミリョーフ『征服者の道』。

1906

1月

この冬、ヴャチェスラフ・イヴァーノフの「水曜会」活発化。討議されたテーマは、芸術と社会主義、ロマン主義と現代の魂、幸福、個人主義と新しい芸術、宗教と神秘、孤独、神秘的アナーキズム等。

2月

E. トルベツコイ編集による『モスクワ週報』（～1910年8月）創刊。コトリャレーフスキイ、ストルーヴェ、ベルジャーエフ、S. ブルガーコフ、ゲルシェンゾーンらが協力。

ノヴゴロツェフ、イズゴーエフらが国会議員となる。

雑誌『北極星』が、第14号で発行停止処分。

3月

30日　ペテルブルグでボリシェヴィキの科学、文学、政治の雑誌『生活通報』が刊行。

4月

1日　フランク編集（ストルーヴェの密接な参加）の『自由と文化』が創刊（ストルーヴェが主筆の『北極星』の後継誌）。

2日　S. ブルガーコフ編集の日刊紙『ナロード』がキエフで創刊。

5月

チェルヌイシェフスキイ3巻全集刊行（ペ

1月

モスクワで、象徴主義新世代の総合芸術雑誌『金羊毛』創刊。N. リャブシンスキーが出資。『芸術世界』誌の継承誌を自認。ロシア語と仏語翻訳の併記。ベールイ、ブローク、ヴャチェスラフ・イヴァーノフ、ブリューソフ、バリモント、メレシコーフスキイ、ソログープらが参加。美術では、P. クズネツォフらが参加。

「芸術は永遠である。芸術は唯一のものである。芸術はシンボリックなものである。芸術は自由である」（「編集部の綱領」から）

2月

メレシコーフスキイ『ゴーゴリと悪魔―研究』（モスクワ、「スコルピオン」社）。

24日　ディアギレフ主催「芸術世界」展開催（ペテルブルグ）。クズネツォフ「青い噴水」出展。

3月

メレシコーフスキイ『来るべき賤民』（ペテルブルグ、「ピロージニコフ」出版社）。

23日　ゴーリキイ、ボリシェヴィキの任務でニューヨークへ。

4月

詩文集『チェーホフを記念するための詩と散文』（ペテルブルグ）。

ソログープ第五詩集『祖国』（ペテルブルグ）。

チュルコフ編集の文集『たいまつ（ファーケルィ）』第1集ペテルブルグで発刊。神秘的

2日　ペテルブルグ・ソヴィエト「財政宣言」。4日に全メンバー逮捕。6日にモスクワ・ソヴィエトが抗議ゼネストを呼びかける。

7日　モスクワで武装蜂起勃発（「モスクワ蜂起」）。軍隊により鎮圧。

29日　エスエル党第一回大会開催。党綱領を採択。

この年

アインシュタイン、特殊相対性理論と光量子仮説を提唱。

1906

1月

8日　『ユマニテ』紙（パリ）にゴーリキイのアピール、「すべての国々の労働者たちへ」が掲載。

2月

国会議員選挙（～3月）。

8日　オクチャブリスト党創立大会開催、党綱領採択。

15日　ペテルブルグでボリシェヴィキ機関誌『兵営（カザルマ）』創刊。（1-3号まではメンシェヴィキも編集に参加。1907年3月まで13号刊行）。

20日　国家評議会が上院に改組。

3月

4日　職業団体臨時条例及び社会結社臨時条例。

27日　ロシアに対して、イギリスが1300万ポンド、フランスが27億5千万フランの借款を提供。

28日　ガポン、フィンランドでエスエル党員に暗殺される（26歳）。

4月

レーニン「カデットたちの勝利と労働党の諸課題」（3月24～28日執筆）。

10日　ストックホルムのロシア社会民主労働党でメンシェヴィキが多数を占める（～25日）。

「メンシェヴィキの勝利は、党生活における反動的一現象であります」（ゴーリキイの手紙）

1月

15日　日本、桂・ハリマン覚書無効を通告。

16日　アルヘシラス列国会議開催。モロッコ問題解決。

22日　オーストリア＝ハンガリー、セルビアとの国境を封鎖（7月7日関税戦争「豚戦争」開始）。

2月

1日　日本が韓国統監府を開設（3月2日統監伊藤博文着任）。

4月

27日　清、イギリスとチベット条約調印。イギリスは不併合、不干渉を約束。

テルブルグ）。

7月

チュルコフ『神秘的アナーキズムについて』（ペテルブルグ、「たいまつ」出版社）。

秋

キスチャコーフスキイ、ノヴゴロツェフに招かれ、モスクワ商科大学で国家法と行政法を講義。他に高等女学校などで教える。

11月

ストルーヴェがペテルブルグ総合工業大学の講師に就任。

年末

ストルーヴェ、『ロシア思想』誌の編集部に招かれる。

この年

「ペテルブルグ宗教・哲学協会」が再開（～17年）。

ベルジャーエフ、『生の諸問題』誌に「キリスト教政治同盟」に関する計画を発表。

アクセリロード『哲学的概観――史的唯物論の哲学的批判者への回答』（ペテルブルグ）。

ボグダーノフ『経験一元論』（1904年～）。

フョードロフ『共同事業の哲学』（V. コジェヴニコフとN. ペテルソン編集。ヴェールヌィ）。非売品として出版（第1巻相当分。1913年に第2巻がモスクワで出版）。

プレハーノフ『ベルンシュタイン報告への回答』（オデッサ）。

N. ロースキイ『直観主義の基礎』（ペテルブルグ）。

クロポトキン『近代科学とアナーキズム』。

トロツキー『総括と展望』。

バザーロフ『無政府主義的共産主義とマルクス主義』。

アナーキズムを標榜。アンドレーエフ、ヴャチェスラフ・イヴァーノフ、ブーニン、ブリューソフ、ベールイ、ブローク、ソログープ、チュルコフ、レーミゾフらが作品を掲載。ブロークの「見世物小屋」はここに発表。

「我々は人類による最後の自由の探求の中に人生の意義を考えるものである。我々は、個人の肯定の為、変容された未来世界への愛の上に礎を据えた人々との自由な連帯の為に、我々のたいまつを高く掲げる」（『たいまつ』第1号編集序言）

29日　シャリャーピン、キエフのHippo Palaceで労働者のための演奏会を開催。

5月

ペテルブルグで絵入り風刺雑誌『地獄の郵便』創刊。ゴーリキイ、ブリューソフ、ブーニン、ソログープら文学者のほかに、ビリービン、ドブジンスキイ、ランセレー、クストージエフら画家たちも参加。

8月

クプリーン「生活の河」（『神の世界』誌第8号）。

9月

2日　ビリュコーフ編『トルストイ伝』第1巻出版。

10月

6日　パリ、サロン・ドートンヌでディアギレフによる「絵画と彫刻の二世紀」展が開催。出展作750点。53人の画家が参加（11月からベルリンへ）。

13日　ゴーリキイ、イタリアに到着。

11月

バリモント『邪悪なる妖術の書、呪文の書』（モスクワ、「金羊毛」出版社）。

12月

ペテルブルグ、コミッサールジェフ劇場で、メイエルホリドの演出、サプノフの舞台美術で、ブローク『見世物小屋』初演。

ブローク第2詩集『思いがけぬ歓喜』（モスクワ、「スコルピオン」出版社）。

この年

トレチャコフ美術館完成。

ロシア政治・社会（露暦）

22日　ニコライ二世、ウィッテ首相を罷免。後任ゴレムイキン。

23日　国家基本法公布。4章128条。

27日　第一国会開会。同日、ストルーヴェが新聞『国会（ドゥーマ）』を創刊。

5月

国会選挙においてカデットが第一党となる。

レーニンの資金調達活動。

7月

8日　ストルイピンが首相に就任（内務大臣も兼任）。

9日　ニコライ二世、野党色が強かったため、第一国会を解散。同日深夜、フィンランドのヴィボルグにカデット、トルドヴィキ、社会民主労働党の元議員178名が集結。「ヴィボルグ宣言」を発表。

10日　ノヴゴロツェフ、「ヴィボルグ宣言」に署名し、以後被選挙資格を失う。

8月

12日　ストルイピン宅で爆弾テロ。

19日　野戦軍法会議設置の勅令。

21日　ボリシェヴィキ機関紙『プロレターリイ』発刊（レーニン編集～1909年11月28日、ヴィボルグ・ジュネーヴ・パリ）。

9月

3日　ペテルブルグでカデットの新聞『自由と生活』が発刊。

10月

『自由と生活』紙上掲載のチュコフスキイの「アンケート」をきっかけに、芸術と革命に関する論争が年内いっぱい文壇を席捲。

12日　第一回商工業代表大会が開催。

11月

9日　農村共同体の破壊を目的とした、農民の共同体離脱に関する勅令が発布。ストルイピン改革の開始。

この年

カデット機関紙『言論（レーチ）』創刊（～1917年）。

世界情勢（西暦）

5月

1日　フランスでメーデー・ゼネスト。

23日　イプセン没（78歳）。

7月

4日　英仏伊、エチオピアでの勢力圏決定の協定調印。

12日　フランスの破棄院、ドレフュスの無罪を宣言。

8月

1日　日本、旅順に関東都督府設置の勅令発布。

4日　日露通商条約交渉開始（14日　漁業協約交渉開始）。

12日　袁世凱、立憲準備を上奏。

9月

アメリカ、キューバに武力介入、占領。

10月

25日　フランスでクレマンソー内閣成立。

11月

26日　日本、南満州鉄道株式会社を設立（1907年4月1日開業）。

この年

フィンランドで一院制議会、普通選挙、女性参政権が実現。

コロレンコ『我が同時代人の歴史』。
カンディンスキー「馬上の二人」。

1907

ロシア思想（露暦）

1月
第二国会選挙でストルーヴェとブルガーコフが国会議員に当選。
『ロシア思想』誌の編集長ゴリツェフ死後、ストルーヴェが編集者の中心の一人となる。
V. ゲリエー、皇帝から上院議員に任命される。
ルナチャルスキイ「社会民主主義的芸術創作の諸問題」(『生活通報』誌第1号)。芸術の党派性の原則を擁護。プロレタリアート芸術論。
トルストイ『さればわれら何をなすべきか』(モスクワ)。
キスチャコーフスキイ「科学的哲学的観念論擁護のために」(『哲学と心理学の諸問題』第1号)。

3月
シェストフ「愚かさへの賛辞」(ベルジャーエフへの回答)(『たいまつ』第2集)。

4月
シェストフ「最後から2番目の言葉」(『ロシア思想』第4号)。
2日　ゴーリキイ「宗教の運命に関するアンケートへの回答」(『メルキュール・ド・フランス』紙第236号。建神主義の影響がうかがわれる論文)。

ロシア文化（露暦）

1月
ソログープ論文「人間は人間にとって悪魔である」(『金羊毛』第1号)。

2月
文集『野薔薇(シポーヴニク)』第1集(アンドレーエフ編集、ペテルブルグ、「野薔薇」出版社)。ガーリン、ザイツェフ、クプリーン、ブリューソフらの作品が収録。
モスクワで、「ボリソフ＝ムサートフ回顧展」開催。ロシア最初の個展。

3月
ソログープ『小悪魔』(ペテルブルグ、「野薔薇」出版社)。
文集『たいまつ』第2集発刊。チュルコフ、ダヴィドフ、ゴロデツキイ、シェストフらが作品を掲載するが、この第2集は『天秤』を中心とするシンボリストから敵意をもって迎えられる。
18日　モスクワ、ミャスニク通りで、『金羊毛』誌主催の、象徴主義新時代の美術家たちの展覧会「青薔薇」が開催。P. クズネツォフ、サプノフ、マトヴェエフ、スデイキン、ウトキン、サリャンら「青薔薇」グループの画家たちが出品。『金羊毛』誌の出資者兼編集長N. リャブシンスキイも出品した。

4月
S. ソロヴィヨフ詩集『花と香り』(モスクワ、「グリフ」出版社)。
『金羊毛』第4号『天秤』誌への非難掲載、『天秤』が「戦闘的評論の機関紙」から「文学専門の機関紙」になりはてたと指摘。
8日　ブローク詩集『雪の仮面』(ペテルブルグ、「オルイ」出版社)。
14日　『ズナーニエ』第16集。
アンドレーエフ「イスカリオテのユダとその他の人々」、ブーニンの詩など。またこの号からゴーリキイ「母」が連載。

1907

1月〜2月
第二国会議員選挙。

2月
2日　ペテルブルグでレーニン指導下、ボリシェヴィキの新聞『新しい光』発刊。ゴーリキイも参加。
12日　エスエル党第二回大会開催。
20日　第二国会開会。カデット多数派となる。

3月
25日　ペテルブルグでボリシェヴィキの新聞『われらのこだま』発刊（4月ペテルブルグ行政長官により発禁）。

4月
24日　社会民主労働党大会へ向かう途中、ゴーリキイ、レーニンとその居宅で会う（〜30日）。会期中にはプレハーノフとも知り合う。
30日　ロンドンにてロシア第五回社会民主労働党大会（〜5月19日）。ボリシェヴィキが多数派となるが、レーニンは孤立。

1月
26日　オーストリアで男性普通選挙法が公布。

2月
8日　ルーマニアで農民の大暴動勃発。3月に軍隊により鎮圧。

3月
15日　日本、樺太庁官制公布。内務大臣指揮監督下におき、軍政を廃止。
21日　アメリカ、ホンジュラスに軍事介入。

6月
ベルジャーエフ「デカダン主義と社会性」(『ロシア思想』第6号)(この論文への反論として、エリスの「デカダン主義を擁護して」(『天秤』第8号)。
10月
25日　ベールイ、モスクワ哲学協会で「シンボリズムと宗教問題」を講演。(『金羊毛』第10号に転載)。
11月
教会革新団体の週刊誌『世紀』創刊(～1908年7月)。アスコーリドフ、S. ブルガーコフらが寄稿。
冬～年頭
ベルジャーエフはパリへ行き、そこで哲学宗教運動を知る。
この年
キスチャコーフスキイが編集を勤める不定期の書評誌『批評時評』(～1910年)が創刊。文学部門編集はゲルシェンゾーン、法学部門編集はキスチャコーフスキイが担当。フランク、ノヴゴロツェフ等が寄稿。
コトリャレーフスキイ、「憲法、政治形態学的展望試論」によりモスクワ大学で修士号取得。
シュペート、キエフからモスクワへ転居。
S. ブルガーコフ、モスクワ商科大学政経学教授に就任。
ゲルシェンゾーン、『ヨーロッパ通報』の文学部門主筆(～8年)。
ベルジャーエフ『永遠の相の下に―哲学・社会・文学論集』(ペテルブルグ、「ピロシコフ」出版社)、『新しい宗教意識と社会性』(ペテルブルグ、「ピロシコフ」出版社)。
E. トルベツコイ『法哲学の歴史』(モスクワ)。
「讃名派」問題の発端であるカフカスのスキマ僧イラリオンの『カフカス山脈にて』の初版刊行。

5月
アルツィバーシェフ「サーニン」完結(『現代世界』第1-5号)。
ブローク「見知らぬ女、三幕の戯曲」(『天秤』第5-7号)。
クラフチンスキイ三巻選集(～9月、ペテルブルグ、「たいまつ」出版社)。
3-17日　パリでディアギレフ、5つのロシア音楽の夕べを開催。グリンカ、ボロディン、ムソルグスキー、リムスキー＝コルサコフ、ラフマニノフ、グラズノフらの曲が演奏。シャリャーピンが出演。
6月
ベルリンの「ラドゥイジニコフ」出版社で、ゴーリキイ『母』のロシア語版とドイツ語版の単行本が出版。
文集『野薔薇』第2集、ブーニン、ザイツェフ、ブローク等の作品掲載。
ブローク、評論「リアリストたち」(『金羊毛』第5号)。ゴーリキイ、アルツィバーシェフ、ソログープらを条件づきで評価。シンボリスト陣営から激しい攻撃を受ける。ベールイとの不和。
7月
ブローク、評論「抒情詩について」(『金羊毛』第6号)。いろいろなグループから激しい反論を受ける。
『金羊毛』誌、発刊方針の変更を表明。
「未来はまだ闇の中にある。ただ一つ明らかな点は、完全で芸術的に完璧な世界観としての『デカダン芸術』が、現代の意識にはすでに経験しおえられたものだということである」(編集部の宣言)
6日　文集『ズナーニエ』第18集。ヴェレサーエフ、ゴーリキイ、ガーリンらの作品が掲載。
8月
ベールイ、ブリューソフ、ギッピウス、メレシコーフスキイら、『金羊毛』を離脱。
11月
文集『野薔薇』第3集。アンドレーエフ、ブーニン、ザイツェフ、クプリーン、ソログープ、

ロシア政治・社会（露暦）

6月

3日　社会民主労働党国会議員団の逮捕。ニコライ二世の第二国会解散命令。地主勢力を優遇した反動的な新選挙法公布(6月3日の政府クーデター)。

「なんだか今は革命期ではなくて、アレクサンドル三世統治の最も厳しい時期のような気がします。ストルイピンはいっさいを踵で踏みにじってしまい、自分の銅像が立てられるのを首を長くして待ちわびている始末です」(ブリューソフ、父への手紙)

7月

21日　ロシア、ドイツの両皇帝がバクダット鉄道をめぐってシュウィーネミュンデで会談。

8月

18日　英露協商の締結によりイラン、アフガニスタン、チベットにおける両国の勢力圏を調整。これまでの露仏協商、英仏協商にあわせて英露仏三国協商が成立する。

10月

20日　独仏英露とノルウェー、ノルウェーの独立と保全に関する集団的保障条約調印。

世界情勢（西暦）

5月

14日　スウェーデン議会、男子普通選挙制導入(正式発効は1909年から)。

6月

10日　日仏条約調印。

14日　ノルウェーで女性参政権実現。

15日　ハーグ国際平和会議開催(～10月18日)。韓国皇帝、密使を派遣し、日韓協約の無効を訴える。

7月

24日　第三次日韓協約調印。

28日　日露通商航海条約及び漁業協約調印。

30日　第一回日露協約調印。相互の領土、権利の尊重、清国の領土保全等を承認。秘密協定で満州に鉄道・電信利権に関する分界線を設ける。

8月

18日　第二インターナショナル第七大会シュトゥットガルトで開催(～24日)。

9月

26日　ニュージーランド、英帝国内の自治領となる。

ロシア思想（露暦）

イヴァーノフ＝ラズームニク『ロシア社会思想史』全2巻(ペテルブルグ)。
クロポトキン『相互扶助論』(ロシア語版、ペテルブルグ)。
ロジンスキイ『つまるところ インテリゲンツィアとは何か』(ペテルブルグ)。
ローザノフの講演「柔和なるイエスとこの世の苦き果実について」。

ロシア文化（露暦）

ブローク、チュルコフらの作品が収録。
12月
ブリューソフ「炎の天使(第1部)」完結(『天秤』第1-12号)。
4日　文集『ズナーニエ』第19集。

この年
多数の諷刺雑誌が発刊。

1908

1月
ストルーヴェ「偉大なるロシア」(『ロシア思想』第1号)。
3月
ストルーヴェ「国家と民族について」(『ロシア思想』第3号)。
11月
13日　モスクワ宗教哲学協会で二つの講演。ブローク「民衆とインテリゲンツィア」。G.バローノフ「民衆の解放(ゴーリキイの『懺悔』について)」講演の後ストルーヴェ、国会議員V.ステパーノフ、K.アゲーエフ司祭等によるディスカッションが予定されていたが、官憲により禁止。ブロークの講演は補筆、「ロシアとインテリゲンツィア」と改題し『金羊毛』1909年、第1号に掲載。
12月
20日　クロンシュタットのイオアン神父没(79歳)。

この年
ベルジャーエフ、モスクワに移住。
コトリャレーフスキイ、モスクワ高等女学院(ゲリエー・クールスィ)の専任講師となり、フランス史と18-19世紀の国際関係史を講義(～17年)。
ペテルブルグで文集『文学の崩壊』発刊。V.バザーロフ「第三戒のキリスト教徒たちとバビロンの塔の建設者たちへ」、A.ルナチャルスキイ「闇」等は、建神主義の反科学的反人道的性格を攻撃。またゴーリキイ「シニズムについて」、「人格の破壊」はメレシ

1月
モスクワでラフマニノフの「交響曲第二番」が初演。

3月
ヴャチェスラフ・イヴァーノフ、評論「現代のシンボリズムにおける二つの根本要素」(『金羊毛』第3・4号、第5号)。
S.ゴロデツキイ、評論「格子柵のかなたの火」(『金羊毛』第3・4号)。
4月
1日　風刺ユーモア週刊誌『サチリコン』、ペテルブルグで発刊。編集は発刊時はM.ゴルンフェリド。9年からA.アヴェールチェンコ(～1914年)。
5月
6日　ディアギレフ、パリのオペラ座の「グランド・オペラ」の舞台でシャリャーピン主演のムソルグスキー『ボリス・ゴドゥノフ』を演出。
6月
8日　リムスキー＝コルサコフ没(64歳)。

8月
ブローク、戯曲『運命の歌』(4月末に脱稿)の草稿をモスクワ芸術座のスタニスラフスキーに送る。
9月
17日　モスクワ芸術座でメーテルリンクの『青い鳥』上演。
10月
2日　ロシア最初の劇映画「ステンカ・ラー

ロシア政治・社会（露暦）

11 月
1 日　第三国会開会。この国会は初めて5年間の任期を満了できた。
12 月
レーニン亡命。（スイス—パリ）。

世界情勢（西暦）

10 月
10 日　ハンガリー、労働者の大デモ（血の木曜日）。

1908

ロシア政治・社会（露暦）

2 月
メンシェヴィキ『社会民主主義者の声』をジュネーヴで創刊（〜11年12月）。
新聞『オデッサの労働者』（ヴォローフスキイ編集）発刊（5月まで4号のみ）。
19 日　オーストリアに対抗してドナウ・アドリア海間鉄道計画を発表。

5 月
10 日　第三国会の右派農民議員が42人の土地法案を上程。
27 日　皇帝、イギリス国王とレヴァルで会談、イギリスのマケドニア改革案を支持。

7 月
21 日　エスエル党協議会第四回評議会開催（〜8月1日）。

9 月
新聞『バクーの労働者』創刊（〜10月、第18号発行で発禁処分）。
3 日　墺露外相会談、ロシア艦隊のダーダネルス海峡通過と、オーストリアのボスニア＝ヘルツェゴヴィナ併合を相互承認。

年末
エスエル最高幹部アゼフが保安部スパイであると発覚。

世界情勢（西暦）

1 月
13 日　清国、英・独と借款調印（500万ポンド）。
27 日　オーストリア、バルカンのサンジャク＝ノヴィバザール通貫鉄道敷設計画を発表。

3 月
イギリス、サンジャク鉄道案に対抗し、マケドニア改革案を発表。
4 月
バルト海・北海会議が開催され、沿岸各国が現状維持を確認。
10 日　日本・ロシア、樺太島境界画定書調印。
29 日　中国革命同盟会蜂起（〜5月26日）。清軍に敗れ失敗。

6 月
23 日　ペルシア国王、ロシアの援助で反革命クーデターに成功。
7 月
トルコで「青年トルコ党の革命」。第二次立憲制開始。
17 日　プラハでスラヴ会議開催。

10 月
5 日　ブルガリア、独立を宣言。
6 日　オーストリア＝ハンガリー二重帝国、ボスニア・ヘルツェゴヴィナを併合。
12 日　ペルシア立憲派、王朝軍部隊を撃退。

コーフスキイ、ギッピウスのグループの思想を批判。
府主教アントニイ・フラポヴィツキイの論文「復活」。
E. トルベツコイ『プラトンの社会ユートピア』（モスクワ）。
シェストフ『始まりと終わり』第5巻（モスクワ）。
チミリャーゼフ『チャールズ・ダーウィンとその学説』（モスクワ）。
プレハーノフ『戦闘的唯物論』（ペテルブルグ）、『マルクス主義の根本問題』（ペテルブルグ）。
ゲルシェンゾーン『若いロシアの歴史』（モスクワ）、『チャアダーエフ——生涯と思想』（ペテルブルグ）。
ペテルブルグで論文集『マルクス主義哲学概観』発刊。バザーロフ、ルナチャルスキイ、ボグダーノフ等が論文を寄稿。
『ソロヴィヨフ三巻書簡集』（E. ラドロフ編集、ペテルブルグ）刊行開始（1911年に完結）。

ジン」公開。

11月
『万民のための新しい雑誌』、ペテルブルグで創刊（～16年）。

この年
『カペイカ新聞』創刊。
アンドレーエフ『七死刑囚物語』。
ゴーリキイ『懺悔』。
ベールイ第2詩集『灰』。
レーニン『ロシア革命の鏡としてのレフ・トルストイ』。

1909

1月
メレシコーフスキイ『ロシア思想』文学部門編集担当。

3月
『道標』初版刊行（モスクワ、1910年までに5版を重ねる）。（序文―ゲルシェンゾーン、ベルジャーエフ「哲学の真理とインテリゲンツィアの正義」、S. ブルガーコフ「ヒロイズムと苦行」、ゲルシェンゾーン「創造的自己意識」、イズゴーエフ「青年インテリゲンツィアについて」、キスチャコーフスキイ「法の擁護のために」、ストルーヴェ「インテリゲンツィアと革命」、フランク「ニヒリズムの倫理」）。

春
ストルーヴェとフランクが、「宗教哲学協会」の会合でフィローソフォフとメレシコーフスキイの『道標』批判に答える。

1月
S. ゴロデツキイ、評論「偶像創造」（『金羊毛』第1号）。

3月
ベールイ「銀の鳩」連載始まる（『天秤』第3-12号）。
グラバーリ『ロシア美術史』全6巻刊行開始（1916年に完結）。

春
ブローク、詩「クリコヴォの戦場で」、戯曲「運命の歌」を文集『野薔薇』第10集に掲載。
S. ゴロデツキイ、モスクワ大学で「ロシア文

ロシア政治・社会（露暦）

世界情勢（西暦）

11 月

14 日　清、光緒帝没（38 歳）、翌日西大后も没（73 歳）。12 月 2 日溥儀（3 歳）宣統帝として即位。

12 月

4 日　ロンドン海軍会議開催。10 カ国参加。

この年

デンマーク、地方自治体選挙で女性に参政権付与。

1909

ロシア政治・社会（露暦）

1 月

9 日　ロシア、フィンランドの自治権要求を拒否。

2 月

月末　英独露がオーストリア・セルビア間のボスニア危機調停工作を開始。

3 月

8 日　ドイツからセルビア支持放棄を要求され、10 日受諾。

13 日　ロシア軍がペルシアに進駐。

18 日　ロシアとセルビアがオーストリアによるボスニア＝ヘルツェゴヴィナ併合を承認。

19 日　海軍軍令部定員法が上院を通過。

世界情勢（西暦）

1 月

2 日　清、軍機大臣袁世凱を罷免。

12 日　トルコ、オーストリアのボスニア＝ヘルツェゴヴィナ併合を承認。

2 月

9 日　独・仏モロッコ協定調印。

3 月

3 日　アグラムで、クロアチアのセルビア人に大逆罪裁判（～10 月 5 日）。

5月

大主教アントニイ「論集『道標』の著者たちへの公開書簡」。

ストルーヴェ「アントニイへの返書」(『言論』5月10日号)。

8月

15日　ベルジャーエフ、大主教アントニイへ「公開状」を送る。

12月

レーニン「道標について」(『新しい日』12月13日号)。

この年

キスチャコーフスキイ、国家法修士学位を取得、モスクワ大学法学部専任講師となる(～1911年)。

コトリャレーフスキイ、「法治国家と外交政策」で博士号取得、モスクワ大学国家法教授となる。

I. イリーン、修士号取得し、モスクワ大学法学部専任講師となる。同時に高等女学院で法哲学史を講義。

ノヴゴロツェフ『現代法意識の危機』(モスクワ)。

ポクローフスキイ『民法史における自然法の潮流』。

ボグダーノフ『大いなるフェティシズムの崩壊』(モスクワ)。

論文集『集団主義の哲学概観』がペテルブルグで発刊。バザーロフ、ルナチャルスキイ、ボグダーノフ、ヴェルネル、ゴーリキイ他が寄稿。

論文集『道標に従って――インテリゲンツィアと「ナショナルな顔について」』(第1版、第2版、モスクワ)。ストルーヴェの二つの論文をめぐる論文集。ゴルベフ、ミンスキイ、ポッセ、ボボルィキン、ミリュコフ、ストルーヴェらが執筆。

論文集『境界にて』(ペテルブルグ)(メンシェヴィキの『道標』批判)。

論文集『インテリゲンツィアを擁護して』(モスクワ、「暁」出版社) V. アルセーニフ、

学の最近の課題」と題して講演(『金羊毛』第4号に転載)。

ブローク、イタリアへ出立。夏に、『イタリア詩篇』として纏められる一連の詩をイタリアで書く。

10月

ペテルブルグで雑誌『アポロン』(編集長、美術批評家S. マコーフスキイ)創刊。初期には、ブリューソフ、ブローク、ヴャチェスラフ・イヴァーノフらのシンボリストたちが寄稿。しかし、ほどなく、グミリョーフ、アフマートヴァ、クズミンらアクメイストたちの活動の場となる。

秋

ブーニン、アカデミー名誉会員に選任。

12月

『天秤』終刊。

『金羊毛』終刊。

この年

ヴャチェスラフ・イヴァーノフの「塔」へフレーブニコフやマンデリシュタームが出入りする。

カンディンスキー、G・ミュンターらと「ミュンヘン新芸術協会」設立(カンディンスキーは翌年退会)。

ベールイ第三詩集『骨壷』(モスクワ、「グリフ」出版社)。

論文集『20世紀初頭のロシアにおける社会運動』ペテルブルグで刊行。ヴェルネル、ボグダーノフ、バザーロフ、ルナチャルスキイ、ゴーリキイが寄稿。

ディアギレフ主催「バレエ・リュス」パリで旗揚げ(後にロンドン、ローマ等へ)。

サラトフ大学創設。

クプリーン『悪魔』。

ロープシン『蒼ざめた馬』。

ロシア政治・社会（露暦）

4月

3日　ブルガリアと協定調印。

16日　ロシア軍、ペルシア国王軍を援助し、タブリーズを包囲占領。

10月

プロダメト、鉄鋼業独占を確立。

11日　イタリアとの間でラコギニ協定調印。バルカンの現状維持を約束。

11月

世界刷新党の実業家P.リャブシンスキイが新聞『ロシアの朝』を復刊。

12月

5日　ノックス米国務長官が日露に満州諸鉄道中立化案を提起（1910年1月9日（21日）、両国不同意を回答）。

世界情勢（西暦）

7月

13日　ペルシア立憲部隊テヘラン占拠。国王退位し、露公使館に亡命。

8月

6日　日本、安奉鉄道の一方的改築を清に通告、反日運動が拡大。

9月

1日　日本軍、「南韓大討伐作戦」を開始。

4日　日清間で間島に関する協約（雑居地区設置）。満州5案件（鉄道敷設権、炭坑採掘権など）に関する協約に調印。

14日　日本閣議、日露戦争で生じたロシアとの懸案解決案を決定し、16日にロシア大使に覚書を渡す。

10月

26日　ロシア蔵相と会談のためハルビン駅に到着した伊藤博文が安重根によって射殺される（69歳）。

11月

21日　南スラヴ社会主義者大会。

12月

16日　アメリカ、セラヤ政権（1893年〜）を倒し、第一次ニカラグア干渉（〜1925年）。

ロシア思想（露暦）

M. ビケルマン、P. ボボルィキン、V. ボツァノコスキイら穏健リベラルの『道標』批判。
レーニン『唯物論と経験批判論』。
バザーロフ『神の建設』、『求神主義と建神主義』。

前年暮れから年頭にかけ、ストルーヴェ、『モスクワ週報』のE. トルベツコイ、コトリャレーフスキイらと親交を結ぶ。

ロシア文化（露暦）

1910

夏

トヴェリ県のマシュク伯爵領で知識人コロニーが開かれる。ストルーヴェ一家、フランク一家、N. ロースキイ一家、アカデミー会員ナソーノフ一家、A. ブィコフ教授一家等が参加。

この年

ペテルブルグで、リッケルト主義者S. ゲッセンの唱道で、若い新カント派哲学者グループが、ドイツで出版されていた国際雑誌『ロゴス』のロシア部門として同名の雑誌を発刊(～14年、全10冊)。エルンがこの雑誌の傾向を激しく非難。
イズゴーエフ、『ロシア思想』の政治部門編集。
イズゴーエフ『インテリゲンツィアと「道標」(ロシアの社会と革命)』(モスクワ)。
ゲルシェンゾーン『歴史的覚書』、『ペチョーリンの生涯』(モスクワ、「道」出版)。
フランク『哲学と生活、哲学文化に関する試論と素描』(ペテルブルグ)。
ベルジャーエフ『インテリゲンツィアの精神的危機――社会心理学および宗教心理学

1月

ブローク、父の死の印象下に長詩「復讐」を発想、着手(21年まで執筆を継続、未完)。
17日　モスクワ芸術座でチェーホフ生誕50年祭。V. ネミロヴィチ＝ダンチェンコ、オリガ・クニッペル、カチャロフ、スタニスラフスキー、ブーニン、レオニードフらが演説や朗読。

3月

ブーニン「村」第一部発表(『現代世界』誌3月号。第二部は同誌10月号)ブーニン自身が力を注いだ作品であり、また大きな評判を呼ぶ。
7日　ブローク、ペテルブルグ市議会会館の女優V. コミサルジェフスカヤを偲ぶ夕べで演説。他にヴォルインスキイ、グチコフ、カルポフ、コトリャレーフスキイ、チュルコフらも演説。
26日　ヴャチェスラフ・イヴァーノフ、ペテルブルグの芸術の言葉擁護者協会で「シンボリズムの遺訓」と題する講演(『アポロン』1910年第8号に掲載)。

4月

8日　ブローク、ヴャチェスラフ・イヴァーノフの講演に応える形で、同じ協会で「ロシア・シンボリズムの現状について」と題する講演(『アポロン』1910年第8号に掲載)。

5月

16日　バラキレフ没(73歳)。

6月

25日　ストラヴィンスキー「火の鳥」、パリ

ロシア政治・社会（露暦）

世界情勢（西暦）

1910

2月

20日　エジプトの親英的首相プトロス＝ガーリー暗殺。

2月

ロシアとオーストリアの間で、バルカン半島の現状維持に関する交渉が行なわれる。

3月

12日　グチコフが国会議長に就任。

4月

日本、武者小路実篤ら『白樺』創刊。

アルバニアで自治要求の暴動。6月にトルコ軍により鎮圧。

5月

日本、大逆事件の大検挙。

31日　南アフリカ連邦、英国自治領として発足。

5月

7日　西部6県ゼムストヴォ施工法案の審議が開始。

6月

14日　農民土地所有関係法令改正。

30日　フィンランド・セイムの権限を縮小する法令発布。

7月

4日　第二回日露協約調印（秘密協定で満州の権益を両国で分割）。

8月

13日　ナイチンゲール没（90歳）。

19日　ペルシア外相、ロシアに対し軍の撤退を再度要求。

22日　韓国併合に関する日韓条約調印（8月29日公布即日施行）。朝鮮総督府設置。

28日　モンテネグロ、王制を導入。

に関する論文集』(ペテルブルグ)。

イヴァーノフ＝ラズームニク『インテリゲンツィア論』(ペテルブルグ)。

ボボルイキン、ヴォルィンスキイ他論文集『我々はどこへ行くのか？』(モスクワ)。

論文集『ロシアにおけるインテリゲンツィア』(K. アルセーニエフ、M. コヴァレフスキイ、P. ミリュコフらによる『道標』批判、ペテルブルグ、「大地」出版社)。

論文集『時代の徴候としての道標』(エスエル系の『道標』批判、モスクワ)。

フリーチェ『チェルヌイシェフスキイから「道標」へ』(モスクワ)。

ローザノフ『首脳部が去った時 (1905 - 1906年)』(ペテルブルグ)。
M. コヴァレフスキイ『社会学』全2巻(ペテルブルグ)。

のオペラ座で初演。
秋
ブリューソフ、『アポロン』第10号に論文「詩を擁護するための『奴隷の言葉』について」を掲載し、ヴャチェスラフ・イヴァーノフとブロークに反論。
ベールイ、論文「ヴェノーク(花冠)かヴェネーツ(花輪)か」(『アポロン』第11号に掲載)でブリューソフを非難する。
10月
28日　L. トルストイ家出。
11月
7日　朝6時、アスターポヴォ駅でL. トルストイ没(82歳)。ヤースナヤ・ポリャーナに埋葬。

この年
グミリョーフ詩集『真珠』(モスクワ)。
ベールイ『シンボリズム』(モスクワ、「ムサゲト」出版社)。
レーミゾフ『十字架の姉妹』。
カンディンスキー「コンポジション1」、「コンポジション2」。

1911

この年
P. ウスペンスキイ『第三の思考典範』。
ベロソフ編集の『道』誌が創刊。

ストルーヴェ『Patriotica、政治・文化・宗教・社会主義。5年間の論文集(1905 - 1911)』(モスクワ)。

キスチャコーフスキイ「社会現象としての法」(『法の諸問題』第8巻第4号)。
S. ブルガーコフ『二都——社会理想の本性についての研究』全2巻(モスクワ、「道」出版社)。
ベルジャーエフ『自由の哲学』(モスクワ、「道」出版社)。

エルン『ロゴスのための戦い』(モスクワ、「道」出版社)。

ローザノフ『昏き相貌——キリスト教の形而上学』(ペテルブルグ)。

3月
2日　スクリャービン「プロメテウス——火の詩」がモスクワのボリショイ劇場で初演。

11月
22日　画家セローフ没(46歳)。
12月
ブーニン、7月から執筆していた「乾谷」を脱稿(出版は翌年)。

この年
ペテルブルグで、『アポロン』誌に集結していた詩人たちを中心に「詩人ギルド」が組織される。これがアクメイズムの核となる(～14年。21～23年再興)。グミリョーフ、S. ゴロデツキイ、マンデリシュターム、ナルブー

ロシア政治・社会（露暦）

9月

14日　外務大臣のイズヴォリンスキイが駐仏大使となり、後任として、サゾーノフが就任する。

10月

21日　ロシア、ドイツの両皇帝が、ポツダムで会談。ペルシア北部でのロシアの行動とドイツのバグダッド鉄道計画に関して相互に了解。

12月

16日　ボリシェヴィキの合法紙『ズヴェズダー』ペテルブルグで創刊（～1912年4月22日）。

世界情勢（西暦）

コペンハーゲンで第二インターナショナル第八回大会開催（～9月3日）。

10月

4日　ポルトガル、軍人・市民の反乱（～10月5日）。国王が逃亡し、共和制に。

11月

4日　清朝、1913年国会開設を頒示。

10日　ロンドンで英・米・仏・独4カ国借款団が清国の鉄道投資への平等参加を協定。

1911

ロシア政治・社会（露暦）

1月

学内集会禁止など閣議決定。この頃、学生運動高揚。

3月

キエフでユダヤ人ベイリスがロシア人少年殺害の咎で不当逮捕される（ベイリス事件）。

14日　政府が、ゼムストヴォ法案を勅令として発布。

22日　ロジャンコが国会議長に就任。

5月

29日　農民分与地における土地整理に関する法律。

8月

1日　日本と鉄道及び汽船貨物直通運輸に

世界情勢（西暦）

2月

21日　日米新通商航海条約締結。

4月

20日　ポルトガル議会、政教分離を決議。

5月

9日　清、鉄道国有令を公布。

11日　ペルシアにアメリカ人財政顧問到着。

6月

26日　日露両国、4カ国借款団の清国・満州借款に関し第16条の廃止を要求。

7月

1日　第二次モロッコ事件発生。

18日　前ペルシア国王、ロシアの支援で挙兵、テヘランへ進撃。9月5日政府軍により撃破される。

『ソロヴィヨフ10巻著作集』S. ソロヴィヨフ、E. ラドロフ編集（「プロスヴィシェーニエ」出版社）刊行始まる（1914年に完結）。

ゲルシェンゾーン編集『I. キレエフスキイ2巻全集』（モスクワ）。

モスクワの「道」出版社の文集、第1集『ウラジーミル・ソロヴィヨフについて』、S. ブルガーコフ、ヴャチェスラフ・イヴァーノフ、E. トルベツコイ、ブローク、ベルジャーエフ、エルンの論文が収録。第2集『トルストイの宗教について』、S. ブルガーコフ（2編）、ゼンコフスキイ、E. トルベツコイ、V. エクゼムプリャルスキイ、ベールイ、ベルジャーエフ、V. ヴォルシスキイ、エルンの論文が収録。

モスクワ心理学協会30周年記念にL. ロパーチンに捧げた哲学論文集発行。寄稿者は、E. トルベツコイ、S. ブルガーコフ、エルン、フヴォストフ、アスコリドフ、コトリャレーフスキイ、フランク、N. ロースキイ、オグネフ、ペトロヴァ、シチェルビナ、ストルーヴェ、キスチャコーフスキイ、シュペート、チェルパノフ、ノヴゴロツェフ、ソコロフ、ヴィノグラードフ、イワノフスキイ。

スキマ僧イラリオン『神の聖体礼儀もしくは神聖なる聖体機密について』。

ト、アフマートヴァ、ゼンケヴィチ、アダモヴィチ、G. イヴァノーフらが参加。「ツエー・ペー」の商標の書籍を出版（～18年）。
モスクワでP. コンチャロフスキイらによる画家団体「ダイヤのジャック」が結成される。

作家A. アムフィテアートロフが、月刊誌『同時代人』を創刊。

ギッピウス『悪魔の人形』（モスクワ）。

バルトルシャイチス『緑の階段』（モスクワ、「スコルピオン」出版社）。

シャガール「私と村」。

カンディンスキー「コンポジション5」。

カンディンスキー、「青騎士」グループを結成。

マティスがモスクワを訪問。

1912

1-2月
ベルジャーエフ『アレクセイ・ステパーノヴィチ・ホミャコーフ』（モスクワ、「道」出版社、「ロシア思想家シリーズ」）。
エルン『スコヴォロダー』（モスクワ、「道」出版社、「ロシア思想家シリーズ」）。

3月
ローザノフ『孤独』出版されるが、6月9日政令で販売中止になり、区裁判所によりポルノグラフィイとして有罪、書籍廃棄、著者10日間の投獄に処せられる。

5月
聖山アトスの修道士アントニイ・ブラトヴィチが、神学的著作、『神及びイエスの御

夏
ベールイ、ヨーロッパへ（～16年）、当地で神智学に心酔。

10月
「作家ギルド」の機関誌『ヒュペルボレオイ』、ペテルブルグで発刊（～13年、全10号）。ギルドに参加したアクメイストの他に、ブローク、クズミン、クリューエフ、エレンブルグなどの作品も掲載（1921年にこんにゃく版の『新ヒュペルボレオイ』再刊）。

12月
文集『社会の趣味に平手打ち』出版。ブル

ロシア政治・社会（露暦）

関する協約調印。
6日　ペルシア問題に関する独露ポツダム協定が締結。

9月
ロシア中央部と東部で大凶作。
5日　ストルイピン首相がキエフで狙撃され、5日後に没(49歳)。後任には、ココフツォフが就任。

10月
29日　ロシア、ペルシアに最後通牒。アメリカ人財政顧問の罷免要求。ペルシア国会拒否。ロシア軍ペルシア出兵。

11月
5日　アメリカがロシアのユダヤ人問題に抗議して通商条約の破棄を通告。

世界情勢（西暦）

9月
29日　イタリア、オスマン帝国に宣戦布告。トリポリ戦争勃発。

10月
10日　清の武昌で新軍・同盟会が蜂起(辛亥革命)。
11日　革命軍、中華民国政府を組織。

11月
1日　清、袁世凱を総理大臣に任命。
4日　モロッコの処置をめぐる独仏協約調印。
5日　イタリア、トリポリの併合を宣言。
30日　モンゴル、清からの独立宣言。

12月
24日　ペルシア国会、反革命派により解散、閉鎖(ペルシア革命鎮圧)。
25日　孫文、上海に帰着。29日、中華民国臨時大統領に選出。

1912

ロシア政治・社会（露暦）

1月
5日　社会民主労働党、プラハ協議会を開催し、レーニンを中心にボリシェヴィキ中央委員会選出(～17日)。メンシェヴィキ追放。

4月
エスエル系『遺訓(ザヴェート)』創刊、イヴァーノフ＝ラズームニクも編集に参加。
4日　シベリアのレナ金鉱山でスト労働者銃殺事件が発生。以後全国で抗議ストが起こる。
22日　ボリシェヴィキ機関紙『プラウダ』、ペテルブルグで創刊(～14年7月8日)。

世界情勢（西暦）

1月
1日　南京に中華民国臨時政府成立(孫文、臨時大統領)。

2月
12日　清国宣統帝退位、袁世凱に全権付与。清朝滅亡。13日、孫文、大統領辞任を表明。

3月
10日　袁世凱、北京で臨時大統領に就任。
13日　ブルガリア、ロシアの後見でセルビアと同盟条約調印。マケドニアの分割を決定。

4月
1日　孫文、正式に大統領辞任。

名に対する信仰の弁護』を著わす。

9月
シュペート、ゲッチンゲン大学で研修(13年の春にも)。フッサールとの交流開始。
21日　S.ブルガーコフ、『経済哲学』で博士号取得。

この年
キスチャコーフスキイ、『法学通報』の編集長になる。
フランクがペテルブルグ大学の専任講師になる
N.ロースキイ、E.ラドロフ、叢書『哲学の新理念』刊行開始(～14年、全17冊)。新カント派の論文の翻訳が大半。
キスチャコーフスキイ『過去の出来事――ロシアにおける立憲運動の歴史に寄せて』(モスクワ)。

ゲルシェンゾーン『過去の肖像』(モスクワ)。

プレハーノフ『芸術と社会生活』。

『セルゲイ・トルベツコイ著作集』全6巻(モスクワ、06年～)。

レオンチエフ『ウラジーミル・ソロヴィヨフと生の美学について(二通の書簡により)』(モスクワ、「創造的思想」出版社)。
D.フィロソフォフ『消えることのないあがり』(モスクワ)。
イズゴーエフ『P.A.ストルイピン』(モスクワ)。

ノヴゴロツェフ『法哲学史講義――新時代の学説16世紀から18-19世紀』(モスクワ)。

リュク、クルチョーヌイフ、マヤコーフスキイ、フレーブニコフらが参加。未来派宣言。**「プーシキン、トルストイ、ドストエフスキーなぞ現代の汽船からおっぽりだせ」(「宣言」より)**
新聞『ロシアの風聞』創刊、オリデンブルグ、ストルーヴェ、ブローク、レーミゾフらが参加。
ヴャチェスラフ・イヴァーノフ、自分の論文の資料収集のため、家族とローマへ。「塔」のサークル終わる。

この年
モスクワにプーシキン美術館開館。

ヴャチェスラフ・イヴァーノフ『Corardens』全2巻(1911年～、モスクワ、「スコルピオン」出版社)。

アフマートヴァ第1詩集『夕べ』。

アンドレーエフ『サーシュカ・ジェグレーエフ』。

セラフィモーヴィチ『荒野の町』。

バルトルシャイチス『山の小路』(モスクワ、「スコルピオン」出版社。

カンディンスキー『芸術における精神的なもの』(独文、ミュンヘン)。

カンディンスキー、フランツ・マルクと共同編集で『青騎士』誌をミュンヘンで発刊。

1913

7月
3日　武力による威嚇に踏み切ったロシア政府は、聖山アトスの「讃名派」の修道士を汽船「ヘルソン」に強制収容し、ロシア本土へ送還する(～17日)。
秋
ヴャチェスラフ・イヴァーノフ帰国、モスクワに居住。モスクワ宗教哲学協会に接

1月
『アポロン』誌第1号にアクメイズムを唱道するグミリョーフ論文「シンボリズムの遺産とアクメイズム」とS.ゴロデツキイ「現代ロシア詩における二、三の傾向」が掲載。
スターリン『マルクス主義と民族問題』。
2月
カンディンスキー、ハンブルグのルイズ・

ロシア政治・社会（露暦）

6月
9日　第三国会閉会。
23日　労働者保険法発令。
25日　第三回日露協約締結。満州の利益分界線を内蒙古まで延長し、東側を日本、西側をロシアとする。

7月
3日　フランスと海軍協定調印。ビゼルタ港を両国海軍共同基地とし、黒海（ロシア）と地中海（フランス）の支配勢力域決定。

8月
12日　ロシア社会民主労働党の反レーニン諸派が、ウィーン評議会で「八月ブロック」を結成。

9月〜10月
第四国会議員選挙。

10月
21日　露蒙条約が調印。

11月
3日　ロシア政府、ブルガリアにイスタンブール占領に反対の旨警告。
11日　進歩党の結成大会が開催（〜13日）。
15日　第四国会開会（〜17年2月25日）。

世界情勢（西暦）

5月
12日　ブルガリア・セルビア軍事協定調印。
29日　ブルガリア・ギリシア同盟条約調印。

6月
18日　英・米・仏・独・露・日の6カ国間に中国の外債全額引受に関する規約成立（6カ国借款団）。

8月
25日　中国国民党が成立。

10月
8日　モンテネグロ、トルコに宣戦布告。
17日　ブルガリア・セルビア・ギリシア、トルコに宣戦布告（〜19日）。第一次バルカン戦争開始。
18日　トルコとイタリア、ローザンヌ条約締結。トリポリ戦争終結。
29日　ブルガリア・ギリシア軍事協定調印。バルカン同盟成立。

11月
24日　バーゼルで第二インターナショナル臨時大会。戦争防止、バルカン戦争へのドイツ、オーストリアの不介入等を要求。
オーストリア、セルビアのアドリア海への進出に反対を表明。
28日　アルバニア、トルコから独立宣言。

12月
3日　トルコ・ブルガリア・セルビア3カ国間休戦条約調印。
6日　バルカン戦争に関するロンドン講和会議開催（〜13年5月30日）。

1913

ロシア政治・社会（露暦）

2月
21日　ロマノフ朝300年記念祭。

世界情勢（西暦）

2月
3日　バルカン戦争再開。

4月
26日　日独英仏露の対中国借款団、袁世凱と借款契約を調印（中国国民党は反対）。

5月
2日　アメリカ、中華民国政府承認。

近、フロレンスキイ、S. ブルガーコフ、ベルジャーエフ、ラチンスキイ、エルンら、またスクリャービンと親交を結ぶ。

この年

キスチャコーフスキイ編集の『法学通報』刊行開始(～1917年)。

ストルーヴェ『政治経済と社会知識に関する研究と業績』(モスクワ)。

E. トルベツコイ『ウラジーミル・ソロヴィヨフの世界観』全2巻(モスクワ、著者出版、「マモントフ」印刷所)。

ノヴゴロツェフ『古代及び近代世界の政治的諸理念』全2巻(モスクワ)、『心理学的法理論と自然法哲学の理論』(モスクワ)。

ローザノフ『落葉』(ペテルブルグ)。

ラッポ=ダニレーフスキイ『歴史の方法論』全2集(1910年～)。

フョードロフ『共同事業の哲学』第2巻、コジェヴニコフ、ペテルソン編集(モスクワ)。

ネスメロフ『認識論の視点からの信仰と認識』(カザン)。

『レオンチエフ著作集』全9巻(モスクワ)。

ボック父子商会サロンで展覧会開催。

8月

文集『シーリン』第1集発刊。ブローク「薔薇と十字架」、ベールイ「ペテルブルグ」のプロローグおよび1・2章掲載。

秋

文集『シーリン』第2集発刊。ベールイ「ペテルブルグ」の3・4・5章掲載。

ドイツ秋期サロン展にカンディンスキー出展。評判を呼ぶ。

12月

3日　ペテルブルグでアヴァンギャルド演劇『太陽の征服』が上演(5日)。

この年

メレシコーフスキイ『全集』全17巻(1911年～、ペテルブルグ・モスクワ)。翌年にはモスクワで全24巻全集も刊行。

ギッピウス『ロマン・ツァレーヴィチ』。

マンデリシターム『石』。

ストラヴィンスキー「春の祭典」。

カンディンスキー「コンポジション6」。

ヴェルヴィツカヤの半ポルノ小説『幸福の鍵』(1909年～。5巻本)。

ロシア政治・社会（露暦）

8月

エスエルの週間新聞『生きた思想』創刊。

9月

25日　全国的にベイリス裁判抗議ストが起こる（〜30日）。10月、ベイリス無罪判決。

10月

23日　ロシアと中国、外モンゴル自治権承認の共同声明発表。

26日　ボリシェヴィキ週刊誌『保険問題（ヴォプロスイ・ストラポヴァーキヤ）』発刊。（〜1914年7月、第二期1915年2月〜1918年3月）。

11月

3日　トルコがドイツ人将軍を首都第一軍団司令官に任命した件に関し、ドイツに抗議。

12月

2日　オクチャブリスト、左派とゼムストヴォ派と右派に三分裂。

世界情勢（西暦）

30日　ロンドン講和条約調印。第一次バルカン戦争終結。

6月

1日　セルビア・ギリシア、反ブルガリア同盟条約締結。

29日　ブルガリア、セルビア・ギリシアを攻撃。第二次バルカン戦争勃発。

7月

10日　ルーマニア、ブルガリアに宣戦布告。

12日　中国で反袁世凱の第二革命起こる。

8月

10日　ブルガリアとセルビア・ギリシア・ルーマニア・モンテネグロ間でブカレスト講和条約調印。第二次バルカン戦争終結。

9月

1日　袁軍、南京を占領。第二革命失敗。

10月

6日　英・独・露・日など13カ国、中華民国を承認。

18日　オーストリア、セルビアへアルバニア撤退要求の最後通牒。セルビア受諾。

11月

4日　袁世凱、国民党に解散命令。

1914

ロシア思想（露暦）

2月
ベルジャーエフ『創造の意味』を脱稿。

3月
19日　フロレンスキイ「霊的真理について」で修士号取得。

秋
「戦争と文化委員会」が組織され、ストルーヴェ、S. ブルガーコフ、コトリャレーフスキイ、ヴャチエスラフ・イヴァーノフらが参加。各地で講演会を行なう。
S. フランク、『ロシア思想』誌の常任編集者となる。
P. ストルーヴェの自宅の集会での論争、D. ボルドィエフ、S. フランク、E. グリム、D. ムレトフらが戦争の意味について論じる。

10月
6日　V. エルンがモスクワ、ソロヴィヨフ記念宗教哲学協会で「カントからクルツまで」と題された講演を行ないセンセーションを巻き起こす（『ロシア思想』同年12月号に掲載）。
『ロシア思想』の第10 - 12号（10月号 - 12月号）の戦争関係の主だった論文。
第10号…M. ガルデン「戦争」、A. ヴィトメル「勝利はいずこに？」、V. デン「戦争とドイツの国民食料」、A. オブホヴァ「戦争と子供たち」、S. コトリャレーフスキイ「平和のための戦争」、A. イズゴーエフ「転換期にて何をもってロシアはおどされているのか」。
第11号…A. ミルスキイ「ヨーロッパ戦争と中立国スイス」、V. リフテル「イタリアとヨーロッパ戦争」、E. タルレ「現代における露独関係の歴史によせて」、V. ヴィクトロ

ロシア文化（露暦）

1月
3日　国外追放になっていたゴーリキイが帰国。
文芸雑誌『ソフィア』（ムラトフ編集、「ネクラーソフ」出版社）モスクワで創刊。

3月
『ロシア未来派第一雑誌』刊。マヤコフスキー戯曲「ウラジーミル・マヤコフスキー、悲劇」掲載。
文集『シーリン』第3集発刊。ベールイ『ペテルブルグ』6、7、8章とエピローグを掲載。
20日　ロシアの舞踊家ニジンスキイが自分のバレエ団を率いてロンドン公演。

春
ローザノフ『血に対するユダヤ人の嗅覚的触覚的態度』を出版し、『芸術世界』誌、ペテルブルグ宗教哲学協会などの旧友たちから猛攻撃を受ける。

夏～秋
ペテルブルグ宗教哲学協会で、ギッピウス、ソログープ、クプリーンらが戦意高揚の演説をする。

11月
この頃マヤコフスキー、『ノーヴィ』紙に「今

1914

1月

26日　ロシアとトルコが、トルコ領アルメニアの改革に関する協定に調印。

31日　ココフツォフが退陣し、反独派のゴレムイキンが首相に就任。

5月

ボリシェヴィキ幹部のマリノフスキイ、保安部のスパイとして摘発。

10日　バクー石油産業労働者のゼネスト勃発(～8月)。

7月

4日　3日のプチロフ工場労働者集会への発砲に抗議して、ペテルブルグ、モスクワなどの労働者がゼネスト(～17日)。

7日　フランスのポアンカレ大統領がロシアで対露支援を再確認。

11日　ロシアがオーストリアにセルビアの回答期限延長を要求。

16、17日　ブリュッセルで社会主義インターナショナル協議会開催(レーニンとカウツキイらの軋轢が表面化)。

17日　総動員令発布。

19日　ドイツ、ロシアに対し宣戦布告。

20日　皇帝ニコライ二世、開戦の詔勅。ニコライ・ニコラエヴィチ大公が軍最高総司令官に任命される。ロシア軍が国境を越えてドイツ領に侵入。

23日　オーストリア＝ハンガリー帝国、ロシアに宣戦布告。

30日　傷病兵救護のための全ロシア・ゼムストヴォ連合設立。

8月

4日　ロシア北西方面軍、プロシャ東部へ侵攻(～7日)。

5日　ロシア南西方面軍とオーストリア＝ハンガリー軍とのガリツィアでの戦い開始。

7、8日　グムビンネンの戦いでロシア軍、ドイツ軍に勝利。

9日　全ロシア都市連合設立(資本家の戦争

6月

28日　サラエヴォでオーストリア皇太子フランツ・フェルディナンド夫妻が、セルビア正教徒プリンツィプにより暗殺される(サラエヴォ事件)。

7月

28日　オーストリア＝ハンガリー帝国、セルビアに宣戦布告(第一次世界大戦始まる)。

8月

2日　トルコとドイツの同盟成立。

イタリア、大戦における中立を宣言。

3日　ドイツ、フランスに宣戦布告。

4日　イギリス、ドイツに宣戦布告。ドイツ軍ベルギーへ侵入(3日～)。

アメリカ、大戦に中立宣言。

6日　セルビア、ドイツに宣戦布告。

7日　モンテネグロ、オーストリア＝ハンガリー帝国に宣戦布告。

8日　スウェーデン、ノルウェー間で中立維持を誓う協定締結。

10日　フランス、オーストリア＝ハンガリー帝国に宣戦布告。

12日　モンテネグロ、ドイツに宣戦布告。イギリス、オーストリア＝ハンガリー帝国に宣戦布告。

15日　パナマ運河開通。

16日　ポーランド、ガリツィアで最高国民委員会設立。

23日　日本、ドイツに宣戦布告。

25日　オーストリア＝ハンガリー帝国、日

フ・トポロフ「バルカン半島の気運」、L. ヤスノポルスキイ「財政の動員」。

第12号…G. クルナトフスキイ他「ポーランド・ヨーロッパ関係」、E. トルベツコイ「戦争とロシアの世界的使命」、ヴャチェスラフ・イヴァーノフ「全世界の事件」、S. フランク「戦争の意義の探求について」、E. カルタノフスキイ「戦争と作家」、P. ストルーヴェ「偉大なるロシアと聖なるルーシ」。

この年

アスコーリドフ「思想と現実」で哲学修士号取得（同年に出版）。

ゲルシェンゾーン『グリボエードフのモスクワ』（モスクワ）。
M. ポクロフスキイ『古代よりのロシア史』全5巻（1909年〜、モスクワ）。
叢書『法学における新理念』（ペトラジツキイ編集）創刊（〜15年、ペテルブルグ）。キスチャコーフスキイ、コトリャレーフスキイ、コヴァレフスキイが協力。

フロレンスキイ『真理の柱と礎』（モスクワ）。

『ミハイロフスキイ全集』全10巻（1-8巻と10巻が刊行）（1906年〜、ペテルブルグ）。
N. ロースキイ『ベルグソンの直観主義的哲学』（モスクワ）。
V. エルン『ロスミニと彼の知識論。19世紀イタリア哲学史研究』（モスクワ）（修士論文として執筆）。
ヴィシェスラフツェフ『フィヒテの倫理——超越哲学体系における法と道徳の基礎』（モスクワ）。

トロツキー『戦争とインターナショナル』。

プレハーノフ『戦争について』。

シュペート『現象と意味』（モスクワ）。


こそアメリカへ」、「我らに肉を！」、「ロシア、芸術、我ら」、「白旗なしに」などのコラム記事を次々掲載。

『ロシアの富（ルースコエ・ボガーツトヴォ）』、『ロシア雑記（ルースキエ・ザピースキ）』と改題。

2日　『祖国』（グルジェビン編集）ペトログラードで創刊。

12月末

カンディンスキー帰国、モスクワに居住。

この年

ゴーリキイ『幼年時代』（ペトログラード、「生活と知識」出版社）。

ブーニン『生の盃——短編小説と詩、1913-1914』（モスクワ）。

ロシア政治・社会（露暦）

協力）。
14日　ロシア軍とオーストリア＝ハンガリー軍、ヴァルチ＝クルバニ国境で会戦。オーストリア軍敗退。
15日　タンネンベルクの戦いでヒンデンブルグ将軍率いるドイツ軍によりサムソーノフ指揮のロシア軍全滅。ロシア軍、総25万の捕虜と死者。サムソーノフ将軍自殺（～20日）。
18日　サンクト・ペテルブルグをペトログラードと改称。
20日　ハンガリーとロシアのリヴォフでの戦いでロシア軍が勝利。
21日　ロシア軍、リヴォフ占領。
30日　オーストリア軍退却。

9月
8日　ロシア軍、ペリムィシュリの要塞を攻撃し、ガリツィアとポーランドのオーストリア領部分を占領。
この頃、ニコライ大公がポーランド人たちに、自由の回復を約束し、ロシアと共闘するよう呼びかける。

10月
15日　ロシア軍、ワルシャワをドイツ軍から解放、駐留。
16、17日　トルコ・ドイツ艦隊、黒海沿岸のロシア領を攻撃。
19日　ボリシェヴィキ中央委員会マニフェスト「戦争とロシアの社会民主主義」（レーニン起草）。
21日　ロシア、トルコに宣戦布告。

11月
3日　ドイツ・オーストリア軍が、ワルシャワ、クラクフ付近でロシア軍と激戦。
6日　ボリシェヴィキ国会議員ら逮捕。

この年
戦争が終わるまでアルコールの販売を禁止。

世界情勢（西暦）

本に宣戦布告。
28日　オーストリア＝ハンガリー帝国、ベルギーに宣戦布告。

9月
2日　日本、山東省に出兵。
5日　ロンドン宣言。イギリス、フランス、ロシアが単独不講和、講和条件の相互協議を約す。
6日　マルヌ河畔でドイツとフランスが会戦。フランス軍、ドイツ軍の南下を阻止（～10日）。

10月
6日　日本海軍、ドイツ領南洋諸島を占領。

11月
5日　イギリス、トルコに宣戦布告し、キプロスを併合。
7日　日本、青島占領。
11日　トルコ、同盟国側で参戦（14日、聖戦を宣言）。
ドイツ領東アフリカでイギリス軍とドイツ軍の対戦開始（～1918年11月）。
12日　イギリス軍、バスラを占領。

10～12月
イープルの戦い（10月12日～11月11日）、アルトアの戦い（12月27～29日）と勝敗の決着のつかぬ戦いが続き、西部戦線は膠着状態に。

12月
8日　イギリス海軍、フォークランド沖海戦でドイツ軍を撃破。

この年
第一次大戦開始にともない、ドイツ領トーゴーランド、カメルーン、タンガニカをイギリス・フランス軍が占領。

1915

2月

ヴャチェスラフ・イヴァーノフ、「プロメテウスの息子」を『ロシア思想』第1号（1・2月号）に掲載（1919年に『プロメテウス、悲劇』と改題され、ペトログラード、「アルコノスト」出版社より単行本として出版）。

4月

ペトログラードで文集『射手座（ストレレーツ）』が刊行（1915、16、22年）。編集はA.ベレンソン。最初の2号は、シンボリストに近いブローク、クズミン、レーミゾフらと、未来派のブルリュク、フレーブニコフ、リフシツらが集結。イマジニズムの萌芽。3号の執筆者、ソログープ、クズミン、アフマートヴァ、カルサーヴィンら。クリビン、プーニ、シャガール、アンネンコフらがイラストを描く。

「思想はイメージのなかに意味を溶けこま

1915

ロシア政治・社会（露暦）

1月

トロツキー、マルトフら『我らが言葉』、パリで創刊(～1916年10月)。

メンシェヴィキ祖国防衛派、月刊誌『我らが事業』創刊。

17日　ロシアが、クルド人に占領されていたペルシアのタブリーズを取り戻す。

2月

19日　ロシアがイギリスとフランスに対し、ダーダネルスとイスタンブールの領有を要求。

3月

3日　ロシア軍当局、西部地域からユダヤ人強制追放を開始。

5日　イスタンブールと海峡地帯の領有問題に関して、イギリス・フランス・ロシアの秘密協定。

20日　ミャソエードフ憲兵大佐、スパイ罪で処刑。

4月

19日　ロシア南西方面軍、オーストリア・ドイツ軍に敗北、ガリツィアから退却開始。

5月

25日　外蒙古に関するロシア・モンゴル・中国間協定が成立し、外蒙古の「自治」が承認される。

26日　第九回全ロシア商工業代表大会、民間団体としての戦時工業委員会設置(～28日)。

6月

6日　カデット党協議会(～8日)。

8日　ストルーヴェ、カデット中央委員を辞任。

9日　ロシア軍、リヴォフ放棄。

11日　陸相スホムリーノフが解任。

7月

ドイツ軍、ワルシャワのロシア軍を攻撃。

23日　ロシア軍、ワルシャワ放棄。

「全国民的な愛国主義的高揚と政府・社会

世界情勢（西暦）

1月

18日　日本、対華21カ条要求(5月25日、21条日華新条約調印)。

2月

連合軍、ダーダネルス海峡の攻撃開始。

4日　ドイツ、「戦争領域に関する宣言」発表し、中立国船舶への攻撃の可能性を示唆。(2月10日、アメリカのウィルソン大統領、この宣言に抗議)。

3月

日本、閣議が満州華北の兵力増強を決定し、第6、第10師団を満州に出動。

4月

連合軍、ガリポリに上陸(～1916年1月)。

22日　イープルの戦いでドイツ軍、毒ガスを使用。

25日　イギリス軍、ガリポリ上陸開始(16年1月19日撤退)。

26日　イギリス、フランス、ロシア、イタリアがトルコ領分割に関する協定を調印(ロンドン秘密協定)。

5月

7日　英客船ルシタニア号、ドイツ潜水艦に撃沈される。

24日　イタリア、オーストリアに宣戦布告。連合軍側として参戦。

夏

トルコ軍、イラクのケルマンシャーに進出。

7月

南ア連邦、ドイツ領南西アフリカを占領。

9月

フランク「ドイツの精神的本質について」(『ロシア思想』第10号)。

この年

フランク『知識の対象』(ペトログラード)。

ベルジャーエフ『ロシアの魂』(モスクワ、「スイチン」出版社)。

S. ブルガーコフ『戦争とロシアの自覚』(モスクワ、「スイチン」出版社)

エルン『時代はスラヴ主義化している。戦争、ドイツ、ヨーロッパ、そしてロシア』(モスクワ)。

カルサーヴィン『主としてイタリアにおける12世紀から13世紀の中世宗教性の基盤』(ペトログラード)。

せることにより進歩する…言葉はそれ自体が目的である」(シェルシェネヴィチ)

14日　作曲家スクリャービン没(43歳)。ノヴォデーヴィチ修道院に埋葬。

9月

マヤコフスキー『ズボンをはいた雲』(ペトログラード)。

「ぼくを賛美するがいい！
お偉い方々にゃ及びもつきません。
だがなべてつくられたものの上に
ぼくは〈nihil〉をおいてやる」
(小笠原豊樹訳)

12月

ペトログラードで「0.10」展(「未来派」の展覧会)開催。マレーヴィチ、タトリン、ポポワらが出展。

「いかなるアカデミーの監獄も、来るべき時代にあらがうことはできない。フォルムは進歩し、生み出される。われわれは次々に新しい発見をなすだろう」(K. マレーヴィチ「キュビズム、未来主義からシュプレマティスムへ」宇佐美多佳子訳)

18日　ゴーリキイ主宰『年代誌』創刊。シシコフ、プリシュヴィン、トレネフ、グラトコフらの作家、バザーロフ、スハーノフ、アヴィロフらが参加。

この年

ブーニン「サンフランシスコから来た紳士」。

ローザノフ『落ち葉、二番目と最後のかご』(ペトログラード)。

ベールイ『仔猫のレターエフ』。

プロコフィエフ「道化師」初演。

ロシア政治・社会（露暦）

間の連帯は戦争の失敗の影響下に急速に減退し始めた。1915年夏のわが軍の撤退は、…官僚政治の乱脈さ、権力の無力さ、戦争遂行への国家の準備不足に関する問題を先鋭に提起した」(S. フランク)

8月

7日　ドイツがロシア戦線で大勝し、8万5000人を捕虜とする。

10日　イヴァノヴォ＝ヴォズネセンスクでゼネスト。

17日　国防・燃料・食糧・運輸の4特別審議会設置。

23日　ニコライ二世、ニコライ大公に代わって最高総司令官に就任（～1917年3月2日）。

25日　第四国会の各党が、戦時状況下に結集し進歩ブロックを結成、綱領を発表。参加者は国会議員の過半数。

9月

2日　皇帝ニコライ二世が国会の休会を命令する。

16日　首相ゴレムイキン、「進歩ブロック」の要求を拒否し、国会を停会にする。

27日　戦時工業委員会労働者代表選出の選挙人集会。

10月

メンシェヴィキ祖国防衛派、週刊紙『呼びかけ（プリズイフ）』をパリで創刊（～1917年1月）。

6日　ブルガリアに宣戦布告。

24日　中国とロシアが、内モンゴルのフルンブイルに関する条約を結び、この地域を特別地域とする。

11月

29日　戦時工業委員会労働者代表選出のやり直し選挙人集会、10人の代表を選出。

この年

ラスプーチン、皇后の信頼を得、宮廷内で権勢をほしいままにする。

世界情勢（西暦）

8月

7日　ドイツ軍、ワルシャワ占領。18日ブレスト＝リトウスク占領。

8日　ブルガリア、ドイツ・オーストリア側より4億フランの借款。9月6日　ドイツ・オーストリアと同盟条約調印。

21日　イタリア、トルコに宣戦布告。

9月

5日　スイスのツィンメルヴァルトで社会主義者国際会議（～9日）。大戦を帝国主義戦争と規定。レーニン等の左派、右派と決別し、帝国主義戦争を内乱に転化するよう主張。

10月

14日　ブルガリア、セルビアに宣戦布告、同盟軍側として参戦。

15日　イギリス・モンテネグロ、ブルガリアに宣戦布告。

16日　フランス、ブルガリアに宣戦布告。

19日　イタリア、ブルガリアに宣戦布告。

11月

30日　日、仏、英、伊、露単独不講和宣言に調印。

12月

25日　中国、第三革命起こる。

1916

ロシア思想

5月

フランク『知識の対象』で学位審査を通過（対論者A.ウェデェンスキイ、I.ラプシン、N.ロースキイなど）。

この年

アスコーリドフ、ペトログラード大学の哲学教授（～22年）。
シュペート「論理学の問題としての歴史」で学位をとり、高等女学院教授とモスクワ大学助教授に就任。
E.トルベツコイ『色彩における思索』（モスクワ）。『古代ロシアのイコン画法における二つの世界』（モスクワ）。
ベルジャーエフ『創造の意味―人間弁護論』（モスクワ）。
V.エルン『ジョベルティ』（モスクワ）（博士論文として執筆）。
M.タレーエフ『生の哲学』（1891年～、セルギエフ・ポサート）。
レーニン『帝国主義論』脱稿。
ストルーヴェ『経済と価格、経済生活の理論と歴史に関する批判的研究』1-2部（1913年～、ペトログラード）。

ロシア文化

1月

16日　ペトログラード帝室マリンスキー劇場で、プロコフィエフの「スキタイ組曲」が初演。

4月

30日　「ユダヤ民衆文庫」のショレム・アレイヘム没（57歳）。

5月

ベールイ『ペテルブルグ』刊行（ペトログラード、「スタシュレヴィチ」出版社、6000部）。

7月

3日　免疫の研究でノーベル生理学・医学賞を受賞した生物学者・細菌学者メーチニコフ没（71歳）。

8月

ベールイ帰国。

12月

15日　新聞『ロシアの意志』（編集者アムフィテアートロフ）創刊。

この年

ゴーリキイ『人々の中で』（ペトログラード）。
エセーニン第1詩集『招魂祭』刊行（ペトログラード、「アヴェリヤノフ」出版社）。
グミリョフ詩集『矢筒』。
ヴャチェスラフ・イヴァーノフ、第2論集『畦と犁き路』（モスクワ、「ムサゲート」出版社）。

1916

1月
9日　ペトログラードの労働者6万7千人のストが起こる。
20日　ゴレムイキン首相解任、後任シチュルメル。
3月
6日　ロシア軍、イスファハーンを占領。
4月
5日　ドンバスで炭鉱夫、鉄鋼労働者のストが起こる。
5月
ロシア軍、ガリツィアとブコヴィナで攻勢開始。
3日　イギリス、フランス、ロシアがトルコ分割についてサイクス・ピコ協定を調印。
22日　ロシア軍、ルツカで同盟軍を破る。
6月
25日　中央アジア諸民族・シベリア異族人などの徴兵勅令。
7月
9日　徴兵令に対し中央アジアの民族反乱始まる。
10月
5日　ロシアの黒龍鉄道（後のシベリア鉄道）が全通。
17日　ペトログラードで労働者の物価高抗議・反戦のストライキ。
26日　ペトログラードで13万人の労働者が反戦スト。
11月
1日　再開国会でミリュコフが「愚行か裏切りか」演説を行なう。
10日　シチュルメル首相解任、後任トレポフ。
12月
13日　地方戦時工業委員会労働者代表グループ会議（～15日）。
16、17日　ラスプーチンが反対派のユスポフ公爵邸に招かれて暗殺される（45歳）。
27日　トレポフ首相解任、後任ゴリツィン。

2月
20日　イギリス・フランス軍、ドイツ領カメルーン占領。
21日　ヴェルダンの攻防戦開始（～7月1日）。死傷者約60万人。
3月
6日　カメルーン分割（東部はフランス、西部はイギリス）。
5月
31日　イギリス対ドイツ海軍、ユトランド沖海戦。
6月
6日　ベルギー軍、ドイツ領ルワンダ、ウルンディ占領。
連合国、ギリシアの対独接近に対し同国を封鎖（～22日）。
5日　メッカのフサインのもとに、アラブ民族主義者たちの対オスマン朝反乱勃発（アラブの反乱）。
7月
1日　ソンムの戦い開始（～11月20日）。死傷者約100万人。（9月15日、イギリス軍、この戦いで戦車を使用）。
3日　第四回日露協約調印。第三国の中国支配を排除。
8月
27日　ルーマニア、連合国側で参戦。
29日　ヒンデンブルグとルーデンドルフ、ドイツ軍総司令官になる。
9月
13日　ノルウェー、交戦国の潜水艦の締め出しを宣言。
11月
ドイツ、オーストリアがポーランド王国建設を宣言。
21日　オーストリア＝ハンガリー皇帝フランツ・ヨーゼフ一世没（86歳）。
12月
12日　ドイツ、連合国側に講和提議。
18日　ウイルソン米大統領の和平提言。

1917

2月

ストルーヴェ、「経済と価格」で博士号取得。

3月

ゲルシェンゾーン、全ロシア作家同盟の議長となる。

キスチャコーフスキイ、キエフ大学法学部教授に就任（この年、それ以前にハリコフ大学で学位取得。1918年からはウクライナ国立大学法学部長）。

4月

ストルーヴェ主宰、ベルジャーエフ、S. ブルガーコフ等参加のロシア文化連盟結成（〜9月）。

5月

11日　エルン没（36歳）。

7月

『過去（ブィロエ）』復刊。

8月

文集『スキタイ人』第1号（イワンチン＝ピーサレフ、ムスチラフスキイ、イヴァーノフ＝ラズームニク、ベールイ、エセーニンら参加）。

15日　S. ブルガーコフ、全露地方公会代議員になる。

秋〜冬

ペトログラードで、A. メイエル、サークル「復活」を組織（〜1929年）。フェドートフ、アスコリドフ、カルタショーフ、バフチン、プムピャンスキイらが参加。

「ペテルブルグにおける最もめざましい哲学と宗教の組織の一つ」（D. リハチョーフ）

フランク『人間の霊魂——哲学的心理学への導入の試み』（モスクワ、「レマンとサハロフ」出版社）。

10月

フロレンスキイ、三位一体セルギイ修道院美術古物保存委員会書記に就任。またセルギエフ民衆教育大学で物理学と数学を講義。

3月

6日　宗務院、臨時政府承認の布告。

7日　ペトログラードに民主正教聖職者・信徒全露同盟設立（司祭A. ウェデンスキイ、A. ボヤルスキイ、I. エゴロフ主宰）。

12日　モスクワの労働者デモ行進の記録の「自由の祭典」が上映。

4月

18日　メンシェヴィキの週刊新聞『新しい生活』ペトログラードで創刊（〜1918年7月）。

5月

マヤコフスキー「革命——ポエトフロニカ」（『新しい生活』紙第29号-5月21日号掲載）。

1日　モスクワで全ムスリム協議会開会。

6月

20日　全教育機関を文部省の運営に委ねる旨の臨時政府の政令。

7月

5日　宗務院、全露地方公会の召集を宣言。

8月

15日　モスクワでロシア正教会全露地方公会開催（開会礼拝はウスペンスキイ聖堂で。ケレンスキーはじめ閣僚たちも出席）。主要な議題は総主教制の復活。讃名派の件も審議される。

10月

8日　長司祭イオアン・コチェロフ、ボリシェヴィキにより殺害（教会関係の最初の犠牲者）。

14日　ヴァイオリニストのヤッシャ・ハイフェッツがカーネギー・ホールでデビュー。

16日　プロレタリア教育・文化組織にかんする会議（〜19日）。のちに「プロレトクリト」と改称。A. ボグダーノフが主宰。彼

1917

ロシア政治・社会は別年表を参照。
(66)-(73)頁

1月

9日　ドイツ、無制限潜水艦作戦を決定(1月31日アメリカに通告)。

12日　連合国、アメリカの講和仲介を拒否。

2月

3日　アメリカ、対ドイツ断交。

18日　ドイツ、対ロシア戦を再開。

3月

14日　中国、対ドイツ断交。

21日　アメリカがロシア臨時政府を承認。

4月

6日　アメリカ、ドイツに宣戦、連合軍を援助。

6月

ドイツ空軍機、ロンドン攻撃。

12日　ギリシア国王コンスタンチノス、連合国の圧力で退位。27日　同盟国に宣戦布告。

7月

6日　アラビアのローレンス、アラブ反乱軍を率いてアカバを占領。

8月

14日　中国、対ドイツ・オーストリアに宣戦布告。

15日　ローマ教皇ベネディクトス十五世交戦諸国に講和を提起。

9月

2日　ドイツのケーニヒスベルクにて、ラディカルな右翼組織「ドイツ祖国党」結成。

5日　ストックホルムで国際社会主義者会議(ツィマーバルト会議)開催(～12日)。

10日　孫文広州で軍政府樹立。13日対ドイツ戦を布告。

ロシア思想（露暦）

11月

カルタショーフ、逮捕、3カ月の勾留の後モスクワに不法で滞在。

12月

ヴャチェスラフ・イヴァーノフ、第3論集『近きものと万有普遍なるもの』。ここで彼のソボールノスチの理念が展開される。

18日　ストルーヴェ、ノヴォチェルカスクで白軍の将軍たちと会見。

この年

S. ブルガーコフ、モスクワ大学経済学部教授に就任。

フランク、サラトフ大学の歴史・哲学学部の学部長に就任。

シュペート編集による哲学雑誌『思想と言論』創刊。

E. トルベツコイ『認識の形而上学的前提——カントとカント主義の克服の試み』（モスクワ）。

S. ブルガーコフ『黄昏ざる光』（セルギエフ・ポサート）。

ノヴゴロツェフ『社会的理想について』（モスクワ、第1版。第2版はキエフ、1919年。第3版はベルリン、1921年）。

ゲルシェンゾーン、『プーシキン文庫』編集。

『ベリンスキイ全集』全11巻（1900年〜、ペトログラード）。

N. ロースキイ『有機的全体としての世界』（モスクワ）。

ロシア文化（露暦）

によると、この組織は、労働の理念、労働の誇り、集団主義、呪物崇拝と権威主義の廃絶の要素からなる（18-19年にはベールイもこれに参加し、報告や講演を行なう）。

11月

ローザノフ『現代の黙示録』刊行（セルギエフ・ポサート、全10集。〜1918年10月）。

5日　ロシア正教会、総主教座を復活。チーホンを総主教に選出（救世主キリスト聖堂で）。

21日　モスクワ、クレムリンのウスペンスキー大聖堂で総主教就任式。

この年

ヴャチェスラフ・イヴァーノフ、赤軍によって一時逮捕される。

ベールイ『革命と文化』（モスクワ、「レマンとサハロフ」出版社）。『現代の世界観におけるルドルフ・シュタイナーとゲーテ』（モスクワ、「精神知識」出版社）。

エセーニン詩集『変容』（「モスクワ文芸家労働組合」出版社）。

エルミタージュ美術館、ロシア美術館、トレチャコフ美術館などを国有化。シイキン、マモントフ、モロゾフなど個人の美術コレクションを国有化。

1918

ロシア思想

1月

ブローク「インテリゲンツィアと革命」（『労働の旗』紙1月19日号。『われらの道』誌第4号へ転載）。

＊2月以降新暦表記

ロシア文化

1月

20日　教会からの国家の分離および教会からの学校の分離にかんする布告。

24日　グレゴリウス暦導入に関する法令（1月31日の次を2月14日とする）。

25日　キエフ府主教ウラジーミル、長司祭アンドロニク等5名の聖職者銃殺。

＊2月以降新暦表記

ロシア政治・社会は別年表を参照。
(66)-(73)頁

11月
2日　石井・ランシング協定成立。アメリカは日本の満州への勢力伸長のみを承認。その他の日本侵出を牽制。
バルフォア宣言。英、パレスチナでのユダヤ人自治を支持。
16日　フランス、クレマンソー内閣成立。

12月
2日　フランス政府が連合国会議で、ロシア革命に対する干渉策として日米連合軍によるシベリア鉄道占領案を提議。

1918

1月
8日　アメリカ大統領ウィルソンの14カ条発表。
12日　居留邦人保護名目で日本がウラジオストークに軍艦2隻派遣。
28日　フィンランド内乱おこる。赤衛隊首都制圧。

2月
16日　リトアニア、独立を宣言。

ロシア思想

3月
ストルーヴェ、モスクワに潜入し、その後北ロシアを彷徨。

5月
イリーン、モスクワ大学で「神と人間の具体性についての教説としてのヘーゲル哲学、第一部神についての教説」でマギストルと博士号取得。
ポクロフスキイ、ロシア・ソヴィエト社会主義共和国連邦教育人民委員代理に就任(没年まで)。
30日　プレハーノフ、フィンランドのテリオキで没(61歳)。

6月
10日　S.ブルガーコフ、ロシア正教会の司祭に叙聖。最高教会協議会委員。

夏
ノヴゴロツェフ、モスクワを去りクリミアのシンフェローポリへ。ターヴリヤ大学で教える。
ベルジャーエフ『不平等の哲学』を執筆。

秋
『深き淵より』印刷完了するものの公刊されず(公刊は21年)。

11月
ストルーヴェ、フィンランドに逃れる。
ミリュコフ、連合国から反ボリシェヴィキ勢力への支持を得るためヨーロッパへ。大英帝国に居住。英字週刊誌『The New Russia』を発刊。

暮〜翌年
ベルジャーエフ、モスクワで「精神文化自由アカデミー」設立(〜22年)。ヴャチェスラフ・イヴァーノフ、フランク、ステプン等が参加。

ロシア文化

3月
3日　ブローク長詩「十二」(『労働の旗』紙に掲載。4月に『われらの道』誌に転載。5月に詩「スキタイ人」と共に単行本として発刊(「革命社会主義」出版社)。
13日　作曲家キュイ没(83歳)。「ウィリアム・ラトクリフ」などを作曲。ロシア五人組。

4月
プロコフィエフの「古典交響曲」がペトログラードにて初演。

5月
ブーニン、オデッサに住む。

6月
ペトログラードで『世界文学』がゴーリキイ指導下に企画される。
25日　社会主義社会科学アカデミー創設。

7月
プロレトクリト機関誌『プロレタリア文化』創刊。

8月
2日　高等教育機関の入試の廃止に関する布告。

9月
14日　メートル法の採用。
15日　プロレトクリト第一回全ロシア代表者会議。

10月
10日　ロシア文字の正書法を改正。

11月
7日　ペトログラードのドラマ劇場でマヤコフスキー作、メイエルホリド演出『ミステリヤ・ブッフ』上演。社会主義革命一周年を祝ったもの。
ヴィテプスク美術学校校長のシャガールが革命1周年記念祭に参加。

「ここに十二枚のエスキースがあります。それを大きなキャンバスに転写してください。そうして、旗や炬火を手に持って労働者がこの町を行進する日に、その絵を町角や近くの家の壁につり下げてください」(シャガール『我が回想』水野忠夫訳)

ロシア政治・社会

ロシア政治・社会は別年表を参照。
(66)-(73)頁

世界情勢

20日　ロンドンで第一回連合国社会主義者会議開催(～24日)。
24日　エストニア、独立を宣言。

3月

1日　フィンランドの革命政権がロシアと友好条約。
21日　フィンランドの反革命政権、東カレリアに義勇軍を組織。

4月

3日　ドイツのバルト師団、フィンランドに上陸。
5日　日本軍、ウラジオストークに上陸。
8日　ローマでオーストリア＝ハンガリー帝国の非抑圧民族部族会議。
26日　フィンランドで革命政権指導者マンネル出国。内戦が終わる。

6月

26日　李東輝らがハバロフスクで韓人社会党を結成。

9月

27日　ブルガリア、共和国宣言。30日　連合国と休戦協定調印。

10月

3日　ドイツ、マクス・フォン・バーデン内閣休戦申し入れ。
7日　ポーランド独立の布告。
28日　チェコ・スロヴァキア独立宣言。
30日　ハンガリー、ミハイ・カロイらの民主主義革命。

11月

1日　ポーランドのウクライナ人、東ガリツィアに政権樹立。
3日　オーストリア＝ハンガリー、連合国と休戦協定に調印。
ドイツとオーストリアで共産党成立。
9日　ベルリンで労働者蜂起、共和国を宣言(ドイツ革命)。
10日　ドイツ、ウィルヘルム二世、オランダへ亡命。
11日　ドイツ、連合国と休戦協定に調印、第

ロシア思想

この年

セルギエフ・ポサートの神学大学がモスクワに移転後に閉鎖。

N. トルベツコイ、ロストフ大学教授に就任。

シュペート、モスクワ大学教授。

シェストフ、キエフに移住。当地の国民大学でギリシア哲学コースを講義。

カルタショーフ、「聖ソフィア兄弟団」創立（ペトログラード）。

S. ブルガーコフ『静かなる思い——1911-15年の論文より』（モスクワ、「レマンとサハロフ」出版社）。

ベルジャーエフ『ロシアの運命——戦争と民族性の心理学による試み』（モスクワ、「レマンとサハロフ」出版社）。

E. トルベツコイ『生の意味』（モスクワ、1922年にベルリンでも出版）。

フロレンスキイ『礼拝の歴史概観』

『哲学と心理学の諸問題』誌終刊。

ロシア文化

12月

7日　ペトログラードで週刊誌『コミューンの芸術』刊行（～1919年4月）。ペトログラード未来派の機関紙。編集はO. ブリーク、N. プーニン、N. アリトマン。1919年3月まではマヤコフスキーが親しく参加。マレーヴィチ、プーニ、シクロフスキイらも参加。

8日　マヤコフスキー詩「喜ぶのは早い」（『コミューンの芸術』第2号－12月15日号）。ルナチャルスキイらとの間に論争を呼び起こす。

この年

ロスタ通信設立。

ボリショイ劇場、マリンスキー劇場、コンセルヴァトアール国有化。

ベールイ長詩『キリスト甦りたまえり』。

『ロシアの富』誌終刊。

1919

ロシア思想

1月

キスチャコーフスキイ、ウクライナ科学アカデミー会員となる。

ストルーヴェ、ロンドンへ亡命。

1日　カルタショーフ、フィンランド経由で海外亡命（1920年～パリ在住）。

2月

5日　ローザノフ、ザゴールスクで没（62歳）。

13日　イヴァーノフ＝ラズームニク、逮捕される。

7月

2日　ラッポ＝ダニレーフスキイ、ペトログラードで没（56歳）。

10月

初頭　ストルーヴェ、パリよりロストフ・ナ・ドヌーに到着。

ロシア文化

1月

エセーニンらによる「イマジニスト」宣言。

「幼児は、声の大きな若者は、生後十年にして死んだ（1909年生、1919年没）。未来派の死だ。声を合わせて叫ぼう。未来派と未来派主義者に死を。…未来派のせいで生活は色褪せている」

2月

14日　司法人民委員部、聖骸暴露令発布。

ロシア政治・社会

ロシア政治・社会は別年表を参照。
(66)-(73)頁

世界情勢

一次世界大戦終結。
ポーランドが独立を回復し、第二共和制成立。
14日　チェコ・スロヴァキアで革命国民会議がマサリクを大統領に任命。
16日　ハンガリー共和国宣言。
24日　ハンガリー共産党結成。
31日　エゴン・シーレ没(28歳)。
月末　中国南北両政府、内戦停止を命令。
12月
1日　セルビア・クロアチア・スロヴェニア王国の成立宣言。
2日　日英米仏伊5カ国、中国の南北政府に平和的統一を勧告。
2、3日　ロイド・ジョージとクレマンソーの秘密会談。イギリスはイスラム圏の、フランスはザール・ラインに関する方針を互いに承諾した。

1919

1月
4日　ドイツでスパルタクス団の蜂起(～15日)。
ナチスの前身ドイツ国民社会主義労働者党結成。
15日　リープクネヒトとローザ・ルクセンブルク殺害(両者とも48歳)。
18日　27戦勝国代表を参集し、ヴェルサイユ宮殿鏡の間でクレマンソーを議長とするパリ講和会議開催。
21日　アイルランド独立戦争開始。
2月
3日　スイスのベルンで社会民主主義党の国際会議開催(～2月10日)。
3月
1日　朝鮮独立万歳事件。
21日　ヴェラ・クンらがハンガリー・ソヴィエト共和国樹立。
23日　イタリアでムッソリーニ「戦士のファッショ」結成。

ロシア思想

11月

16日　「自由哲学協会(ヴォリフィラ)」正式に発足。イヴァーノフ＝ラズームニク、ブローク、ベールイ、ペトロフ＝ヴォートキン、メイエルらが参加。

「社会主義と哲学の精神により、文化創造の諸問題を研究すること、また、広汎な人民大衆の間にこれらの問題に対する社会主義的な哲学的に深化徹底された態度を普及させること」(松原広志訳)

暮

N.トルベツコイ、ブルガリアのソフィアへ亡命。

この年

ブルガーコフ、クリミアのシンフェローポリのターヴリヤ大学に移り、経済学と神学の教授になる(～22年)。

ゲルシェンゾーン『プーシキンの英知』(モスクワ)、『詩人のイメージ』(モスクワ)。

N.ロースキイ『認識論の根本問題』(ペトログラード)。

ロシア文化

5月

国立出版所(ゴシズダート)設立。

第一回「オブモフ(青年美術家協会)」展。

8月

17日　M.ミリルド編集の日刊紙『今日』がリガで発刊(～1940年6月21日)。

26日　劇場が国有化される。

27日　映画産業の国有化。

10月

マヤコフスキー、ロスタ通信に協力。「ロスタの窓」のプラカードの仕事に没頭。

11月

19日　汎ロシア作家連合結成(初代会長ゲルシェンゾーン)。

12月

26日　無識字者一掃にかんする布告。

月末　メレシコーフスキイとギッピウス、ミンスク経由でワルシャワへ亡命(1920年11月からはパリで暮らす)。

1920

ロシア思想

1月

フロロフスキイ、ブルガリアへ亡命。当地でロシア宗教哲学協会の創立に参加。

ストルーヴェ、イスタンブールでヴランゲリ将軍と会見。

23日　E.トルベツコイ、ノヴォロシイスクで没(56歳)。

2月

18日　ベルジャーエフ、「戦略センター」容疑で最初の逮捕(ジェルジンスキイから尋問される)。

3月

1日　L.ロパーチン没(65歳)。

4月

ストルーヴェ、セヴァストーポリで外事局長としてヴランゲリ政権に協力。

16日　キスチャコーフスキイ、エカテリノ

ロシア文化

1月

ブーニン、イスタンブールに逃れ、そこからパリに亡命。

2月

プロレトクリト出身のV.アレクサンドロフスキイ、M.ゲラシモフ、G.サーニンコフ、V.カジン、V.キリーロフらの詩人たちが「創作方法の完全な自由」をうたって、グループ「鍛冶場」を結成(～31年)。

雑誌『鍛冶場(クーズニツァ)』発刊(不定期、全部で6号)。

4月

「VAPP(全ロシア・プロレタリア作家協会)」結成。

20日　人民委員会議、三位一体セルギイ修道院閉鎖没収令。

ロシア政治・社会

ロシア政治・社会は別年表を参照。
(66)-(73)頁

世界情勢

4月
28日　パリ講和会議第五回大会で国際連盟規約の採択(全二十六カ条)。
5月
4日　中国、北京で五・四運動。講和条約反対の反日デモ。
7日　ピウスツキのポーランド軍キエフ占領。
26日　赤軍、ポーランド軍に反攻開始。
6月
16日　スロヴァキア・ソヴィエト政府樹立。
28日　ヴェルサイユ条約調印。
8月
1日　ハンガリー・ソヴィエト政権崩壊。
11日　ドイツ、ワイマール憲法公布。
9月
10日　オーストリア、連合国とサンジェルマン条約に調印。
10月
29日　ワシントンでILO(国際労働機関)の第一回会議開催。
11月
27日　ブルガリアと連合国、ヌイイ講和条約に調印。

1920

1月
10日　ヴェルサイユ条約発効。(ただし、中国は署名拒否。アメリカは別の講和を1921年8月に締結)。第一篇に国際連盟規約。国際連盟正式設立。
2月
24日　国民社会主義ドイツ労働者党「ナチス」と改称し、25項目の綱領を発表。
3月
13日　ドイツでカップ、リュトヴィッツら帝政派軍人の反共和国一揆(失敗に終る)。
19日　アメリカ上院、ヴェルサイユ条約批准否決。
4月
1日　米軍ウラジオストーク撤兵を完了。
25日　ポーランド軍、ウクライナ領に侵入。ソヴィエト・ポーランド戦争始まる(～10

ダールで没(52歳)。
27日　『最新ニュース(ポスレードニエ・ノーヴォスチ)』紙パリで発行開始(～1940年6月11日)。1921年3月1日号から編集者はM. ゴリドシュテインからP. ミリュコフに替わり、共和制と民主主義を擁護する傾向を表明し、1925年創刊の『復興(ヴォズロジデェーニエ)』紙の君主制と保守主義を擁護する傾向と真向から対立する。

11月

ヴャチェスラフ・イヴァーノフ、「ディオニュソスと原ディオニュソス主義」で博士号取得、バクー大学の古典および詩学講座の教授になる。

この年

ノヴゴロツェフ、ベルリン経由でプラハへ亡命。当地で『舵』紙(～22年、プラハ)へ参加。

ベルジャーエフ、モスクワ大学教授に就任、歴史言語学部で、歴史哲学とドストエフスキーの世界観について講義する。

シェストフ、パリへ亡命。ソルボンヌ大学のパリ・スラヴ研究所で教える。

フェドートフ、サラトフ大学中世史講座で教える。

シュペート、ロシアで最初の民族学研究室を組織。
A. ローセフ、ニージニイ・ノヴゴロド大学古典学教授に就任。
シェストフ『ボリシェヴィズムとは何か』(ベルリン)。
N. トルベツコイ『ヨーロッパと人類』(ソフィア)。
ラッポ＝ダニレーフスキイ『ロシア外交概観』(ペトログラード)。

ウストリャーロフ論文集『ロシアのための闘争の中で』(ハルピン)。
＊この頃から1923年まで、ロシア人亡命者の大量流入により、ベルリンがロシア人出版活動の中心都市になる。

5月

造形芸術の科学研究機関として「インフク(芸術文化研究所)」がモスクワに設立。

9月

メイエルホリド、「演劇の十月」を宣言。

10月

5日　第一回プロレトクリト全ロシア大会開催(～12日)。

マヤコフスキー長詩「150000000」『芸術の言葉』モスクワ、第1号に断章が掲載(単行本は1921年刊。名前は無記載。モスクワ)。

「150000000のすぐれた人々がこの叙事詩の名前だ。

弾丸はリズム。脚韻は建物から建物へと飛び交う砲火だ。150000000人がぼくの唇で語る」(亀山郁夫訳)

11月

18日　イスタンブールで府主教アントニイ・フラポヴィツキイを議長とする国外ロシア教会最高局が形成(1921年アントニイはセルビア府主教の招聘でユーゴスラヴィヤのスレムスキー・カルロフツィへ移る)。

ヴフテマス(国立高等芸術技術工房)発足。

パリで『現代雑記(ソヴレメンヌイ・ザピースキ)』創刊(～1940年、全70号)。影響力大のロシア亡命者の雑誌。M. ヴィシュニャーク、I. フォンダミンスキイらが編集。ブーニン「アルセーニエフの生涯」、V. ナボコフ「ディフェンス」、アルダーノフの歴史小説等、Sゲッセンの主要著作が掲載。他にザイツェフ、メレシコーフスキイ、ギッピウスらも寄稿。

ロシア政治・社会

ロシア政治・社会は別年表を参照。
(66)-(73)頁

世界情勢

月12日）

5月

2日　日本最初のメーデー。

6月

4日　ハンガリー、トリアノン講和条約調印。旧領土の3/4を失う。

14日　マックス・ヴェーバー没(56歳)。

29日　中国、国際連盟に加盟。

7月

3日　日本政府、サガレン占領とザバイカル方面撤兵、ウラジオ・ハバロフスク駐兵を声明。16日アメリカ抗議。

8月

14日　チェコ・ユーゴ間に相互防衛協定締結。

20日　日本軍、ザバイカルより撤兵完了。

28日　アメリカ議会、婦人参政権を可決。

11月

15日　国際司法裁判所設置。

国際連盟第一回総会開催。

12月

12日　日本軍、ハバロフスクより撤退完了。

別年表

革命期ロシア　政治・社会

1917–1920

1917

1月

9日　首都労働者、「血の日曜日」記念スト。14万5000人以上が参加。

2月

首都で食糧不足発生。

5日　ペトログラード軍管区司令官ハバーロフ将軍、革命運動鎮圧の全権委任。

14日　国会開会日。首都の労働者が、戦争反対・共和制要求の政治スト。

17日　プチロフ工場で大ストライキ。

23日　ペトログラードの大部分の大工場が政治ストに入る。

国際婦人デー、ペトログラードの婦人労働者が、「パンよこせ」のストとデモを始める。以後、全市に拡大。ペトログラードは革命のるつぼへ。

25日　婦人運動のストが政治ゼネストに発展。ニコライ二世、ハバーロフ将軍に騒動鎮圧を命令、国会解散の布告を出す。国会議員は拒絶、私的に会議を続行。

26日　デモ隊が警官隊・軍隊と衝突、死者多数。夕刻、パヴロフスキー連隊の第4中隊蜂起。

27日　政治ゼネスト、武装蜂起に転化。ヴォルイニ連隊予備役大隊、プレオブラジェンスキイ連隊等の予備役大隊の兵士が蜂起。「首都の秩序の回復と要人や諸機関と交渉するため」、ロジャンコ、ミリュコフ、リヴォフ、ケレンスキーらが加わった臨時委員会設置を決定。一方タヴリーダ宮に社会主義者たちが集合、「ペトログラード労働者ソヴィエト臨時執行委員会」を創設。当日のソヴィエト大会開催を決定。

28日　国会臨時委員会、権力掌握を決め、アピール発表。

3月

ボリシェヴィキ機関紙『プラウダ』復刊。

エスエル左派系の『土地と自由』創刊。

1日　ペトログラード・ソヴィエト「命令第1号」。

クロンシュタット港で水兵が反乱。

2日　国会臨時委員会に組閣が一任。リヴォフ公を首班とした臨時政府成立。

首相・内務大臣G.E.リヴォフ公（カデット→無党派）／外務P.N.ミリュコフ（カデット）／陸海軍A.I.グチュコフ（オクチャブリスト）／運輸N.V.ネクラーソフ（カデット）／通産A.I.コノヴァーロフ（進歩党）／財務M.I.チェレーシチェンコ（無党派）／教育A.A.マヌーイロフ（カデット）／農務A.I.シンガリョーフ（カデット）／司法A.F.ケレンスキー（トルドヴィキ、3月以降エスエル）／宗務院総監V.N.リヴォフ（中間派）／会計検査官ゴードネフ（オクチャブリスト）／フィンランド担当ローヂチェフ（カデット）。

ニコライ二世、ミハイル大公への禅譲の意向を示す。

3日　ミハイル大公、即位を拒否。全権を臨時政府に委ねる。

4日　ニコライ二世の退位勅書公表。

「速やかな勝利を実現すべく結束とその全ての力の組織化の義務をわが民に負うていると、余は、これらの決定的な日々に考えるに至った。それ故に余は、帝国議会に従い、余がロシア帝国の帝位を退き、至上権を放棄するのが国家の善のためである旨に同意した」（退位勅書より）

キエフに民族統一戦線としてウクライナ中央ラーダが成立。

7日　臨時政府、戦争を「勝利に終わるまで遂行」することを発表。

8日　臨時政府が連邦内でのフィンランドの自治を承認。

10日　8時間労働制成立。

12日　カーメネフ、スターリン、シベリア流刑から帰還。

14日　ペトログラード・ソヴィエトが、全世界のプロレタリアートに対して無併合無

償金の講和原則を提唱。
16日　臨時政府がポーランドの独立を承認。
20日　臨時政府が身分、信教、民族による差別の撤廃。
23日　ボリシェヴィキが、モスクワの工場で赤衛隊を組織。
26日　臨時政府、「自由の公債」発行を決定。
27日　臨時政府、「戦争目的」声明発表。
ボリシェヴィキ活動家会議(～4月2日)。

4月

エスエル機関紙『人民の大義』創刊。
3日　レーニン、フィンランド経由で首都に帰国。
7日　レーニン、『プラウダ』に10項の「4月テーゼ」を発表。
「ロシアにおける現在の時期の特異性は、プロレタリアートの意識性と組織性とが不十分なために、権力をブルジョワジーに渡した革命の第一の段階から、プロレタリアートと貧農層の手に権力を渡さなくてはならない革命の第二の段階への過渡期という点にある」(4月テーゼ2項、倉持俊一訳)
18日　ミリュコフ、連合国に対し「決定的勝利まで戦争を遂行する」覚書を発表。連合維持と勝利までの戦争継続、占領と賠償の拒否を約束。
20日　首都の労働者と兵士、ミリュコフ覚書への抗議デモ(～21日)。
24日　ボリシェヴィキ第七回全ロシア協議会(～29日)。中央委員はレーニン、ジノヴィエフ、スターリン、カーメネフ。
30日　陸海軍大臣グチュコフ辞任。

5月

1日　ペトログラード・ソヴィエト執行委員会、連立政府入閣を決定。
2日　ミリュコフ、外務大臣を辞任。
4日　トロツキー帰国。全ロシア農民代表ソヴィエト大会(～28日)。
5日　第二次臨時政府(第一次連立内閣)成立(～7月2日)。エスエル、メンシェヴィキが入閣。

6月

第二次臨時政府、憲法制定会議選挙の日付を9月17日に設定。
3日　第一回全ロシア労働者・兵士代表ソヴィエト大会、ペトログラードで(～24日)。
7日　アナーキスト扇動のストが起こり、ヴィボルク地区の28の工場でサボタージュが行なわれる。
10日　アナーキスト扇動のデモがボリシェヴィキにより中止。
ウクライナ中央ラーダ、ウクライナの自治権を宣言。
17日　ロシア軍、ガリツィアで夏期攻勢開始(翌日ドイツ軍に敗北)。
18日　メンシェヴィキ主催のマルス広場デモ。

7月

1日　モスクワで全ロシア土地所有者大会。
2日　カデットの閣僚三名が辞任。
3日　首都で兵士と労働者のソヴィエトへの権力移行を要求する反政府武装デモ(アナーキスト系活動家による煽動)。
4日　デモ隊50万人に達する。死傷者多数。レーニンのドイツ・スパイ説をきっかけに『プラウダ』編集部襲撃される。臨時政府、ボリシェヴィキへの弾圧開始。
6日　臨時政府、レーニン、ジノヴィエフ、カーメネフの逮捕を決定。
7日　フィンランドがロシアからの独立を宣言。
8日　リヴォフ公辞任、モスクワへ帰還後オプチナ修道院へ。ケレンスキー、首相に就任。
11日　レーニン、フィンランドへ逃亡。当地で『国家と革命』に着手。
12日　臨時政府、前線の死刑を復活。
18日　コルニーロフ将軍、最高総司令官に任命。軍規粛清。
23日　トロツキー逮捕。
24日　ケレンスキーを首班に第三次臨時政府(第二次連立内閣)成立(～8月26日)。
26日　ボリシェヴィキ党第六回大会(～8月3日)。

8月

1日　ニコライ二世一家がツァールスコエ・セローの宮殿を去ってトボリスクへ向かう(7日到着)。

25日　コルニーロフ将軍、反政府反乱を開始。ペトログラードに進軍し、27日ケレンスキーに代わり権力掌握を宣言するが、30日に鎮圧され、9月2日にモギリョーフで逮捕、ブイホフ市で投獄。

26日　夜、臨時政府、ケレンスキーに全権付与。

30日　ケレンスキー、最高総司令官就任。翌日から自らを執政官と称し、「執政府」を創設。

憲法制定会議を11月12日まで延期。

9月

4日　トロツキー等仮釈放。

9日　ペトログラード・ソヴィエトでボリシェヴィキ、多数派となり指導権獲得。

25日　トロツキー、ペトログラード・ソヴィエト議長に選出。

第四次臨時政府(第三連立内閣)成立(～10月25日)。

首相・最高総司令官ケレンスキー／首相代理・商工業コノヴァーロフ／内務ニキーチン／外務チェレーシチェンコ／陸軍ヴェルホーフスキイ(無党派)／海軍ヴェルヂェレーフスキイ(無党派)／運輸リヴェローフスキイ／財務ベルナーツキイ／教育サラースキン／農務マースロフ(エスエル)／司法マリャントーヴィチ(メンシェヴィキ)／労働グヴォーズヂェフ(メンシェヴィキ)／食糧プロコポーヴィチ／宗務カルタショーフ／救貧キシキーン(カデット)／会計検査官スミルノーフ(カデット)／経済会議議長トレチャコーフ。

この月中旬レーニン、ヘルシンキより党中央委員会に書簡を送り、蜂起を指令。

9月～10月農民運動激化、農民弾圧続く。

10月

カデット機関紙『言論』、『一日』廃刊。

6日　臨時政府、憲法制定会議選挙の準備にともない、国会の解散を決定。

7日　予備議会開会。ボリシェヴィキは脱退。

レーニン帰国。ボリシェヴィキ中央委員会へ参加。

10日　レーニン、ボリシェヴィキ中央委員会で武装蜂起を主張、10対1で承認。

12日　ペトログラード・ソヴィエト、軍事革命委員会設置。

ペトログラード・ソヴィエト議長としてトロツキーが指導。

中旬以降　首都周辺駐屯部隊が次々ソヴィエト支持を表明。

20日　蜂起前線と司令部の連絡係としてコミサールが各工場に配置。

21日　ペトログラード守備隊連隊、軍事革命委員会の全面支持を決定。司令部と各部隊の断絶を宣言。

23日夜　臨時政府がボリシェヴィキ機関紙を禁止、ペトログラード・ソヴィエト幹部と軍事革命委員の逮捕、近郊駐屯部隊の首都進駐を命令。

24日早朝　士官学校生徒の部隊がボリシェヴィキの新聞印刷所を急襲。軍事革命委員会側それを実力排除。

隠れ家のレーニンが手紙で「今夜決行」を要求、赤軍が主要官庁、交通通信機関などを占拠、臨時政府所在の冬宮を包囲。

25日　午前、ペトログラード・ソヴィエト軍事革命委員会、権力掌握声明「ロシアの市民へ」を発表。蜂起始まる。ペトログラードの全拠点をソヴィエト側制圧。軍事革命委員会、臨時政府打倒を発表。ケレンスキー、ガッチナへ脱出。午後11時、第二回全ロシア・ソヴィエト大会開会。モスクワで武装蜂起(～11月2日)(10月革命勃発)。

26日　午前2時、冬宮降伏。夜、ソヴィエト大会、「平和に関する布告」(全交戦国の人民と政府に平和のための交渉の即時開始を提案)、「土地に関する布告」(地主、皇室、修道院、教会の全所有地の土地委員会・農民ソヴィエトへの移管)を採択。

27日　ソヴィエト新中央執行委員会の初会議。レーニンを首班とする人民委員会議

成立。外務人民委員トロツキー、農務人民委員ミリューチン、教育人民委員ルナチャルスキイ、陸海軍はアントノフ・オフシェンコ、クルイレンコ、ディベンコが分担、民族問題委員会議長スターリン。憲法制定会議選挙の実施を決定。

ケレンスキー、P. クラスノフの騎兵軍団、ペトログラードへ進撃。

29日　クラスノフ、逮捕され、反革命闘争を継続しないことを約束して釈放。その後、ドン地方へ去る。

31日　ケレンスキー、首都を去る。

11月

2日　モスクワ・ボリシェヴィキ勝利。「ロシア諸民族の権利の宣言」発布。

7日　人民委員会議、最高総司令官に、同盟国との講和交渉のため軍事行動中止を命令。

ウクライナ人民共和国樹立宣言。

8日　トロツキーが交戦諸国に休戦を提案。

9日　クルイレンコを最高総司令官に任命。

中央執行委員会、身分制の撤廃を決定。

11日　全ロシア農民代表臨時大会開会。

12日　憲法制定会議の選挙（～14日）。選挙の結果、エスエル右派が勝利し、ボリシェヴィキは四分の一しか議席取れず（第4位）。

14日　労働者統制令公布。

タシケントにソヴィエト政権成立。

ウクライナ中央ラーダ、政権掌握宣言。

15日　労働者・兵士代表ソヴィエト執行委員会と農民代表執行委員会とが合併。

17日　リキノ工場の国有化（国有化第1号）。

18日　ボリシェヴィキとエスエル左派、組閣問題で合意。

中央執行委員会代表、講和交渉のため前線へ。

19日　「エスエル左派」創立大会（～28日）。M. スピリドノワ、B. カムコフ、M. ナタンソン。機関紙『労働の旗』。

コルニーロフ釈放、ドン地方へ。

20日　ブレスト＝リトフスクで独露講和交渉が開始。

22日　ブレスト＝リトフスクで10日間の休戦を合意。

23日　フィンランド議会、ロシアからの独立宣言。

24日　レーニンによりチェカーが設置。

26日　ソヴィエト政府に対するコサックの反乱が発生。

28日　人民委員会、カデットを人民の敵と規定。カデット解散命令。

12月

1日　ペトログラード軍管区での指揮官の選挙制を命令。

2日　ロシア・ドイツ休戦協定締結。

最高国民経済会議設置に関する布告。銀行を国有化。

6日　コルニーロフ、M. アレクセーエフ将軍とドン地方で反ボリシェヴィキ義勇軍を組織。

7日　反革命サボタージュと闘う全ロシア非常委員会（ヴェチェカー）設置（委員長F. ジェルジンスキイ）。

9日　エスエル左派が人民委員会議に参加。

16日　ソヴィエト政府がアピールを発し、連合諸国に講和交渉を呼びかける。しかし実現にいたらず。

20日　人民委員会議、憲法制定会議の1月5日召集を決定。

31日　人民委員会議、フィンランドの独立を承認。

1918

1月

5日　憲法制定会議開会。

「土地社会化法」公布。すべての土地を無償で収用し、全人民の資産とし、その土地ではたらく勤労者に利用させることが決められる。

6日　ソヴィエト中央執行委員会、憲法制定会議の解散を命令。

9日　ウクライナがキエフで独立宣言を行ない、ソヴィエト・ロシアからの離脱をはかる。

10日　第三回全ロシア・ソヴィエト大会(〜18日)。「勤労被搾取人民の権利の宣言」採択。ロシア・ソヴィエト連邦社会主義共和国成立。
15日　労農赤軍創設に関する布告。
24日　西欧暦(グレゴリウス暦)導入に関する布告(2月1日より新暦へ移行)。

＊2月以降新暦表記

2月
18日　ドイツとロシアの交戦が再開。
19日　ソヴィエト政府が土地国有を宣言。
26日　政府、首都のモスクワ移転を決定。

3月
1日　ソヴィエト政府とフィンランドが友好条約に調印。
3日　ブレスト＝リトフスクで対独講和条約調印。
ソヴィエト政府、モスクワへ移る。
6日　ロシア社会民主労働党(ボリシェヴィキ)第七回大会(〜8日)。ロシア共産党と改称。新綱領草案が採択。
9日　イギリス軍、ムルマンスクに上陸。
14日　第四回全ロシア・ソヴィエト大会(〜16日)。講和に反対だったエスエル左派が政府から離脱。
26日　ソヴィエト政府が、ロシア領内でドイツ軍と戦ってきたチェコ軍のシベリア経由での帰国を許可。

4月
レーニン「ソヴィエト権力の当面の任務」。
6日　ソヴィエト政府が全シベリアに戦争状態を宣言。
22日　ソヴィエト人民委員会議が外国貿易国有化について布告。

5月
13日　食糧国家管理令。
25日　チェコ軍団とボリシェヴィキとの戦闘。軍団、シベリア鉄道沿線の各駅で蜂起。8月初めまでにはヴォルガ川沿岸地域から極東までの全域が、チェコ軍団により占領。

6月
8日　憲法制定会議議員、サマラ市に独自の政府樹立。
11日　貧農委員会の組織に関する法令。
14日　ソヴィエト中央執行委員会が、エスエル右派とメンシェヴィキを全ソヴィエト機関から排除することを決定。
26日　ソヴィエト政権が徴兵制を敷く。赤軍を強化。
28日　大工業国有化に関する法令。
29日　チェコ軍団がウラジオストーク港を占領。
月末　オムスクに反ボリシェヴィキのシベリア臨時政府が成立。

7月
2日　連合国、ロシアに対する軍事介入決定。
4日　第五回全ロシア・ソヴィエト大会(〜10日)。ロシア社会主義共和国憲法採択。
6日　エスエル左派、農民政策の転換とドイツとの国交断絶を要求して反乱を起こし、ドイツ大使を暗殺(〜8日)。
17日　白軍による皇帝担ぎ出しを恐れたボリシェヴィキがエカチェリングルグでニコライ二世一家を殺害。

8月
2日　日本、シベリア出兵宣言。革命干渉のため極東(サハリンを含む)、シベリアで7年間におよぶ対ソ戦争を開始(撤兵は1925年5月)。
3日　アメリカ、シベリア出兵宣言。
イギリス軍、ウラジオストークに上陸。
7日　モスクワ駐在日本総領事館が引き揚げ、日ソ関係が断絶。
16日　アメリカ軍がウラジオストークに上陸。
29日　ソヴィエト政府が、3カ国によるポーランド分割条約の破棄を表明。
30日　エスエルの女性ファニー・カプランがレーニンを狙撃。

9月
5日　ボリシェヴィキ、赤色テロル宣言。
7日　ウファー国家会議(白軍)、執政府選出(〜18日)。

10月
14日　イギリス軍、イルクーツクに到着。
29日　コムソモール創立大会(〜11月4日)。

11月
13日　ソヴィエト政府が、ドイツとのブレスト＝リトフスク条約の無効を宣言。
18日　シベリアのオムスクで、コルチャーク提督が反革命軍事独裁政府を樹立。
30日　労農国防会議創設。

1919

1月
11日　食糧割当徴発制度の導入。

3月
ストルーヴェ、在パリ、ロシア外交代表会議のメンバーになる(〜9月)。
2日　コミンテルン(共産主義インターナショナル)第一回結成大会(〜6日)。
4日　コルチャーク提督率いる白軍、攻勢を開始。ウラルからヴォルガに向けて侵攻。サラトフに接近しつつあったデニーキン将軍と協調せず。結果としてシベリアを赤軍パルチザンに追われ敗退。
18日　ロシア共産党第八回大会(〜23日)。共産党綱領を採択。

4月
28日　赤軍、コルチャーク軍に対し反攻開始。

5月
白軍のユジェーニチ将軍、ペトログラード攻撃を開始。
19日　白軍のデニーキン将軍、ウクライナに攻勢開始。

6月
デニーキン将軍、15万兵を集めキエフからツァリーツィンに至る700キロ戦線を展開してモスクワへの進攻開始。
9日　赤軍、ウファー奪回。

7月
ウクライナでユダヤ人に対するポグロム。
デニーキン将軍指揮白軍、ヴィロネシュ、クールスク、オリョールに至る。
25日　ソヴィエト外務人民委員代理カラハンが、旧ロシアの特権の放棄と中ソ友好を訴える宣言を出す(第一回カラハン宣言)。

10月
11日　革命政権、南部戦線において攻勢に転じる。ブジョーノフ指揮の第一騎兵部隊が活躍。
13日　デニーキン軍、オリョール市占領。首都モスクワを脅かす。
20日　赤軍、オリョールを奪回。
月末　英軍戦車部隊の支援を受けた白軍のユジェーニチ将軍がバルト海沿岸より進攻、ペトログラードから100キロ未満までに接近。

11月
14日　赤軍、オムスク奪回。コルチャークの白衛軍をイルクーツクへ撃退。
8日　連合国最高会議、ソヴィエトとポーランドの国境としてカーゾン線を設定。
13日　連合国最高会議が、ロシアの反革命軍支持停止を決定。
24日　イルクーツクの勤労者が蜂起し、コルチャーク政府は逃亡。

この年
ストルーヴェ、イギリス、フランスなどで欧州諸国のロシアへの反ボリシェヴィキ干渉を促すための「国家中枢」を結成、活動。年末に南露に潜入。
ブハーリン、プレオブラジェンスキイ『共産主義のABC』。

1920

1月

5日　赤軍、イルクーツク占領。

8日　シベリアの白軍コルチャーク提督がクラスノヤルスクで敗北。

赤軍、ロストフ奪回。デニーキン軍が二分されカフカスへ退却。

16日　連合国、ソヴィエト・ロシアの経済封鎖を解除。

2月

2日　革命政権、エストニアと講和条約調印。

7日　イルクーツクにおいて捕えられたコルチャーク提督がボリシェヴィキに処刑される。

11日　ソヴィエト・ロシアとラトヴィアが休戦協定を締結。

14日　ソヴィエトでコルホーズ制度が公布される。

3月

2日　ソヴィエト・ロシアとルーマニアが休戦協定を締結。

7日　赤軍がムルマンスクへ入城。北ロシアの内戦が終了。

12日　ニコラエフスクの日本軍、休戦中のパルチザンを攻撃して敗れ(18日戦闘停止)、5月24日、捕虜になった兵と居留民122人虐殺される(ニコラエフスク事件)。

24日　ロシア電化国家委員会(ゴエルロ)設置。

27日　ウクライナの白軍デニーキン将軍の最後の拠点が赤軍により陥落。

4月

6日　ボリシェヴィキ政権、シベリアに緩衝国として極東共和国をつくる。

25日　ポーランド、ウクライナに総攻撃開始。

5月

6日　ポーランド軍、キエフ占領。

7日　ソヴィエト・ロシアがグルジアの独立を承認。

14日　革命政権はトゥハチェフスキイ指揮の西部戦線とエゴロフ指揮の西南戦線を展開。

6月

6日　ヴランゲリ将軍指揮の白軍部隊、ウクライナへ侵攻。

7月

4日　赤軍、ポーランドに進撃。

12日　リトアニアと講和条約調印。

23日　コミンテルン第二回大会(～8月7日)。21カ条の加盟条件を決定。

8月

タムボフでアントーノフ率いる農民反乱開始。

11日　ラトヴィアと講和条約調印。

14日　フィンランドとの休戦協定に調印。

16日　ソヴィエト・ロシアのワルシャワ攻撃が失敗し、赤軍の8個師団が全滅。

9月

1日　バクーで第一回東方諸民族大会開催(～8日)。

2日　ウラジオストークに集結しているチェコ軍団が引き揚げる。

21日　ヴランゲリ将軍指揮の白軍部隊に対して、M. フルンゼ指揮の南部戦線が展開開始。

27日　帝政期の中国・ロシア間の諸条約の廃棄を提案(第二回カラハン宣言)。

28日　南部戦線において赤軍、攻勢に転じる。

30日　アゼルバイジャン共和国と同盟条約を締結。

10月

12日　ポーランドと停戦協定に調印。

14日　フィンランドがソヴィエトと講和条約を締結。

11 月

16 日　赤軍によりケルチが陥落、ヴランゲリ将軍の敗退。内戦が終結に向かう。

12 月

ヴランゲリ将軍首班クリミア政権が崩壊。ヴランゲリ軍将兵がイスタンブールに避難。イスタンブールに旧軍属を中核にした最大規模のロシア人亡命社会が誕生。後に旧軍属の大部分は、ブルガリア王国とセルビア人・クロアチア人・スロヴェニア人連合王国（後のユーゴスラヴィア王国）へ移住。

22 日　第八回全ロシア・ソヴィエト大会（～29 日）。電化国家委員会の電化計画を採択。

1921

ロシア思想

1月

ストルーヴェ、白軍三政権から脱退しパリへ。

2月

共産党政権、モスクワに赤色教授学院を設置。ブハーリンが主導。

1日　ロシア社会民主労働党を中心とする『社会主義報知』誌が発刊（ベルリン、後にニューヨーク、～1963年12月）、Ju. マルトフ編集。

8日　クロポトキン、ドミトロフで没（78歳）。

6月

3日　ソフィアの宗教哲学会でN. トルベツコイ、P. サヴィツキイ、G. フロロフスキイらがユーラシア主義を宣言。マニフェスト的文集『東方への脱出、予感と成就、ユーラシア主義者たちの主張』第1集発刊。N. トルベツコイ「真の民族主義と虚偽の民族主義について」、「ロシア問題」、サヴィツキイ「文化の移動」、「二つの世界」、フロロフスキイ「理性の狡知」、「非歴史的ナロードについて（父の国と子の国）」、「正しい愛国主義と罪ある愛国主義」等が掲載。

7月

ルナチャルスキイ編集『芸術と革命』創刊。

10月

文集『道標転換』プラハとパリで創刊（～22年3月、全20冊）。ウストリャロフ、クリュチニコフ、ルキヤノフ、ボブリシチェフ＝プーシキン、チャホーチン、ポテーヒンらが執筆。年末にかけて道標転換派の社会主義ロシアへの帰国が始まる。

秋

フランク、サラトフからモスクワへ帰還。モスクワ大学講師。ベルジャーエフの「精神文化自由アカデミー」に参加。

サヴィツキイ、プラハに移住。ロシア法学院経済統計学講座の専任講師に。

ロシア文化

年頭

ペトログラードの「世界文学」出版所のもとに「セラピオン兄弟」のグループ発足。フセヴォロド・イヴァーノフ、M. スロニムスキイ、M. ゾシチェンコ、V. カヴェーリン、K. フェーディン、N. チーホノフ、E. ポロンスカヤ等が参加。V. シクローフスキイも関わる。

2月

13日　ブローク、ペトログラードの「文学者の家」で、プーシキン没後84年記念講演「詩人の使命について」（同月26日にペトログラード大学で反復。『文学通報』誌第3号に掲載）。

春

エレンブルグ、フランスへ（～24年。ベルギー、ドイツに。ドイツでは『新ロシア書籍』誌の編集に協力）。

5月

第三回オブモフ展（ステンベルグ兄弟、ロトチェンコ等出展、モスクワ）。

6月

V. ポロンスキイ編集『出版と革命』誌発刊（～29年3月）。

マヤコフスキー「ミステリヤ・ブッフ、第二ヴァリアント」発表（『演劇通報』誌第91・92号 - 6月15日号付録）。

8月

7日　ブローク、ペトログラードで没（40歳）。

24日　グミリョーフ、反革命謀反参加容疑で銃殺（34歳）。

夏

ゴーリキイ、結核再発、レーニンの要請で海

1921

2月
3日　ロシア人のウンゲルン男爵がクーロンを占領し大モンゴル国を復活。
16日　赤軍、グルジアに侵攻。25日、グルジアにソヴィエト政権成立。
22日　国家総合計画委員会(ゴスプラン)設置。
26日　ペルシアと友好協定調印。
28日　アフガニスタンと友好条約調印。
クロンシュタットの水兵が「戦時共産主義」に対し反乱を起こす(～3月18日)。

3月
8日　第十回共産党大会。党内分派の禁止、ネップ(新経済政策)案を採択(～27年)。
16日　イギリスと通商協定調印。トルコと条約調印。
18日　ポーランドとリガ講和条約調印。ポーランドのウクライナ領有、白ロシア領有決定。
21日　農産物割当徴発制を現物税に変更する法令を発布。

5月
6日　ドイツと通商条約調印。

6月
22日　モスクワで第三回コミンテルン大会(～7月12日)。

7月
3日　モスクワ、赤色労働組合インターナショナル(プロフィンテルン)創立大会(～19日)。
6日　赤軍とモンゴル人民革命軍がクーロンを占領。11日、活仏政権と人民革命党の連合政府をモンゴルに樹立。

2月
19日　フランス・ポーランド同盟条約調印。

3月
1日　ドイツが連合国の戦争賠償案を拒否する。
アフガニスタン・トルコ修好同盟条約調印。
3日　ポーランド・ルーマニア攻守同盟条約調印。
13日　イタリア・トルコ間に協定調印。イタリア、アナトリア撤退を約束。
17日　ポーランド、共和国憲法を採択。
21日　中部ドイツで共産党指導のゼネスト・武装蜂起(4月1日失敗)。

5月
5日　連合国賠償総額1320億金マルクをドイツに通告(ロンドン最後通牒)。11日、ドイツ受諾。
孫文、非常大総統に就任し、広東新政府樹立。

6月
7日　ルーマニア・ユーゴ間に同盟条約調印(ルーマニア・チェコ・ユーゴの「小協商」)。
22日　アフガニスタン・ペルシア不可侵条約調印(オリエント協商)。

7月
23日　上海で中国共産党創立大会。

8月
25日　アメリカ、対独講和条約調印。

9月
ベルリン、世界初の高速自動車道路「アブス」完成。

この年

シュペート、チェルパーノフ教授ら、モスクワ大学から追放。シュペート、教授罷免後、「科学哲学研究所」所長に就任。

ストルーヴェがソフィア在住のサヴィツキイに編集委託して『ロシア思想』誌刊行（創刊はソフィア、21年〜23年はプラハ、24、25年はベルリン、一旦停止して27年にパリ）。但し、同誌の寄稿者がユーラシア主義者中心になるのを危惧して、後にサヴィツキイを編集者から解任。

モスクワのクシナリョフ印刷所の植字工たちが放置されていた未販書籍を勝手に販売、発禁の『深き淵より』も販売される（序文―ストルーヴェ、アスコーリドフ「ロシア革命の宗教的意味」、ベルジャーエフ「ロシア革命の精神」、S. ブルガーコフ「神々の饗宴にて」、ヴャチェスラフ・イヴァーノフ「われらの言葉」、イズゴーエフ「社会主義・文化・ボリシェヴィズム」、コトリャレーフスキイ「健康を取り戻すこと」、ムラヴィヨーフ「種族の雄叫び」、ノヴゴロツェフ「ロシア・インテリゲンツィアの道と課題」、ポクローフスキイ「ペルーンの呪い」、ストルーヴェ「ロシア革命の歴史的意義と民族の課題」、フランク「深き淵より」）。

「執筆者の全員が共に大切なものと考えているのは、社会生活の肯定的原理は宗教意識に深く根ざしているという信念であり、この根本的な結びつきを断ち切ることは不幸であり犯罪でもあるという信念である。我々は我が国民と国家とを襲ったあの比類なき道徳的・政治的破滅をこのような切断と感じているのである」（「序文」より、長縄光男訳）

ゲルシェンゾーン、ソヴィエトのロシア芸術科学アカデミーに勤務。

フロレンスキイ、ロシア・ソヴィエト連邦共和国、全ロシア国民経済会議主要エネルギー部に勤務。ヴフテマス VKHUTEMAS（高等芸術工芸工房）の「芸術作品の空間芸術」講座教授。

外に療養に（秋から24年春までドイツとチェコスロヴァキアの保養地。24年4月、イタリアへ移り、ソレントに居住）。

9月

「5×5＝25」展（ロトチェンコ、エクステル、ポポーヴァ等出展、モスクワ）。

10月

ベルリンで第一回「ロシア美術」展（マレーヴィチ、タトリン、ロトチェンコ等）。

13日　新聞『イズヴェスチヤ』発刊。

11月

ベールイ、ドイツへ。

21日　ロシア正教会「西欧管区」府主教エヴロギイ、キエフ府主教アントニイら、セルビアのスレムスキー・カルロフツィで第一回「在外ロシア正教会」公会を開催（〜12月2日）。府主教アントニイ・フラポヴィツキイを在外高等教会局長に選任（白系在外正教会シノドが誕生）。

12月

カンディンスキー、ドイツへ戻る。

25日　コロレンコ、ポルトヴァで没（68歳）。

この年

ロシア全土の大学の数は244。

マルクス・エンゲルス研究所、モスクワに創設。

「ロシア芸術科学アカデミー」設立（25年に「国立芸術科学アカデミー」に改組）。

ベオグラードで日刊紙『新時代』が発刊。

グミリョーフ詩集『火柱』（ペテルブルグ、ベルリン）、『天幕』（セヴァストーポリ）、『アラフの子供、アラビアの物語』（ベルリン）。

ベールイ長詩『最初の出会い』（ペテルブルグ、「アルコノスト」出版社）。

N. ミャスコーフスキイ、モスクワ音楽院の作曲科教授に任命。

ロシア政治・社会

10月

13日　ソヴィエト諸共和国とトルコ、カルス条約調印。

11月

5日　モンゴルと友好条約調印。

世界情勢

11月

12日　ワシントン軍縮会議開催(～1922年2月26日)。英米仏伊日中蘭白葡が参加。

7日　イタリア、ローマでファシスト大会。「戦士のファッショ」が「国民ファシスト党」に。

12月

6日　「アイルランド自由国」の創設を定めたイギリス・アイルランド条約調印。

26日　フランス共産党創立大会(～31日)。

この年

魯迅『阿Q正伝』。

ハシェク『善良な兵士シュヴェイク』。

ロシア思想

アスコーリドフ、ペトログラードに秘密哲学宗教協会（俗称アスコーリドフ協会）創立（26年に「サーロフの聖セラフィム兄弟団」と改名）。

E.トルベツコイ『回想』（ソフィア）。

ストルーヴェ『ロシア革命の考察』（ソフィア）。

ベルジャーエフ『ドストエフスキーの哲学』（ペトログラード）。

S.ブルガーコフ『神々の饗宴にて、可と否：現代の対話』（ソフィア）。

メレシコーフスキイ『反キリストの王国』（ミュンヘン）。

ロシア文化

1922

ロシア思想

1月

親ソヴィエトの「道標転換派」の日刊紙『前夜』ベルリンで発刊。

年頭から春

ストルーヴェ「過去、現在、未来」（『ロシア思想』誌第1-2号）、「誤謬と『歴史的』革命観の詭弁」（『ロシア思想』誌第3号）で「道標転換派」を批判。

2月

最初の反宗教宣伝出版社「無神論」社、モスクワにて発足。

5月

ストルーヴェ、プラハのロシア法学院教授となり、家族とともに定住。

8月

ベルジャーエフ二度目の逮捕、フランク逮捕。

9月

ベルジャーエフ、フランク、イズゴーエフ、ラプシーンら学者たち（家族を含めて75名）が、法令により国外追放。いわゆる「哲学の船」（実際の船名は「ハーケン市長号」）による「反動的」知識人の追放。ベルジャーエフ、フランクはドイツへ亡命。

10月

ブルガーコフ、逮捕され教職を剥奪。

ロシア文化

2月

23日　全露中央執行委員会による教会財産強制供出の命令。

4月

メイエルホリド演出『堂々たるコキュ』上演、モスクワ。

春

ロシア正教会内部にいくつかの改革派が形成され、その中から親ソヴィエト政権派の「生ける教会」が形成。

5月

「アフル（革命芸術家連盟）」結成。生産主義者（カンヴァス絵画否定派）に対抗。最近の歴史的過去を記録する絵画を最重要視する。

1日　革命ロシア芸術家協会の絵画展開催。

5日　総主教チーホン逮捕され、ドンスコイ修道院に幽閉（23年6月25日釈放）。

6月

グラヴリト（文学・出版総局）設立により検閲体制が確立。

28日　フレーブニコフ、ノヴゴロド県サンタロヴォで没（36歳）。

1922

ロシア政治・社会

1月
21日　コミンテルン、モスクワで第一回極東諸民族大会開催（～2月2日）。

3月
12日　アゼルバイジャン・アルメニア・グルジア・ザカフカース社会主義ソヴィエト連邦共和国を結成。

4月
3日　第十一回共産党大会でスターリン、書記長に選出される。
10日　ジェノヴァ国際会議（～5月19日）にソヴィエト・ロシア参加し、旧ロシアの債務、国際経済問題を討議。
16日　ドイツとラパロ友好条約を調印。相互に賠償要求を放棄し国交回復。

6月
24日　日本、シベリア撤退声明。

7月
9日　エスエルに対する公開政治裁判（～8月9日）。

世界情勢

1月
8日　ヴィルナ地方の帰属をめぐり、ポーランドとリトアニア戦争状態。

2月
6日　日・米・英などワシントン軍縮条約に調印。潜水艦の使用制限。毒ガスの使用禁止。
28日　イギリス、エジプトの独立を宣言。

3月
17日　ポーランド・ラトヴィア・エストニア・フィンランド間に友好・中立条約調印。

4月
孫文の第一次北伐開始。
10日　ジェノヴァ欧州経済復興会議開催。

ロシア思想

11月

「プロシア」号で二度目の知識人追放。その他陸路での追放もあり。

26日　ベルジャーエフ等の呼びかけにより、米国YMCA、特にP.F.アンダーソンの援助下に、ベルリンで自由宗教哲学会が結成。同会の下に「宗教哲学アカデミー」が設立。ベルジャーエフ、フランクらが講義(24年ベルジャーエフのパリ移住とともに、アカデミーはパリに移る)。

12月

S.ブルガーコフ、国外追放。イスタンブールへ(翌年1月1日着)。

I.イリーン、国外追放。ベルリンへ居住。当地のロシア科学研究所で教える。

ストルーヴェ、ベルジャーエフ、フランク、イズゴーエフらの亡命者がドイツで再会。この頃、ドイツ(特にベルリン)における亡命ロシア人社会の最盛期。

雑誌『無神論者(ベズボージュニク)』創刊。以後無神論宣伝の刊行物が次々と出版。

この年

「戦闘的唯物論者協会」モスクワに設立、『マルクス主義の旗の下に』創刊。

プラハで、マサリク大統領首班チェコ・スロヴァキア政府が、「ロシア運動」と称される亡命ロシア人向けの学校、学術研究施設の組織援助活動を展開。亡命者救済のみならず、近未来のボリシェヴィキ政権崩壊を射程に、人材育成活動を計画。法学部、人文学部、工学院、農業学校を擁する『ロシア大学』創立(～1936年)。経済学者S.プロコポーヴィチ指導のロシア研究組織『経済官房』を組織。亡命学生・研究者向け奨学金制度を設置。また翌年夏にはYMCA支援下にORESO(ロシア亡命学生組織同盟)とRHSD(ロシアキリスト教学生運動)が結成。その他にも既存のものとして、ビザンチン学研究所『コンドラコフ記念ゼミナール』、『民衆大学』、ゼンコフスキイの『教育学ビューロー』等。30年代前半まで、プラハは

ロシア文化

8月

3日　教会は内務人民委員部に登記されることになる。

13日　教会財産についての事項の審議の後、府主教ヴェニアミン、掌院セルギイ、Ju.ノヴィツキイ教授、I.コフシャロフ教授が射殺される。

9月

マヤコフスキー長詩「第五インターナショナル」(『全露中央執行委員会通報』第203号-9月10日号、同紙第214号-9月23日号)。

『労働宮殿』の設計公示。ヴェニスーン兄弟の応募作が構成主義建築の展開に大きな影響を及ぼす。

秋

反体制派知識人180名が逮捕。ザミャーチン含まれる。

10月

マヤコフスキー「俺自身(ヤー・サム)」の初稿発表(『新ロシア書籍』誌、ベルリン、9・10月号、1928年に補訂し、著作集第1巻に収録)。

アレクセイ・ガン『構成主義』。

12月

プロレタリア作家グループ「十月」結成。「鍛冶屋」グループからS.ロドフ、A.ドロゴイチェンコ、S.マラシュキンが、「若き親衛隊」グループからはA.ベズイメンスキイ、A.ジャロフ、A.ヴィショールイが、「労働の春」グループからはI.ドローニン、A.イスバーフが、その他Ju.リベジンスキイ、G.レレヴィチ、A.タラソフ=ロジノフらが参加。

モスクワにマヤコフスキーを中心とする文学グループ「レフ(芸術左翼戦線)」結成(～1929年)。N.アセーエフ、S.トレチヤコフ、V.カメンスキイ、B.パステルナーク(彼は27年にグループと決裂)、A.クルチョーヌイ、P.ネズナモフ、O.ブリーク、V.ペルツォフ等の詩人と、A.ロトチェンコ、V.ステパーノヴァ、A.ラヴィンスキイ等の構成主義の画家達が参加。

ロシア政治・社会

8月

3日　全露執行委員会と人民委員会議「社会と連邦の承認と登録規律について」の制令発布。

10月

25日　日本、北樺太を除き撤退完了。

11月

5日　ペトログラードとモスクワで第四回コミンテルン大会(～12月5日)。

15日　極東共和国、ソヴィエト・ロシアへ統合。

12月

24日　レーニン「大会への手紙」を執筆。

30日　第一回全ソ連邦ソヴィエト大会でロシア、ウクライナ、白ロシア、ザカフカース4共和国によるUSSR(ソヴィエト社会主義共和国連邦)の設立を宣言。

世界情勢

8月

ドイツのマルク価下落はじまる。

1日　ミラノの労働同盟、反ファシスト・ゼネスト。3日　ファシスト、ミラノに潜入し市庁舎を占拠。ゼネスト失敗。

9月

27日　ギリシア革命委員会が政権掌握、国王退位。

10月

19日　イギリス保守党、連立内閣から脱退。ロイド＝ジョージ内閣辞職。23日、ボナー＝ロー保守党内閣成立。

27日　ファシストのローマ進軍。

29日　イタリア国王、ムッソリーニを首相に任命、翌月、議会が全権委任。ファシスト政権成立。

11月

1日　ムスタファ＝ケマル、スルタン制の廃止を宣言。メフメト六世亡命。オスマン帝国滅亡。

12月

6日　アイルランド自由国、憲法発効により正式に成立。

在外ロシアの学術研究の中心都市になる。

ユーラシア主義の文集『途上で。ユーラシア主義者の主張』第2集(モスクワ・ベルリン)。N.トルベツコイ「インドの宗教とキリスト教」、「団結の誘惑」、サヴィツキイ「ステップと定住」、「ロシアの農村経済の進化に関する資料」等が掲載。

アスコーリドフ、ペトログラード技術大学専任講師。

アスコーリドフ「ドストエフスキーの宗教的倫理的意義」(A.ドリーニン編集『ドストエフスキー　論文と資料』ペトログラード、に収録)。

シェストフ『ドストエフスキーとニーチェ』(ベルリン)。

フロロフスキイ『ドストエフスキーとヨーロッパ』(ソフィア)。
E.トルベツコイ『ロシアの民衆説話における彼岸の王国とその探求者』(モスクワ)。
ゲルシェンゾーン『信仰の鍵』(ペトログラード)、『メキシコ湾流』(モスクワ)。

フランク『社会科学の方法論概説』(モスクワ、「ベーレク」出版社)、『略説哲学入門』(ペトログラード、「アカデミア」出版社)。

カルサーヴィン『東、西そしてロシア的理念』(ペトログラード、「アカデミア」出版社)。

論文集『道標転換について』(「ロゴス」出版社)。イズゴーエフ「『道標』と『道標転換』」その他を収録。

ベールイ『認識の意味について』(ペテルブルグ、「エポーハ」出版社)。

クリュチェフスキイ『ロシア史講話』全5部完結(1904年〜)。

この年
シャガール、パリへ亡命。
月刊文芸誌『環』ベルリンで発刊(翌年パリへ移転。〜1928年)。
文芸誌『ロシアの意志』プラハで発刊(〜1932年)。
エセーニン劇詩『プガチョーフ』(モスクワ、ペトログラード、ベルリン)。
マヤコフスキー『愛してる』(モスクワ)。
エレンブルグ『フリオ・フリニトの遍歴』(ベルリン、「ヘリコン」出版社)。

1923

3月
「レフ」グループの雑誌『レフ』マヤコフスキーの編集下に出版。全部で7号(23年1-4号、24年5、6号、25年7号)。
4月
「ペトログラードにおけるすべての傾向の

ロシア政治・社会

世界情勢

この年

国際連盟、イギリスのパレスチナ委任統治と「ユダヤ人の民族的郷土」設立を承認。

シュペングラー『西欧の没落』(18年～)。
ジョイス『ユリシーズ』。
T.S. エリオット『荒地』。
『リーダーズ・ダイジェスト』創刊。

1923

1月

26日　上海で孫文、ヨッフェ共同宣言発表。ソ連、中国革命支援を表明。

2月

7日　イタリア、ソヴィエト政権を承認。

1月

11日　フランス・ベルギー軍、ドイツの賠償不履行を理由にルール地方占領。

2月

21日　孫文、広東に帰り大元帥に就任(第三次広東政府)。

ロシア思想

5月
S. ブルガーコフ、ソフィアを経由してプラハへ到着。ロシア法学院で教会法教授に。

9月
S. ブルガーコフ、チェコのプシェロフでの「ロシア・キリスト教学生運動」の創立大会に出席。

10月
9日　S. ブルガーコフ主導でプラハに「聖ソフィア兄弟団」再結成。ノヴゴロツェフ、ベルジャーエフ、N. ロースキイ、ストルーヴェ、フランク、フロロフスキイらが参加。

この年
フロロフスキイ、プラハで「ゲルツェンの歴史哲学」で学位取得。

フロロフスキイ『二約』(ベルリン)、『ロシアとラテン』(ベルリン)。

フランク、論文集『生きた知識』(ベルリン、「ペトロポリス」出版社)。

ベルジャーエフ『歴史の意味――人間運命の哲学の試み』(ベルリン、「オベリスク」出版社)、『不平等の哲学――社会哲学上の論敵への書簡』(ベルリン、「オベリスク」出版社)、『ドストエフスキーの世界観』(プラハ、「YMCA」出版社)、『マルクス主義と宗教』(パリ)。

シェストフ『鍵の権力』(ベルリン、「スキタイ人」出版社)。
I. イリーン『現代法意識の問題』(ベルリン)。
カルサーヴィン『歴史哲学』(ベルリン)。

トロツキー「出版と革命」(『D. メンデレーエフとマルクシズム』第3巻に収録)。

ロシア文化

絵画」展(「ウノヴィス」参加)。

5月
チーホン総主教、総主教位を失う。総主教府廃止。
詩劇『ザンゲジ』上映(フレーブニコフ作、演出、舞台美術：タトリン、ペトログラード、芸術文化博物館)。

6月
「十月」グループの雑誌『立哨中(ナ・ポストゥ)』発刊(～25年)。

7月
「アスノヴァ ASNOVA (新建築家協会)」結成(ラドフスキイ、クリーンスキイ、リシツキー等)。

9月
モスクワの国立芸術アカデミーに心理学研究室設立。
インフクが改組され「ギンフク GINHUK(国立芸術文化研究所)」設立。マレーヴィチ、所長に就任。

10月
第四回「オブモフ」展。これが最後の展覧会となる。

秋
ベールイ帰国。

12月
13日　パリ、シャンゼリゼ劇場でグルジェフ指導の舞踏団が神聖舞踏を公演。

この年
プロレタリア派作家と同伴派作家のあいだの対立が顕在化する。

ベルリンで在外ロシア人出版社大手「ペトロポリス」出版が創立(～38年)。

18年からこの年までロシアにおよそ250の新しい国立美術館、ギャラリーができる。

プロコフィエフ、パリに定住。

オプチナ修道院閉鎖、博物館に変わる。

ソロヴェツキイ修道院閉鎖、強制収容所に変わる。

マヤコフスキー長詩「クルスクの労働者に」(『レフ』第4号、8-12月)。

ロシア政治・社会

3月
10日　レーニン、三回目の発作に倒れ政治活動不能となる。党内の権力闘争激化。
4月
1日　ソ連漁業庁と日本業者代表間にソ連領沿岸漁区借区条約成立。
17日　第十二回共産党大会開催(～25日)。「三頭制」が台頭(スターリン、ジノヴィエフ、カーメネフ)、トロツキーに対抗。

5月
8日　タタール出身のスルタン・ガリエフ国外の民族主義者と連絡をとったかどで逮捕。
6月
第四回民族問題会議招集。

7月
6日　労働国防会議創設。
ソ連邦中央執行委員会、ソ連憲法承認。

9月
19日　イギリス・アメリカ・フランス・オランダ・ベルギーがソヴィエト・ロシアを石油の世界市場から排除するためのブロック形成。

10月
15日　プレオブラジェンスキイら、「46人の政綱」を政治局に提出。

世界情勢

3月
15日　連合国、ポーランド東部国境を確認。

6月
9日　ブルガリア、右翼クーデターでスタンボリスキー政権崩壊。
12日　広州で中国共産党第三回全体会議開催。国共合作を決定(～20日)。

7月
24日　連合国とトルコ間にローザンヌ講和条約調印。

8月
ドイツでマルク大暴落(1ドル＝460万マルク)。
11日　ドイツでクーノ政府打倒のゼネスト(～14日)。12日にクーノ辞任し、13日にシュトレーゼマン大連合内閣成立。
23日　連合国軍、イスタンブールを撤退。

10月
10日　ザクセンにドイツ社会民主党・共産党の連合政府成立。16日にはチューリンゲンにも成立。29日、ドイツ大統領エーベルトがザクセン政府首相を更迭。11月5日にはドイツ国防省がチューリンゲン政府を解体。8日、国防軍司令長官ゼークト、大統領より全執行権委任。
29日　トルコ、正式に共和国を宣言。
11月
8日　独、ヒトラー(ナチス)ミュンヘン一揆蜂起失敗。
15日　ドイツのマルク下落、最低点に(1ドル＝4兆2000億マルク)。レンテンマルク発行によりインフレの収束開始。

マンデリシュターム『第二の書』(モスクワ)。
D. フールマノフ長編小説『チャパーエフ』、初期社会主義リアリズムの代表作の一つ。

1924

ロシア思想

4月
23日　ノヴゴロツェフ、プラハで没(58歳)。

5月
「ヴォリフィラ」活動停止。

8月
28日　ヴャチェスラフ・イヴァーノフ、ローマへ移住。

9月
ストルーヴェ、パリの「ロシア民族同盟会議」へ出席。

この年
ベルジャーエフ、パリへ移住。宗教哲学アカデミーもパリへ移る。
「ベルリンはロシア亡命者の中心ではなくなり、パリがそれになった」(ベルジャーエフ『自己意識』)
I. イリーン、ロンドン大学スラヴ研究所の準会員になる。
ゲルシェンゾーン「ロシア社会科学研究所連合会」に勤務。

シュペート、「ロシア芸術科学アカデミー」副総裁に就任。

フランク『偶像の崩壊』(ベルリン・パリ、「YMCA」出版社)。

ベルジャーエフ『新しい中世、ロシアとヨーロッパの運命に関する思索』(ベルリン、「オベリスク」出版社)。

ヴィシェスラフツェフ『ロシア宗教意識の諸問題』(ベルリン)。

ロシア文化

前年暮れ〜年頭
モスクワで『赤い処女地』誌下に文学グループ「峠」が結成。定期刊行文集『峠(ペレヴァール)』を発刊(24〜28年まで全6集)。最初はヴェショールイ、ゴロードヌイ、スヴェトロフ、ヤースヌイら、「十月」と「若き親衛隊」グループの作家たち。後にM. プリシヴィン、I. カターエフ、E. バグリツキイ、N. デメンチエフ、A. カラヴァーエヴァらが寄稿、27年頃には60名以上の作家を擁する。1932年4月23日の文学団体解散令時まで存続。

8月
雑誌『レフ』(第5号)上で「レーニンの言葉」特集。

9月
エセーニン長詩「偉大なる行軍の唄」(『東方の曙』紙、チフリス、第677号-9月14日号)。

この年
ベールイ、人智主義者クラウジア・ヴァシーリエヴァと再婚。

パリで大衆文芸週刊誌『絵入りロシア』発刊(〜1939年)。

マヤコフスキー、10月まで長詩「ウラジーミル・イリイチ・レーニン」を書き続け、断片を諸誌紙に発表。単行本出版は1925年(レニングラード、国立出版所)。

エセーニン、9月から翌年にかけ劇詩「悪党たちの国」を諸誌紙に発表。詩集『酔いどれのモスクワ』(モスクワ)。

ザミャーチン、『われら』の英訳ニューヨークで出版(ロシア語原文はプラハの『ロシアの意志』誌1927年第2-3号に掲載)。

ロシア政治・社会

世界情勢

この年

ルカーチ『歴史と階級意識』。

1924

ロシア政治・社会

1月

21日　レーニン没(53歳)。

26日　ペトログラードをレニングラードに改称。

ソ連邦憲法公布。

第二回ソ連邦ソヴィエト大会開催(～2月2日)。

2月

1日　イギリス、ソ連承認。

7日　イタリア、ソ連承認。

22日　金本位制を採用。

5月

23日　第十三回共産党大会。

31日　中国と協定調印。中ソ外交関係樹立。

6月

スターリン、ジノヴィエフとカーメネフを批判。「三頭制」解消。

トロツキーの論文「レーニンについて」。

17日　モスクワで第五回コミンテルン世界大会(～7月8日)。

8月

8日　イギリスと通商条約調印。

9月

1日　ヴランゲリ将軍「ロシア全軍人同盟」設立(全18カ国、5支部)。

10月

25日　「ジノヴィエフ書簡」事件。

27日　中央アジアの民族的境界区別。

28日　フランス、ソ連を承認。

11月

7日にイギリス、第二次ボールドウィン保守党内閣成立に伴い、21日、英ソ通商条約破棄を通告してくる。

12月

20日　スターリン、一国社会主義論を発表。

世界情勢

1月

20日　中国で第一次国共合作成立。

22日　英、最初の労働党内閣成立(首相マクドナルド)。

25日　フランス・チェコ相互援助同盟条約調印。

27日　イタリア・ユーゴ、「ローマ盟約」調印。イタリア、フィウメを獲得。

4月

9日　ドイツ賠償問題に関するドーズ案提示。16日にドイツ政府受諾。8月29日にドイツ議会、ドーズ案を承認。30日にロンドンで調印。9月1日施行。

5月

1日　ギリシア、共和国を宣言。

10月

2日　国際連盟総会、国際紛争の平和的解決に関する「ジュネーヴ議定書」を採択。

24日　イギリス外務省、「ジノヴィエフ書簡」に関しソ連大使に抗議。翌日同書簡、英紙に報道される。

11月

26日　モンゴル人民共和国成立。

この年

ヨーロッパ諸国相次いでソ連を承認。

1925

ロシア思想

1月

S. ブルガーコフ「位階と位格性」(『P. ストルーヴェの学術出版活動35周年記念論文集』プラハ、に収録)(執筆は24年6月)。

フランク「〈我〉と〈我々〉」(『ストルーヴェ学術記念論文集』収録)。

2月

19日　ゲルシェンゾーン、モスクワで没(55歳)。

3月

1日　エヴロギイ府主教、第一次世界大戦時に押収されたパリのプロテスタント教会施設を購入し、聖セルギイ正教神学院を設立。以降第二次大戦後までロシア正教会の知的中枢となる。S. ブルガーコフ、V. イリーン、フェドートフ、N. ロースキイ、ヴィシェスラフツェフ、ザンデル、カルタショーフ、フロロフスキイ、ベゾブラーゾフ、ウェイドレイ、ゼンコフスキイ等が教鞭をとる。

5月

ストルーヴェ、パリに移住。

6月

I. イリーン『哲学の宗教的意味』(パリ)、『力による悪への抵抗について』(ベルリン、翌年にはベオグラードで出版)。

3日　ストルーヴェ(後にJu. セミョーノフ)編集、新聞『復興(ヴォズロジデェーニエ)』がパリで発刊(～1940年6月7日)。後年次第に明白な君主主義・全体主義的傾向を強め、ドイツ、イタリア、フランス等のファシズム運動を賞賛。競争紙とみなした『最新ニュース』紙の「ユダヤ・フリーメーソン的要素」などを告発。それに伴いストルーヴェは編集から退けられ、最初本紙に協力していたイズゴーエフらが去る。

9月

ベルジャーエフ編集、B. ヴィシェスラフツェフ、G. クリマン編集参与で『道(プーチ)』誌、パリで創刊(～1940年3月)。S. ブルガーコフ、ザイツェフ、ゼンコフスキイ、

ロシア文化

1月

ロシア・プロレタリア作家協会(ラップ)結成。

雑誌『レフ』終刊。

2月

11日　ザミャーチンがレスコフの小説「左きき」を脚色した『蚤』がモスクワ芸術座第二劇場で上演、好評を博す。

4月

7日　総主教チーホン没(60歳)。

12日　ソヴィエト政府は総主教選出を許可せず、府主教ピョートルが総主教代理に就任。

5月

エセーニン長詩「アンナ・スネーギナ」(『バクーの労働者』紙、5月1日、3日号)。

マヤコフスキー、海外へ(フランスからメキシコ、アメリカ合衆国へ。11月22日モスクワへ帰国)。

6月

共産党中央委員会、決議「文学芸術の領域における党の政策について」を発表。さまざまな文芸潮流の自由競争が公認される(ネップ期の寛容な文化政策を代表する決議)。

パリ現代装飾美術・産業美術万国博覧会のソヴィエト・パビリオン(メリニコフ設計)開館。

7月

タトリン、キエフ芸術研究所の絵画科講師となる(～27年)。

10日　タス通信設立。

9月

「OSA(現代建築家協会)」結成(ヴェニスーン、ギンズブルグ等)。「アスノヴァ」に対し構成主義の機能的方法を信奉、「アスノヴァ」メンバーを形式主義として非難。

1925

ロシア政治・社会

1月

全ロシア・プロレタリア会議(モスクワ)。

15日　トロツキー、軍事人民委員を解任。

20日　日ソ基本条約調印。日本、ソ連を承認。

3月

6日　G. リヴォフ公、パリで没(64歳)。

4月

27日　第十四回共産党協議会。スターリン、ブハーリンと連合。ジノヴィエフ、カーメネフに対抗(～29日)。

世界情勢

1月

3日　伊、ムッソリーニ、議会で独裁を宣言。

21日　アルバニア、共和国を宣言。

3月

12日　イギリス、保守党内閣、ジュネーヴ議定書調印拒否。議定書は有名無実になる。

孫文、北京で病没(59歳)。

4月

フランス、国際装飾美術・産業美術国際博覧会。

16日　ブルガリア、聖日曜教会の爆発事件。これを機にブルガリア共産党、非合法化。

22日　日本、治安維持法公布。

26日　ドイツ大統領にヒンデンブルク元帥。

5月

4日　武器取引や毒ガス使用に関するジュネーヴ会議開催(～6月17日)。

30日　上海の共同租界で反帝デモ(五・三十運動開始)。

8月

17日　オーストリア、第十四回世界シオニスト大会に対し、反ユダヤ主義のデモ。

N. ロースキイ、サヴィツキイ、N. トルベツコイ、フランク、フロロフスキイなど広範な協力者を得る。

12 月

S. ブルガーコフ、パリに定住。正教神学院の神学教授、神学部長に就任。長司祭に叙せられる。

この年

セルビア、カルロフツィ府主教シノド（ロシア正教会在外シノド）とエヴロギイ府主教の「西欧管区」ロシア正教会が分裂。

フェドートフ、フランスへ亡命。パリ正教神学院教授に。

エセーニン「36 についての長詩」（『東方の曙』紙、チフリス、第 686 号 - 9 月 25 日号）。

12 月

10 日　総主教代理ピョートル逮捕。ニジェゴーラドの府主教セルギイが総主教代理に就任（～ 44 年）。

28 日　エセーニン、レニングラードで自殺（30 歳）。

この年

M. ブルガーコフ長編『白衛兵』。

1926

3 月

4 日　ヴャチェスラフ・イヴァーノフ、サン・ピエトロ聖堂でカトリックに改宗。

秋

ヴャチェスラフ・イヴァーノフ、パヴィアに招聘され、パヴィア大学で教授としてロシア文学を講義、また当地の Almo Collegio di S. Carlo Borromeo でも博士課程を教える。

この年

フランク『生の意味』（パリ、「YMCA」出版社）。

ベルジャーエフ『コンスタンチン・レオンチエフ』（パリ、「YMCA」出版社）。

ウストリャーロフ論文集『革命の旗の下で』（ハルピン）。

この年の前後数年間のあいだにシェストフはフッサール、レヴィ・ストロース、マックス・シェーラー、ブーバー、ハイデッガー等と親交を結ぶ。

5 月

モスクワで西欧の「革命芸術」展（芸術学アカデミー主催）。

12 日　ショスタコーヴィチが「交響曲第一番」を発表（モスクワ）。

11 月

25 日　総主教代理セルギイ逮捕、軟禁（～1927 年 4 月）。

この年

エイゼンシュテインの映画「戦艦ポチョムキン」完成。

M. ブルガーコフ戯曲『トゥルビーン家の日々』モスクワ芸術座で上演。

バーベリ『騎兵隊』。

ロシア政治・社会

12月
12日　モスクワで独ソ通商条約調印。
17日　ソ連・トルコ中立不可侵条約調印。
18日　共産党第十四回大会(～31日)。党名を全ソ連共産党に改称。工業化方針の決定。ジノヴィエフ敗北。

世界情勢

12月
1日　イギリス・フランス・ドイツ・イタリア・ベルギーがロンドンでロカルノ条約調印。ドイツ西部国境の現状維持等。

この年
ヒトラー『わが闘争』。
カフカ『審判』。
ドライサー『アメリカの悲劇』。

1926

ロシア政治・社会

1月
25日　スターリンが「レーニン主義の諸問題によせて」を発表。

4月
6日　党中央委員会総会。トロツキー、ジノヴィエフ、カーメネフ、合同反対派を結成。
24日　ドイツと中立不可侵条約調印。

7月
14日　党中央委員会総会。共産党中央委員会でトロツキー、ジノヴィエフ等の合同反対派、党指導部を激しく非難する声明を提出。ジノヴィエフ政治局から追放。

8月
31日　ソ連・アフガニスタン中立不可侵条約調印。

9月
28日　ソ連・リトアニア不可侵条約調印。

10月
26日　ソ連で、第十五回共産党協議会が開幕。一国社会主義論争。

世界情勢

1月
3日　ギリシアのパンガロス、共和国憲法を廃止、独裁者に(8月22日追放)。
12日　パリのパストゥール研究所で、破傷風の血清が発見される。

3月
26日　ルーマニア、ポーランドと同盟条約調印。

5月
1日　英、炭坑ストライキはじまる。3日に250万労組員のゼネストに発展。
4日　オーストリア・ナチ党創立。
18日　ジュネーブ軍縮準備会議が開催される。

7月
23日　仏、レイモン・ポアンカレの挙国一致内閣が成立。

9月
8日　ドイツ、国際連盟加盟。常任理事国となる。

10月
7日　伊、ファシスト党が唯一の合法政党となる。
19日　イギリス帝国議会開催(～11月18日)。バルフォア宣言採択。
31日　ムッソリーニ暗殺未遂事件発生。事件は政府反対派弾圧の口実に利用される。

1927

ロシア思想

1-2月
フランクとストルーヴェ、在外教会の分裂問題で意見の一致を見、再び思想的親交を結ぶ（セルビア・カルロフツィの府主教宗務院を批判）。

春
S. ブルガーコフ「府主教エヴロギイへの説明」（『教会報知』誌）。

9月
22日　I. イリーン、『ロシアの鐘』誌創刊（〜1930年）。

秋
ストルーヴェ、『復興』の編集人を解任され、週刊誌『ロシア』を発刊する（〜1928年5月）。

この年
フロレンスキイ、一旦ニージニイ・ノヴゴロドに追放されるが、3カ月後にモスクワへ帰還。『技術百科事典』編集に参加。『素材学』誌編集メンバーに。
ロシア・キリスト教学生運動と英国国教会により、教会協力合同問題を討議するロシア人学生と英国人学生の集会がサン・オルバンスで開催。ロシア亡命正教会と英国国教会の協力の皮切りとなる（→英国国教会・正教会友好会）。フロロフスキイ、フェドートフ、S. ブルガーコフ等が活発に参加。
V. アスムス、赤色教授学院などで哲学史を教える。
サヴィツキイ『ロシアの地理的特性』（プラハ）。
N. トルベツコイ論文集『ロシアの自己認識に向けて』（パリ、「ユーラシア」出版社）。
ベルジャーエフ『自由精神の哲学――キリスト教の諸問題と弁護』（パリ）。
S. ブルガーコフ『燃え尽きぬ柴』（パリ）、『哲学の悲劇』（独文、ダルムシュタット）。
N. ロースキイ『意志の自由』（パリ）。

ロシア文化

1月
雑誌『新レフ（新芸術左翼戦線）』創刊（マヤコフスキー編集長）。

3月
3日　アルツィバーシェフ、ワルシャワで没（48歳）。

5月
ベルリンで、マレーヴィチの個展。
18日　総主教代理セルギイ、主教評議会を召集、そこで臨時総主教座宗務院を設立。20日にソヴィエト政権により承認。

7月
29日　総主教代理セルギイ、ソヴィエト政権への教会の公認と忠誠に関する信徒への書簡を発表（『総主教代理セルギイの宣言』）。
「我々は正教徒でありたいと同時に、ソヴィエト連邦を自らの世俗の祖国としたい。その祖国の慶びは我々の慶びと成功であり、失敗は我々の失敗である。」（『宣言』より）

秋
多くの大主教、司祭、一般信徒たちがセルギイの宣言に不快感を表明。

10月
『ノヴァ・ゲレナツィア（新世代）』創刊（ハリコフでマレーヴィチ、ブリューク、マチューシン等寄稿）。ここがアヴァンギャルドの最後の発言の場となる。

11月
「美術における最新の潮流」展（レニングラードでマレーヴィチ、タトリン等出展）。

12月
「OSA」最初の展覧会（モスクワ）。
ヴフテマス（VKHUTEMAS）がヴフテイン（VKHUTEIN: 高等芸術技術研究所）に改称。

この年
エイゼンシュテイン映画『十月』。
オレーシャ「羨望」、『赤い処女地』誌に発表。
レオーノフ『泥棒』。

1927

ロシア政治・社会

3月
11日ソ連・トルコ通商条約調印。
4月
18日　第四回全連邦ソヴィエト大会。国民経済発展五カ年計画を承認。
5月
7時間労働制導入、死刑廃止の宣言。
12日　ロンドンのロシア通商会社アルコスが警察による手入れを受ける（アルコス事件）。
27日　英が英ソ通商条約破棄。英ソ国交断絶。
6月
2日　ソ連・ラトヴィア通商条約調印。
3日　ポーランドでソ連全権代表ヴォイコフ殺害。
7月
ソ連とイギリス労働組合指導部との関係断絶。
10月
1日　ソ連・ペルシア中立不可侵条約調印。
11月
12日　党中央委員会総会開催。トロツキーとジノヴィエフを中央委員会から追放（～14日）。
30日　ソ連外務人民委員リトヴィノフ、ジュネーヴ軍縮会議準備委員会で全面軍縮を提案（拒否される）。
12月
12日　第十五回共産党大会開催。第一次五カ年計画作成を指令。農業集団化路線を決定。
15日　中国の国民政府がソ連と断交。

世界情勢

1月
30日　連合国軍事監視委員会解散。
2月
21日　北伐軍、武漢国民政府樹立。24日に南京を占領し、列国領事館を襲撃（南京事件）。
4月
5日　イタリア・ハンガリー友好条約調印。
6日　北京政府、ソ連大使館強制捜査。中国共産党指導者逮捕。李大釗処刑(28日)。
12日　上海で蒋介石が反共産党クーデター、18日に南京国民政府樹立。
5月
3日　ジュネーヴ、第一回国際経済会議（～23日）。
27日　チェコ・スロヴァキアでマサリク大統領再選。
28日　日本の第一次山東出兵(～9月8日)。
6月
5日　武漢政府、反共に転じ、140人のソ連人顧問を罷免退去させる（～7月末）。7月15日に中国共産党との分離を決定。8月5日に共産党取締令を発する。9月6日に武漢政府、南京政府に合流。
9月
24日　国際連盟総会で侵略戦争禁止が決議。
10月
毛沢東、井崗山に革命根拠地を建設。
11月
11日　フランス・ユーゴ友好条約調印（イタリアのバルカン進出に対抗）。
17日　中国共産党が広東州に初のソヴィエト政府を樹立。
12月
11日　中国共産党、武装蜂起（広州市）。コミューン樹立。13日に南京政府これを潰滅させ、広州のソ連領事館を捜索。

1928

ロシア思想

1月

S. ブルガーコフ、英露宗教親睦団体「聖アルバン・聖セルギイ協会」創立に参加するため渡英。

4月

7日　ボグダーノフ没(55歳)。

8月

カルサーヴィン「人格論へのプロレゴメナ」(『道』誌第12号)。

秋

ストルーヴェ、ベオグラードへ移住。ロシア科学大学の創立に参加。

12月

ストルーヴェ、ベオグラードで週刊新聞『ロシア人とスラヴ人』創刊(～34年6月)。まもなくこの新聞はザイツェフとオリデンブルグらに主導権を握られ、ストルーヴェの意に反し政治新聞というよりは文学新聞になっていく。

A. メイエル、「復活」サークルが原因で逮捕。

この年

フランク『世界観としての唯物論』(パリ)。

パリ正教神学院紀要『正教思想』創刊、S. ブルガーコフ、ベルジャーエフ、カルタショーフ、ザンデル、ゼンコフスキイらが参加。

シェストフ「思弁と啓示、V. ソロヴィヨフの宗教哲学」(『現代雑記』1927年第33号、1928年第34号)。

シェストフ、ソルボンヌ大学で「トルストイとドストエフスキーの宗教哲学的思想」のテーマで講義(～1930年)。

アスコーリドフを初めとする「聖セラフィム兄弟団」会員逮捕。アスコーリドフはコミへ流刑。

ロシア文化

1月

映画『カメラを持った男』製作(ジガ・ヴェルトフ)。

「十月」結成(クルチス、アレクセイ・ガン、ギンズブルグ等)。

3月

「十月」、雑誌『現代建築』に宣言を発表。

5月

第一回全ソ連邦プロレタリア作家大会。

「ヴォアップ(全ソ連邦プロレタリア作家協会連合)」結成。

6月

ドイツ、ケルンにて国際報道博覧会「プレッサ」開催。エル・リシツキー設計のソヴィエト・パヴィリオンが反響を呼ぶ。

8月

マヤコフスキー、『新レフ』誌編集長辞任。

9月

「アルウ(都市建築家同盟)」結成(ラドフスキイ等)。設立宣言を発表。

11月

ステンベルグ兄弟、赤の広場で催される十月革命の祭典の装飾を手掛ける。

国際芸術作品購入委員会購入作品展(モスクワ)。マレーヴィチの『建築モデル』が展示。

12月

第二回OSA大会で「建築における構成主義」(ギンズブルグ)発表。『現代美術』(第5号)に転載。

雑誌『新レフ』終刊。

この年

文学グループ「オベリウ」、レニングラードで結成。

1929

ロシア思想

春

A. メイエル、銃殺を宣告されるが、10年の刑に減刑。ソロフキ、後にベルバルトラグの

ロシア文化

2月

13日　『南京虫』、モスクワ国立劇場で上演(マヤコフスキー作、ロトチェンコ舞台装

1928

ロシア政治・社会

1月

6日　穀物調達に「非常措置」を適用する党中央委員会指令。

16日　トロツキー、カザフスタンのアルマ・アタに追放。

23日　モスクワで日ソ漁業条約調印。

3月

10日　ロストフ州のシャフトゥイ市でシャフトゥイ事件。「ブルジョワ専門家」を怠業陰謀の咎で摘発。

6日　党中央委員会総会(～11日)。穀物調達とシャフトゥイ事件に関する決議採択。

5月

18日　シャフトゥイ裁判開始(～7月6日)。

7月

4日　党中央委員会総会。穀作ソホーズについて決議。スターリン派と右派反対派(ブハーリン、ルイコフ、トムスキイ)との論争たかまる(12日に綱領を決定)。

17日　モスクワで第六回コミンテルン大会(9月1日)。

9月

6日　ソ連、ケロッグ・ブリアン条約に調印。

30日　ブハーリン、「経済学者の覚書」を『プラウダ』に発表、スターリンの左旋回を批判。

10月

1日　第一次五カ年計画開始(1929年4月に開始決定をここに遡及)。

11月

16日　党中央委員会総会。工業化加速。「右翼偏向」批判(～24日)。

12月

10日　第八回労働組合大会。右派反対派の敗北(～24日)。

世界情勢

2月

2日　南京で国民党第二期第四回中央委員会全体会議開催。北伐再会を決定。蒋介石、軍政両権を掌握。

20日　日本で最初の普通選挙実施。

3月

4日　ポーランド、ピウスツキ「政府協力超党派ブロック」結成。

4月

19日　日本、第二次山東出兵。

6月

日本で『マルクス・エンゲルス全集』刊行開始(35年8月に完結、改造社)。

4日　張作霖爆殺事件。

18日　モスクワで中国共産党第六回全体代表会議開催(～7月11日)。ソヴィエト革命路線を決定。

29日　日本、治安維持法改正公布。死刑、無期刑を追加。

7月

2日　英国、男女平等選挙法成立。

8月

27日　米仏等15カ国、不戦条約(ケロッグ・ブリアン条約)調印。国策の手段としての戦争を放棄。

9月

1日　アルバニアで君主制成立。

10月

10日　蒋介石、国民政府首席に就任。

11月

5日　イタリアのファシスト党大評議会が国家機関となる。

この年

ブレヒト『三文オペラ』初演。

1929

ロシア政治・社会

1月

政治局、トロツキーの国外追放を決定。

24日　ブハーリン「レーニンの政治的遺言」

世界情勢

1月

6日　セルビア・クロアチア・スロヴェニアでアレクサンダル王がクーデター。国王

ロシア思想

ラーゲリに収監。

この年

バフチン、「復活」サークルの件で逮捕。ソロフキに送られるはずが、カザフスタンへの流刑に変更。

ブルガーコフ『ヤコブの階梯』(パリ)。

バフチン『ドストエフスキーの創作の諸問題』(レニングラード)。

ヴィシェスラフツェフ『キリスト教神秘主義者とインドの神秘主義における心』(パリ)。

ロシア文化

置、メイエルホリド演出)。

4月

8日　ソヴィエト政府、反宗教の「宗教団体法」公布(教会に対しては礼拝以外のすべての公的活動を禁止)。

11月

ギンフク、事実上閉鎖。

25日　『南京虫』レニングラード国立劇場で上演。

この年

マヤコフスキー『南京虫』(『若き親衛隊』誌第3、4号)を単行本で刊行。

ロシア政治・社会

発表。

2月

9日　東欧諸国と「リトヴィノフ議定書」調印。ソ連、ポーランド、ルーマニア、ラトヴィア、エストニア間の不可侵条約。

政治局・中央統制委幹部会合同会議、ブハーリンらを批判。

11日　トロツキー、国外追放。

4月

16日　党中央委員会総会(〜23日)。ブハーリン、トムスキイを非難。

23日　第十六回党協議会(〜29日)。第一次五カ年計画「最上」案承認。

6月

5日　機械トラクター・ステーションに関する労働国防会議決定。

28日　ロシア共和国法「穀物調達について」発布。

7月

17日　中ソ国交断絶。8月より武力衝突。

9月

ルナチャルスキイ更迭。

10月

12日　ソ連軍、中国東三省の同江を攻撃(17日　満州里、11月24日　ハイラルを攻撃)。

11月

7日　スターリン、「偉大な転換の年」を『プラウダ』紙に発表。

10日　党中央委員会総会(〜17日)、コルホーズ建設等について決定。ブハーリンを政治局から追放。

12月

17日　トルコと25年条約の延長・補足に関する議定書を調印。

20日　英ソ国交回復。

22日　中東鉄道の原状回復に関するハバロフスク議定書を張学良と調印、中ソ紛争は一応決着。

27日　スターリン、「階級としてのクラークの絶滅」政策を宣言。

世界情勢

が独裁開始。

2月

11日　ムッソリーニ、ローマ教皇とラテラノ協定調印。イタリアと教皇庁和解。

4月

16日　日本共産党の大検挙。

5月

27日　張学良下の官憲がハルピンのソ連領事館を捜索。

6月

7日　対ドイツ賠償問題についてのヤング・プラン調印。

7月

11日　中国張学良下の軍隊、東清鉄道機関をソ連より接収。

8月

6日　ヤング・プランに関する第一回ハーグ会議開催(〜31日)。ドイツ、同プランを受諾。

9月

5日　仏外相ブリアン、ヨーロッパ連邦案を提唱(国際連盟での討議成果なし)。

10月

3日　ユーゴ王国、正式にユーゴスラヴィアと国名変更。

24日　ニューヨーク株式市場の株価大暴落、世界恐慌の始まり(暗黒の木曜日)。

この年

レマルク『西部戦線異常なし』。

ヘミングウェイ『武器よさらば』。

フレミング、ペニシリンを発見。

1930

初春

フランク、ストルーヴェに招かれ、ベオグラード・ロシア科学大学で２カ月の集中講義。

この年

S. ブルガーコフ『言葉とは何か』(独文) を『マサリク顕彰論集』に掲載(ボン)、これが『名前の哲学』第１章となる。
フランク『社会の精神的基盤』(パリ)。
ローセフ『神話の弁証法』(モスクワ)。
フランク、ベルリン大学スラヴ・カレッジ(学部長 M. ファースメル) でロシア思想文学史の講義をドイツ語で始める。
ローセフ、戦闘的観念主義の罪状で逮捕。10年の刑を宣告され、いったんは白海・バルト海運河で強制労働に処せられる。

１月

亡命ロシア人たちによるモスクワ大学175周年祝賀会の開催。

２月

マヤコフスキー創作20周年展(作家クラブ、モスクワ)。
モスクワ総主教代理セルギイ、「無神論者からの迫害はない」と宣言。これにより在外ロシア正教会との決裂が決定的になる。

３月

『風呂』上演(マヤコフスキー作、ワフタンゴフ、デイネカ舞台装置、メイエルホリド演出)。

４月

14日　マヤコフスキー自殺(37歳)。

「これでいわゆる
『一件落着』
愛の生活は
ブイトにぶつかり砕け散った
僕は人生に貸し借りなし、
かぞえあげるのもむだなこと、
おたがいさまの痛みや
不幸や
侮辱を
どうかいつまでもお幸せに」
(マヤコフスキー「遺書」桑野隆訳)

1931

１月

フェドートフ、ステプン、フォンダミンスキイ、イジェボルジン編集の『新都(ノーヴィ・グラード)』誌パリで発刊。キリスト教的視点でソ連、ヨーロッパの社会、経済、政治動

２月

7日　「OSA(現代建築家協会)」が「SASS(社会主義建設の建築部門)」に改称。
エヴロギイ府主教指導下の西欧管区ロシア

1930

ロシア政治・社会

1月
5日　農業の集団化に関する党中央委員会決定。集団化のテンポを規定。
30日　クラークとの闘争に関する党中央委員会の決定。

3月
1日　農業アルテリ模範定款制定。
2日　スターリン、「成功による幻惑」を『プラウダ』に発表。

5月
1日　トゥルクシブ鉄道開通。

6月
17日　スターリングラード・トラクター工場操業開始。
26日　第十六回共産党大会（～7月13日）。五カ年計画のテンポの大幅な引上げ。

7月
27日　リトヴィノフ、外務人民委員に就任。
30日　全面的集団化地区の農村共同体廃止に関するロシア共和国法令。

9月
2日　取引税制定。

11月
25日　「産業党」裁判（～12月7日）。

12月
1日　スイルツォフとロミナッゼ、党中央委員会から追放。
9日　ルイコフ、人民委員会会議議長（首相）職を解任される。後任にモロトフ就任。

世界情勢

1月
20日　第二回ハーグ会議、賠償問題につきヤング・プランを正式決定。オーストリアは賠償義務を免除。
21日　日米英仏伊、ロンドン海軍軍縮会議開催。

2月
6日　イタリア・オーストリア友好条約調印（ムッソリーニの対オーストリア浸透政策）。
18日　ジュネーヴで国際関税会議開催（～3月24日）。「関税休戦」協定調印。

4月
22日　英米日ロンドン海軍軍縮条約調印、補助艦制限率を決定。

7月
16日　ドイツ、最初の大統領緊急令（新増税案を裁可）。
27日　中国紅軍、長沙を占領。29日、長沙ソヴィエト樹立。8月4日、国民政府軍により長沙奪回、ソヴィエト政府倒れる。

9月
ドイツ、国会選挙でナチス107議席獲得。

10月
14日　フィンランド＝ファシストのラプア団、反共クーデターを試み失敗。11日、政府、ラプア団の圧力で共産主義運動取締令発布。

11月
17日　ジュネーヴで世界経済会議開催。

この年
オルテガ『大衆の反逆』。

1931

ロシア政治・社会

2月
ラトヴィアとの中立不可侵条約調印。

3月
1日　「メンシェヴィキ・ビューロー」裁判

世界情勢

3月
15日　ポーランド、人民戦線結成。
21日　ドイツ・オーストリア関税同盟案を公表（仏・伊・チェコの反対に会い、9月

向を論ずる。S. ブルガーコフ、ベルジャーエフら寄稿(〜39年、全14号)。
フランク「人間性の使徒」(『ロシアとスラヴ』誌第1号、ドストエフスキー記念祭論文)。

正教会府主教座、コンスタンチノープル総主教座下に転属。

3月
タトリン、名誉芸術家の称号を授与される。

6月
亡命左派系の『ロシア年代誌』、パリで創刊(38年4月にミリュコフが実権を握る)。

5月
『ソヴィエト宮殿』のコンペティション公示。「アスノヴァ」や、ラドフスキイ、クリーンスキイ等が応募。

この年
ベルジャーエフ『人間の使命について——逆説的な倫理学の試み』(パリ)、『キリスト教と階級闘争』(パリ)。
S. ブルガーコフ『イコンとイコン崇敬』(パリ)。
N. ロースキイ『世界観の諸類型』(パリ、「YMCA」出版社)、『価値と存在』(パリ、「YMCA」出版社)。
フェドートフ『古代ロシアの聖者たち』(パリ、「YMCA」出版社)。
シェストフ、ソルボンヌ大学で「ロシア哲学思想」を講義(〜33年、32年と33年は「ドストエフスキーとキルケゴール」のテーマで)。

10月
「十月」の文集『視覚芸術戦線——空間芸術戦線に対する階級闘争』(モスクワ、レニングラード)。

11月
ザミャーチン、仏へ亡命。

この年
ゴーリキイ帰国。

1932

春
国家宣伝グラフ紙『USSR』創刊。

4月
10日　ポクロフスキイ没(64歳)。

4月
23日　共産党中央委員会、決議「文学芸術団体の改組について」を発表。すべての芸術団体が解散。社会主義リアリズムの定式化。

ロシア政治・社会

(〜9日)。ルービン、グローマンらの経済学者が連座。
8日　トルコと海軍協定に調印。両国の黒海艦隊の現状維持。

5月
1日　タシケント農業機械工場操業開始。
4日　エストニアとの中立不可侵条約調印。
6日　リトアニアとの不可侵条約を5年間延長。
23日　アフガニスタンとの中立不可侵条約調印。

6月
23日　スターリン演説「新しい情勢」、質的指標の重視をよびかける。
24日　独ソ中立条約更新。

8月
2日　党中央委員会、集団化テンポに関し決定。

9月
20日　金属・石炭工業における賃金制度の改組を決定。

10月
1日　モスクワのリハチョフ自動車工場、ハリコフのトラクター工場操業開始。
29日　外務人民委員代理カラハン、満州事変に対し中立不干渉を声明(11月14日外務人民委員リトヴィノフも不干渉表明)。
30日　リトヴィノフ、アンカラを訪問し、トルコ条約を更新(5年間)。

世界情勢

3日同盟案破棄)。

4月
20日　スペイン、第二次共和制成立。

5月
エンパイア・ステート・ビル竣工。
11日　オーストリア中央銀行破産、ヨーロッパ経済恐慌深刻化。

6月
20日　米大統領フーヴァー、戦債、賠償支払の1年間猶予を発表(フーヴァー・モラトリアム)。

7月
13日　ドイツ、全銀行、金融機関支払い不能、翌日閉鎖へ。

9月
18日　満州事変。日本、関東軍、満州占領を企て南満州鉄道を爆破、中国軍と交戦。

10月
11日　ドイツ、右派諸政党結集、ハルツブルグ戦線の成立。

11月
27日　中華ソヴィエト共和国臨時政府(瑞金政府)樹立。主席毛沢東。

1932

ロシア政治・社会

1月
5日　最高国民経済会議を解体、重工業・軽工業・木材業の3人民委員部に分割。
21日　フィンランドと不可侵条約調印。

世界情勢

1月
28日　上海事変開始。

2月
2日　ジュネーヴ軍縮会議(〜8月)。米ソ等、64カ国代表出席。

3月
1日　日本、満州国建国宣言(9日、溥儀、執政に就任)。
19日　イギリス、保護貿易体制に移行。

4月
24日　ドイツ、ナチス、各州選挙で勝利。

ロシア思想

ロシア文化

10月

レニングラード、ロシア美術館で「最近15年のソヴィエト芸術」展開催。マレーヴィチ、タトリン等出展。

この年

S.ブルガーコフ「聖盃」(『道』誌第32号)。『福音書の奇跡について』(パリ)。『正教会』(パリ)。

シェストフ『繋がれた枷をはめられたパルメニデス』(パリ、「YMCA」出版社)。

イズゴーエフ『革命の動乱の中での誕生』(パリ)。

この年

ヴャチェスラフ・イヴァーノフ『ドストエフスキー論』(チュービンゲン)。

ショーロホフ『開かれた処女地』第1部。

メレシコーフスキイ『知られざるイエス』(パリ)。

総合文芸誌『チェラエフカ』ハルピンで発刊(～1934年)。

1933

2月

フロレンスキイ、反革命運動のかどで逮捕(6月に東部シベリア・ラーゲリに10年の期限で送られる)。

イヴァーノフ=ラズームニク逮捕(9月にノヴォシビルスク、後にサラトフへ3年間の追放)。

10月

ローセフ、モスクワに戻ることを許される。

ロシア政治・社会

7 月
25 日　ポーランド・エストニア・ラトヴィアと不可侵条約調印。

8 月
7 日　社会主義財産保護法制定（国営企業、コルホーズ、協同組合の財産保全と社会的所有強化）。

10 月
9 日　「リューチン事件」に関して多数の党員が除名処分。
10 日　ドニエプル水力発電所操業開始。
17 日　英、ソ連との通商協定破棄を通告。

11 月
スターリン夫人アリルーエヴァ自殺。
4 日　モスクワで外務人民委員リトヴィノフ、松岡洋右国際連盟代表に不可侵条約締結を提議（12 月 13 日、日本拒否）。
29 日　フランスと不可侵条約調印。

12 月
ウクライナなどの穀倉地帯で飢饉（～ 34 年）。
12 日　中ソ外交関係回復。
27 日　国内旅券制を導入。

世界情勢

オーストリア、ナチス、各州選挙で得票を 5 倍増。

5 月
15 日　日本、五・一五事件。

6 月
16 日　ローザンヌ会議開会（～ 7 月 9 日）。独賠償総額を 30 億マルクに削減。

7 月
15 日　国際連盟、オーストリアに、独と同盟を結ばぬことを条件に、3 億シリングの借款を決定。
31 日　ドイツ、国会選挙でナチス第一党に。

8 月
27 日　アムステルダムでロマン・ロラン、バルビュス等の文学者国際反戦会議開催。

9 月
25 日　スペイン中央政府、カタロニア自治憲章を承認。

10 月
1 日　満州事変に関するリットン報告書公表。

11 月
6 日　ドイツ、国会選挙でナチス後退。

12 月
11 日　英米仏伊四国宣言で独の軍備平等権を承認。

1933

ロシア政治・社会

1 月
7 日　党中央委員会総会開催（～ 12 日）。機械トラクター・ステーション（MTS）とソフホーズに政治部設置が決定。12 日には共産党の粛清（チーストカ）に関する決定。

2 月
6 日　外務人民委員リトヴィノフ、ジュネーヴの軍縮会議で侵略の定義に関する条約を提案。

世界情勢

1 月
15 日　アメリカ、満州国不承認を列国に通告。
30 日　ヒトラー内閣（連立内閣）発足。ワイマール共和国崩壊。

2 月
ジュネーヴ軍縮会議再開（～ 10 月 14 日）。
24 日　国際連盟、日本の満州撤退案を採決。
27 日　ドイツ、偽装国会放火事件。共産党員 4000 人を即時逮捕。逮捕者総数 3 万人に。
28 日　ドイツ、大統領令「民族と国家の保護のための条例」発布。

3 月
ドイツ、ダッハウに最初の強制収容所開設。

ロシア思想

12月

26日　この年イスパニアに大使として派遣されたルナチャルスキイ、南フランスのメントナで没(58歳)。

この年

S. ブルガーコフ『神の仔羊』(パリ)。

グルジェフ『来るべき良きものの先駆け』。

トロツキー『ロシア革命史』全3巻(ベルリン、1931年～)。

ロシア文化

12月

24日　リガで大衆文芸週刊誌『あなたのために』発刊(～1940年6月27日)。

この年

芸術アカデミーがレニングラードに創設。

ブーニン、ノーベル文学賞受賞。

ロシア政治・社会

5月

2日　日本に対し中東鉄道譲渡を提議(23日、日本、ソ連の北満鉄道を満州国に買収させる方針を決定)。

6月

労働人民委員部を廃止、その権限は労働組合に移管。

29日　白海・バルト海運河完成。

7月

3日　ソ連、ポーランド、ルーマニア、トルコ、エストニア、ラトヴィア、アフガニスタン、侵略の定義に関する条約調印。

7日　ウクライナのスクルイプニク、民族的傾向を告発され自殺。

9月

2日　イタリアと不可侵中立条約調印。

11月

16日　アメリカ、ルーズヴェルト政権、ソ連を承認。

12月

29日　外務人民委員リトヴィノフ、中央委員会でドイツの脅威を非難する演説。

世界情勢

4日　ルーズヴェルト、第32代アメリカ大統領に就任。ニューディール政策を推進。

23日　ドイツ、非常大権法可決。ナチス以外の他政党を解散。

27日　日本、国際連盟脱退を通告。

4月

1日　ドイツで「ユダヤ・ボイコットの日」。

19日　アメリカ、金本位制停止を宣言。

5月

アメリカ、ニューディール諸立法可決(～36年)。

10日　ドイツで労働戦線成立(労働組合禁止)。

ベルリンで「反アーリア的書籍」の公開焚書(最初のナチス焚書)。

6月

12日　ロンドン世界経済会議(～7月27日)。

26日　日本の外務省で北満鉄道譲渡満ソ第一回正式会議開催。

7月

14日　ドイツで新党禁止令発布。ナチス一党独裁完成。

20日　ドイツ、ローマ教皇庁と政教条約調印。

8月

1日　中国、瑞金政府、反日・反帝・反国民党を指示。

10月

14日　ドイツ、軍縮会議と国際連盟脱退を宣言。

11月

20日　福建で抗日反蔣介石の人民革命政府樹立(～34年1月13日)。

この年

アインシュタイン、トーマス=マン、ツヴァイク(34年)らがドイツから亡命。

マルロー『人間の条件』。

ロシア思想

1934

2月

28日　東方学、仏教研究者のS.オリデンブルグ、レニングラードで没(60歳)。

8月

24日　「ロシア・キリスト教学生運動」の指導者、宗教哲学者のA.エリチャニノフ、パリで没(53歳)。

秋

フロレンスキイ、ソロフキ・ラーゲリへ移される。

この年

ヴャチェスラフ・イヴァーノフ、フィレンツェ大学のスラヴ学教授に就任、論文「アニマ」を発表。

イリーン、ナチスの綱領に沿った講義を行なうことを拒否して、ロシア学術研究所を追放。

ベルジャーエフ『我と客体の世界、孤独と共同体の哲学の試み』(パリ)、『現代世界における人間の運命』(パリ)。

ロシア文化

1月

パリで月刊文芸誌『出会い』発刊(～6月)。

8日　ベールイ、モスクワで没(53歳)。

8月

7日　第一回全ソ作家大会開催(～9月1日)。ソ連作家同盟発足。「社会主義リアリズム」をソヴィエト文学の基本方法として確認。

この年

科学アカデミー、レニングラードからモスクワへ移転。

ショスタコーヴィチ、オペラ「ムツェンスク郡のマクベス夫人」。

ベールイ『ゴーゴリの創作技巧』(モスクワ・レニングラード)。

ジガ・ヴェルトフ『レーニンの三つの歌』。

1934

ロシア政治・社会

1月

26日　第十七回共産党大会開催（～2月10日）。通称「勝利者の大会」。反対派の自己批判とスターリン賛美。第二次五カ年計画を採択。

2月

16日　ロンドンで英ソ新通商協定調印。

4月

4日　ポーランド・バルト諸国との不可侵条約を更新（10カ年）。

6月

9日　ソ連・ポーランド・ルーマニア間協定調印。相互の国境を保障。

24日　ウクライナ共和国、ハリコフからキエフに遷都。

7月

10日　OGPU（合同国家政治保安部）、NKVD（内務人民委員部）に吸収。

9月

18日　国際連盟に加盟。常任理事国となる。

11月

28日　機械トラクター・ステーションの政治部を廃止。

12月

1日　スターリンの後継者とも目されていたS.キーロフ政治局員兼書記の暗殺。その日のうちにテロ事件に対する刑事特別手続きが導入される。暗殺の背後にジノヴィエフ一派の組織があったとされ、暗殺者とジノヴィエフ派13名が年内に処刑。大規模な粛清の開始。

16日　ジノヴィエフとカーメネフ、キーロフ事件に加担した容疑で逮捕。

この年

チェコ・スロヴァキア、ソ連邦を承認、外交関係樹立。

世界情勢

1月

26日　ドイツ・ポーランド不可侵条約調印。

2月

9日　トルコ・ギリシア・ユーゴ・ルーマニアがバルカン協商調印（ブルガリア不参加）。

12日　フランスで反ファシズム・ゼネスト。オーストリアで反ファシズム労働者武装闘争（～15日）。

3月

1日　溥儀、満州国皇帝に即位。

17日　イタリア、オーストリア、ハンガリー、ローマ議定書に調印。

5月

19日　ブルガリアのゲルギエフ将軍、クーデターにより独裁制樹立。

6月

1日　独・ユーゴ間に通商協定調印。

14日　ヒトラーとムッソリーニ、最初の会談。

30日　ドイツでレーム事件（～7月2日）。ヒトラーの指揮下、親衛隊（SS）が、突撃隊（SA）を始めとする反対派を殺害。犠牲者100名超。事後に殺害行動が合法化。

7月

ウィーンでナチス蜂起、ドルフース首相暗殺。

8月

19日　ヒトラー、首相兼総統に就任。

10月

6日　スペイン、カタロニア独立宣言。

9日　仏外相バルトゥーとユーゴ国王アレクサンダル一世、マルセーユで暗殺される。

10日　中国共産党軍の長征開始。

12月

日本、ワシントン条約破棄、軍備拡張。

この年

トインビー『歴史の研究』。

1935

ロシア思想

3月

シュペート逮捕、エニセイスクへ流刑(11月にはトムスクへ移る)。

6月

11日　イズゴーエフ、エストニアで没(63歳)。

夏

A. スタヴロフスキイとウラジーミル・ロースキイがS. ブルガーコフのソフィア論に異端の疑惑を抱き、リトアニア・ヴィリニュス府主教エレフフェリ(モスクワ総主教系)に秘密報告を送る。

9月

7日　モスクワ総主教代理セルギイによる教会令1651号「リトアニア・ヴィリニュス府主教へ」でS. ブルガーコフを異端と批判し、教説の放棄を勧告。

10月

S. ブルガーコフ「府主教エヴロギイへの報告覚書」を西欧管区府主教エヴロギイに送り、自分のソフィア観を弁明。

12月

ベルジャーエフ「大審問官の精神」を発表(『道』誌)、モスクワ総主教庁のS. ブルガーコフへの異端宣告を「教会ファシズム」と糾弾。

西欧管区府主教エヴロギイ、管区境界設定議論のためセルビアのスレムスキー・カルロフツィの白系在外正教会を訪問するが、S. ブルガーコフのソフィア論の是非をめぐり白系在外正教会と意見の対立。

27日　モスクワ総主教庁、教会令2267号「キリストの二本性と唯一の位格についてのブルガーコフの教説」でS. ブルガーコフを非難。

ロシア文化

2月

第一回モスクワ国際映画祭。

3月

パリ聖セルギイ正教会神学院設立10周年祝賀。

5月

15日　マレーヴィチ、レニングラードで没(59歳)。

1935

ロシア政治・社会

1月

15日　キーロフ事件に関するジノヴィエフ、カーメネフの裁判(17日に間接的関与により懲戒処分の有罪判決)。

21日　北満鉄道譲渡に関する満ソ協定成立。

2月

11日　第二回全連邦コルホーズ突撃隊員大会開催(～17日)。農業アルテリ模範定款制定。

3月

7日　トロツキーやジノヴィエフらの書籍を図書館から除去する通達。

23日　北満鉄道を満州国に売却する協定を日・満・ソ間で正式調印。

5月

2日　フランスと相互援助条約(5カ年)調印。

13日　党中央委員会、党員証の点検を指示。

15日　モスクワ地下鉄開通。

16日　チェコスロヴァキアと相互援助条約調印。

25日　古参ボリシェヴィキ協会解散。

6月

25日　旧政治囚協会解散。

7月

13日　ソ連・アメリカ通商条約調印。

25日　第七回コミンテルン大会開催。反ファシズム人民戦線戦術を決定(～8月21日)。

8月

31日　ドンバスの炭鉱夫スタハーノフが採炭新記録を達成。スタハーノフ運動開始。

世界情勢

1月

7日　仏伊、ローマ条約調印、オーストリア独立維持で協力を約す。

13日　ドイツ、ザール人民投票。90%がドイツ帰属を表明。

毛・朱中共軍が遵義を占領、政治局拡大会議を開催(～17日)。毛沢東の党指導権確立。

3月

16日　独、ヴェルサイユ条約軍縮条項破棄。徴兵制を導入し、再軍備開始。

21日　ペルシア、国名を正式にイランとする。

4月

11日　イギリス(マクドナルド)、フランス(ラヴァル)、イタリア(ムッソリーニ)がイタリアのストレーザで会談。ドイツの脅威に3カ国が共同して対抗することが協議される(ストレーザ戦線)(～14日)。

6月

18日　英独海軍協定調印。独、英海軍の35%の海軍力保有が承認される。

7月

5日　アメリカ、ワグナー法(労働者の団結権保証)。

14日　仏共産党・社会党など、人民戦線を結成(6月28日)、パリで40万人が反ファシズム大示威行進。

8月

31日　アメリカ、中立法を制定し、孤立政策に傾斜してゆく。

9月

15日　ドイツ、ニュルンベルグ法(二つのユダヤ人差別立法)制定。ユダヤ人迫害開始。

10月

3日　イタリア軍、エチオピアに侵攻(第二次イタリア・エチオピア戦争。～36年5月5日)。ストレーザ戦線崩壊。これ以降イタリアはドイツへ接近。

11月

国際連盟理事会、イタリアの軍事行動を侵

ロシア思想

この年

アスコーリドフ、ノヴゴロドでの居住許可を得、当市の中学校で数学を教える。

S. ブルガーコフ『位階と機密』(パリ)、『神の智慧ソフィアについて(モスクワ総主教庁への回答)』(パリ)。

フェドートフ『宗教詩——宗教詩に見るロシア民衆の信仰』(パリ)。

ロシア文化

この年

ルイセンコ学説発表。

ハチャトリアン「交響曲第一番」。

1936

ロシア思想

10月

8日　在外シノド派、セルビアのスレムスキー・カルロフツィ府主教アントニイ・フラポヴィツキイ没(73歳)。

この年

V. ロースキイとチェトヴェリコフ、『道』誌上で、ベルジャーエフの「大審問官の精神」に反駁。

ベルジャーエフ、『道』誌上でこれに反駁。

ソ連の歴史学界でポクロフスキイ批判始まる。

ロシア文化

1月

芸術分野での「形式主義」批判キャンペーン。ショスタコーヴィチ、ミハイル・ブルガーコフらが『プラウダ』紙上の論文等で批判を受ける。

バーゼルで「構成主義者」展(ロトチェンコ、マレーヴィチ、タトリン等出展)。

3月

21日　作曲家A. グラズノフ、パリで没(71歳)。

5月

2日　プロコフィエフ、『ピーターと狼』初演。

15日　モスクワ、レーニン博物館開館。

6月

18日　ゴーリキイ、モスクワ郊外のゴールキで没(68歳)。

ロシア政治・社会

この年
地下ガス製造法を開発。

世界情勢

略と認定し、経済制裁を実施(～36年7月4日)。

この年
ヤスパース『理性と実存』。
チャペック『山椒魚戦争』。

1936

ロシア政治・社会

1月
党員証交換交付に伴う粛清開始。

2月
10日　『プラウダ』紙がブハーリンを批判。

3月
12日　ウランバートルでモンゴルと相互援助条約調印(4月7日　南京政府が不承認を声明)。

6月
12日　新憲法草案発表。

7月
7月29日付党中央委員会秘密書簡でジノヴィエフ派とトロツキー派との政府転覆運動陰謀が捏造。

8月
19日　第一次モスクワ裁判開始。ジノヴィエフ、カーメネフら16名がキーロフ事件の直接加担の濡れ衣で処刑(～24日)。

9月
26日　内務人民委員ヤゴダ解任、後任にエジョフ、彼が大テロルを指揮することになる(エジョフシチナ)。

世界情勢

1月
15日　日本、ロンドン軍縮会議を脱退。

2月
16日　スペイン人民戦線が総選挙に勝利。
26日　日本、二・二六事件。

3月
7日　独、ロカルノ条約破棄、ラインランドに進駐。
19日　英仏伊ベルギーがドイツのロカルノ条約破棄を非難、国際連盟、ドイツ問責決議採択。

5月
9日　イタリア、エチオピア併合を宣言。

7月
18日　スペイン内乱勃発(～39年)。
29日　イタリア、スペイン反乱軍に援助開始。

8月
1日　ベルリン・オリンピック開催(～16日)。
フランス、スペイン内乱への不干渉提唱(自国では8日に不干渉決定)。

9月
8日　ニュルンベルグでナチスの党大会。再軍備四カ年計画。
9日　27カ国が参加しロンドンでスペイン内乱不干渉委員会設立。

10月
1日　スペイン反乱軍政府主席にフランコ将軍就任。
25日　ベルリンでドイツ・イタリア外相

シェストフ、科学協会の招待でパレスチナを訪問、エルサレムとテルアビブで講演。
イヴァーノフ＝ラズームニク釈放。
シュペート釈放。
S. ブルガーコフ『慰む者』(パリ)。
V. ロースキイ『ソフィアについて』(パリ)。
K. モチュリスキイ『ウラジーミル・ソロヴィヨフ、生涯と教説』第1版、(パリ、「YMCA」出版社)。
オパーリン『生命の起源』。

1937

ロシア思想

年頭

フランク、ドイツからフランスへ移住。

7月

6日　西欧管区府主教エヴロギイ創設の主教区委員会、S. ブルガーコフへの異端宣言を否定し、彼のソフィア論を教会内で許容可能な私見とみなす。

9月

イヴァーノフ＝ラズームニク再逮捕。

10月

シュペート、再逮捕（カデット・君主制論士官達の蜂起組織に加担との罪状）。

11月

府主教エヴロギイの府主教座下主教会議、S. ブルガーコフへの全ての告発を却下。和解成立。
16日　シュペート、銃殺(58歳)。

12月

8日　フロレンスキイ、ソロフキで銃殺(55歳)。

この年

ベルジャーエフ、パリの「宗教・哲学アカデミー」で「自己の内的矛盾と歴史とに直面した人間」と題する20回の連続講演。
S. ブルガーコフ『神の智慧――ソフィア論概説』(英文、ニューヨーク、ロンドン)。
ベルジャーエフ『精神と現実――神人的霊性の基礎』(パリ)。

ロシア文化

11月

21日　ショスタコーヴィチ「交響曲第五番」初演（ムラヴィンスキイ指揮、レニングラードフィル）。

この年

第一回ソヴィエト建築家総同盟大会。メリニコフ、建築家の職を追われる。
世界各地の亡命ロシア人社会でプーシキン没100周年祭が祝われる。
人口調査によると、農村部の三分の二、都市部の二分の一の住民が自分を正教信者とみなしている旨が公表。
教会関係の弾圧の新しい波。大主教フョードル、府主教セラフィム、府主教キリル、府

ロシア政治・社会

11 月
25 日　第八回全連邦ソヴィエト大会（～12 月 5 日）。新憲法（スターリン憲法）採択。

12 月
28 日　モスクワで日ソ漁業条約の効力一年延長に関する暫定協定調印。

世界情勢

会談。ベルリン・ローマ枢軸結成。

11 月
3 日　ルーズヴェルト、米大統領に再選。
6 日　スペイン共和国政府マドリードを脱出。反乱軍マドリード包囲。
8 日　ドイツとイタリア、フランコ政権を承認。
25 日　日独防共協定ベルリンで調印。

この年
ジイド『ソヴィエト紀行』。

1937

ロシア政治・社会

1 月
23 日　第二次モスクワ裁判開始（～30 日）。ピアタコフ、ラデック等 13 人に死刑判決。

2 月
18 日　重工業人民委員オルジョニキーゼ自殺。
23 日　共産党中央委員会総会（～3 月 5 日）。ブハーリン、ブイコフを党から除名。

3 月
3 日　スターリンが党中央委員会総会で党活動の欠陥を報告。
7 日　ブハーリンらが逮捕される。

5 月
21 日　「ソ連 N-170 号」北極到達、最初の北極冬営開始。

6 月
12 日　スターリン、秘密裁判で M.トハチェフスキイ元帥等赤軍首脳を粛清。

8 月
21 日　南京で中ソ不可侵条約調印。

9 月
極東地方の朝鮮人等 18 万人、カザフスタンへ強制移動開始。

世界情勢

1 月
2 日　英伊「紳士協定」調印。地中海の現状維持を約束。

4 月
26 日　スペイン、バスク地方都市ゲルニカがドイツ・イタリア空軍によって爆撃される（死傷者 2000 余人）。

5 月
4 日　パリ万国博覧会。スペイン館でピカソが『ゲルニカ』を出展。
28 日　チェンバレン挙国一致内閣が成立。

7 月
7 日　盧溝橋事件。日本軍、中国軍と衝突（日中戦争開始）。
8 日　イギリス政府がパレスチナをアラブとユダヤに分割する「ピール報告」を公表。

8 月
13 日　上海で日中両軍交戦（第二次上海事変）。
27 日　ローマ教皇庁、フランコ政権を承認。

9 月
23 日　蒋介石、中国共産党の合法的地位承認の談話。国共合作成立。抗日民族統一戦線。
28 日　国際連盟総会、日本の中国都市爆撃非難決議を可決。

11 月
3 日　ブリュッセルで 9 カ国条約国会議（～5 日）。日本の国際法違反を非難。

ロシア思想

イリーン『芸術の基礎』(リガ)、『霊的新生の道』(ベオグラード)。

フロロフスキイ『ロシア神学の道』(パリ)。

ゼルノーフ『第三のローマ、モスクワ』(英文、ロンドン)。

カルサーヴィン『人格について』(1929年〜、カウナス)。

フランク『政治的思想家としてのプーシキン』(ベオグラード)。序文はストルーヴェで、保守的自由主義という彼の図式はここで完全に定まる。

ロシア文化

主教イオシフ、主教グリゴーリイ、長司祭ホトヴィツキイ、長司祭バヤノフ、司祭シーク等多くの聖職者が銃殺される。

バーベリ逮捕。

『現代雑記』誌が『ロシア雑記』と改題され、パリと上海の共同刊行となる。

1938

ロシア思想

6月
25日　ニコライ・トルベツコイ、ウィーンで没(48歳)。
7月
イリーン、ドイツを脱し、スイス、チューリヒ郊外に居住。
10月
シェストフ「偉大なる哲学者の思い出(エドモンド・フッサール)」を執筆。これが絶筆となる。
11月
20日　シェストフ、パリで没(72歳)。ブローニュの新墓地へ埋葬。

この年
ヴャチェスラフ・イヴァーノフ、ローマ教皇ピオ十一世に謁見。
シェストフ『アテネとエルサレム』(パリ)。
N. ロースキイ『感性的・知的・神秘的直観』(パリ、「YMCA」出版社)。

ロシア文化

1月
メイエルホリド劇場閉鎖される。
4月
12日　シャリャーピン没(65歳)。
5月
マンデリシュターム逮捕。
8月
17日　スタニスラフスキー没(75歳)。
10月
ニューヨークに聖ウラジミル正教神学アカデミー開設(長司祭フロロフスキイ、長司祭シュメマン、長司祭メイエンドルフが学長を歴任)。
1日　『全連邦共産党史小教程』刊行。
国家社会に対して有害な図書が図書館から除去される。
12月
27日　マンデリシュターム、ラーゲリで服役中に死亡(47歳)。

この年
映画『アレクサンドル・ネフスキー』製作(エイゼンシュテイン)この映画で、レーニン勲章(39年)、スターリン賞(41年)受賞。
G. クルツィス、逮捕され投獄。44年、シベリアの強制収容所で死去。
スタニスラフスキー『俳優修業』。

カバレフスキイ、オペラ「コラ・ブルニョン」。

ロシア政治・社会

12月
12日　最高会議委員第一回総選挙を実施。

世界情勢

6日　イタリア、日独防共協定に参加。日独伊防共協定成立。
9日　日本、国家総動員法制定。
12月
11日　イタリア、国際連盟脱退。
13日　日本軍、首都南京を占領。南京大虐殺事件。

1938

1月
12日　第一回最高会議開催（～19日）。幹部会議長（首相）にカリーニン選出。
2月
7日　中国と軍事航空協定調印。
3月
2日　第三次モスクワ裁判開始。ブハーリン、ルイコフ、ヤゴダら18名が資本主義復活トロツキー陰謀荷担を理由に処刑（～13日）。
4月
19日　コルホーズ員のコルホーズからの不当な除名を禁止する措置。
7月
張鼓峰事件。朝鮮北端の満・鮮・ソの国境交叉点で日ソ両軍が衝突（8月10日停戦協定）。
15日　モスクワ・ヴォルガ運河開通。
11月
26日　ポーランドと不可侵条約を調印。

12月
8日　内務人民委員エジョフ解任、後任にベリヤ就任。
20日　労働手帳制度の導入。

2月
4日　ヒトラー、統帥権を掌握。
3月
12日　独軍、オーストリアに侵攻。
13日　オーストリア首相がドイツとの合邦を宣言（オーストリア併合）。
4月
1日　日本、国家総動員法公布（5月5日施行）。
30日　国際連盟理事会、スイスの中立を確認。
5月
29日　ハンガリー、第一次反ユダヤ法布告。
6月
14日　独、ユダヤ人商店のマーク提示義務化。
7月
14日　伊、反ユダヤキャンペーンが始まる。
24日　ベネルクス3カ国、北欧4カ国、中立宣言。
10月
3日　ドイツ、ズデーテン地方併合。
11月
8日　ドイツ全土でポグロム（水晶の夜）。
この年
サルトル『嘔吐』。
チャップリン『モダン・タイムス』。
リーフェンシュタール『民族の祭典』、『美の祭典』。

1939

ロシア情勢

1月
国勢調査実施、総人口1億7千万人。

2月
27日　クループスカヤ没(70歳)。

3月
10日　第十八回共産党大会開催。第三次五カ年計画採択(〜21日)。

5月
3日　外務人民委員リトヴィノフ解任、モロトフが兼任。
11日　ノモンハンで日本軍とソ連軍の軍事衝突勃発。

夏
M.ツヴェターエヴァ、パリからソ連に帰還。

6月
13日　1億5千万ドルの中国に対する借款協定に調印。
16日　中国と新通商協定調印。
20日　メイエルホリド、反革命の罪状で逮捕。

7月
19日　メイエル没(64歳)、ヴォルコフ墓地に埋葬。

8月
1日　モスクワで全ソ農業展覧会開催。
12日　モスクワで英仏ソ連が軍事協定の交渉(17日中断、21日交渉失敗)。
19日　ベルリンで独ソ通商条約調印。
20日　ノモンハンでソ連軍総攻撃、日本軍惨敗。
23日　モスクワで独ソ不可侵条約調印(9月1日　最高議会で批准)。

9月
1日　一般兵役義務に関する法令採択。
7日　クレムリンで、スターリン、ジダーノフ、モロトフ、ディミトロフが協議し、コミンテルンの活動で反ファシスト及び人民統一戦線のスローガンの放棄を決定。
15日　モスクワでノモンハン事件の日ソ停戦協定成立。

世界情勢

1月
4日　アメリカ、ルーズヴェルト、年頭教書で国際危機への対処を強調。
21日　中国国民党、第五期第五回中央委員会全体会議を開き、反共強化に向かう(〜30)
26日　フランコ、バルセロナを占領。

2月
24日　ハンガリー、日独伊防共協定に参加(3月27日フランコ政権も参加)。
27日　英仏、フランコ政権を承認。

3月
15日　ドイツ、ボヘミアとモラヴィアを併合、チェコ・スロヴァキアが解体。
ハンガリー、ルテニアを占領、併合。
21日　ドイツ、ポーランドにダンチヒ割譲を要求。26日ポーランド拒否。
23日　ドイツ、前日のリトアニアとの強制的国家条約によりメーメル地方を占領、併合。
28日　マドリード陥落、スペイン内乱終結。

4月
1日　フランコ勝利宣言。
7日　イタリア、アルバニアを占領、併合。
11日　ハンガリー、国際連盟脱退。
28日　ドイツ、ドイツ・ポーランド不可侵条約と英独海軍協定の破棄を声明。

5月
22日　ドイツ・イタリア軍事同盟(鋼鉄同盟)締結。ベルリン - ローマ枢軸の完成。

9月
1日　ドイツ軍、ポーランド進撃開始。第二次世界大戦勃発。
2日　イタリア、中立を表明。
3日　英仏、ドイツに宣戦布告。
日本大本営、関東軍にノモンハン作戦中止を命令。
5日　アメリカ、欧州戦争に中立を表明。
26日　フランス、共産党を非合法化。
27日　ワルシャワ、ドイツ軍の空爆で陥落。

ロシア情勢

16日　V.バザーロフ、トゥーラで没(65歳)。
17日　ソ連軍、白ロシアとウクライナ西部を保護下に置き、ウクライナ・白ロシアを再統合。
ソ連軍、ポーランド侵攻開始。
28日　ドイツと秘密議定書でポーランド分割を協定。
29日　エストニアに海・空軍基地の譲渡とソ連進駐を承認させる(10月10日　リトアニアとラトヴィアにも同条件を承認させる)。

11月
30日　フィンランドへ侵攻、ソ連・フィンランド戦争勃発(～40年3月12日)。

12月
14日　国際連盟、フィンランド侵攻を理由にソ連を除名。

この年
大フェルガナ運河建設。
生き残り活動している教会はロシア全土で100。自由なままに置かれた高位聖職者は四名(モスクワ府主教セルギイ(シマンスキイ)、レニングラード府主教アレクシイ、ペトロゴフ大主教ニコライ、ドミトロフ大主教セルギイ(ヴォスクレセンスキイ)。
S.コトリャレーフスキイ没(65歳)。
アスムス、モスクワ大学哲学教授に就任。
ベルジャーエフ『人間の隷属と自由について――人格主義的哲学の試み』(パリ)。
フランク『理解されないもの――宗教哲学への存在論的序説』(パリ)。
シェストフ『キルケゴールと実存哲学、砂漠で呼ばわる者の声』(パリ)。

世界情勢

11月
3日　アメリカ、中立法修正案(交戦国への武器禁輸の撤廃等)。

この年
スタインベック『怒りの葡萄』。

1940

ロシア情勢

2月
2日　メイエルホリド銃殺される(66歳)。
11日　ドイツと通商協定調印。

3月
10日　作家のミハイル・ブルガーコフ、モ

世界情勢

4月
9日　ドイツ軍、デンマークとノルウェイに侵攻。北欧作戦の開始。
30日　ノルウェイ国王、ロンドンに亡命。5月5日、ロンドンにノルウェイ亡命政権成

ロシア情勢

スクワで没(49歳)。
12日　モスクワでフィンランドと講和条約調印。カレリア、ヴィボルグ等を獲得。
5月
7日　対フィンランド戦争の結果により、ボロシロフ元帥を防衛人民委員から解任、後任にチモチェンコ。
6月
16日　エストニアとラトヴィアに最後通牒。翌日両国に進駐。
26日　労働時間延長に関する決定(成人労働者は週6日11時間労働)。
26日　ルーマニアにベッサラヴィア、北ブコヴィナの割譲要求の最後通牒。28日～7月1日、ソ連軍、両地方を占領。
7月
21日　バルト三国にソヴィエト共和国復活。翌日人民議会、ソ連邦への加入を決定。
8月
2日　モルダヴィア共和国成立。
3日　ソ連邦最高会議、バルト三国のソ連加盟を承認(～6日。3日リトアニア、5日ラトヴィア、6日エストニア)。
21日　トロツキー、メキシコで暗殺(61歳)。

世界情勢

立。
5月
1日　ヒトラー、西部戦線攻撃開始指令(黄色作戦)。
10日　ドイツ軍、北フランス・オランダ・ベルギー・ルクセンブルグへ奇襲攻撃。
チェンバレン英内閣総辞職、チャーチル連合内閣(保守・労働・自由党)成立。
13日　オランダ女王と政府、ロンドンへ亡命。15日にオランダ軍、降伏文書に調印。
14日　ドイツ軍、マジノ線突破。
17日　ドイツ軍、ブリュッセルを占領。
27日　イギリス軍、ダンケルク撤退開始(～6月3日)。
28日　ベルギー国王、降伏文書に署名。29日、ロンドンにベルギー内閣亡命政権成立。
6月
ポーランド、オシヴェンチム(独名アウシュヴィッ)絶滅収容所設立。
10日　イタリア、対フランス・イギリス戦に参戦。
13日　フランス軍パリ撤退。14日、パリ陥落。
16日　フランス、ペタン元帥組閣。
18日　ドゴール、ロンドンから徹底抗戦を呼びかける。自由フランス委員会を設立。
22日　ドイツ・フランス間で休戦協定調印。
7月
1日　フランス政府、ヴィシーへ移転。
3日　イギリス艦隊、アルジェリアでフランス艦隊を撃破。5日、ヴィシーのフランス政府、イギリスとの国交断絶。
10日　ドイツ空軍、イギリスを空爆。「イギリス戦」開始(～41年5月)。
11日　フランス第三共和制憲法廃止、新憲法制定。ペタン、フランス国家主席に就任。
8月
30日　ルーマニア、独伊の圧力で北トランシルヴァニアをハンガリーへ割譲(第二次ウィーン裁定)。
9月
3日　アメリカ・イギリス防衛協定調印。

ロシア情勢

11月

12日　外務人民委員モロトフ、ベルリン訪問。ソ連の枢軸側参戦問題についてヒトラーと会談。25日、対独覚書で参戦の条件を提示し、ドイツ拒否。独ソ交渉決裂。

この年

ショーロホフ『静かなるドン』完成（出版は翌年。第1-4巻、1928年～、ソ連邦国立出版局）。

世界情勢

13日　ドイツ軍、ロンドン猛爆撃（以後65日間、ブリテンの戦い）。

22日　ドイツ軍、フィンランド上陸。

23日　日本軍、北部仏印へ武力進駐。

27日　日独伊三国同盟締結。

10月

3日　フランスでユダヤ人排斥法公布。

28日　イタリア、ギリシア攻撃開始。

29日　イギリス軍、クレタ島上陸。

11月

20日　ハンガリー、三国同盟に加入。

23日　ルーマニア、三国同盟に加入。

12月

9日　イギリス軍、リビアで反攻開始。

18日　ヒトラー、対ソ連侵攻作戦準備の命令に署名（バルバロッサ作戦）。

この年

ヘミングウェイ『誰がために鐘は鳴る』。

チャップリン「独裁者」。

1941

ロシア情勢

1月

フェドートフ、フランスからアメリカへ移住。

3月

17日　バーベリ銃殺される（47歳）。

25日　トルコと中立に関する共同声明。

春

ストルーヴェ、ゲシュタポに逮捕される（6月釈放）。

4月

6日　モスクワでユーゴと不可侵条約調印（調印日付5日）。

13日　モスクワで日本と中立条約調印。

5月

6日　スターリン、人民委員会議長に就任。

6月

22日　ドイツ軍300万、バルト海から黒海にわたる戦線でソ連攻撃を開始（バルバロッサ作戦）。独ソ戦開始。

総主教代理府主教セルギイ、全府主教区に向けて祖国防衛のための決起をアピール。

世界情勢

2月

11日　ドイツ軍、リビアへ上陸。

3月

1日　イギリス、ALレーダー実用化、ドイツ・ケルンへの空爆に利用。

ブルガリア、三国同盟に加入。翌日ドイツ軍、ルーマニアからブルガリアへ進駐。

11日　アメリカ、武器貸与法成立。対英援助を強化。

25日　ユーゴ、三国同盟に加入。27日、反ドイツ軍部クーデター成功。

4月

6日　イギリス軍、アジスアババ占領。

6日　ドイツ軍、ギリシアとユーゴに侵攻開始。

17日　ユーゴ軍、ドイツに降伏。国王亡命。

23日　ギリシア軍、ドイツに降伏。国王クレタ島に亡命。27日、ドイツ軍、アテネ占領。

5月

15日　フランス共産党、レジスタンス組織

ロシア情勢

27日　ハンガリー、ソ連に宣戦。

29日　共産党中央委員会、祖国防衛戦争を指令。

30日　国家防衛委員会設立、スターリン議長に就任。

7月

3日　スターリン、ラジオで演説をし、独ソ戦を大祖国戦争と規定。

12日　イギリスと対独共同行動協定調印。

18日　大都市で配給制導入。

8月

1日　アメリカと援助協定を調印。翌日からアメリカ、対ソ経済援助を開始。

8日　スターリン、最高総司令官に就任。

28日　ヴォルガ＝ドイツ人の強制移住命令。

31日　ツヴェターエヴァ、エルドゥガで自殺(49歳)。

9月

8日　ドイツ軍、レニングラード包囲開始(～43年1月)。

17日　プーシキン市、ドイツ軍に占領される。

24日　「大西洋憲章」に加入。

29日　アメリカ・イギリス・ソ連首脳のモスクワ会談(～10月1日)。アメリカとイギリス、ソ連に武器貸与を約束。

30日　ドイツ軍、モスクワへの攻撃開始。

10月

15日　政府機関、モスクワからクイブイシェフへ移転。

24日　ドイツ軍、ハリコフ占領。

30日　セヴァストポリ防衛戦開始(～42年7月4日)。11月16日、ドイツ軍、要塞包囲。

12月

5日　ドイツ軍、モスクワ攻略に失敗。ジューコフ将軍率いるソ連軍猛反撃。

8日　ヒトラー、モスクワ攻撃放棄を指令。

9日　メレシコーフスキイ、パリで没(75歳)。

30日　リシツキー没(51歳)。

世界情勢

「国民戦線」結成。

19日　ベトナム共産党、独立同盟(ベトミン)結成(盟主ホーチミン)。

20日　ドイツ軍、クレタ島上陸(6月1日占領)。

27日　アメリカ、無制限国家非常事態宣言。

6月

14日　アメリカ、ドイツとイタリアの資産を凍結。

18日　ドイツ・トルコ不可侵条約。

22日　チャーチル、ラジオ放送で対ソ援助を提起。

23日　中国共産党、反日独伊・反ファシスト国際統一戦線を呼びかける。

27日　ユーゴ人民解放パルチザン部隊創設(司令官チトー)。

7月

25日　アメリカ、日本資産を凍結(26日にはイギリス、27日には蘭印も凍結)。

28日　日本軍、南仏印へ進駐。

8月

1日　アメリカ、対日石油輸出全面禁止。アメリカ、対ソ経済援助協定に調印。

14日　チャーチルとルーズヴェルト、大西洋憲章発表。

25日　イギリス・ソ連両軍イラン侵攻。

12月

8日　日本軍ハワイ真珠湾攻撃。日本、アメリカ相互に宣戦布告。

9日　中国国民政府が日独伊に宣戦布告。

11日　ドイツ・イタリアがアメリカに宣戦布告。アメリカ第二次世界大戦に全面参戦。

この年

A.N. トルストイ『苦悩の中をゆく』第3部、3部作完成。

ショスタコーヴィチ「交響曲第七番（レニングラード）」。

1942

ロシア情勢

1月

1日　ソ連、ワシントンで連合国共同宣言に調印。

2月

13日　都市住民の生産・建設作業への戦時下動員令。

春

イヴァーノフ＝ラズームニク、西プロシアのドイツ側ラーゲリで生活(～43年夏)。

4月

13日　非農業従事者の農作業への動員令。

5月

8日　ウクライナ南部ケルチ半島におけるソ連軍の上陸作戦失敗(～15日)。

12日　南方、西南戦線におけるソ連軍のバコフ、ドニエプロペトロフスクへの侵攻作戦、失敗に終わる(10万人のソ連人が捕虜に)。

26日　ロンドンでチャーチル・モロトフ、英ソ20年間同盟条約に調印。

30日　パルチザン運動中央本部設置。

6月

11日　ワシントンで米ソ相互援助協定調印。

12日　ワシントンで米ソ共同声明、ロンドンで英ソ共同声明。米英、年内に第二戦線開始の準備を声明。

28日　ドイツ軍、東部戦線の夏季攻勢開始(～7月20日)。

7月

1日　ドイツ軍、セヴァストポリ攻略。

17日　ドイツ軍、スターリングラード攻撃開始。

25日　ドイツ軍、カフカス攻撃。

28日　スターリン、退却を禁ずる国防人民

世界情勢

1月

1日　連合国26カ国ワシントンで共同宣言調印。日独との単独不講和、大西洋憲章の確認。

18日　ベルリンで日独伊軍事協定調印。

20日　ドイツ、アイヒマンらヴァンゼー会議でユダヤ人の絶滅を決定。

29日　ソ連・イギリス・イラン同盟締結。

2月

15日　日本軍、シンガポール占領。英軍降伏。

26日　アメリカで日系人に対し強制移住命令。(3月21日　日系人強制収容が議会で承認)。

3月

1日　日本軍、ジャワ上陸。9日、蘭印軍降伏。

9日　インドネシアのスカルノ、「民衆総力結集運動」結成。

28日　イギリス空軍、リューベック爆撃、以降都市爆撃強化。

4月

19日　マッカーサー、西南太平洋連合司令官に就任。

6月

アウシュヴィッツでユダヤ人の大量ガス殺戮開始。

5日　ミッドウエー海戦(～7日)で日本海軍敗北。

18日　ワシントンで第二次米英戦争指導会議(ルーズヴェルト、チャーチル出席)。

委員部命令227号「一歩も退くな」を発令。

8月

1日　チャーチルとスターリン、モスクワ会談。

12日　モスクワで英米ソ3国会議（チャーチル・ハリマン・スターリン）開催。英米、トーチ作戦を通達、ソ連、第二戦線結成を要請。

22日　ドイツ軍、スターリングラード猛攻撃開始。25日、同市包囲。9月3日、市内に突入。

9月

27日　ドゴール政権を承認。

11月

19日　ソ連軍、スターリングラードで挟撃作戦による猛反撃を開始。

22日　ドイツ軍（司令官パウルス）、ドン河とヴォルガ河から退却。

この年

ニューヨークで亡命ロシア人の文学・政治雑誌『新雑誌（ノーヴィ・ジュルナール）』創刊。作家アルダーノフ、グーリ、詩人ツェトリンらが編集に参与。フェドートフ、フランクらが寄稿。

ローセフ、モスクワ大学で働き始めるが、観念論哲学者として追放され、1944年にモスクワ教育大学に移る。

プロコフィエフ、オペラ「戦争と平和」。

ハルムス獄死（36歳）。

8月

7日　米海兵師団、ガダルカナル島へ上陸。年内いっぱい海戦も含め激戦。（12月31日　日本大本営、ガダルカナル撤退を決定）。

13日　アメリカ、42年初めに開始された原爆製造計画、陸軍管轄の極秘「マンタッハン計画」として再編され、レスリー・グロースの指揮下に入る。

10月

2日　アメリカ、ドゴール政権承認。

10日　イギリス・アメリカ、中国に対する不平等条約破棄。

11月

8日　米英連合軍（司令官アイゼンハワー）、北アフリカ上陸作戦開始。

9日　フランスのヴィシー政権、上陸作戦に抗議してアメリカとの国交断絶。

11日　ドイツ軍、上陸作戦に報復のためフランス非占領地域へ進駐。

この年

カミュ『異邦人』。

1943

1月

8日　ソ連、スターリングラードのドイツ軍に降伏を勧告（独軍司令官パウルス拒否）。

31日　東部戦線のドイツ南方部隊、ソ連に降伏。2月2日、北方部隊も降伏。スターリングラード攻防戦終わる。

3月

27日　ラフマニノフ、アメリカのビヴァリー・ヒルズで没（69歳）。

31日　ミリュコフ、フランスのエクス・レ・

1月

14日　ルーズヴェルトとチャーチル、カサブランカ会談（～24日）。対独空爆、シチリア島上陸作戦、枢軸国の無条件降伏の原則を決定。

2月

ドイツ、フランス国内で強制徴用開始。

3日　フィンランド首脳、対ソ戦争からの早期離脱に合意。

ベンで没(84歳)。
4月
13日　ドイツ側、スモレンスク郊外のカティンの森で4321人のポーランド将校の射殺死体を発見と発表。
26日　カティン事件の真相究明を求めたロンドンのポーランド亡命政府と断交。
5月
15日　コミンテルン解散。
7月
5日　ドイツ軍、クルスクで「要塞作戦」開始。
12日　ソ連軍、反撃開始。
モスクワで「自由ドイツ国民委員会」創立会議開催。
8月
21日　ソ連人民委員会議、共産党中央委員会が、ドイツから解放された地区の経済復興に関する「緊急措置」を決定。
9月
4日　クレムリンでスターリンが総主教代理府主教セルギイ、レニングラード府主教アレクシイ、ペテロゴフ大主教ニコライと会見。教会に対する政権の方針の転換。聖堂と神学教育機関の開設、総主教選挙、機関紙発行の許可。
8日　モスクワでロシア正教会主教会議開催。十九名の高位聖職者(大半が流刑やラーゲリから召還)が参加。総主教代理モスクワ府主教セルギイが総主教に選出(9月19日ボゴヤブレンスキイ聖堂で総主教就任式。以後この聖堂が総主教座教会となる)。宗務院設立。
25日　ソ連軍、スモレンスク奪還。
10月
19日　モスクワで米英ソ外相会談(〜30日)。オーストリア復興・戦犯問題討議。欧州諮問委員会(EAC)設置を決定。
31日　ロシア正教会とグルジア正教会の関係復興。
11月
6日　ソ連軍、キエフ解放。
28日　スターリン、チャーチル、ルーズヴェ

4月
19日　ワルシャワ=ゲットーでユダヤ人蜂起(〜5月19日、SSに弾圧される)。
5月
13日　アフリカにおけるドイツ・イタリア軍、チュニジアで降伏。
15日　ドイツ・イタリア軍、モンテネグロのパルチザン部隊(チトー指揮)に攻撃開始(〜6月17日)。
27日　フランス、ムーラン、全国抵抗評議会(CNR)を結成、国内レジスタンスの統一。
6月
3日　ドゴール、アルジェにフランス国民解放委員会を設置。
10日　英米軍、ドイツに昼夜の「混合爆撃」開始。
7月
10日　連合軍(総司令官アイゼンハワー)、シチリアに上陸(ハスキー作戦)。
24日　イタリア、ファシスト大評議会、ムッソリーニの不信任を決議、全職務から罷免。
25日　ムッソリーニ逮捕。
8月
10日　ケベック市で英米戦時会議(〜24日)。14日からチャーチルとルーズヴェルト会談(クワンドラント会議)。17日から連合国によるケベック会議。フランス上陸「オーバーロード作戦」を44年5月1日と決定。フランス国民解放委員会を承認等。
17日　ドイツ軍、シチリア撤退。
23日　英米軍、ベルリン重爆撃。
9月
6日　中国、国民党蒋介石を国民政府主席に任命。
8日　イタリア、バドリオ政権、連合軍に無条件降伏。翌日ドイツ軍、北・中部イタリアを占領し、10日にはローマを占領。12日、ムッソリーニ、ドイツ軍に救出され、15日、ドイツ軍占領下にファシスト共和政府首班となる。
10月
5日　枢軸軍コルシカから撤退。

ルト、テヘランで会談(～12月1日)。欧州第二戦線結成。イランの主権の尊重、ソ連の対日参戦等を協議。

12月

12日　チェコ・スロヴァキア亡命政府(ベネシュ)と友好・相互援助・戦後協力条約調印。

15日　ユーゴ国民解放委員会を承認し、カイロのユーゴ亡命政府と断交。

22日　「インターナショナル」に代えて新国歌制定。

冬

カルムイク人等、自治共和国を解体、追放(～44年春)。

この年

モスクワ総主教庁『モスクワ総主教庁通報』創刊。

フェドートフ、ニューヨークの聖ウラジミル正教神学校に勤務。

13日　イタリア、パドリオ政権、ドイツに宣戦布告。

14日　フィリピン共和国独立宣言(大統領ラウレル)。

11月

5日　東京で大東亜会議開催。

22日　ルーズヴェルト、チャーチル、蒋介石、第一回カイロ会談(～11月26日)。

27日　米英中、日本に対するカイロ宣言に署名。

12月

28日　アイゼンハワー、連合国最高司令官に任命される。

この年

サルトル『存在と無』。

1944

1月

14日　ソ連軍、レニングラード戦線で大攻撃開始。20日　同市をドイツ軍から解放。

23日　自治共和国解体継続、チェチェン・イングーシ人を強制移住。

2月

26日　ストルーヴェ、パリで没(74歳)。

4月

10日　ソ連軍、オデッサ解放。ドイツ軍ドニエストル河まで退却。

5月

5日　ソ連軍、セヴァストポリ攻撃開始。8日、ヒトラー、クリミア半島の撤退を指令。ドイツ軍、ルーマニアに撤退。

15日　総主教セルギイ没(77歳)。

6月

14日　正教神学単科大学と神学聖職者コース開設(1946年8月31日からはモスクワ神学大学及び神学校に改称)。

1月

1日　ポーランド人民軍(AL)結成。

3月

8日　日本軍インパール作戦開始。(7月4日　大本営インパール作戦の失敗を認め、作戦中止を指令)。

10日　ギリシア民族解放臨時委員会(PEEA)結成。

3月

19日　ドイツ軍、ハンガリーに進駐、占領。

5月15日　アイヒマン、ハンガリー＝ユダヤ人のアウシュヴィッツ収容所への移送を開始。

5月

10日　ILO総会、ILOの目的、加盟国の政策原則に関するフィラデルフィア宣言を採択。

6月

ルーマニア国民民主ブロック結成。

2日　ブルガリア、連合国との休戦交渉に入

ロシア情勢

7月

3日　ソ連軍、ミンスク解放。

13日　S.ブルガーコフ、パリで没(73歳)。

26日　ソ連軍、フィンランド侵攻開始。ポーランド、民族解放委員会を承認。友好軍事条約調印。

8月

20日　ソ連軍、モルドヴァ攻撃開始。

30日　ソ連軍、ルーマニアの油田地帯を攻撃。31日　ブカレストに入る。

9月

5日　ソ連、ブルガリアに宣戦布告。ドブルージャからドナウ河越えで進入。

12日　モスクワでルーマニアと休戦協定調印(米英も)。

19日　モスクワでフィンランドとの休戦協定調印。

10月

9日　モスクワでチャーチル・スターリン会談(～20日、米大使ハリマンも出席)。バルカンの英ソ勢力域を画定(百分率協定)。

11日　ソ連軍、東プロシャでドイツ国境を突破。

20日　ソ連軍・ユーゴ人民解放軍、ベオグラード解放。

23日　フランスのドゴール臨時政府を承認(同日に米英も)。

11月

10日　アルバニアのホジャ共産政権を承認(英米も)。

世界情勢

る。

4日　連合軍ローマ入場。

6日　連合軍、ノルマンディー上陸開始(第二戦線結成)。

15日　米軍サイパン島上陸(7月7日、日本守備隊全滅)。

15日　ドイツ　ロケット兵器V1でロンドンを爆撃。9月8日、V2使用。

19日　日本海軍マリアナ沖海戦で空母、航空機の大半を失う。

7月

1日　連合国45カ国のブレトン・ウッズ会議。戦後経済体制を討議。

20日　シュタウフェンベルクらの抵抗グループによるヒトラー暗殺未遂事件。

25日　ドイツ、ゲッペルスが総力戦投入全権となる。

26日　ポーランド民族解放委員会(PKWN)結成。

8月

1日　ワルシャワでポーランド人の対独武装蜂起(～10月2日。SSに鎮圧される)。

2日　トルコ、対ドイツ断交。

15日　連合軍、南仏の地中海沿岸に上陸(ドラゴン作戦)。

21日　ダンバートン・オークス会議開催(～9月27日、米英ソ。9月29日～10月7日、米英中)。国際連合案を発表。

24日　ルーマニア新政権、連合国の停戦条件を受諾。翌日対ドイツ宣戦布告。

24日　ブルガリア、ドイツ軍の撤退を要求。

25日　連合軍、パリ解放。

9月

2日　フィンランド、対ドイツ断交を宣言し、ドイツ軍の国外撤去を要求。

8日　ブルガリアで共産主義者の武装蜂起、祖国戦線政府樹立。10日に対独宣戦。

9日　フランスでドゴール首班の臨時政府樹立。

11日　ルーズヴェルト・チャーチルの第二回ケベック会談(～16日)。対日独戦略を協議。

ロシア情勢

12月

5日　モスクワで、共産党と左翼勢力によるハンガリー臨時民族政府（首班ダルノキイ）成立（7日　デブレツェンに移る）。

10日　モスクワでドゴール将軍、フランス・ソ連同盟条約（20年間）に調印。

13日　カンディンスキー、パリ近郊で没（78歳）。

この年

V. ロースキイ『東方教会の神秘主義』（仏文、パリ）。

エイゼンシュテイン、映画「イワン雷帝」第1部完成。

プロコフィエフ「交響曲第五番」。

世界情勢

10月

24日　レイテ沖海戦で日本海軍主力壊滅。

11月

7日　アメリカ大統領選挙、ルーズヴェルト四選。

17日　アルバニア民族解放軍、首都チラナに入る。29日、アルバニア全土解放される。

24日　B 29東京初空襲。

12月

21日　ハンガリー、デブレツェンに臨時国民議会開催。

31日　ルブリンでポーランド共和国臨時政府成立。

この年

ワクスマン、ストレプトマイシンを発見。

1945

ロシア情勢

1月

17日　ソ連軍、ワルシャワ解放。

27日　ソ連軍によるアウシュヴィッツ収容所の解放。

31日　モスクワでロシア正教会地方公会開催（～2月2日）。レニングラード府主教アレクシイが総主教に選任。総主教就任式は2月4日。

2月

4日　米英ソのヤルタ会談開催（～2月11日、ルーズヴェルト、チャーチル、スターリン）。対独戦後処理、ソ連の対日参戦等を決定。

13日　ソ連軍、ブタペスト解放（4月4日、ハンガリー全土を解放）。

4月

5日　外務人民委員モロトフ、駐ソ日本大使に日ソ中立条約不延長を通告。

11日　ユーゴと友好・相互援助と戦後協力条約調印。

13日　ソ連軍、ウィーン解放。

16日　ソ連軍のベルリン作戦開始。20日、ベルリン包囲。22日、ソ連戦車隊、ベルリン市街に突入。5月2日、ベルリン占領。

世界情勢

1月

19日　イタリア、対日同盟を破棄。

29日　トルコ、対日断交（2月23日、対日独宣戦布告）

2月

19日　アメリカ軍、硫黄島上陸（3月17日、日本軍守備隊全滅）。

3月

6日　ルーマニアに民族民主戦線政府樹立（首班ペトル＝グローザ）。

7日　ユーゴに人民政府樹立（首班チトー）。米軍の先遣部隊ライン渡河。

9日　B 29東京大空襲。

19日　ヒトラー、全生産・生存手段の破棄を指令（「ネロ指令」）。

22日　アラブ連盟（7カ国）結成。

4月

1日　米軍、沖縄本島に上陸（6月23日、日本軍守備隊全滅）。

12日　米大統領ルーズヴェルト急逝（63歳）。副大統領トルーマンが昇格。

23日　中国共産党第七回全体代表会議。毛沢東「連合政府論」を報告。

25日　国連憲章作成のためのサンフランシスコ会議。50カ国参加（～6月26日）。

ロシア情勢

21日　ポーランドと友好条約締結。

25日　米ソ両軍、エルベ河畔のトルゴウで邂逅し、ドイツ軍を二分(エルベの誓い)。

5月

10日　ソ連軍、プラハを解放。

22日　ロシア教会史上初めての総主教の聖地巡礼。

23日　アスコーリドフ、ポツダムで没(74歳)。

26日　モスクワでソ連首脳、米大統領特使ホプキンズと会談。

6月

ソ連軍の復員開始。

クリミア・タタール自治共和国解体。

10日　ソ連軍政部、ドイツ占領地区での政党・労働組合の設置許可。

24日　モスクワで戦勝記念パレード。

7月

14日　ドイツの占領地区で反ファシズム民主主義政党統一戦線結成。

27日　ソ連軍政部、ドイツのソ連占領地区にドイツ側中央管理機構設立を指令。

8月

8日　ソ連、対日宣戦布告。北満州、朝鮮、樺太に侵攻開始。

12日　ソ連軍、朝鮮の羅津・清津に上陸。

世界情勢

27日　オーストリア、共和国独立回復宣言(第二共和国)。

ムッソリーニ、コモ湖畔で民衆義勇軍により逮捕。翌日銃殺(61歳)。

30日　ヒトラー、ベルリンの地下壕で自殺(56歳)。

30日　フランス、婦人参政権採用。

5月

5日　チェコのプラハで反ドイツ人民蜂起。

中国国民党第六回全体代表会議開催。

7日　ランスで、8日ベルリンで、ドイツ軍、連合国への無条件降伏文書に署名。

8日　トルーマン、日本に無条件降伏を勧告。

9日　日本政府、ドイツの降伏に関わらず日本の戦争遂行決意は不変と声明。

14日　日本の最高戦争指導会議、戦争終結に向けソ連と交渉する方針を決定(終戦工作開始)。

6月

5日　米英仏ソ四国間で、ドイツ管理に関するベルリン協定調印。

22日　米英ソ三国委員会、ポーランド臨時政府をルブリン臨時政府とロンドン亡命政権の統一政権とすることで合意。28日、ポーランド統一臨時政府成立(首班モラウスキ)。

26日　国連憲章調印。

7月

16日　アメリカ、ニューメキシコ州アラモゴルドで初の原爆実験成功。

17日　ポツダム会談開催(～8月2日、トルーマン、チャーチル、スターリン)。26日、対日ポツダム宣言発表。

26日　英国総選挙で労働党勝利。チャーチル内閣総辞職。アトリー労働党内閣成立。

28日　日本、鈴木首相、記者団にポツダム宣言黙殺と談話。

この月、日本政府、ソ連に終戦斡旋を盛んに働きかけるが、拒絶される。

8月

6日　B29広島に原爆投下(死者20数万)。

9日　B29長崎に原爆投下。

ロシア情勢

29日　北朝鮮全域を掌握。
14日　中華民国と友好同盟条約調印。
20日　朝鮮のソ連軍司令官、「朝鮮人民に与える赤軍布告文」を発表。
23日　スターリン、中国の全東北の解放を宣言。
25日　ソ連軍、樺太占領。

9月
2日　スターリン、対日戦勝の演説。
3日　ドイツのソ連占領地区で土地改革開始。
4日　国家防衛委員会廃止。
5日　ソ連軍、歯舞群島占領。
9日　ギッピウス、パリで没(76歳)。

10月
30日　開会の極東諮問委員会にソ連参加を拒否。

12月
16日　米英ソ、モスクワ外相会議を開催(〜12月26日)。27日、「モスクワ宣言」を発表。

世界情勢

13日　世界シオニスト会議。ユダヤ人100万人のパレスチナ入国を要求。
15日　日本、無条件降伏、ポツダム宣言受諾を発表。第二次世界大戦終結。
旧フランス・ヴィシー政府首班ペタン元帥に死刑判決。17日、終身刑に減刑。
朝鮮建国準備委員会、ソウルで結成。
16日　ベトナム民主共和国臨時政府成立。
17日　インドネシア共和国独立宣言。翌日45年憲法制定、大統領にスカルノ選出。
20日　朝鮮共産党再建委員会、ソウルで結成。

9月
2日　日本、米艦ミズーリ号上で降伏文書に調印。
ベトナム民主共和国成立宣言(臨時政府主席ホーチミン)。
マッカーサー、38度線を境に米ソ両軍による朝鮮分割占領政策を発表。在鮮日本軍の米ソ各軍への降伏を指令。
6日　朝鮮建国準備委員会、朝鮮人民共和国樹立を宣言(10月10日、アメリカ否認声明)。
7日　米軍司令部、南朝鮮に軍政布告。
10日　英米仏ソ中五大国外相会議ロンドンで開催(〜10月2日)。旧枢軸国との講和問題討議。極東諮問委員会設置を決定。
19日　米軍政庁ソウルに設置。軍政開始。

10月
3日　パリで世界労働組合連盟創立大会開催。
13日　蒋介石、国民党各部隊に内戦を密令。各地で解放軍と衝突。
17日　中国国民政府軍、台湾に上陸開始。
21日　フランスで憲法制定国民議会選挙。共産党第一党に。11月21日、ドゴール連立内閣成立(46年1月20日辞職)。
24日　国際連合発足。

11月
11日　朝鮮人民党結成。
16日　ロンドンでユネスコ憲章調印。

ロシア情勢

朝鮮信託統治、極東委員会と対日理事会の設置を合意声明。

この年

フランク、南仏からロンドンへ移住。

ベゾブラーゾフがパリの聖セルギイ正教神学院の学長に就任。

S. ブルガーコフ『仔羊の花嫁』(パリ)。

ファジェーエフ『若き親衛隊』。

世界情勢

20日　ニュルンベルク国際軍事裁判開廷(～46年10月1日)

29日　ユーゴ、王制を廃止し、連邦人民共和国を宣言。

12月

13日　英仏、シリア・レバノンからの撤退協定に調印。

この年

オーウェル『動物農場』。

カルネ「天井桟敷の人々」。

1946

ロシア情勢

1月

16日　米ソ会談、ソウルで開催。朝鮮問題を協議。

20日　千島、南樺太の領有を宣言。

2月

6日　米ソ共同委員会、ソウルに設置(3月20日、第一回共同委員会開催。5月6日、無期休会)。

9日　スターリン、第四次五カ年計画(1946～50年)を発表。

10日　最高会議選挙。

25日　赤軍をソ連軍と改称。

27日　モンゴルと友好相互援助協定締結。

3月

リヴォフ教会会議(8日～)。ウクライナの帰一教会(ウーニヤ)をロシア正教会に強制的に統合。

13日　スターリン、『プラウダ』に「チャーチルは戦争挑発者」と語る。

15日　人民委員会議を閣僚会議と改称。

18日　最高会議、第四次五カ年計画を採択。

19日　最高会議幹部会議長カリーニン辞任、後任にシヴェルニク就任。

4月

21日　ドイツのソ連占領地区で共産党・社会民主党の合同党大会開催。社会主義統一党成立。

復活祭。三位一体セルギイ修道院での奉神礼再開。この時点でソ連全土には1万5000の活動している教会があった。

世界情勢

1月

1日　日本、天皇の人間宣言。

2日　朝鮮共産党、信託統治に賛意表明(12日、南朝鮮右派民族主義者反対集会)。

7日　米英仏ソ、オーストリア民主共和国を正式承認。

10日　ロンドンで国連第一回総会開催(～2月14日)。12日、国連安全保障理事会成立(17日　国連第一回安保理開催)。

11日　アルバニア、王制廃止、人民共和国宣言。

2月

1日　ハンガリー、王制廃止、共和国宣言。

8日　南朝鮮、大韓独立促成国民会発足(総裁李承晩)。(14日、米軍政諮問機関としての李承晩を議長とする大韓民国代表民主議院開設)。

北朝鮮臨時人民委員会発足(委員長：金日正)。15日、朝鮮民族主義民族戦線結成。

3月

1日　国際通貨基金及び世界銀行創立総会開催(～18日)。

5日　チャーチルが、アメリカ、ミズーリ州フルトンで「鉄のカーテン」演説をし、反共連合の必要性を強調。

28日　連合国ドイツ管理理事会、ドイツ賠償、経済管理計画を発表。

4月

18日　国際司法裁判所が正式発足。

25日　パリで英米仏ソ外相理事会開催、旧

ロシア情勢

5月

3日　ソ連軍、満州撤退完了(1月15日〜)。

9日　ソ連軍、アゼルバイジャンより撤退完了。

6月

9日　イヴァーノフ=ラズームニク、ミュンヘンで没(68歳)。

19日　原子力兵器禁止条案(グロムイコ案)を国連原子力委員会第一回会議に提出。

8月

5日　ポーランドと協定調印。オーデル河以東の管理権をポーランドに移譲。

14日　共産党中央委員会で雑誌『ズヴェズダー』と『レニングラード』が非難される。所謂「ジダーノフ批判」の開始。この月、アフマートヴァ、ゾシチェンコが批判され、作家同盟から除名される。

16日　スターリン、ソ連軍による北海道北部の占領を公式に提案。トルーマン拒否。

9月

19日　コルホーズ定款侵犯の絶滅に関する決定。住宅付属地経営への制限を強化。

10月

29日　国連総会に戦後最初のソ連軍縮案を提示。

この年

ベルジャーエフ『ロシア理念——19世紀および20世紀初頭のロシア思想の主要問題』(パリ、「YMCA」出版社)。

S. ブルガーコフ『自伝的覚書』(パリ、「YMCA」出版社)。

世界情勢

枢軸5カ国(イタリア、ハンガリー、ブルガリア、ルーマニア、フィンランド)との講和問題等を討議(〜5月15日、6月15日〜7月12日)。

5月

3日　東京で極東国際軍事裁判開廷(〜48年11月22日)。

26日　チェコ・スロヴァキア総選挙で共産党が第一党。

6月

14日　国際原子力委員会第一回会議で米が原子力国際管理機構設置案を提出、5日後ソ連が対案として原子力兵器禁止条案を提出。米案が可決。

26日　中国、国民政府軍が中国共産党の中原解放区を攻撃。7月12日、国府軍50万、中共蘇院解放区を攻撃。20日、毛沢東、国府軍への自衛戦争支持。中国の全面的内戦始まる。

7月

1日　米国、ビキニ環礁で原爆実験。

29日　旧枢軸五カ国に関するパリ講和会議開催(〜10月15日)。

8月

10日　北朝鮮臨時人民委員会、産業国有化法を公布。28日、北朝鮮労働党結成(委員長金日正)。

9月

15日　ブルガリア人民共和国成立(11月21日　ディミトロフ、モスクワより帰国し首相に就任)。

10月

1日　ニュルンベルグ国際軍事裁判判決。12人に絞首刑。

5日　ユーゴ、国有化法発布。

11月

3日　日本国憲法公布。

12月

12日　国連総会、フランコ政権批判決議。

14日　国連総会、軍縮憲章を可決。

年表参考文献

『世界の文学史8：ロシアの文学』木村彰一、北垣信行、池田健太郎著、明治書院、1966年。

『ロシア・ソヴィエト音楽史』ジェームス・バクスト著、森田稔訳、音楽の友社、1971年。

『20世紀ロシヤ文学年譜　第1巻（1901－1904年）』黒田辰男監修、ソヴェート文学研究会訳・編、東宣出版、1973年。

『20世紀ロシヤ文学年譜　第2巻（1905－1907年）』黒田辰男監修、ソヴェート文学研究会訳・編、東宣出版、1973年。

『ロシア新聞史』ベー・イー・エーシン著、阿部幸男、阿部玄治訳、未来社、1974年。

『ロシヤ・シンボリズム研究』黒田 辰男著、光和堂、1979年。

『ロシア・アヴァンギャルド——未完の芸術革命』水野忠夫著、Parco出版、1985年。

早稲田大学図書館月報別冊、露文図書目録1－8、1982－1989。

『ロシア・インテリゲンツィヤ史―イヴァーノフ＝ラズームニクと「カラマーゾフの問い」』松原広志著、ミネルヴァ書房、1989年。

『道標　ロシア革命批判論文集1』ブルガーコフ、ベルジャーエフ、ストルーヴェ他著、長縄光男、御子柴道夫監訳、現代企画室、1991年。

『読んで旅する世界の歴史と文化：ロシア』原卓也監修、新潮社、1994年。

『机上版　世界史年表』歴史学研究会編、岩波書店、1995年。

『ロシア・アヴァンギャルド』亀山郁夫著、岩波書店（新書）、1996年。

『夢みる権利——ロシア・アヴァンギャルド再考』桑野隆著、東京大学出版会、1996年。

『世界歴史体系　ロシア史3：20世紀』田中陽兒、倉持俊一、和田春樹編、山川出版、1997年。

『ロシア皇帝歴代誌』デヴィッド・ウォーンズ著、栗生沢猛夫監修、創元社、2001年。

『新版世界各国史　ロシア史』和田春樹、細川滋、栗生沢猛夫、土肥恒之、石井規衛、塩川伸明編、山川出版社、2002年。

『新版　ロシアを知る事典』川端香男里、佐藤経明、中村喜和、和田春樹、塩川伸明、栖原学、沼野充義監修、平凡社、2004年。

『近代日本総合年表　第四版　1853［嘉永6］―2000［平成12］』、岩波書店編集部編、2004年。

『世界史小辞典』改訂新版、山川出版社、2004年。

『エル・リシツキー——構成者のヴィジョン』寺山 祐策編集、武蔵野美術大学出版局、2005年。

Гиппиус З. Литературный дневник (1899-1907). С-Петербург, Изд. пирожков, 1908.
Трубецкой Е. Н. Воспоминания. София, Росийско-болгарское книгоиздательство, 1921.
Белый А. На перевале. Берлин, Изд. Гржебин , 1923.
Милюков П.Н. Россия на переломе; большевистский переод русской революции. Т.1-2. Париж, La Source, 1927.
Прот. Сергей Бургаков. Автобиографическая заметки. (Посмертное издание) YMCA-

Press, Париж, 1946.

Княжна Ольга Трубецкая. Князь С.Н.Трубецкой- Воспоминания сестры. Нью-Йорк, Издательство имни Чехова, 1953.

Сборник памяти Семена Людвиговича Франк. Под. ред. Василия Зеньковского. Мюнхен, 1954.

Милюков П.Н. Воспоминания (1859-1917) Т.1-2. Под ред. М.М.Карповича и Б.И.Элькина, Нью-Йорк, Издательство им.Чехова, 1955.

Франк С. Биография П.Б.Струве. Нью-Йорк, Издательство имени Чехова, 1956.

Белый А. Воспоминания о А. А. Блоке. Munchen, Fink, 1969.

Русская литература конца XIX—начало XX веков—1901-1907. Академия наук СССР. Институт мировой литературы им. Горького, Отв. редактор Б. А. Бялик. М., Наука, 1971.

Русская литература конца XIX—начало XXвеков—1908-1917. Академия наук СССР. Институт мировой литературы им. Горького, Отв. редактор Б. А. Бялик. М., Наука, 1972.

История СССР с древнейших времен до наших дней. Т.VI-X. М., 1968-1973.

Зернов Н. Русское религиозное возрождение XX века. Перевод с англ. YMCA Press, Paris, 1974.

Философская Энциклопедия в 5 томах. Под главным редактром Константинова Ф.В.гос.науч.изд. «Совктская энциклопедия» М., 1960-1970.

Советская историческая энциклопедия в 16 томах. Под главным редактром Жукова Е.М. гос. науч. изд. «Советская энциклопедия», М., 1961-1976.

Краткая Литературная Энциклопедия в 9 томах.Под главным редактром Суркова А.А. гос.науч.изд. «Советская энциклопедия», М., 1962-1978.

Левицкий С. А. Очерки истории русской философии и общественной мысли. Т.2. Двадцатый век. Frankfurt / Main, изд. «Посев», 1981.

Catalogue of Foreign books in the Waseda University Library Russian books Vol.1-2, 1966-1981.

Прот. Георгий Флоровский. Пути русского богословия. Париж, 1983.

Бердяев Н. А. Самопознание (опыт философской автобиографии). Париж, YMCA-Press, 1989.

Зеньковский В. В. История русской философии в двух томах. Ленинград, изд. «Эго», 1991.

Марк Раев Россия за рубежом : История культуры русской эмиграции. 1919-1939. Перевод с англ., предисловие О. Казниной, М., Прогресс–Академия, 1994.

Культурное наследие российской эмиграции 1917-1940. В двух книгах. Под общ. ред. акд. Челышева Е. П. и проф. Шаховского Д. М. М., изд. «Наследие», 1994.

Эндрю Блейн. Георгий Флоровский. Священнослужитель, богослов, филосов. М., 1995.

Русская православная церковь в 20 веке. Хронологическая таблица. Сост. Лазаревой Н.Ю и Михайловым П.Е. // Христианство. Энциклопедический словарь в 3 томах.// т.3. Редкол.: Аверинцев С.С. и Мешков А.Н. Попов Ю.Н. М., науч. изд. «Большая Российская энциклопедия» 1995.

Литературная энциклопедия русского зарубежья (1918-1940) т.1. Писатели русского зарубежья. Под главным редактром Николюкина А. Н. М., «Российская политическая энциклопедия» (РОССПЭН), 1997.

Toby Clark, Art and Ppopaganda in the Twentieth Century, Everyman Art Library, 1997

Алексей Козырев, *Наталия Голубкова* Прот. С.Булгаков. Из памяти сердца. Прага (1923-1924) // Исследования по русской мысли. Ежегодник за 1998 год. Под редакцией Колерова М. А. М., ОГИ, 1998.

Антон Аржаковский Свято-Сергиевский православный богословский институт

в Париже // Богослов, философ, мыслитель. Юбилейные чтения, посвященные 125-летию со дня рождения о. Сергия Булгакова. М., 1999.

Ильин И.А. Памяти П. И. Новгородцева // Ильин И.А. Собрание сочинений в десячи томах. Том девятый – десятый. М., 1999.

Отечественная История в 5 томах. Под главным редактором Янина В.Л.Т.1-3 (А-М) науч.изд. «Большая российская энциклопедия» Москва, 1994-2000.

Российский энциклопедический словарь. Под главным редактором Прохорова А. М. М., науч. изд. «Большая Российская энциклопедия», 2000.

The Modern Encyclopedia of Russia, Soviet and Eurasian Hisyory. Edited by Joseph L. Wieczynski, George N. Rhyne. Vol. 1-60. Academic International Press. 1976-2000.

История русской философии: Учебник для вузов. Редкол.: Маслин М. А. и др. – М., Республика, 2001.

Большая Энциклопедия Кирилла и Мефодия 2001 (8CD).

Государственный Русский музей. Дягилев и его зпоха. СПб., Palace Edition. 2001.

Алексеев П.В. Философы России XIX - XX столетий. Биографии, идеи, труды. – 4-е изд., перераб. и доп. М., Академический Проспект, 2002.

Архиепископ Никон (Ркцкий). Митрополит Антоний (Храповицкий) и его время. 1863-1936. В 2-х Томах. Нижний Новгород, 2003, 2004.

Спирин Н. В., *Андреева Л. А.* ИСТОРИЯ РОССИИ Хронологический справочник. М., 2003.

＊各作者の個人全集、著作集の編者註の類と各作家の評伝類は列挙を省略した。

思想家紹介

ウラジーミル・セルゲエヴィチ・ソロヴィヨフ
1853−1900

哲学、宗教思想、倫理思想、社会評論、美学等多分野で独創的な仕事をなし、ソフィア論や全一哲学の体系、普遍公教会や自由神政制の理念を展開、またカトリック教会との合同を志向し、当時のナショナリズム的風潮と闘う。卓越した詩人としても後世に多大な影響を与えた。

セルゲイ・ニコラエヴィチ・ブルガーコフ
1871−1944

マルクス経済学から出発し、観念論哲学に移行、05 年革命後は第二国会代議員として国政にも参加。正教信仰に戻り、1918 年司祭に叙聖。23 年亡命後はロシア・キリスト教学生運動に積極的に参加するとともに、一連の神学的著作で独自の「ソフィア論」を展開。

エウゲニイ・ニコラエヴィチ・トルベツコイ
1863−1920

公爵。主著『生の意味』の他西欧哲学、法哲学、イコン等ロシア文化研究の分野で業績を残す。兄のセルゲイと共にソロヴィヨフ晩年の弟子で、師に関する大部の著書を著す。10 月革命後は反ボリシェヴィキ陣営に与し、内戦期、南露を彷徨したすえノヴォロシイスクで没。

ニコライ・アレクサンドロヴィチ・ベルジャーエフ
1874−1948

マルクス主義の影響から出発し、観念論哲学に移行。キリスト教に傾倒するが、軸足は哲学に置き、独自のキリスト教的哲学著作を著す。また時代の動向を深く思索した社会評論、時事評論も多い。22 年政令で国外に追放されるまではロシアに留まり文化活動に没頭。亡命先（ベルリンからパリ）でその文化活動を続行する傍ら、多くの代表作を執筆。

パーヴェル・イヴァーノヴィチ・ノヴゴロツェフ
1866−1924

法哲学分野で多数の著作を残すと同時に、その研究はおのずから社会学の分野にも広がる。また自分の理念を実行すべく、カデットの結成に積極的に関与、05 年革命後第一国会代議員として国政にも参加。10 月革命以降は反革命陣営に与し、内戦時にはクリミアに逃れ、20 年亡命(ベルリンからプラハ)。

イヴァン・アレクサンドロヴィチ・イリーン
1891−1974

西欧哲学と法哲学分野の業績、特にヘーゲル哲学の新解釈で注目される。10 月革命以降もロシアに残留、法治国家の敵としてボリシェヴィキを非難攻撃し続けるが、22 年の政令で国外に強制追放。亡命先のベルリンでボリシェヴィキ政権打倒をめざし思想行動両面で戦う。ナチスと関係が悪化し 38 年スイスに逃避。

ゲオルギイ・ペトロヴィチ・フェドートフ
1886−1951

聖者伝研究に代表されるロシア霊性史の研究家として有名だが、最初は社会主義運動家として出発。歴史学、社会学へ関心を移し、西欧中世宗教史を研究。17 年革命前後から正教徒としての自覚にめざめる。24 年亡命(ベルリンからパリへ)。30 年代、キリスト教民主主義を訴える社会活動をし、41 年アメリカへ移住。

セミョーン・リュドヴィゴヴィチ・フランク
1877−1950

ユダヤ系家系の哲学者。マルクス主義の洗礼を受けるが、ニーチェを知り哲学へ傾斜。全一理念を核にした哲学体系を築く。10 月革命後も祖国で学問文化活動を行なうが、22 年の政令でベルリンへ亡命。ベルジャーエフらの活動に参加する傍ら、社会哲学の著作を執筆。37 年フランスへ移住、パリ、大戦時は南仏に隠棲。宗教哲学の代表作を執筆。45 年ロンドンへ移住。

編集・翻訳・解題執筆者紹介

編集代表

御子柴道夫

編集

新井正紀　千葉大学大学院社会文化科学研究科在籍　ソ連文化政策史

内田健介　千葉大学大学院文学研究科在籍　チェーホフを中心とするロシア文学・演劇

大山麻稀子　千葉大学大学院社会文化科学研究科在籍　日本ユーラシア協会非常勤講師
ナロードニキを中心とするロシア文学・思想史
論文「ナロードニキ系文学批評に見るガルシン像」

木部 敬　学術博士（東京外国語大学）　横浜国立大学非常勤講師
シュペートを中心とするロシア思想史
論文「グスタフ・シュペートにおける言語と文化の哲学の構想」

堀江広行　モスクワ国立大学哲学部カンディダート過程満期修了
V・ソロヴィヨフ、S・ブルガーコフを中心としたロシア宗教思想史
論文「セルゲイ・ブルガーコフの『名前の哲学』とその人格の概念について」

山口祥平　千葉大学大学院社会文化科学研究科在籍
エル・リシツキーを中心とするロシア前衛芸術運動史

渡辺 圭　千葉大学大学院社会文化科学研究科在籍
ロシア教会史　ロシア宗教思想史
論文「ロシア正教会における20世紀初頭の異端論争『讃名派』問題」

翻訳

浅野知史／新井正紀／内田健介／大山麻稀子／木部 敬／堤 佳晴／福間加容／ベリャーエヴァ・エカチェリーナ／堀江広行／御子柴道夫／山口祥平／横山輝彦／渡辺 圭

解題執筆

新井正紀／内田健介／大山麻稀子／木部 敬／堀江広行／渡辺 圭

分類	書名・副題	著者・訳者	体裁・頁・価格	内容紹介	刊行年
歴史・思想	**ロシアとヨーロッパ I** ロシアにおける精神潮流の研究	T・G・マサリク著　石川達夫訳	A5判上製 376頁 4800円	第1部「ロシアの歴史哲学と宗教哲学の諸問題」では、ロシア精神を理解するために、ロシア国家の起源から第一次革命に至るまでのロシア史を概観する。第2部「ロシアの歴史哲学と宗教哲学の概略」では、チャアダーエフからゲルツェンまでの思想家たちを検討する。	2002
歴史・思想	**ロシアとヨーロッパ II** ロシアにおける精神潮流の研究	T・G・マサリク著　石川達夫・長與進訳	A5判上製 512頁 6900円	第2部「ロシアの歴史哲学と宗教哲学の概略」（続き）では、バクーニンからミハイローフスキーまでの思想家、反動家、新しい思想潮流を検討。第3部第1編「神権政治対民主主義」では、西欧哲学と比較したロシア哲学の特徴を析出し、ロシアの歴史哲学的分析を行う。	2004
歴史・思想	**ロシアとヨーロッパ III** ロシアにおける精神潮流の研究	T・G・マサリク著　石川達夫・長與進訳	A5判上製 480頁 6400円	第3部第2編「神をめぐる闘い。ドストエフスキー」は、本書全体の核となるドストエフスキー論であり、ドストエフスキーの思想を批判的に分析する。第3編「巨人主義がヒューマニズムか。プーシキンからゴーリキーへ」では、ドストエフスキー以外の作家たちを論じる。	2005
歴史・思想	**ロシア宗教思想史**	御子柴道夫著	A5判上製 304頁 2500円	神を論じることは人間を論じること、神を信じることは人間を信じること。ロシア正教一千年の歴史のなかで伝統として蓄積され、今なおその底流に生き続ける思想とはなにか。ビザンチン、ヨーロッパ、ロシアの原資料を渉猟し、対話することで、その思想の本質に迫る。	2003
歴史・文学	**近代ロシア文学の成立と西欧**	白倉克文著	四六判上製 256頁 3000円	カラムジン、ジュコフスキー、プーシキン、ゴーゴリ。ロシア文学の基礎をなし、世界的現象にまで高められたらは、いかにして西欧と接し、どのようなものを享受したのか。西欧世界の摂取を通じ、近代の相克そのものを体験せねばならなかったロシアを微細に描きだす。	2001
歴史・思想	**神話学序説** 表現・存在・生活をめぐる哲学	A・F・ローセフ著　大須賀史和訳	四六判上製 322頁 3000円	スターリン体制が確立しようとする一九二〇年代後半、ソ連に現れた哲学の巨人ローセフ。革命前「銀の時代」の精神をバックグラウンドに、ギリシア哲学、ロシア正教、宗教哲学、西欧哲学に通暁した著者が、革命の時代に抗いながら提起した哲学的構想の一つ。	2006

価格は全て本体価格です。

編者紹介
御子柴道夫
1946年長野県に生まれる。早稲田大学大学院文学研究科博士課程（露文学）修了。現在、千葉大学教授。
著書に『ソロヴィヨフとその時代』（I、II）（刀水書房）、『ロシア精神の行方』（NTT出版）、『ロシア宗教思想史』（成文社）など。
訳書に『ソロヴィヨフ選集』（刀水書房）、『ロシア革命批判論文集』（1、2、共訳）（現代企画室）など

ロシア革命と亡命思想家 1900-1946
2006年10月7日　初版第1刷発行

編　　者　御子柴道夫
装幀・組版　石井理絵
発 行 者　南里　功
発 行 所　成　文　社

〒240-0003 横浜市保土ヶ谷区天王町
2-42-2-3-1015
電話 045 (332) 6515
振替 00110-5-363630
http://www.seibunsha.net/

落丁・乱丁はお取替えします
印刷　モリモト印刷
製本　エイワ製本

Printed in Japan
ISBN4-915730-53-0-C0022